Das deutsche Arbeitsrecht

Von

Dr. W. Silberschmidt
Oberstlandesgerichtsrat und Honorarprofessor
in München

1926
München, Berlin, Leipzig
J. Schweitzer Verlag (Arthur Sellier)

Silberschmidt,

Das deutsche Arbeitsrecht.

I. Band:

Einleitung:

Das allgemeine Arbeitsrecht.

Erster Teil:

Das deutsche Arbeitsrecht

im weiteren Sinne

1926

München, Berlin, Leipzig

J. Schweitzer Verlag (Arthur Sellier)

Druck von Dr. F. P. Datterer & Cie., Freising-München

Vorwort.

Die Darstellung des Arbeitsrechtes als eines besonderen, wenn auch teilweise im bürgerlichen Rechte mitbehandelten, bei allen Völkern vorhandenen Teiles der Rechtswissenschaft erforderte ein kurzes Eingehen auf das allgemeine Arbeitsrecht in einleitender Weise und sodann die Teilung des deutschen Arbeitsrechtes in das deutsche Arbeitsrecht im weiteren und im engeren Sinne, das Recht der unabhängigen und der abhängigen Arbeit.

Die Einleitung erschien 1923 und der vollendet vorliegende erste Teil sollte unmittelbar folgen. Da konnte zunächst längere Zeit der Druck nicht stattfinden und dann waren inzwischen so viele Änderungen des Rechtsstoffes eingetreten, daß eine wiederholte Umarbeitung des Arbeitsrechtes i. w. S. notwendig wurde, so daß jetzt die Zeit bis März 1926 berücksichtigt werden konnte. Das nun auf der Grundlage des 1. Teiles aufzubauende Arbeitsrecht i. e. S. hoffe ich Endes dieses Jahres vorlegen und die Darstellung des Rechtes der Arbeitslosen-Versicherung und der Arbeitsgerichtsbarkeit damit verbinden zu können. Die Lücke zwischen 1923 und 1926 habe ich zu Beginn des Arbeitsrechtes i. w. S. auszufüllen gesucht. Für Hinweis auf Schrifttum zum Arbeitsrechte der Bibel danke ich Herrn Dr. Neubauer in Würzburg.

Silberschmidt.

Inhalt.

Das deutsche Arbeitsrecht.

Erster Teil:

Das deutsche Arbeitsrecht im weiteren Sinne.

§ 5. Das Arbeitsverhältnis.

I. In der Einleitung sind wir, vom allgemeinsten Begriffe der Arbeit ausgehend, dazu gelangt, ein allgemeines Arbeitsrecht aller Zeiten und Völker aufzustellen. Dieser Ausgangspunkt, im Gegensatze zu dem Potthoff-Sinzheimerschen, auch von Kaskel (vgl. jetzt Arbeitsrecht 1925 = AR. S. 2 f.) und Nipperdey geteilten, Standpunkt, daß nur das Recht des abhängigen Arbeiters den Gegenstand des Arbeitsrechts zu bilden habe, hat inzwischen mehrfache Billigung erfahren. Prof. Molitor hat in den nach Abschluß dieses Bandes erschienenen beiden Werken „Der Arbeitsvertrag und der Entwurf eines allgemeinen Arbeitsvertragsgesetzes", unter Mitwirkung von Prof. Hueck und Prof. Riezler herausgegeben 1925, S. 1—29, und „Das Wesen des Arbeitsvertrages", 7. Heft der Schriften des Instituts für Arbeitsrecht an der Universität Leipzig, 1925, besonders S. 25 f., und in seinem Aufsatz „Zur Geschichte des Arbeitsvertrages", ZfHR. Bd. 87 (1924) S. 371 f. in noch weitgehenderer Weise als es mir für den Anfang möglich war, das deutsche Arbeitsrecht zu dem anderer Zeiten und Völker in Beziehung gesetzt, während Kaskel (ArbR. S. 5 vgl. mit S. 48) nach seinem Standpunkte nur von der deutschen Sozialpolitik ausgehen kann, aber dann doch den Arbeitsvertrag auch besonders in das babylonische, griechische und römische Recht, leider nicht auch in das indische Recht und das der Bibel, zurückverfolgt. Dr. Lutz Richter, „Arbeitsrecht als Rechtsbegriff", 3. Heft der Schriften des Instituts für Arbeitsrecht an der Universität Leipzig, 1923, führt nun ebenfalls das Arbeitsrecht auf den Begriff der Arbeit und diesen auf den physikalischen Energie-Begriff zurück und wenn Molitor, RArb.-Bl. 1924 S. 79* f. glaubt, damit werde man der geistigen Arbeit nicht gerecht, so haben wir oben S. 8 hervorgehoben, daß sowohl die menschliche Muskel- wie Nervenarbeit nichts anderes ist als Umsetzung chemischer Energie durch die Ernährung in mechanische Energie und daß daher auch die geistige Arbeit sich als Aufwendung von Kraft darstellt. Auch Molitor, Wesen des Arbeitsvertrages, S. 8, sagt jetzt, daß der Gegensatz zwischen körperlicher und geistiger Arbeit bei näherem Zusehen verschwindet. Soweit Dr. Richter die Kategorie des dauernden Schuldverhältnisses bei der Begriffsbildung nicht verwenden, den Werkvertrag aus dem Arbeitsrecht ausstoßen und die Arbeit der Sklaven, Hörigen, Familienmitglieder nicht als arbeitsrechtlich erachten will, bin ich ihm in dem Aufsatze „Zum Rechtsbegriffe des Arbeitsrechts" in Potthoffs Arbeitsrecht 1924 S. 410f. entgegengetreten. Vgl. auch hiezu jetzt Molitor, Wesen S. 48f. und unten § 15 III. Außer Dr. Richter hat aber auch Spengler in seinem „Untergang des Abendlandes" Bd. II S. 68, 626f. und sonst unter Gegenüberstellung des apollinischen und des faustischen Menschen die Bedeutung der Kraft an Stelle der Sache, die Bedeutung der „Arbeitskraft, des Erfinder- und Unternehmergeistes, der geistigen, körperlichen, künstlerischen, organisatorischen Energien", der juristischen Dynamik hervorgehoben. „Für uns ist der Organisator, Erfinder und Unternehmer eine erzeugende Kraft, die auf andere ausführende Kräfte wirkt." Und auf Grund dieser Spenglerschen Stellungnahme hat nunmehr selbst Potthoff in einem Artikel „Faustisches Arbeitsrecht", Arbeitsrecht Bd. XI S. 489f., sich zu meiner Stellungnahme bekannt: „Selbstverständlich ist dabei das Wort ‚Arbeit' im weitesten Sinne gemeint . . . immer ist es eine Betätigung, die in den allerverschiedensten Formen, unter allerverschiedensten gesellschaftlichen und rechtlichen Verhältnissen geübt werden kann und von allen Menschen geübt wird. Es ist ein sehr bedauerlicher und für die Neugestaltung des faustischen deutschen Rechtes störender Erfolg der sozialistischen Agitation, daß sie eine bestimmte Klasse von arbeitenden Menschen allein zu ‚Arbeitern' gestempelt und damit den Begriff der Arbeit mißverständlich verengt hat. Damit erschwert sie die Erkenntnis der überwältigenden Bedeutung hochwertiger Arbeitsleistung, die Spengler in seinem Buche immer wieder heraushebt." Und indem Potthoff nun auf das Verhältnis derjenigen Staatsbürger zu sprechen kommt, die im Dienste anderer stehen, kommt er auf den Vorschlag zurück, wie ich ihn oben in der Einleitung S. 8 und früher schon gemacht hatte und hier jetzt weiter auszuführen habe. „Man könnte innerhalb des allgemeinen Energierechtes unbedenklich das Arbeitsrecht ausbilden als das Recht, das jede menschliche Arbeit umschließt, wenn man innerhalb dieser wieder das besondere Arbeitsverhältnis des abhängigen Arbeiters unterscheiden würde," das Potthoff am liebsten mit Bodmann (Arbeitsrecht VII S. 233) durch eigenen Namen „Bosch" unterscheiden möchte. Auch Groh, Deutsches Arbeitsrecht 1924, geht davon aus, daß Arbeit als möglicher Gegenstand rechtlicher Ordnung jede gewollte menschliche Kraftäußerung ist, die irgendwelche Bedeutung für die Kultur hat (S. 9—11). Wie schwer die Grenzlinie zwischen unabhängiger und abhängiger Arbeit zu ziehen ist, zeigt Molitor im RArbBl. 1924 S. 81*, und wenn er jetzt im „Wesen des Arbeitsvertrages" versucht, die Gegensätze etwas auszugleichen, indem er zunächst Dienstvertrag und Werkvertrag als Arbeitsverträge darstellt und damit das Gebiet des Arbeitsrechtes auf die selbständige Arbeit ausdehnt, aber dann eine Begriffsbestimmung für den „Arbeitsvertrag in dem in Deutschland gebräuchlichen Sinn eines Vertrages über abhängige d. h. sozialer Schutzvorschriften bedürftiger Arbeit" gibt, so hätte hier die Frage einzusetzen, ob diese tatsächlich herrschende Meinung mit Recht den Gegensatz zwischen abhängiger und unabhängiger Arbeit schon in den Begriff der Arbeit und des Arbeitsrechtes verlegt, während ja gerade innerhalb des allgemeinen Arbeitsrechtes das Recht der schutzbedürftigen Arbeit die seiner ganz besonderen Bedeutung entsprechende Stelle finden soll. In dieser Hinsicht aber kommt Molitor insbesondere im ArbVertr. S. 32, 48 f. zum Schlusse, daß das Unterscheidungsmerkmal der Abhängigkeit einmal im Entwurfe nicht genügend aufgestellt ist, daß dann aber dieses Merkmal (vgl. oben Einl. S. 18 und § 5 am Anfang) für jedes Arbeitsverhältnis gelte, ferner daß, was nicht unbedingt richtig sein dürfte, auch der Arbeitnehmer Unternehmer für die Ware „Arbeitskraft" sei und daß, wenn man als Merkmal der Abhängigkeit die Eingliederung in den Betrieb oder das Unternehmen betrachte, diese letzteren Begriffe auch sehr bestritten seien. Wenn er jetzt im „Wesen des Arbeitsvertrages", S. 73 f., die länger dauernde Beschäftigung als Hauptgrund der Abhängigkeit ansieht, so betrachtet auch er (vgl. oben Einl. S. 12 f.) jedes Arbeitsverhältnis als Dauerverhältnis (ArbVertr. S. 15) und eine besonders lange Beschäftigung führt wohl zu einer gewissen Einfügung in das Unternehmen, aber gerade im patriarchalischen und nicht im proletarischen Sinne, für welch letzteren die Taglöhnerarbeit mit jederzeitiger Kündigung bezeichnend ist. Andererseits scheint mir das Merkmal der wirtschaftlichen Abhängigkeit, das Molitor mehr zurückstellt, für den Unterbegriff der abhängigen Arbeit, nicht aber für die Begriffsbestimmung der Arbeit, wertvoll und brauchbar. Während also im 2. Bande dieser Unterbegriff der abhängigen Arbeit durchzuführen und als Grund einer Reihe von Maßregeln im neueren Rechte festzustellen sein wird, muß für den Begriff des Arbeitsrechtes, wie geschehen, vom Begriffe der Arbeit ausgegangen werden. Vgl. jetzt auch Lufft, Begriff der Arbeit in Conrads Jahrb. 1925 S. 1 f., der drei Begriffe „Arbeit" kennt, den naturwissenschaftlich-mechanischen als den Energie-Begriff, den objektiven, der die Arbeit z. B. vom Spiel unterscheidet, und den subjektiven, Zweck-Begriff, der wohl, richtig verstanden, zum objektiven Begriffe führt. Der Entwurf hat keine Begriffsbestimmung der Arbeit und Molitor, ArbVertr. S. 56, billigt das, vgl. aber Wesen des ArbVertr. S. 5. Wenn jedoch Kaskel, AR. S. 2, sagt, man könne den Begriff „Arbeitsrecht" so wenig aus dem Begriff „Arbeit" ableiten wie den Begriff „bürgerliches Recht" aus dem Begriffe des Bürgers, so ist vielmehr der Begriff „Arbeitsrecht" ebenso aus dem Begriffe „Arbeit" abzuleiten wie der des Handelsrechts, Prozeßrechts, Steuerrechts, Wirtschaftsrechts aus den Begriffen Handel, Prozeß, Steuer, Wirtschaft und daß bürgerliches Recht nichts mit „Bürger", sondern mit jus civile zu tun hat, leuchtet ein. Wenn aber das Arbeitsrecht nach Kaskel auf die Entwickelung der „Sozialen Frage" aufgebaut werden soll, so zeigt sich sofort die Enge und Begrenztheit sowie Unsicherheit (der schwankende Begriff „Sozial"!) des Ausgangspunktes.

Wir sind oben (Einl. S. 14) davon ausgegangen, daß die den Gegenstand des Arbeitsrechtes bildende, einem andern zu leistende, Arbeit ein dauerndes Schuldverhältnisses darstellt und daß, wie die Beziehung in solchen Schuldverhältnissen allgemein als „Verhältnis" bezeichnet wird: Miet-, Pacht-, Gesellschafts-, Agenten-Verhältnis, so auch die Beziehung zwischen Arbeitgeber und Arbeitnehmer das „Arbeitsverhältnis" darstellt und damit die allgemeinste Bezeichnung der Arbeitsbeziehungen. Vgl. auch Richter im RArbBl. 1924 S. 231*, Nipperdey, Beiträge z. Tarifrecht S. 112, vor allem jetzt Hueck in Iher.-Jahrb. 1924 S. 358 f.

Hueck unterscheidet folgende Bedeutungen des Begriffes Arbeitsverhältnis:

1. Das aus dem Arbeitsvertrag entspringende Schuldverhältnis, also Rechtsverhältnis,

2. das zur Arbeit verpflichtende Rechtsverhältnis, gleichgültig, ob es aus einem Arbeitsvertrag entspringt,

3. das faktische Arbeitsverhältnis, den Zustand, daß Arbeit geleistet wird,

4. die Beziehungen des Arbeitgebers zur Gesamtheit seiner Arbeitnehmer einschließlich des Verhältnisses der beiderseitigen Organisationen, allenfalls aller Rechtsbeziehungen auf Grund des Arbeitsvertrages oder der tatsächlichen Beschäftigung auch zu anderen Personen, den Mitarbeitern usw.

Dieser letztere, alle arbeitsrechtlichen Beziehungen umfassende, Begriff ist in seiner weitesten Ausdehnung der hier vertretene, der sich von dem Potthoffs dadurch unterscheidet, daß eben auch die Arbeit in dem oben erörterten weiten Sinne zugrunde gelegt wird. Hueck schließt für den Entwurf schon den Potthoffschen Begriff aus, weil er über das Privatrecht, das allein für den Entwurf in Betracht komme, hinausgreife (S. 366). Da es sich hier aber um die Grundlage für das ganze Arbeitsrecht handelt und im übrigen der weitere Begriff einheitlich auch nur für das Privatrecht verwendet werden darf, kann aus der Stellung von Hueck kein Einwand gegen die hier vertretene Auffassung entnommen werden, um so weniger, als sich im Arbeitsrecht privates und öffentliches Recht nicht scheiden lassen.

II. Das Arbeitsverhältnis in diesem Sinn umfaßt die Beziehungen einer arbeitenden Person zur Umwelt mit Rücksicht auf ihre Arbeit, insbesondere zu derjenigen Person, welcher die Arbeit zugute kommt. Die Arbeit lediglich für die eigenen Zwecke des Arbeitenden schafft kein Arbeitsverhältnis. Wohl aber enthält der Begriff des Arbeitsverhältnisses einmal die Beziehungen zu dem Arbeitgeber, die regelmäßig durch den Arbeitsvertrag begründet werden, aber auch ohne Arbeitsvertrag zustande kommen können, sodann aber auch alle sonstigen tatsächlichen und Rechtsverhältnisse, die, infolge der Tätigkeit für andere, zur Entstehung kommen. Soweit ein Arbeitsvertrag in Frage kommt, sind Arbeitgeber und Arbeitnehmer seine Parteien und zwischen ihnen besteht das Dauerschuldverhältnis. Darunter sind die dauernden, zwischen den Vertragsparteien begründeten, Rechtsbeziehungen zu verstehen, also möglicherweise „das ganze als Organismus gedachte Rechtsverhältnis, dem ein oder mehrere Einzelansprüche, aber auch Gestaltungsrechte, Einreden oder andere Rechtswirkungen entspringen können". Ein eigenartiges Arbeitsverhältnis ohne eigentliche Verpflichtung zur Arbeit liegt vor, wenn dem Makler nur Lohn versprochen wird für den Fall erfolgreicher Tätigkeit (vgl. v. Gierke, Deutsches PrivatR. Bd. 3 S. 709, Molitor ArbVertr. S. 57) oder beim Trödelvertrag (ebenda, Hueck in Iher. Jahrb. Bd. 74 S. 373); mit Hueck würde ich für den Arbeitsvertrag Verpflichtung zur Arbeit fordern. Daß die Arbeit beim Fund, bei der Auslobung und der Geschäftsführung ohne Auftrag kein solches Arbeitsverhältnis begründet, daß auch die nur auf Grund des Familienverhältnisses geleistete Arbeit des Ehegatten und des Kindes nicht unter den Arbeitsvertrag fällt, daß auch durch § 345 HGB. die Anwendung des Arbeitsrechtes ausgeschlossen wird, wurde ebenfalls bereits oben Einl. S. 23 f. hervorgehoben. Aber auch das wurde bereits betont, daß das öffentliche Recht auch Arbeitsverhältnisse regelt, die nicht einem Arbeitsvertrag entspringen und daß es z. B. dem Arbeitgeber schlechthin die Beschäftigung von Personen zu gewissen Zeiten, an gewissen Orten usw. untersagen kann, wenn kein vertragliches Arbeitsverhältnis zwischen ihnen und ihm begründet ist. Deshalb kann man recht wohl neben dem rechtlichen Vertragsverhältnis das organisatorische Beschäftigungsverhältnis unterscheiden, an welches allein die Vorschriften der sozialen Versicherungsgesetze überhaupt sowie des Kinderschutzgesetzes und des Heimarbeitsgesetzes gegenüber Familienangehörigen anknüpfen, und man kann dann mit „Arbeitsverhältnis" die Gesamtheit der Rechtsbeziehungen bezeichnen, die auf Grund eines Arbeitsvertrages oder einer Beschäftigung bestehen. Dabei ist aber der Begriff des Arbeitsverhältnisses so weit zu fassen wie der der Arbeit und auch der Begriff des Arbeitgebers und der des Arbeitnehmers hat die Parteien jeder Arbeitsbeziehung zu umfassen. Das Recht des Arbeitsverhältnisses in diesem Sinne umschreibt dann das Gebiet des ganzen Arbeitsrechtes. Das „arbeitende Volk" (vgl. Melsbach, Arbeitsrecht S. 18) ist eben wirklich das ganze arbeitende Volk, einschließlich der nur organisatorisch, nicht auch vertragsmäßig Beschäftigten (ebenda S. 51), nicht nur ein Teil dieses Volkes, der sich allein für arbeitend erachtet. Nur so läßt sich das Arbeitsrecht, was ja auch Kaskel erstrebt, aus der Beeinflussung durch die Politik herausnehmen. Vgl. auch Potthoff im AR. XI S. 489. Gegenüber den schon gekennzeichneten Bestrebungen, nur das Recht der Arbeiter und Angestellten als das eigentliche Arbeitsrecht zu betrachten (am schärfsten Bodmann „Arbeitsverhältnisse, die keine sind" im Arbeitsrecht Bd. IX S. 45 und vorher Bd. VIII S. 233, im übrigen zu vergleichen das oben Einl. S. 17 angeführte Schrifttum), besteht das dringendste Bedürfnis, zunächst die Grundsätze, die für jedes Arbeitsverhältnis in Deutschland gelten, kennen zu lernen und sie als das deutsche Arbeitsrecht im weiteren Sinne darzustellen. Dann erst wird es angezeigt sein, das deutsche Arbeitsrecht im engeren Sinne als das Recht der abhängigen, besonders gefährdeten Arbeit folgen zu lassen; Besonderheiten werden sich dann um so besser von dem allgemeinen Hintergrund abheben. Das Recht der abhängigen Arbeit ist eben nur das Recht eines, wenn auch großen Volksteils. Schließlich sei daran erinnert, daß z. B. Stockhausen im Arbeitsrecht 1924 S. 393 Unterordnung unter den persönlichen Willen des Arbeitgebers nur dort als begrifflich gegeben erachtet, wo die Leistung persönlicher Dienste in Frage kommt. Das ist natürlich nicht richtig, zeigt aber, daß man den Begriff der abhängigen Arbeit noch weiter einschränken kann. Wenn häufig vom Rechte des Arbeitsvertrages statt des Arbeitsverhältnisses gesprochen wird, so handelt es sich hier auch inhaltlich nur um eine pars pro toto (vgl. Kreller im ArchZivPr. N. F. II [1924] S. 13f., Hueck a. a. O. S. 364, Richter im RArbBl. 1924 S. 231*). Geht man aber vom Arbeitsverhältnis i. w. S. aus, so ist von selbst der von Melsbach S. 18 gesuchte Ausgangspunkt gegeben, daß Arbeitgeber und Arbeitnehmer auf gleichem Boden stehen und als gleichberechtigt zu erachten sind, was sich dann beim Arbeitsverhältnis i. e. S. de facto ändert und de jure wieder erreicht werden soll.

Beim Arbeitsverhältnis i. w. S. ist stets auch der „Entwurf eines Allgemeinen Arbeitsvertragsgesetzes" (vgl. § 7 unten) zu berücksichtigen und seine Stellung zu erörtern, wobei zu prüfen ist, wie weit seine für das Arbeitsrecht i. e. S. gegebenen Bestimmungen für das Arbeitsrecht i. w. S. zu verwenden sind. Wie schon der Titel des Entwurfes sagt, regelt er in der Hauptsache das Arbeitsvertragsrecht. Auch dieses zerfällt in ein solches i. w. S. und i. e. S. Daß auch ersteres für uns nicht zusammenfällt mit dem Begriffe des Arbeitsvertrages nach Lotmar (Groh, Arbeitsrecht S. 16, bezeichnet dessen unhaltbaren Arbeitsvertragsbegriff, der auch z. B. die nach Handelsrecht und nicht nach Arbeitsrecht zu beurteilenden Verträge mit Kommissionären, Spediteuren usw. einschließt, als Arbeitsvertrag i. w. S.), wurde auch schon oben Einl. S. 23 f. ausgeführt. Wenn man entgegengehalten hat, daß auch der Vertrag mit dem Handlungsgehilfen Handelsrecht und doch auch Arbeitsrecht sei, so übersieht man dabei, daß der 6. Abschnitt des 1. Buches im HGB. eben handelsrechtliches Arbeitsrecht enthält, vgl. unten § 26. Außer dem großen Gebiete des Arbeitsvertrages umfaßt das Arbeitsverhältnis die nur organisatorische, allenfalls die obrigkeitlich angeordnete und die tatsächliche Beschäftigung. Unter das Arbeitsrecht i. w. S. fällt, ausgehend vom Arbeitsverhältnis, auch die Arbeitsvermittlung, welche die Eingehung von jeder Art von Arbeitsverhältnissen in die Wege leitet, die an die Nichteingehung von Arbeitsverhältnissen anknüpfende Arbeitslosigkeit und ihre Folgen, insbesondere die Fürsorge in den Fällen jeder Erwerbslosigkeit, endlich die dem Arbeitsvertrag eigentümliche Rechtsverfolgung (unten § 43).

Schrifttum sonst: Kreller im Arch. f. z. Pr. N. F. Bd. 2 S. 11 f. und Bd. 3 S. 263 f.; Molitor im RArbBl. 1924 S. 82* f., 144* f.; Richter das. S. 231* f.; Hueck in Iherings Jahrb. Bd. 74 (1924) S. 358 f., 367 Heinrich Lehmann, Grundgedanken des neuen Arbeitsrechts (Kölner Universitätsreden) 1922; Buschmann, Zur Rechtsnatur des Arbeitsvertrags im „Arbeitgeber" 1922 S. 353; Molitor, Wesen des Arbeitsvertrags und Molitor, Hueck-Riezler a. a. O.

§ 6. Das Arbeitsverhältnis als Schuldverhältnis.

Der hier vertretenen Auffassung des Arbeitsverhältnisses als Schuldverhältnis gegenüber hat insbesondere Potthoff in den unten verzeichneten Aufsätzen die folgende Anschauung geltend gemacht: Die Grundauffassung sei falsch, daß das Arbeitsverhältnis ein Schuldverhältnis sei. Der Selbständige könne das fertige Erzeugnis verkaufen (Kaufvertrag) oder im Auftrage des Kunden ein Werk herstellen (Werkvertrag) oder eine Tätigkeit leisten, „die von manchen Gelehrten nicht als Werk angesehen und darum dem Dienstvertrage unterstellt wird, wobei es sich in den drei Fällen um Vermögenswerte handelt, auch wenn es nicht greifbare Sachen sind"; dieses Rechtsverhältnis sei Schuldverhältnis. Wer aber „die Erlaubnis, auf deutschem Boden sein, wirken und leben zu dürfen, nicht durch Hingabe von Vermögenswerten erkaufen kann," müsse sich selbst in den Dienst des andern stellen, leiste nicht Vermögenswerte, sondern räume dem Arbeitgeber die Verfügung über seine Arbeitskraft ein. Diese Hingabe eines Menschen in die Herrschaft eines andern sei personenrechtliches Verhältnis, aus dieser Herrschaft flößen erst die vermögensrechtlichen Leistungen des Arbeitgebers für die personenrechtliche Hingabe des Arbeitnehmers, die an sich einseitiger, nicht gegenseitiger Natur sei. Gleichgültig sei die Begründung des personenrechtlichen Verhältnisses durch Vertrag und die Begrenzung der Herrschaft des Arbeitgebers, die auf Gesetz, Verbandssatzung oder Vereinbarung beruhen könne, da ja schon Gierke darauf hinweise, daß die Gewalt des Unternehmers dieselbe bleibe, wenn an seine Stelle die genossenschaftlich geeinte Gesamtheit der Arbeiter selbst trete. Es handle sich daher nicht um ein Austausch-, sondern ein Organisationsverhältnis: „Das Arbeitsrecht ist kein Teil des Schuldrechts, sondern ein Personenrecht und muß neben dem Familienrecht und dem Beamtenrecht einen besonderen Abschnitt des deutschen Gesetzesrechts bilden." Daraus folge der fundamentale Unterschied zwischen abhängiger und anderer Arbeit. „Es ist ein Unding, sie unter die gleichen Rechtsregeln zu stellen oder auch die für beide geltenden allgemeinen Rechtsregeln gleich auslegen zu wollen." Dann könne aber der Arbeitsvertrag nicht länger mehr als eine Unterart des Dienstvertrages des BGB. gelten, der auf Gleichstehende beschränkt sei. Tatsächlich versucht deshalb der Entwurf die Vorschriften über den Arbeitsvertrag ausschließend zu regeln, indem er für die abhängige Arbeit die Vorschriften über den Dienstvertrag aus dem BGB. entnimmt, aber diese Bestimmungen des BGB. nicht aufhebt, sondern sie offenbar für die unabhängige Arbeit weitergelten läßt, vgl. ArbVertr. S. 33. Dagegen, fährt Potthoff in der Begründung seines Standpunkts weiter fort, sei das Arbeitsverhältnis ein in der Regel durch Vertrag begründetes, aber auch ohne Vertrag mögliches sozialrechtliches Verhältnis, das weit über die Bedeutung des Vertrages hinausgehe, der selbst gegenüber Gesetz, Tarifsatzung und Arbeitsordnung, die vielfach nur an die Beschäftigung anknüpfen, zurücktrete. Das rechtliche Vertragsverhältnis sei vom organisatorischen Beschäftigungsverhältnis zu scheiden (Arbeitsrecht Bd. IX S. 270). Das Arbeitsrecht strebe vom Individualismus zur kollektiven Ordnung. Als Schlußfolgerung daraus ergibt sich für Potthoff: Regelung des Arbeitsvertrages für Unabhängige durch das BGB., des Arbeitsverhältnisses für Abhängige durch das Arbeitsgesetzbuch, wie das auch Potthoff sonst mehrfach verlangt hat. Das ist dann auch der Standpunkt des Entwurfes. Aber diesen Ausführungen kann durchaus nicht beigetreten werden. Zunächst ist zu sagen, daß Potthoff selbst sich mehrfach widerspricht und später (vgl. oben § 5 unter I und schon Arbeitsrecht Bd. X S. 420) sich teils dem hier vertretenen Standpunkt genähert, teils wenigstens die Behauptung, das Arbeitsverhältnis sei kein Schuldverhältnis, dahin abgeschwächt hat, es sei nicht so vorwiegend ein Schuldverhältnis, daß seine Stellung zwischen Kauf, Miete usw. richtig sei: auch das Familienrecht umschließe Schuldverhältnisse, niemand aber denke daran, sie in das 2. Buch des BGB. einzureihen. Auch in dieser abgeschwächten Form ist die Behauptung nicht richtig, zumal wenn sie im RArbBl. N. F. 1922 S. 506* dahin ausgeführt wird, die schuldrechtliche Auffassung der Juristen und der Regierungen gehe dahin, das Arbeitsverhältnis, das noch keine reine Obligation sei, zu einer solchen zu machen. Sozialpolitik und Demokratie sollten das Arbeitsverhältnis von den Hemmungen befreien, die wirklicher Gleichheit der Parteien noch entgegenstehen. Diese schuldrechtliche Zielsetzung des Arbeitsrechts müsse unbedingt beseitigt werden. Sie stehe im Widerspruch zu den Bedürfnissen der Wirtschaft, „mindestens zu denen des Großbetriebes, der die Probleme des Arbeitsrechtes gestellt hat und der in Zukunft die ausschlaggebende Betriebsform bleiben wird". „Dem Großbetrieb werden die Existenzbedingungen weggezogen, wenn man das Arbeitsverhältnis in eine individualrechtliche Obligation auflöst." Während Sinzheimer (Grundzüge S. 55 f.) und auch Potthoff vielfach die Forderung personenrechtlicher Bindung gerade auf die Nachwirkung der Sklaverei beim Arbeitgeber in persönlicher und sachlicher Hinsicht gründen behufs tunlichster Freimachung des Arbeitnehmers, sollen jetzt die Belange des Arbeitgebers und gerade der Großindustrie für die Zielsetzung des Arbeitsrechts ausschlaggebend sein! Im allgemeinen ist auf das Einleit. S. 18 f. oben Ausgeführte zu verweisen. Wenn Molitor, Wesen des Arbeitsvertrages S. 13 A. 2, sagt, daß ich durch den in ZHR. Bd. 79 S. 465, Bayr. RPflZ. Bd. 12 S. 369 und ArchRWPh. Bd. 12 S. 115 ausgeführten Gedanken eines gesellschaftsähnlichen Rechtsverhältnisses mich doch dem personenrechtlichen Aufbau des Arbeitsrechts etwas nähere, so stützt sich dieser Gedanke ja gerade auf das Dauerschuldverhältnis, auf das auch Molitor großes Gewicht legt. Daß aber das Arbeitsverhältnis zu gesellschaftlichen Bindungen führen kann, habe ich stets betont, zuletzt RArbBl. 1925 S. 84* und 290*. Für Molitor freilich ist das Dauerschuldverhältnis besonders bezeichnend für den Dienstvertrag, vgl. dagegen unten § 15 III. Ganz unmöglich ist es, den Unabhängigen nach dem Rechte des BGB., den Abhängigen nach dem des Arbeitsgesetzbuchs, den einen bei den bürgerlichen, den andern bei den Arbeitsgerichten Recht nehmen zu lassen, wie Potthoff und der Entwurf das wollen. Das würde, statt zu der bei Streitigkeiten über Arbeitsfragen erforderlichen raschesten Entscheidung, zu den unfruchtbarsten Zuständigkeitsstreitigkeiten führen, zumal auch der Begriff des abhängigen Arbeiters und insbesondere, wie weit er auszudehnen ist, keineswegs feststeht. Vgl. jetzt Molitor Arb.-Vertr. S. 68. Mit dem Gatten- oder Elternverhältnis kann das Arbeitsverhältnis nicht verglichen werden, wohl aber ist es ein Schuldverhältnis, weil Gegenstand des Schuldverhältnisses die Leistung von Sachen, Sachnutzungen oder Arbeit ist. Vgl. Jung, Einteilung der Schuldverhältnisse in Jherings Jahrb. Bd. 69 S. 68 und Siber, Die schuldrechtliche Vertragsfreiheit, ebenda Bd. 70 S. 223 f., bes. 254.

Schrifttum: Brentano, Arbeitsverhältnis gemäß dem heutigen Rechte 1877; Potthoff: „Arbeitsvertrag, Dienstvertrag, Werkvertrag" in DRZ. 1921 S. 315. „Ist das Arbeitsverhältnis ein Schuldverhältnis?" Arbeitsrecht Bd. IX S. 267 f.; „Das Arbeitsverhältnis" ebenda S. 397 f.; „Arbeitsvertrag, Zwangsgesetz, Tarifsatzung" ebenda S. 428 f.; „Gesellschaftsverhältnis statt Arbeitsverhältnis" ebenda S. 731 f.; „Wesen und Ziel des Arbeitsrechtes" im RArbBl. N. F. 1922 S. 506 f.; ferner Silberschmidt, „Arbeitsverhältnis und Schuldverhältnis" in JW. 1923 S. 221 und „Zum Rechtsbegriffe des Arbeitsrechts" im Arbeitsrecht Bd. X S. 409 f.; dagegen Potthoff ebenda Bd. XII S. 241, aber auch XI S. 489, zuletzt LZ. 1925 S. 1138.

§ 7. Der „Entwurf eines Allgemeinen Arbeitsvertraggesetzes" und das Arbeitsverhältnis.

Der im August 1924 (28. Sonderheft zum RArbBl.) veröffentlichte Entwurf mit Denkschrift mußte und muß natürlich die Darstellung eines deutschen Arbeitsrechtes erheblich beeinflussen. Eine solche Arbeit, auch wenn bisher nur der Arbeitsrechtsausschuß beim Reichsarbeitsministerium und nicht dieses selbst die Verantwortung trägt, kann doch beanspruchen, daß in den einzelnen Fragen zu ihm Stellung genommen wird und so soll es auch hier durchweg geschehen, so daß die Arbeit vielfach auch als Kritik des Entwurfes erscheinen muß. Wird doch in einer Reihe von Bestimmungen der Entwurf sicher Gesetz werden. Was nun insbesondere das Arbeitsverhältnis betrifft, so sind, obwohl Potthoff der Mitverfasser des Entwurfes und der Verfasser der Denkschrift ist (Vorbemerkung des Reichsarbeitsministeriums zur Denkschrift S. 1) und weil „der Entwurf in vielen Bestimmungen ein Kompromiß oder eine Mehrheitsentscheidung ... darstellt," die vorher erwähnten Anschauungen Potthoffs keinesfalls voll zum Ausdrucke gekommen. Im Gegenteile stellt die Denkschrift zunächst S. 12 fest, daß der Darstellung des Sonderrechtes einzelner sozialer Gruppen und Wirtschaftszweige ein allgemeiner Teil vorausgehen und daß der Entwurf diesen allgemeinen Teil darstellen solle, „also diejenigen Vorschriften, die grundsätzlich für alle Arbeitsverhältnisse gelten". Aber wenn man nun glauben sollte, daß hier eine Regelung nach Art unseres weiteren Arbeitsrechts vorläge, so würde man sich schwer täuschen. Das Arbeitsvertragsgesetz will zwar nach der Denkschrift zum Entwurfe (S. 11) „Rechtseinheit an Stelle der bisherigen Buntscheckigkeit" setzen, aber der von ihm in der Hauptsache geregelte Arbeitsvertrag (nur die Denkschrift behandelt S. 30 in einem Anhange kurz „das Arbeitsverhältnis ohne Arbeitsvertrag", „der Zwangsvertrag durch obrigkeitlichen Gestaltungsakt auf dem Gebiete des Privatrechts" wird ganz übergangen, Richter im RArbBl. 1924 S. 231*) betrifft nur den Arbeitsvertrag des vom Arbeitgeber zur Leistung von Diensten angestellten Arbeitnehmers und in der Denkschrift S. 13 wird dazu ausgeführt, daß die Lotmarsche allgemeine Begriffsbestimmung dem Gesetze nicht untergelegt werden konnte, weil sie den grundlegenden Unterschied zwischen abhängiger und nicht abhängiger Arbeitsleistung übersehe. Daß der Verfasser dieser Denkschrift inzwischen die Möglichkeit unserer Einteilung anerkannt hat, wurde oben schon mitgeteilt; ist aber die Möglichkeit gegeben, dann muß sie im Interesse der Rechtseinheit und zur Durchführung des Art. 157 RV. auch benützt werden. So aber enthält der allgemeine Teil „diejenigen Vorschriften, die grundsätzlich für alle Arbeitsverhältnisse gelten," d. h. im Sinne des Entwurfes für alle Verhältnisse der abhängigen Arbeit. Vgl. Arbeitsvertrag S. 32 und 68 und oben § 5. Aber ein großer Teil nicht nur dieser Begriffe des allgemeinen Teils, sondern der Regelung des Entwurfs überhaupt entspricht so sehr wirklich allgemeinen Grundsätzen des Arbeitsrechtes, daß er unmittelbar für das Arbeitsrecht i. w. S. anwendbar ist und tatsächlich für alle Arbeitsverhältnisse grundsätzlich Geltung haben könnte.

Eine kurze Übersicht wird das zeigen. Vgl. Silberschmidt im GKG. 1924 S. 185 f. Auf jedes Arbeitsverhältnis sind anwendbar die Bestimmungen des Entwurfes in: §§ 6 (vgl. § 105 GO.) über Vertragsfreiheit, 8 (vgl. § 139 BGB.) über teilweise Nichtigkeit, 9 (nahezu entsprechend dem § 113 BGB.) über Geschäftsbeschränktheit, 10 (gekürzt dem § 125 GO. entsprechend) über Vertragsbruch, 11—14 über Unkosten des Vertragsabschlusses, 14 (gekürzt den §§ 336/7 BGB. entsprechend) über Draufgabe, 15—17 (dem allgemeinen Dienst- und Werkvertragsrecht entsprechend, vgl. z. B. die zum Teil wörtlich gleichen Art. 328, 329 und 365 des Schweizer Obligationenrechts) über das Maß der Sorgfalt des Arbeitnehmers, 18—20 über Art und Umfang seiner Arbeitsleistung (vgl. § 59 HGB., § 134b GO., §§ 78 Ziff. 2 und 80 BRG., § 121 Halbsatz 2 GO.), selbst § 21, der zwar vom Arbeitskampf handelt, aber nur den Zwang zur Übernahme weiterer Arbeit rechtfertigen soll, 22 über Ausgabeort und -zeit für Arbeit, Stoffe usw., 23 (vgl. § 613 BGB.) über Leistung der Dienste im Zweifel in Person, 24—26 über den Übergang von Ansprüchen auf Arbeitsleistung, 27—28 insbesondere im Falle des Todes des Arbeitgebers (vgl. Art. 355 Schweizer Obligationenrechts), 29 über Verurteilung zur Arbeitsleistung (vgl. § 888 II ZPO.), 30 über Leitungsbefugnis des Arbeitgebers (vgl. § 12 GO.), 31 über Strafandrohung gegenüber dem Arbeitnehmer (vgl. §§ 134 II und 134b GO. sowie § 8 BRG.), 32 über Schmiergelder (vgl. den in § 32 für aufgehoben erklärten § 12 II UWG.) und 33 über Schweigepflicht (§ 17 ebenda). §§ 34—45 entsprechen den §§ 60—75f. HGB. bezüglich der Handlungsgehilfen, anwendbar auch für solche mit Handlungsvollmacht (vgl. Art. 356—360 des Schweizer Obligationenrechts). Für jedes Arbeitsverhältnis treffen dagegen wieder zu die Vorschriften über die Pflichten des Arbeitgebers. § 46 spricht die Beschäftigungspflicht aus (vgl. Art. 331 Schweizer Obligationenrechts). Ganz allgemein ist die Begriffsbestimmung des Entgelts in § 47, für unabhängige und für abhängige Arbeit gültig. Gleiches gilt für §§ 48 und 49, wenn sie auch vorzugsweise für letztere Art von Arbeit in Frage kommen. Die allgemeine Regelung über Art und Umfang des Entgelts in §§ 50—53 gehört wieder in das Arbeitsrecht i. w. S., wobei zu § 50 § 612 BGB. zu vergleichen ist. Von den Arten des Entgelts kommen Provision (§§ 54—57), Gewinnanteil (§§ 58—60) und Umsatzanteil (§ 61) auch bei unabhängiger Arbeit vor und sind für diese sogar von besonderer Bedeutung, während die Gratifikation (§ 62) mehr der abhängigen Arbeit eignet. Für die sehr zu begrüßende und allenfalls noch auszudehnende Regelung des Gedinges (Akkords) in den §§ 63—67 gilt an sich das Gleiche; da aber die Vorschriften über Dienstvertrags- und Werkvertragsakkord sich nicht scheiden lassen, so kommt auch hier das Arbeitsrecht i. w. S. in Frage; nach Art. 329 des Schweizerischen Obligationenrechts finden bei Arbeit auf Akkord hinsichtlich der Verantwortlichkeit für den Stoff und hinsichtlich der vertragsmäßigen Ausführung der Arbeit die Bestimmungen über den Werkvertrag entsprechende Anwendung. Gemeinschaftlich der abhängigen und unabhängigen Arbeit sind auch die Vorschriften in § 68 über Aufwendungen des Arbeiters, für die er schon nach allgemeinen Grundsätzen Vergütung beanspruchen kann, soweit sie nicht schon im Lohn enthalten ist, und über Zahlung des Entgelts in den §§ 69—75: Satz 1 des § 69 gründet sich auf § 614 BGB. und § 115 GO., im übrigen sind §§ 114a—114e, 115a, 116, 117, 119a und 139b GO. zu vergleichen. Dem Arbeitsrecht i. w. S. gehören auch an die §§ 76—82 über Entgelt bei Arbeitsbehinderung, die im allgemeinen dem Abhängigen wie dem Unabhängigen gegenüber in derselben Weise wirkt; § 76 S. 1 entspricht dem § 615 S. 1 BGB., § 76 S. 2, sowie Abs. 2 und 3 enthalten die Ausführung von Einzelfällen, § 79 entspricht dem § 616 BGB., § 82 dem § 615 S. 2 und § 616 S. 2 BGB. vgl. mit § 63 HGB. Auch die Sicherungen des Entgelts (§§ 85—92) sind für Unabhängige und Abhängige in der Hauptsache gemeinsam: § 85 enthält eine Ausdehnung des § 61 n 1 auf alle Entgeltsarten, § 86 geht wieder auf § 115 f. GO., § 87 auf den allgemeinen Satz 1 des § 394 BGB., ferner auf §§ 115 und 134 l, 117a GO., § 88 wieder auf § 115 GO. zurück und § 89 ordnet ganz allgemein die Hinterlegung einer Sicherheit; die Fragen der Aufbewahrung von Werkzeugen, Kleidern, Stoffen regeln sich ohnehin nach den allgemeinen bürgerlich-rechtlichen Gesichtspunkten der §§ 688 f. BGB. Dagegen gehören überwiegend zum Rechte der abhängigen Arbeit und des Beamtentums die Fragen des Urlaubs in den §§ 93—104, zum Rechte der abhängigen Arbeit schlechthin die mit der Aufnahme in die häusliche Gemeinschaft zusammenhängenden Verhältnisse (§§ 105 bis 109), wozu aber §§ 617—619 BGB. zu vergleichen sind. Dagegen sind wieder nicht auf den Arbeitsvertrag i. e. S. beschränkt die Bestimmungen über Heimarbeiter, Zwischenmeister, Unterakkordanten, Kolonnenführer usw. der §§ 110—120, wozu § 119b GO., sowie das Hausarbeitsgesetz vom 30. Juni 1923 (RGBl. S. 472 f.) zu vergleichen sind. Der Gruppenakkord selbst ist ja nach allgemeinen Gesellschaftsgrundsätzen (§§ 705 f. BGB.) zu beurteilen. Was sodann das Arbeitsergebnis betrifft, so bildet der Grundsatz des § 121, daß es dem Arbeitgeber zusteht, keine Ausnahme von §§ 950/1, sondern beruht auf dem dort ausgesprochenen Grundsatze, daß der Vertrag entscheidet und daß Spezifikation auf Grund Werkvertrags den Besteller zum Eigentümer macht, vgl. § 647 BGB., jetzt Kreller im Arch. f. z. Pr. N. F.

Bd. 3 S. 264 A. 4 und unten §§ 18 f. Das Erfinderrecht kann auch nach dem Entwurfe (§§ 122—131) freie Erfindung sein und damit dem allgemeinen Arbeitsrecht angehören oder Betriebs- oder Diensterfindung, ohne daß es sich auch dabei stets um Erfindungen Abhängiger handeln müßte; ähnlich verhält es sich mit dem Urheberrecht. Auch die Grundsätze über die Werkswohnung (§§ 133—4) und Werksland (§§ 135—138), sowie Dienstwohnung und Dienstland (§§ 139—141) können ebenso mit unabhängiger wie mit abhängiger Arbeit zusammenhängen, wenn auch die Grundsätze der letzteren im Entwurf überwiegen. Was nun endlich die Aufhebung des Arbeitsvertrages betrifft (§§ 142—161), so kommen hier die allgemeinen Grundsätze für jeden Dauervertrag zur Anwendung, vgl. v. Gierke in Iherings Jahrb. Bd. 64 S. 355; die Erledigung wegen Zeitablauf und Kündigung beruht auf §§ 620 f. BGB., §§ 122 f. GO., §§ 66 f. HGB., §§ 84 f. BRG., § 22 KO. § 162, Regelung zum Aufsuchen neuer Stellung, gehört wiederum dem Arbeitsrecht i. w. S. an, mit überwiegender Anwendung im engeren, und entspricht dem § 629 BGB. Ähnlich verhält es sich mit den Vorschriften über das Zeugnis, die auf §§ 630 BGB., 113 f. GO., 73 HGB. zurückgehen. Die Verjährungsvorschriften endlich (§§ 166/7) haben mit dem Gegensatze zwischen abhängiger und unabhängiger Arbeit überhaupt nichts zu tun. So sehen wir, wie auch dieser Entwurf trotz des gegensätzlichen Ausgangspunkts tatsächlich ein Gesetzbuch des weiteren Arbeitsrechts darstellt und unter allen Umständen vorbereitet und mit wenigen Umstellungen ermöglicht. So hat auch Molitor RArbBl. S. 83* darauf hingewiesen, daß einzelne Bestimmungen des Entwurfes in keiner irgendwie ersichtlichen Beziehung zu der Frage der Abhängigkeit des Arbeitnehmers stehen. Sie könnten ebensogut . . . für Arbeitsverträge aller Art gelten. Sie müßten also, wenn sie angemessen und notwendig, stellenweise sogar nach dem Entwurfe so notwendig erscheinen, daß eine Abweichung davon zu ungunsten der Arbeitnehmer ausgeschlossen ist, doch auch dem selbständigen Arbeitsvertrag zugute kommen, soweit nicht besondere Gründe gerade hier die Regelung im Recht der Abhängigen bestehen. „Denn es geht doch wohl nicht an, daß man, nur um eine Änderung des BGB. zu vermeiden, die im Entwurfe zum Ausdrucke kommenden fortschrittlichen Gedanken auf den abhängigen Arbeitsvertrag beschränkt. Eine Änderung des allgemeinen Rechts des Dienstvertrags wird sich also auch in Deutschland nicht vermeiden lassen. Wenn auch keineswegs die Bedenken verkannt werden sollen, die gegen jede Abänderung des BGB. sprechen, so wird man daher doch als Ziel bezeichnen müssen: ein Um- und Ausbau des ganzen Rechts des Arbeitsvertrages im weitesten Sinne einschließlich des Werkvertrages und des unentgeltlichen Arbeitsvertrages." Vgl. auch Aron in Bayr. RPflZ. Bd. 20 S. 180 und Kreller im Arch. Bd. 122 S. 135. Molitor kommt im ArbVertr. S. 37 zum Schlusse, daß es wenig ausmachen würde, ob die zugleich für das BGB. und das einheitliche Arbeitsrecht in Betracht kommenden Vorschriften äußerlich im BGB. oder im AGB. oder, „was das Beste sein wird", in beiden ihren Platz finden. Die Teilung in das allgemeine im BGB. zu regelnde Arbeitsgebiet und in die besondere Regelung für abhängige Arbeit würde wohl allein klare Verhältnisse schaffen und jede Arbeit an den für sie geforderten Vorrechten teilnehmen lassen, andererseits die abhängige Arbeit noch besonders begünstigen, indem das Angestelltenrecht nach dem Muster des österreichischen Rechts (vgl. Adler im Arbeitsrecht Bd. 7 S. 80 f., Bd. 8 S. 250 f.) abschließend geregelt würde. Ganz besonders aber würden die Gefahren vermieden, die aus dem Nebeneinanderbestehen gleicher und ähnlicher Gesetze für die Rechtsanwendung überhaupt und aus der Anwendung verschiedener Zuständigkeiten für die notwendige Beschleunigung der Arbeitsgerichtsbarkeit drohen. Was den letzteren, im allgemeinen schon erwähnten Punkt betrifft, daß nur die abhängige Arbeit dem Arbeitsgesetzbuch und den Arbeitsgerichten unterstehen solle, während die unabhängige Arbeit dem BGB. und den ordentlichen Gerichten verbleiben solle (vgl. auch Kreller im ArbR. Bd. 1 S. 875), so ist freilich im Entwurf eine so deutliche Abgrenzung (vgl. aber § 6 oben) nicht getroffen worden, aber was hier vorgeschlagen wird, ist noch schlimmer, weil es völlig unklar ist.

Nach der Begriffsbestimmung des Arbeitsvertrages in § 1 als eines Vertrages, durch den der Arbeitnehmer vom Arbeitgeber zur Leistung von Arbeit gegen Entgelt angestellt (Kreller, S. 8 schlägt vor: eingestellt) wird, sind zunächst in § 2 I als Arbeitnehmer nur Arbeiter, Angestellte und Lehrlinge festgestellt, womit Störgewerbe, Handwerk, Hausindustrie, Volontäre, geistige Arbeit ausgeschlossen sind, soweit sie nicht doch unter einen der drei gesetzlichen Begriffe zu bringen sind. Dann wird die Begriffsbestimmung des Angestellten als eines „Arbeitnehmers gegeben, der überwiegend höhere oder kaufmännische oder bureaumäßige Arbeit leistet", wobei die flüssige Grenze zwischen dem auch angestellten Arbeiter und dem Angestellten unklar bleibt (vgl. ArbVertr. S. 75). Lehrlinge sollen, auch wenn sie weder Bargeld noch Sachbezüge erhalten, „Arbeitnehmer sein, die zu ihrer Ausbildung beschäftigt werden", soweit sich aus der Art des Verhältnisses nicht doch etwas anderes ergibt, und der Begriff des Arbeiters soll dann aus diesen beiden selbst unklaren Begriffsbestimmungen lediglich durch Subtraktion gefunden werden: „Arbeiter sind die übrigen Arbeitnehmer" (§ 2 II—2 IV). Vgl. Denkschrift zum ArbVertrGesetz S. 14 und Molitor im RArbBl. 1924 S. 143 und ArbVertr. S. 72, aber auch S. 77: „der Mangel der Begriffsbestimmung des Arbeitnehmers wäre kein Mangel, wenn eine wirkliche Begriffsbestimmung des Angestellten gegeben würde." So aber wird die Hauptbegriffsbestimmung, auf die alles abgestellt ist, umgangen, wobei wieder unklar bleibt, ob etwa unter die „übrigen Arbeitnehmer" jetzt das Störgewerbe, Hausindustrie, geistige Arbeit usw. fällt. Soll das die Grundlage für die Zuständigkeitsstreitigkeiten bilden? Zumal auch eine Begriffsbestimmung des Arbeitnehmers fehlt? Wie wenig sicher die Verfasser des Entwurfs selbst ihrer Sache sind, ergibt sich aus folgendem. Nach § 4 sollen die Rechtssätze über Arbeitnehmer, die sonst so eingeschränkt werden, „soweit sich aus der Art des Verhältnisses nichts anderes ergibt" (vgl. dazu gerade die Denkschrift S. 14), auf Vorstandsmitglieder und Vertreter von juristischen Personen, also vor allem auf die Direktoren von Aktiengesellschaften, angewendet werden, obwohl gerade sie als Prinzipale den Angestellten gegenüber in Betracht kommen (vgl. Titze in Ehrenbergs Handbuch des Handelsrechts Bd. 2 S. 550 und jetzt Kaskel AR. S. 34) und obwohl nach dem vorigen und dem jetzigen Regierungsentwurf eines Arbeitsgerichtsgesetzes (28. Sonderheft z. RArbBl., 3. Stück und RArbBl. 1925 S. 309 f. § 7 bzw. § 7 II) keine „Arbeitnehmer im Sinne dieses Gesetzes" sein sollten gesetzliche Vertreter von juristischen Personen und von Personengesamtheiten des öffentlichen und privaten Rechts, „weil diese als Organe ihrer Körperschaften deren Arbeitnehmern gegenüber als Arbeitgeber erscheinen". Vgl. aber Kreller a. a. O. S. 6, in der Hauptsache für den Entwurf in dieser Hinsicht. Nach dem Entwurfe des Arbeitsvertragsgesetzes sollen unter dem gleichen Vorbehalte die Grundsätze über Arbeitnehmer weiter angewendet werden auf Hausgewerbetreibende und sonstige arbeitnehmerähnliche Personen, sog. Heimwerker. Auch der letzte Entwurf eines Arbeitsgerichtsgesetzes stellt im § 5[1] den Arbeitnehmern, Arbeitern und Angestellten, einschließlich der Lehrlinge, Personen gleich, „die, ohne angestellt zu sein, im Auftrag und für Rechnung bestimmter anderer Personen Arbeit leisten (Heimgewerbetreibende und sonstige arbeitnehmerähnliche Personen), und zwar auch dann, wenn sie die Roh- oder Hilfsstoffe selbst beschaffen." Vgl. den „Heimarbeiter" und „Hausgewerbetreibenden" in § 5 GGG. und den „Hausgewerbetreibenden" in § 119 b GO. und § 3 BRG. Über den Begriff der „arbeitnehmerähnlichen Personen" gibt Melsbach Arbeitsrecht S. 24 Auseinandersetzungen in Anm. 1 gegenüber dem ähnlichen Zwischenbegriff Potthoffs „verlagsmäßige Heimwerker" oder „verlegte Heimwerker", im Entwurfe z. ArbVertrG. § 4 Ziff. 2 „Heimwerker", vgl. Denkschrift S. 15. Sinzheimer, Grundzüge des Arbeitsrechts S. 15 f. hilft sich in ähnlicher Weise mit dem Begriffe der „Ausstrahlung", vgl. dazu Silberschmidt im Arch. f. RuWPh. 15, 416 f. Diese Aushilfsmittel zeigen, daß der Hauptbegriff des Arbeitnehmers selbst zu eng gefaßt ist. Melsbach S. 22 stellt in einem Beispiele den Goldwarenfabrikanten als Unternehmer dem angestellten Juwelierarbeiter und dem in der Heimarbeit tätigen Kunstgewerbler als Arbeitnehmer richtig gegenüber. Der Fabrikant fällt auch nach unserer Auffassung aus dem Arbeitsrechte heraus, weil er nach § 1 Abs. 2 Ziff. 1 HGB. dem Handelsrecht untersteht. Wie steht es aber mit einem Handwerker, dem der Fabrikant den Stoff zur Herstellung des Schmuckes übergibt? Er ist Arbeitnehmer wie die beiden andern, nach Melsbachs Begriffsbestimmung des Arbeitnehmers (= „wer auf Grund eines Vertrags des bürgerlichen Rechts unter Umständen tätig wird, die nach der Verkehrsanschauung wirtschaftliche Unselbständigkeit bedeuten" S. 22) würde er aber ebenfalls, wenigstens in den meisten Fällen, nicht unter das Arbeitsrecht fallen. Dieser Fehler führt zu offensichtlichen Unstimmigkeiten in einer Reihe von Fällen, die durch besondere Aushilfsmittel eingerenkt werden müssen. Dazu gehört auch die Bestimmung in § 5 des Entwurfes, daß das, bis jetzt ja noch fehlende, Reichsarbeitsgericht bindende Richtlinien, nach der Denkschrift S. 15 als „authentische Interpretion des Gesetzes, Ausführungsvorschriften", was regelmäßig nicht das nämliche ist und dem Reichsarbeitsgericht in jedem Fall eine ihm nicht zustehende Aufgabe übertragen würde (Bewer im GKG. Bd. 29 S. 148 f., Molitor ArbV. S. 79, Kreller S. 10), über die Voraussetzungen der Zugehörigkeit zu den §§ 1—10 und §§ 110—111 des Entwurfes soll aufstellen können und auf Ersuchen des Reichsarbeitsministers oder des Reichsjustizministers soll aufstellen müssen. Diese Bestimmung ist dem § 9 des früheren Entwurfs eines Reichsarbeitsgerichtsgesetzes entnommen (im neuen Entwurfe fehlt sie aber), wonach die Richtlinien des Reichsarbeitsgerichts unter Bindung der Arbeitsgerichtsbehörden die Zugehörigkeit von Personen zu einer Berufsgruppe und dahin feststellen sollten, in welchen Fällen der Zusammenhang eines Anspruchs mit einem Arbeitsverhältnis im Sinne des § 3 dieses Entwurfs vorliegt. Denn dieser frühere Arbeitsgerichtsentwurf ging, wie der jetzige, zutreffend ebenfalls vom Begriffe des Arbeitsverhältnisses aus, aber von einem weiteren als der hier in Frage stehende Entwurf eines Arbeitsvertragsgesetzes. Die Arbeitsgerichte sollten und sollen für die bürgerlichen Rechtsstreitigkeiten aus dem Arbeitsverhältnis oder Lehrverhältnis zwischen Arbeitgebern und Arbeitnehmern zuständig sein mit gewissen Ausnahmen und gewissen Erweiterungen, der Begriff des Arbeitnehmers war aber im vorigen Entwurfe nicht auf Arbeiter, Angestellte und Lehrlinge beschränkt, wohl aber damals (und auch im letzten Entwurf) auch ausdrücklich ausgedehnt (§ 6 bzw. 7) auf Heimarbeiter, Hausgewerbetreibende und sonstige Heimwerker („Heimgewerbetreibende und sonstige arbeitnehmerähnliche Personen" vgl. vorher), auch wenn sie die Roh- und Hilfsstoffe selbst beschaffen. — Sinzheimer Grundzüge S. 5 will die Hausgewerbetreibenden als selbständig vom Arbeitsrecht ausnehmen und nur Heimarbeiter darunter begreifen, die ausschließlich für einen andern nach Art eines Arbeiters tätig sind, auch wenn sie Familienangehörige beschäftigen —; dagegen waren und sind nach § 7 bzw. § 5 II des früheren und des jetzigen Entwurfes eines ArbGG. von der Arbeitsgerichtsbarkeit ausgenommen außer den schon genannten gesetzlichen Vertretern juristischer Personen Personen in ihrer Eigenschaft als öffentliche Beamte, sowie als Angehörige des Reichsheeres und der Reichsmarine, während nach dem früheren Entwurfe gewisse Gruppen von Beamten und Beamtenanwärtern dem Arbeitsrecht unterstellt sein sollten, der Entwurf eines ArbVertrG. aber die Stellung des Beamten gänzlich ungeklärt läßt. Vgl. ArbVertr. S. 75. Der Entwurf des ArbVertrG. scheint sich auch für den Begriff des Angestellten an die tatsächlich geleistete Arbeit anzulehnen, andererseits will Potthoff und der Arbeitsausschuß die Handlungsagenten, die doch regelmäßig gerade nicht abhängig sind, unter den Begriff des „Heimwerkers" bringen, vgl. Potthoff im ArbR. Bd. VIII S. 152 und Baum daselbst S. 253, dagegen Silberschmidt in JW. 1923, S. 222 und Z. f. d. ges. VW. 1923 S. 27, vgl. mit Dorn daselbst 1922 S. 181. Soeben hat der vorläufige Reichswirtschaftsrat „Agenten, Makler und dergl., soferne sie selbständige Kaufleute sind", dem Arbeitsrecht entzogen (GKG. Bd. 31 S. 178). Diese Widersprüche in grundlegenden Fragen zeigen, wie wenig sicher die jetzige Lösung des Problems ist und wie zwischen dem Begriffe der materiellen und der formellen Arbeitsrechtssache, ähnlich wie früher zwischen der materiellen und der formellen Handelsrechtssache (vgl. Silberschmidt, die deutsche Sondergerichtsbarkeit in Handels- und Gewerbesachen, Beilageheft zu Bd. 55 ZHR. S. 213 f., 217) ein zu unfruchtbaren Zuständigkeitsstreitigkeiten führender Unterschied besteht, auch wenn man wie nach § 51 des früheren und § 46 des jetzigen Regierungsentwurfes eines Arbeitsgerichtsgesetzes gegenseitige Verweisungen im Verhältnis zwischen den Arbeitsgerichten und ordentlichen Gerichten vorsieht. All das wird vermieden und eine an sich unzulässige Verschiedenheit der Behandlung verhindert, wenn auch schon die Arbeitssache im weiteren Sinne vor die Arbeitsgerichte verwiesen wird, was freilich wieder die Angliederung an die ordentlichen Gerichte zur Voraussetzung hat.

Aber auch von diesen Zuständigkeitsfragen abgesehen, enthält die jetzige Fassung des Entwurfes eines Arbeitsvertragsgesetzes große Schwierigkeiten und Unklarheiten für die Rechtsprechung durch die Art, wie der Entwurf neben BGB., GO., UWG. usw. bestehen soll, und zwar sowohl wenn er die entsprechenden Bestimmungen des anderen Gesetzes aufhebt wie für das Gegenteil. Im ersteren Falle (z. B. zu § 169 Ziff. 1 des Entwurfs) fehlt die betreffende Bestimmung in denjenigen Fällen, wo zwar das HGB. gilt, aber nicht das Arbeitsvertragsgesetz, z. B. für Volontäre nach § 82a HGB. (Titze a. a. O. S. 903), reisende Agenten nach §§ 87, und 55 HGB. Viel wichtiger und schwieriger sind die Fälle, in denen Bestimmungen z. B. des BGB., HGB. oder der GO., oft in wenig veränderter, insbesondere gekürzter Form, in den Entwurf übernommen wurden. Der Entwurf (Denkschrift S. 11) will nichts enthalten, was in einem allgemein gültigen Gesetze steht, also an sich nur Abweichungen von solchen regeln, aber doch einzelne Vorschriften des

BGB. wiederholen, weil sie ausschließlich oder überwiegend Bedeutung für das Arbeitsverhältnis haben (§§ 9, 106, 107, 142, 156, 159, 162) und das erfolgt zum Teil in abgeänderter Form. Da die Fassung des BGB. eingehendst erwogen ist und man andererseits die Gründe der Änderung, Kürzung nicht kennt, so muß geprüft werden, ob in diesen Fällen für den abhängigen Arbeiter inhaltlich etwas anderes gelten soll wie für den unabhängigen, vgl. auch Molitor im RArbBl. S. 80* und 143*, der den abweichenden Standpunkt des Entwurfes durch das Wort „angestellt“ in § 1 (vgl. mit § 622 BGB.) nicht genügend klargestellt sieht, und Kreller im Arch. f. z. Prax. N. F. Bd. 3 S. 3 f., sowie Richter im RArbBl. 1924 S. 330 und Hueck im ArbVertr. S. 148, 172, so daß die Schwierigkeiten geradezu auf die begriffliche Unterscheidung des Arbeitsrechts nach unabhängiger und abhängiger Arbeit zurückgehen.

So bietet eine besondere Schwierigkeit die Behandlung des Dienstvertrages. Es ist zweifellos, daß, soweit arbeitsrechtliche Fragen im Gesetze nicht ausreichend geregelt sind, als Ergänzungsrecht die Bestimmungen des BGB. über Dienstvertrag, und, soweit Dienstvertrag nicht vorliegt, Werkvertrag in Frage kommen (vgl. unten § 37), soweit sich aus dem Arbeitsvertragsgesetze nichts anderes ergibt. Vgl. § 169 II des Entwurfes und die Denkschrift hiezu S. 30, 31 und 12: „das BGB. und andere Reichsgesetze stehen hinter dem Sonderrechte des Arbeitsvertrages und gelten, soweit dieses nichts anderes ergibt (§ 169)“. Wenn auch der Arbeitsvertrag im Sinne des Entwurfes sich mit keiner der im BGB. geregelten Vertragsarten decken sollte, so regelt doch der Entwurf nach Erklärung der Denkschrift S. 14 den Arbeitsvertrag als einen im wesentlichen schuldrechtlichen Vertrag, ohne an den Vorschriften des BGB. etwas zu ändern. „Diese bleiben also hinter dem Arbeitsrechte stehen und greifen ein, soweit dieses nicht ausschließt.“ „Als solches Ergänzungsrecht kommt in erster Linie das des Dienstvertrages in Frage (obgleich die §§ 611—630 BGB. vollständig in den Entwurf aufgenommen sind), daneben aber auch das des Werkvertrages und des Werklieferungsvertrages. Im übrigen behalten die §§ 611—651 BGB. ihre volle Bedeutung für die Verträge zwischen Selbständigen.“ Danach sollten die Unselbständigen nach Entwurf, allenfalls BGB., die Selbständigen nur nach BGB. beurteilt werden. Nun ist aber der Inhalt des Klammersatzes, daß die §§ 611—630 BGB. ganz in den Entwurf aufgenommen seien, nicht richtig, es fehlen §§ 612 und 618, so daß in beiden Fällen die Frage nach der Bedeutung dieser Auslassung zu erheben ist. Wenn die sämtlichen Vorschriften in den Entwurf übertragen wären, könnte natürlich der Entwurf ausschließlich für das Recht der Abhängigen in Betracht kommen und eine ergänzende Bedeutung des BGB. entfiele dann. Von diesem Standpunkt aus kämen die §§ 612 und 618 BGB. für Abhängige nicht mehr in Frage. Zwischen beiden ist nun aber ein großer Unterschied. § 612 kann tatsächlich als für den Arbeitsvertrag im Sinne des Entwurfes als erledigt gelten, weil unentgeltliche Verträge Abhängiger als nicht vorhanden oder bedeutungslos gelten können. Umgekehrt verhält es sich aber mit der hygienischen Pflicht des § 618, der gerade für den Arbeitsvertrag der Abhängigen von besonderer Bedeutung ist und doch nicht als selbstverständlich betrachtet werden kann. Im Falle des § 612 käme man möglicher Weise auch dazu, den Arbeitsvertrag „Abhängiger ohne Entgelt" als im Entwurf nicht geregelt zu betrachten und die Regelung für den entgeltlichen Vertrag analog anzuwenden. Im Falle des § 618 wäre die Annahme, daß eine solche Vorschrift für Abhängige nicht bestehe, ganz unerträglich und es müßte deshalb mindestens die Übertragung nachgeholt werden. So trägt der Standpunkt des Entwurfes schwere Gefahren in sich. Vgl. Molitor ArbVertr. S. 32 f.

Nach dem hier vertretenen Standpunkt wäre die Regelung in den bestehenden Gesetzen, insbesondere im BGB., stets auch für das ganze Arbeitsrecht gültig, so daß, ähnlich wie im Verhältnis des HGB. zum BGB., nun wirklich nur Abweichungen vom allgemeinen bürgerlichen Recht im Entwurfe zu bestimmen wären, allenfalls nur im besonderen Teile der abhängigen Arbeit, wie das bisher schon in der GO. geschah. Das würde dazu führen, nur die verhältnismäßig wenigen Neuerungen des Entwurfes zu belassen, und im übrigen die Regelung innerhalb des BGB. vorzunehmen, womit man zu einer sehr begrüßenswerten Einschränkung des neuen Gesetzes gelangen würde. Vgl. auch Aron in BayrRPflZ. 1924 S. 179.

Schrifttum: Molitor, Richter, Hueck im RArbBl. 1924 S. 79 f.; Hueck in DJZ. 1924 S. 437 und Jherings Jahrb. Bd. 76 S. 358 f.; Kreller im Arch. f. z. Pr. Bd. 122 S. 1 f, 123 S. 263 f.; Aron im BayZ. 1924 S. 179; Silberschmidt in GKG. Bd. 29 S. 185.

Die Regelung des Arbeitsrechtes sollte ursprünglich in der Weise erfolgen, daß zuerst der Arbeitsberuf, dann der Arbeitsverband und in einem 3. Buche des Arbeitsgesetzbuches der Arbeitsvertrag geordnet werden sollten (Denkschrift S. 12 des Entwurfes), offenbar den drei Einteilungsgründen Sinzheimers in den „Grundzügen“ entsprechend. Wie dort wurde aber der Arbeitsvertrag, wohl mit Recht, an die Spitze gestellt und dem wollen auch wir folgen. Die juristische Bedeutung des Arbeitsberufes und des Arbeitsverbandes liegt im besonderen Arbeitsrecht und soll dort behandelt werden. Der Arbeitsvertrag wird wie im Entwurfe (Denkschrift a. a. O.) in der Hauptsache vom privatrechtlichen Standpunkte zu betrachten sein, während die öffentlich-rechtlichen Schutz-Vorschriften ebenfalls wesentlich im besonderen Arbeitsrechte zu erörtern sind.

Erstes Kapitel.

Der Arbeitsvertrag.

Erster Abschnitt:

Die Bestandteile des Arbeitsvertrages.

§ 8. 1. Die Arbeit als Inhalt des Arbeitsvertrages.

I. Bei der Neuregelung der öffentlichen Fürsorge in Deutschland hat die Arbeit ihre Stellung als Grundlage jeder Existenz gefunden. Nach § 1 der Reichsgrundsätze über Voraussetzung, Art und Maß der öffentlichen Fürsorge vom 4. Dez. 1924 (RGBl. I S. 765) ist davon auszugehen, daß jeder in erster Linie durch Arbeit den Lebensbedarf für sich und seine unterhaltsberechtigten Angehörigen beschafft. Zu diesem Zweck muß er, auch wenn er nicht voll arbeitsfähig ist, seine Arbeitskraft einsetzen und es darf darauf hingewiesen werden, daß auch hier auf die Arbeitskraft zurückgegangen wird (vgl. oben § 5). Kann der einzelne allein durch seine Arbeitskraft den notwendigen Lebensbedarf (§ 6) nicht beschaffen, so soll die öffentliche Fürsorge ihn nach § 1^{II} zunächst dazu tunlichst in den Stand setzen, wobei sie, um seine Gesundheit und Arbeitsfähigkeit zu erhalten, nach § 3 S. 1 auch vorbeugend eingreifen kann. Der Hilfsbedürftige muß nach § 8^{I} zunächst seine eigenen Mittel einsetzen, insbesondere Bezüge in Geld oder Geldeswert aus gegenwärtigem oder früheren Arbeitsverhältnis. Auch dieser Begriff ist hier wie oben § 5 ganz allgemein gebraucht, ohne Rücksicht auf abhängige oder unabhängige Arbeit, weiter also wie im Entwurfe, vgl. Molitor im RArbBl. 1924 S. 80* und Dr. Richter ebenda S. 231*. Die Unterstützung Arbeitsfähiger kann nach § 19 der VO. über die Fürsorgepflicht vom 13. Februar 1924 (RGBl. S. 100) in geeigneten Fällen durch Anweisung gemeinnütziger Arbeit gewährt oder von Leistung solcher Arbeit abhängig gemacht werden, es sei denn, daß dies eine offensichtliche Härte bedeuten würde oder ein Gesetz dem entgegensteht. Eine solche Unterstützung, die von Leistung gemeinnütziger Arbeit abhängig gemacht wird, schafft kein Arbeitsverhältnis, sowenig wie die Arbeit des Kolonisten oder die Beschäftigung der Notstandsarbeiter nach § 9 der VO. vom 15. Okt. 1923 (RGBl. I S. 984), vgl. dazu Bodmann im ArbR. 1925 S. 365. Dagegen ist die Beschäftigung des Notstandsarbeiters nach den Bestimmungen vom 30. April 1925 „Beschäftigung gegen Entgelt" im Sinne der RVO., vgl. unten § 14 III C I a ϑ. Ob dem Hilfsbedürftigen eine Arbeit billiger Weise zugemutet werden kann, soll nach Lebensalter, Gesundheitszustand, häuslichen Verhältnissen und, soweit angängig, auch nach der beruflichen Ausbildung beurteilt werden, insbesondere auch in den Fällen des § 19 der VO. Vgl. § 7 II der Grundsätze. Nach § 13 ebenda kann bei Arbeitsscheu strengste Prüfung der Hilfsbedürftigkeit eintreten und es ist Art und Maß der Fürsorge auf das zur Fristung des Lebens Unerläßliche, sowie allenfalls auf Anstaltspflege zu beschränken. Schließlich kann nach § 20 der Grundsätze der Arbeitsfähige, der infolge sittlichen Verschuldens der öffentlichen Fürsorge anheimfallt, von der Verwaltungsbehörde in einer geeigneten Anstalt oder sonstigen Arbeitseinrichtung zur Arbeitsleistung untergebracht werden, wenn er Arbeit beharrlich ablehnt oder sich der Unterhaltspflicht beharrlich entzieht.

Schrifttum: Dr. Jung im RArbBl. 1925 S 163*; Silberschmidt im Arbeitsrecht 1925 S. 538.

II. Die Einsetzung der Arbeitskraft und die Beschaffung des Unterhalts durch Arbeit kann dadurch erfolgen, daß der Mensch unmittelbar durch Aufwendung von Kraft der Natur Güter abringt (Gewinnung und Erwerbung von Früchten) oder daß er tatsächlich ohne besondere Verpflichtung arbeitet und ohne eigentliches Entgelt tatsächlich den Unterhalt erhält (insbesondere in der Familie) oder zwangsweise, im Arbeitshaus oder Gefängnis, untergebracht wird und dort arbeitet oder freiwillig in einer Verpflegsanstalt um Aufnahme nachsucht und dort dafür arbeitet oder endlich, was den Hauptfall bildet, daß er durch Vertrag freiwillig Dritten gegenüber sich zur Leistung von Arbeit verpflichtet. Im Wirtschaftsverkehre gilt gemäß Art. 152 I RV. Vertragsfreiheit nach Maßgabe der Gesetze. Wie nach § 305 BGB. Freiheit für Rechtsgeschäfte zur Begründung eines Schuldverhältnisses im allgemeinen besteht, so gilt das Gleiche zur Begründung eines Arbeitsverhältnisses. Und ebenso sagt § 105 GO., daß die Festsetzung der Verhältnisse zwischen den selbständigen Gewerbetreibenden und den gewerblichen Arbeitern vorbehaltlich der durch Reichsgesetz begründeten Beschränkungen Gegenstand freier Übereinkunft ist. Wenn daher § 2 des Entwurfs ausspricht: Der Arbeitsvertrag unterliegt nur insoweit freier Übereinkunft als nicht unabdingbare Rechtsvorschriften entgegenstehen, so gilt dieser Satz für jeden Arbeitsvertrag, der eben nur insoweit grundsätzlich frei ist, als nicht der Staat aus öffentlich-rechtlichen Gründen bindend eingegriffen und gegenteilige Vereinbarungen ausdrücklich oder stillschweigend verboten hat. Das gilt insbesondere auch für den Inhalt des Arbeitsvertrages (Molitor a. a. O. S. 146*), für die große Zahl der Arbeiterschutz- und insbesondere auch Arbeitszeitgesetze, für Ausnahmen von der Formfreiheit des Arbeitsvertrages usw. Die gesetzlichen Bestimmungen können dabei die Vertragsfreiheit nur einschränken (z. B. das Verbot der Sonntags- und in gewissem Umfange Nachtarbeit) oder selbst Vertragsinhalt werden. Vertragliche Vereinbarungen gegen bindendes Gesetzesrecht sind nach § 134 BGB. nichtig. In andern Fällen wird Unabdingbarkeit nunmehr ausdrücklich vorgeschrieben. Vgl. Molitor im RArbBl. 1924 S. 146*. Das Gesetz kann aber auch eine sekundäre Rechtsquelle bestimmen, durch welche der Vertragsinhalt ganz oder zum Teil geschaffen wird, z. B. Tarifverträge oder wieder unter den letzteren eine tertiäre, z. B. die Arbeitsordnungen, auf welche beide Rechtsquellen beim Arbeitsrecht i. e. S. näher einzugehen sein wird.

Schrifttum: Hueck, Arbeitsvertragsrecht S. 18 und bei Gruchot Bd. 65 S. 16 f.; Siber, Die schuldrechtliche Vertragsfreiheit in Iherings Jahrb. Bd. 76 (1921) S. 223 f.; Groh, Arbeitsrecht S. 84.

III. Darüber, ob der einzelne Arbeiter sich einem bestimmten Arbeitgeber verpflichten will oder ob dieser einen bestimmten Arbeitnehmer annehmen will, entscheidet daher regelmäßig der freie Wille der Beteiligten. Vgl. jetzt Molitor ArbVertr. S. 85. Die freiwillige Arbeit ist im allgemeinen auch wertvoller und ergiebiger als die erzwungene. Auch der Arbeitgeber muß sich regelmäßig seinen Arbeitsgehilfen wählen können, wenn er für dessen Arbeitsergebnis einstehen soll. Ein Zwang zur Annahme jedes von einer Arbeitsvermittlungsstelle ausgewählten Arbeiters oder Angestellten erscheint deshalb z. Zt. untunlich. Wohl aber hat die Not der Kriegszeit und der Nachkriegszeit dazu geführt, bestimmten Klassen von Arbeitern und Angestellten, insbesondere Kriegsteilnehmern und Kriegsbeschädigten, Vorrechte in bezug auf die Beschaffung von

Arbeit einzuräumen und die Arbeitgeber insoweit einem, oft hart empfundenen, Zwange zu unterstellen. (Vgl. unten im Arbeitsrecht i. e. S.). Noch weitergehend haben § 1 II des Sozialisierungsgesetzes vom 23. März 1919 (RGBl. S. 341) und Art. 163 der Reichsverfassung erklärt: „Jedem Deutschen soll die Möglichkeit gegeben werden, durch wirtschaftliche Arbeit seinen Unterhalt zu erwerben." Über eine Folgerung aus diesem, wiederum ganz allgemein, für Abhängige und Unabhängige gegebenen, Soll-Satz ist nur nach der Richtung gezogen worden, daß in beiden Gesetzen demjenigen, welchem eine angemessene Arbeit nicht nachgewiesen werden konnte, zugesichert wird, daß das Reich für seinen notwendigen Unterhalt sorgt, so daß der Soll-Satz nur als Begründung der Arbeitslosenfürsorge (vgl. unten § 14) erscheint. Tatsächlich ist auch in der VO. über Erwerbslosenfürsorge jetzt in § 1 S. 2 der VO. vom 16. Februar 1923 (RGBl. I S. 127) nur wieder eine allgemeine Zusicherung der Arbeitsbeschaffung in ganz unverbindlicher Weise erfolgt, indem dort als Ziel dieser Fürsorge im einzelnen Falle die Beendigung der Erwerbslosigkeit (vgl. oben unter I) durch Aufnahme der Arbeit bezeichnet und (Satz 3) vorgeschrieben wird, daß Unterstützung nur zu gewähren ist, soweit dieses Ziel nicht zu erreichen ist. Wenn Kaskel in § 18 seines „Neuen Arbeitsrechts" (etwas anders jetzt AR. S. 53 f.) sagt, daß die Durchführung des Grundsatzes, jedem Deutschen eine wirtschaftliche Existenz zu ermöglichen, die Arbeitsbeschaffung ist, so darf das nicht dahin verstanden werden, als ob eine Arbeitsbeschaffung in diesem Umfang im geltenden Rechte bestehe. Dieses sucht zwischen Angebot und Nachfrage der Arbeit erfolgreich zu vermitteln, ein Beschäftigungszwang besteht aber nur für die im Arbeitsrecht engeren Sinns zu behandelnden Ausnahmefälle der Kriegs- und Nachkriegszeit. In der freien Wirtschaft aber spielt der Arbeitsverschaffungsvertrag eine Rolle (vgl. unten § 12 unter B I a), insbesonders in der Form des Dienstverschaffungsvertrages, des Zeitcharter- und des Impresariovertrages, wobei Gegenstand des Vertrages die Verschaffung von Arbeit ist. Wenn aber Molitor ArbVertr. S. 59 und Hueck in Iher. Jahrb. Bd. 74 S. 375 das in Gegensatz stellen zum Arbeitsvertrag, welcher Leistung von Arbeit zum Gegenstand habe, so darf doch nicht vergessen werden, daß es sich auch beim Dienstverschaffungsvertrag um einen Werkvertrag handelt, der auch nach Molitor Arbeit zum Gegenstand hat, eben die Arbeit des Verschaffens. Vereinigt sind beide Fälle im § 23 des Entwurfes, Arbeitsvertrag mit Lösebefugnis durch Dienstverschaffung, vgl. unten Ziff. XI, § 15 unter A III und § 40 unter II 2c, Molitor Arb.-Vertr. S. 58, Schröder, Dienstverschaffungsvertrag, Rostocker Diss. 1914, Janssen, Die Zeitcharter, Lpz. rw. Studien 1923 S. 30 und Dalberg in JW. 1911 S. 140.

Nach § 110 des Entwurfes hat der Arbeitgeber gegenüber dem Gehilfen, zu dessen Stellung der Arbeitnehmer verpflichtet ist, ebenfalls die Stellung des Arbeitgebers und zwar nach der Denkschrift S. 23 mit der unabdingbaren Folge des § 111, wonach der Arbeitgeber gegenüber den von Zwischenmeistern beschäftigten Arbeitnehmern für die Erfüllung der Arbeitgeberpflichten als selbstschuldnerischer Bürge haftet. Vgl. Molitor ArbVertr. S. 60 f. und unten § 15 unter A V sowie § 34 unter II und III.

IV. Noch weniger ist ein allgemeines Recht des Einzelnen auf Arbeit über die Zusage der Arbeitslosenfürsorge hinaus im geltenden Recht anerkannt, wie man wohl behaupten wollte (vgl. Görrig, Arbeitsrecht des neuen Deutschland, Bd. I S. 25, 29, 216). Ein solches Recht auf Arbeit ist im Februar 1849 schon bei der Beratung der „Grundrechte des deutschen Volkes" ebenso abgelehnt werden wie früher in der französischen Revolution und später in der Schweiz (in der Volksabstimmung vom 3. Juni 1894); in der Theorie ist das Recht auf Arbeit zwar von Fichte, von Fourier und Owen, von Proudhon und Louis Blanc, auch von Bismarck vertreten worden, in der praktischen Erprobung hat es aber versagt und nur eine Sozialpolitik hat sich als möglich gezeigt, die das Recht auf Arbeit ersetzt. Dieses Recht auf gewisse Versicherungsleistungen im Falle der Erkrankung, des Unfalls, der Invalidität, allenfalls der Arbeitslosigkeit richtet sich gegen den Staat oder gewisse von ihm eingesetzte Versicherungsträger und gewährt dem Arbeitnehmer annähernd ähnliche Sicherungen, wie er sie hätte, wenn ihm ein Recht auf Arbeit zustände. Dieses Recht könnte sich nicht gegen einen bestimmten, gerade vom Arbeitnehmer gewünschten Arbeitgeber richten, so lange dieser unter der Herrschaft des freien Wettbewerbes die wirtschaftliche Verantwortlichkeit für sein Unternehmen selbst zu tragen hat. Etwas derartiges konnte nur in den genannten Ausnahmefällen der Kriegs- und Nachkriegszeit in einem wirtschaftlichen Ausnahmezustande den Betrieben zugemutet werden, niemals aber allgemein. Inwieweit aus dem Einzelarbeitsvertrage sich ein Recht des Arbeitnehmers auf Arbeit d. h. auf wirkliche Beschäftigung, nicht nur auf Entlohnung ergibt, ist weiter unten bei den Pflichten des Arbeitgebers zu erörtern. Vgl. § 16 unter I.

Schrifttum: Prochownik, Das angebliche Recht auf Arbeit, 1891; Karl Kautsky, Das Recht auf Arbeit, Neue Zeit 1884 S. 302; v. Zwiedineck-Südenhorst, Sozialpolitik 1911 S. 334 f; Sänger, Das Recht auf Arbeit, 1895; Menger, Recht auf den vollen Arbeitsvertrag, 2. Aufl., 1891; Considérant, Théorie du droit de propriété et du droit au travail, 1839; Lamartine, Du droit au travail, 1844; Proudhon, Le droit au travail, 1848; „Recht auf Arbeit" im Handwörterbuch der Staatswissenschaften, vor allem Dr. Walter A. Malachowski, Recht auf Arbeit und Arbeitspflicht, 1922; Bewer, Das Recht auf Beschäftigung. N. Z f. ArbR. Bd. 1 S. 29; Franke, Das Recht auf Arbeit und das Recht auf Beschäftigung, ebenda Bd. 4 S. 547 und vorher GKG. Bd. 28 S. 143 und Bd. 29 S. 29 und Bl. f. AR. 2 n. 13.

V. Wenn bei der Begriffsbestimmung des Arbeitsrechts (S. 12 f.) davon ausgegangen wurde, daß Arbeit das Ergebnis der schaffenden Kraft des Menschen ist (vgl. auch oben unter I und II), welche die ihm entgegentretenden Hemmnisse überwindet, so muß dasselbe von der Arbeit als Inhalt des Arbeitsvertrages gelten. Daß sie einem fremden Bedürfnisse dient, den Inhalt eines dauernden Schuldverhältnisses bildet (vgl. oben Einl. S. 12), unterscheidet sie vom Spiel und von der Arbeit nur für den eigenen Bedarf. Die Arbeit als Inhalt eines Rechtsgeschäftes, des Arbeitsgeschäftes, wird in der Weise gewährt, daß dem Gegenteile menschlicher Kraftleistung zugesagt und gewährt wird. Die Leistung von Energie tritt damit neben die Leistung von Sachen oder Sachnutzungen (vgl. oben Einl. S. 18), gewährt demjenigen, dem sie geleistet wird, auch einen Vermögensvorteil, enthält aber für den, der sie leistet, einen Kraftaufwand, nicht aber einen unmittelbaren Vermögensaufwand. Vgl. Lotmar, Arbeitsvertrag Bd. 1 S. 81 und 106. Vielmehr stellt jede Arbeit die Persönlichkeit des Arbeitenden demjenigen, der ein Recht auf diese Arbeit hat, zur Verfügung. Dadurch enthält die Arbeit als Inhalt jedes Arbeitsverhältnisses den Tatbestand der Unterordnung und Unselbständigkeit (vgl. v. Philippowich, Grundriß der polit. Ökonomie Bd. 1 § 42) und geht von selbst in den Begriff des Dienstes über, insofern die Tätigkeit aus den sozialen Beziehungen des Menschen hervorgeht und als Leistung des einen für den andern erscheint (ebenda § 41). Die Arbeit des Besitzlosen, die häufig das einzige verwertbare Gut des Arbeitsverpflichteten bildet, führt aber dann zu einer „über das Notwendige hinausgehenden Abhängigkeit der ganzen Persönlichkeit des Arbeitenden" (ebenda § 42 Z. 4). Für ihre Entstehung ist nicht so sehr das Dauerverhältnis von verursachender Bedeutung (Molitor, Wesen des Arbeitsvertrages S. 95 f., legt für die Frage der Schutzbedürftigkeit auf die erhebliche Dauer besonderen Wert), das nach obigem bei jedem Arbeitsverhältnis besteht, als der große Unterschied in der wirtschaftlichen Stellung der Parteien des Arbeitsvertrages. Auf diese Arbeit der Besitzlosen, zunächst der Arbeiter und dann der Angestellten als Abhängigen, bezog sich die Sozialpolitik um die Wende des 19. Jahrhunderts nahezu ausschließlich und erst, nachdem Arbeiter und Angestellte mit der wirtschaftlichen Macht verhältnismäßig gute Bezahlungen erlangt hatten, begann man einzusehen, daß heute häufig die Ärmsten der Armen nicht diese Arbeiter und Angestellten sind, sondern Teile des Mittelstandes, und daß daher nicht die Arbeit allein des Arbeiters und Angestellten als Inhalt des Arbeitsvertrages in der Weise begünstigt werden kann, wie das vielfach geschehen war. Vielmehr ergeben sich die Anforderungen, wie sie z. B. Melsbach stellt, daß das Arbeitsgesetzbuch „in der Hauptsache das Recht der ungeschichtlichen Vielheit des Proletariats werden soll," daß aber doch „die ehernen Gesetze der Entwicklungsgeschichte auf seine Verhältnisse und insbesondere sein Recht Anwendung finden müssen" (S. 27), daß die Gefahren des Industrialismus vermieden werden müssen, der Arbeitnehmer ein inneres Verhältnis zu seiner Arbeit zu gewinnen, aber auch der Arbeitgeber die Persönlichkeit des Arbeitenden zu achten hat, daß beide sich gleichzustehen und gemeinschaftlich zusammenzuwirken haben, aus dem allgemeinen Begriffe der Arbeit, wie er hier entwickelt wurde, was nicht hindert, den wirtschaftlich gefährdeten Arbeiter besonders zu schützen. Molitor, Wesen des Arbeitsvertrages S. 93 f., geht, nachdem er dasselbe zunächst ganz allgemein bestimmt, weiterhin davon aus, daß der Begriff „Arbeitsvertrag in dem in Deutschland gebräuchlichen Sinne" wesensgleich mit abhängiger Arbeit sei.

Schrifttum: Horneffer, die große Wunde, Psychologische Betrachtung zum Verhältnis zwischen Kapital und Arbeit 1922 und dazu z. B. Horneffer im „Arbeitgeber" 1922 S. 281 und 1923 S. 2; Bovenschen und Meink das. 1922 S. 281 und 397; Silberschmidt in Recht und Wirtschaft 1921 S. 239: „Wer in das Leben des Arbeiters und des Mittelstandes hineinschaut, der weiß, daß unsere ganze sozialpolitische Anschauung heute einer Wende bedarf" und Herkner, Sozialpolitische Wandlungen in der wissenschaftlichen Nationalökonomie im Arbeitgeber 1923 S. 33; Brauns, Wirtschaftskrisis und Sozialpolitik und dazu RArbBl. 1924 S. 180*.

VI. Es muß aber bei dem Satze Endemanns (a. a. O. S. 90) sein Bewenden haben, daß im Arbeitsvertrage „der Grundbegriff der Arbeit vom vornehmsten Arbeiter im Dienste des Staates bis zum niedersten Handarbeiter derselbe ist". In jedem Zusammenwirken eines Arbeitnehmers mit einem Arbeitgeber liegt auch eine gewisse gesellschaftliche Verbundenheit zu einem gemeinsamen Zwecke. Handelt es sich um das Zusammenwirken in einem Betriebe, so scheiden zunächst wieder die handelsrechtlichen Gesellschaftsformen als außerhalb des Arbeitsrechts liegend hier aus. Im Betriebe kann aber sowohl der Arbeitsvertrag des Arbeitgebers mit dem Arbeitnehmer wie ein Gesellschaftsverhältnis des bürgerlichen Rechts (oben Einleit. S. 16, 17, 26) oder stille Gesellschaft des Kapitalisten mit einem Arbeiter in Frage kommen. Aber allein schon durch die Tatsache der Gemeinschaftlichkeit des Betriebes entsteht auch für die abhängige Arbeit ein dort näher zu erörterndes Gemeinschaftsverhältnis, die Betriebsgemeinschaft, ähnlich der in der Nachkriegszeit geordneten Hausgemeinschaft zwischen Hauseigentümer und Mieter.

Schrifttum: Potthoff, Die Rechtsgrundlage der Betriebsgemeinschaft im Arbeitsrecht 1924 S. 713, dagegen Nörpel ebenda S. 917 vgl. mit Stockhausen, ebenda S. 917; Silberschmidt, Eine Form für die Rechtsgrundlage der Betriebsgemeinschaft im RArbBl. 1925 S. 84*; Potthoff, Die sozialen Probleme des Betriebes 1925, daraus besonders Hedemann, Betriebsgemeinschaft als Rechtsproblem S. 17 f.; Göppert, Die Rechtsform für die Betriebsgemeinschaft im RArbBl. 1925 S. 165 und dagegen Silberschmidt ebenda S. 299*.

VII. Nun ist freilich nicht jede Arbeit, die vertragsmäßig geleistet wird, eine arbeitsrechtliche, von der schon gemachten Ausnahme handelsrechtlicher und sonstiger Auffaugung (Einleit. S. 24) ganz abgesehen. Nicht allgemein unter das Arbeitsrecht fällt meist z. B. seelsorgerische, wissenschaftliche, künstlerische, unterrichtende, erziehende Berufstätigkeit. Das Rechtsverhältnis des Beamten zum Staat und seinen Körperschaften enthält arbeitsrechtliche Bestandteile, bedarf aber der gesonderten Untersuchung. Im allgemeinen ist zu sagen, daß es von der Entwicklung der Volkswirtschaft und des Staats- und bürgerlichen Rechts der einzelnen Staaten abhängt, ob in diesen und ähnlichen Fällen Verträge über Arbeit vorliegen oder ob auch hier die Verpflichtung auf etwas anderes, etwas Höheres, geht, das dann die

Arbeit mit umfaßt und aufsaugt. Vgl. allerdings § 91 unten. Die deutsche GO. spricht in § 6 ausdrücklich aus, daß sie keine Anwendung findet auf die Erziehung von Kindern, das Unterrichtswesen, die advokatorische und Notariatspraxis sowie daß sie in der Hauptsache für die Ausübung der Heilkunde nur einen Befähigungsnachweis verlangen will. Wie in diesen Fällen nach deutschem Recht (vgl. Landmann, Kommentar zur GO. Bd. 1² S. 42f., 110f., insbesondere auch über die bestrittene Stellung des Arztes) nicht der Betrieb eines Gewerbes vorliegt, so ist regelmäßig auch kein Arbeitsvertrag gegeben. Das deutsche Beamtentum steht in einem allgemeinen Treuverhältnis, über das des Angestellten und Arbeiters hinausgehend, zum Staate, der dem Beamten den seiner Stellung entsprechenden Unterhalt, nicht Arbeitslohn gewährt. Die Grenzen zwischen Beamten und Angestellten sind aber oft flüssig und für die gleiche Tätigkeit kann zwischen Beamten und Angestellten gewählt werden. Diese schwankende Stellung kennzeichnet sich durch die verschiedenen und wechselnden Bestimmungen der Versicherungsgesetze: für die Krankenversicherung (RVO. § 165, insbesondere jetzt Ziff. 5 und 5a vgl. mit §§ 169—172), Unfallversicherung (§ 544 für Betriebsbeamte vgl. mit § 154), Invalidenversicherung (§ 1226 vgl. mit der früheren Fassung und §§ 1234, 1235, 1237, 1242), Angestelltenversicherung (AVG. §§ 1, 11, 12, 14, 17) und durch die dabei zu beobachtenden Unterschiede zwischen Beamten, Angestellten und Beschäftigten. Die RVO. bevorzugte vielfach das Angestelltenverhältnis vor dem Beamtenverhältnis, umgekehrt VAG. das letztere, was zur Verschärfung der Gegensätze beitrug. Andererseits ist freilich in den letzten Jahren die Art der Gehaltszahlung des Beamten nach ähnlichen Grundsätzen wie die Lohnzahlung des Arbeiters und des Angestellten geregelt worden, ohne daß aber dadurch an den Grundsätzen etwas geändert wäre. Das Dienstverhältnis des Beamten ist eben öffentlichrechtlich und auf Amtsführung gerichtet. Das Einzelne ist im Anschluß an das Angestelltenrecht zu erörtern. Wie die Amtsführung des Beamten dessen Arbeitsleistung mit umfaßt, so gilt ähnliches für den Rechtsanwalt, den Notar und wohl auch den Arzt. Wenn Matthäi, Grundriß S. 89, als Beispiel des Dienstvertrags eines Unabhängigen denjenigen des Rechtsanwalts und des Arztes mit ihren Klienten anführt, so kann es im Einzelfalle sehr fraglich sein, ob es sich überhaupt um Dienstverträge handelt, ja ob überhaupt Vertragsverhältnisse vorliegen (RGZ. Bd. 85 S. 412, v. Gierke,

Deutsches Privatrecht Bd. 3 S. 592 A. 4). Anders freilich ist das Verhältnis des Leibarztes, des Syndikus usw., ebenda S. 593 A. 7. Dagegen ist das Gewerberecht, soweit es sich um das Recht der gewerblichen Arbeit handelt, ebenso ein Teil des Arbeitsrechtes, wie auch z. B. die landwirtschaftliche Arbeit darunter fällt, vgl. dagegen Melsbach S. 20.

Schrifttum: Groh S. 11, 22, Jadesohn Bd. 1 S. 176, Bd. 2 S. 36; Melsbach S. 21; Potthoff, Wesen und Ziel des Arbeitsrechtes 1922; Potthoff im Arbeitsrecht 1922 S. 123 und 551, 1923 S. 731 und „Grundfragen des künftigen Beamtenrechtes" Heft 3 der Schriftensammlung des ADB.; Dr. Lutz Richter, Die arbeitsrechtliche Natur des Beamtenverhältnisses ebenda 1924 S. 658, wo der für das Arbeitsrecht so wichtige Aufsaugungsgrundsatz Lotmars nicht beachtet wird, und „Amtsträger und Arbeitnehmer im Strafgesetz-Entwurf", Arbeitsrecht 1925 S. 347.

VIII. Von den Arten der Arbeit wurde die Unterscheidung zwischen körperlicher und geistiger (Einl. S. 6), zwischen entgeltlicher und unentgeltlicher (Einl. S. 21 f.), zwischen unabhängiger und abhängiger (Einl. S. 17 f. und §§ 5 f.) Arbeit bereits erwähnt. Wichtig ist noch die Unterscheidung zwischen leitender und ausführender, zwischen geschulter und ungeschulter, vgl. Silberschmidt in JW. 1925 S. 1939, materieller, äußerlich durch Umformung und Raumveränderung hervortretender, und unmaterieller Arbeit (z. B. durch Lehren, Hüten usw.), zwischen produktiver und unproduktiver Arbeit. Vgl. dazu Frh. v. Ketelhodt, Produktive Arbeit, in Recht und Wirtschaft 1920 S. 237 und das Schrifttum über produktive Erwerbslosenfürsorge unten § 14. Die ungleiche Entlohnung von Männer- und Frauenarbeit tritt jetzt mehr zurück.

IX. Die nämliche Tätigkeit kann, je nachdem sie als Inhalt eines Arbeitsvertrages in Frage kommt oder nicht, sich als Arbeit im Sinne des Arbeitsrechts oder als unwirtschaftliche Arbeit, ja selbst als Genuß darstellen, z. B. das Vorlesen oder Lesen eines Romans. Lotmar (Bd. 1 S. 74) will entscheiden lassen, ob die Tätigkeit ein fremdes Bedürfnis stillen und objektiv den Gegenstand eines Arbeitsvertrages bilden kann, während es gleichgültig sei, ob das Subjekt selbst die Tätigkeit als Arbeit empfinde. Nun kann aber z. B. dasselbe objektive Vorspielen eines Musikstückes bald nur zur eigenen Freude, bald zu gemeinschaftlichem Genusse mit andern, bald als Inhalt eines Arbeitsvertrages erfolgen. Ob die Arbeit auch im letzteren

Falle mit Lust verrichtet wird, ist freilich für den Begriff gleichgültig, aber entscheidend ist gerade die subjektive Auffassung, ob die Tätigkeit zur Erfüllung der übernommenen Pflicht und damit des fremden Interesses erfolgt, ob sie einem fremden Willen unterworfen ist. Vgl. jetzt auch Molitor, Wesen des Arbeitsvertrages S. 5 f. und oben § 5 unter II.

So kann auch die Tätigkeit eines Kindes unter 7 Jahren, ganz abgesehen von der Frage, ob und wie es einen gültigen Arbeitsvertrag eingehen kann, tatsächlich je nachdem als Spiel oder Arbeit erscheinen, wenn es etwa Kohlköpfe wie Bälle in eine Öffnung zu werfen sucht oder wenn es dieselben Kohlköpfe ernstlich durch das Kellerloch in den Keller befördert. Lotmar will die subjektiven Empfindungen des Kindes auch hier nicht entscheiden lassen, wenn dieselbe Tätigkeit, von Erwachsenen geübt, als Arbeit erscheint. Das ist ganz richtig, führt aber gerade dazu, die subjektive Auffassung des Erwachsenen entscheiden zu lassen; auch seine gleiche Tätigkeit ist nicht Arbeit, wenn sie nur zur Erprobung der Geschicklichkeit, Schnelligkeit usw. erfolgt. Eine ganz andere Frage, die aber auf Lotmar mitbestimmend wirkt, ist es, ob im einzelnen Falle mit Recht ein Spiel auf seiten des Kindes angenommen, ob nicht der Spieltrieb des Kindes ausgenützt wird und ob nicht tatsächlich, ohne daß es das unmündige Kind einsieht, Arbeit für andere vorliegt oder ob die Auffassung oder Behauptung, daß nur Spiel vorliege, falsch ist. Vgl. Entsch. u. Mitt. d. RVA. Bd. 4 S. 261, Bd. 7 S. 233, Bd. 11 S. 238 und DJZ. 1899 S. 158, Handb. d. UnfallV. Bd. 1 S. 53, Bd. 2 S. 15 und den objektiven Begriff der Arbeit nach Lufft, oben § 5 unter I.

Ähnliches gilt von der Tätigkeit, die zur Vorbereitung für einen Beruf erfolgt. Die an sich folgerichtige Auffassung Lotmars (S. 79), daß der Lehrherr seine Tätigkeit zur Erfüllung einer übernommenen Pflicht im fremden Interesse ausübt und er deshalb der Arbeitnehmer für die Tätigkeit des Lehrens ist, entspricht natürlich der Wirklichkeit nicht, weil nicht der Lehrherr in der Wirklichkeit für die Tätigkeit des Lehrens ein Arbeitsverhältnis sucht, sondern, soweit der Lehrling, oft schon von Anfang an, als Lernender zugleich Tätigkeiten für den Lehrherrn entfalten kann und soll, ist er Arbeiter desselben, ob er Lehrgeld zahlt oder nicht oder ob er noch Entgelt erhält. Vgl. oben Einl. S. 22 gegen Sinzheimer, Grundzüge S. 7, der den Lehrgeld zahlenden Lehrling nicht als Arbeiter erachtet. § 2 III des Entwurfes sagt mit Recht: Lehrlinge sind Arbeiter, die zu ihrer Ausbildung beschäftigt werden. Dabei darf aber nicht übersehen werden, daß doch auch auf seiten des Lehrherrn die Verpflichtung zur Anleitung und Überweisung besteht, und zwar im Austauschverhältnis gegen die Verpflichtungen des Lehrlings, daß es sich also um einen gemischten Vertrag handelt, vgl. Silberschmidt in Hanseat. GZ., ArbR. 1925 S. 141. So entsteht jetzt der einheitliche Begriff des Lehrlings für „alle Personen, die zu ihrer Ausbildung beschäftigt werden" neben Arbeitern und Angestellten. Vgl. den Vorentwurf zu einem schweizerischen Gesetz über die berufliche Ausbildung § 1: „Als Lehrlinge i. S. des Gesetzes gelten die aus der Primarschulpflicht entlassenen Minderjährigen, die in einem dem Gesetz unterstellten Betriebe (Handwerk und Industrie, Handel und Verkehr) beschäftigt werden, um einen bestimmten Beruf zu erlernen." Kaskel S. 31 A. 1 betrachtet die Lehrlinge nicht als eigene Gruppe, sondern als zu der Gruppe gehörig, für welche sie ausgebildet werden. Vgl. oben § 7.

Schrifttum: Hueck, Arbeitsvertragsrecht S. 236; Oertmann, Arbeitsvertragsrecht S. 250; Groh S. 20; Erdel, Lehrvertrag, Allgemeines in der Kartenauskunftei; vgl. auch die Kommentare zu §§ 165 Ziff. 1 und 174, 544 Ziff. 1, 1226 Ziff. 4 RVO. und AVG. § 1 Ziff. 4 und Abs. 2 und die Denkschrift zum Entwurf S. 14; Dr. Käthe Gäbel im RArbBl. 1924 S. 231*.

Daher ist der Zweckgedanke viel weiter, als Lotmar wahrhaben will, für den Begriff der Arbeit im Arbeitsvertrag entscheidend, die Unterwerfung unter den fremden Willen scheidet alle diese Fälle des Arbeitsvertrages von der Tätigkeit ohne solchen Vertrag.

X. Max Weber (Grundriß der Sozialökonomik, 3. Abteilung, Wirtschaft und Gesellschaft, 1. Teil 1921, § 15 S. 62) teilt die menschlichen Leistungen wirtschaftlicher Art ein in disponierende und an Dispositionen orientierte. Unter die letzteren Leistungen läßt er die des Arbeitsvertrages fallen, während er sagt, daß auch die disponierenden Leistungen Arbeit genannt werden können, wenn Arbeit gleich Inanspruchnahme von Zeit und Anstrengung gesetzt wird. Die von fremder Leitung unabhängige Arbeit nennt Hoeniger (Hoeniger-Wehrle, Arbeitsrecht, 6. Aufl. 1925 S. XXX f.) selbstbestimmte Arbeit im Gegensatze zur fremdbestimmten Arbeit. Er versteht darunter in beiden Fällen wirkliche Arbeit innerhalb des Arbeitsvertrages, wobei die selbstbestimmte Arbeit diejenige sein soll, bei welcher der Arbeiter die Ausführungsart selbst bestimmt, weshalb Hoeniger sie auch der Spezialarbeit und dem Werkvertrage, die fremdbestimmte aber der Gattungsarbeit und dem Dienstvertrag in der Hauptsache gleichstellt. Geht man aber vom eigentlichen Begriffe der selbstbestimmten Arbeit aus, dann ist es diejenige außerhalb eines Arbeitsvertrages, die disponierende Arbeit Webers; der sog. selbstbestimmten Arbeit innerhalb des Arbeitsvertrages ist der zu erbringende Erfolg doch stets von fremder Seite bestimmt und nur die Art der Ausführung kann allenfalls der Arbeiter wählen. In diesem Sinne wird als Arbeiter überhaupt derjenige betrachtet, der die Gedanken anderer ausführt und ihnen seine Arbeitskraft zu diesem Zwecke leiht. Vgl. Stephinger, Grundsätze der Sozialisierung, 1919. Das ist zugleich der Begriff des Arbeitnehmers im Gegensatze zum Kaufmann oder zu dem die Ware nach freien Entwürfen herstellenden Fabrikanten. Vgl. dagegen Melsbach S. 21. Umgekehrt kann auch die nicht disponierende, also an Dispositionen orientierte, aber deshalb nicht notwendig fremdbestimmte Arbeit innerhalb des Arbeitsvertrages mit der unter VIII erwähnten leitenden Arbeit im Gegensatze zur ausführenden zusammenfallen; dies trifft zu bei den sog. leitenden Angestellten, die eine wichtige, zugleich über- und untergeordnete Gruppe innerhalb der Angestellten bilden (vgl. oben § 7 S. 65 über Vorstandsmitglieder).

Schrifttum: Schäfer in Recht und Wirtschaft 1920 S. 213 f. und im Arbeitsrecht Bd. 7 (1920) S. 188 f.; Höfchen, daselbst Bd. 8 (1921) S. 277; Oertmann, Arbeitsvertragsrecht S. 17; Hueck, Quellen- und Grundbegriffe des Arbeitsrechts S. 33, 35; Müffelmann in der Kartenauskunftei; Potthoff, im Arbeitsrecht Bd. 9 S. 145; Kaskel, AR. S. 23; Zeitschrift „Der leitende Angestellte".

Das Vorgetragene läßt sich in folgender Darstellung zusammenfassen:

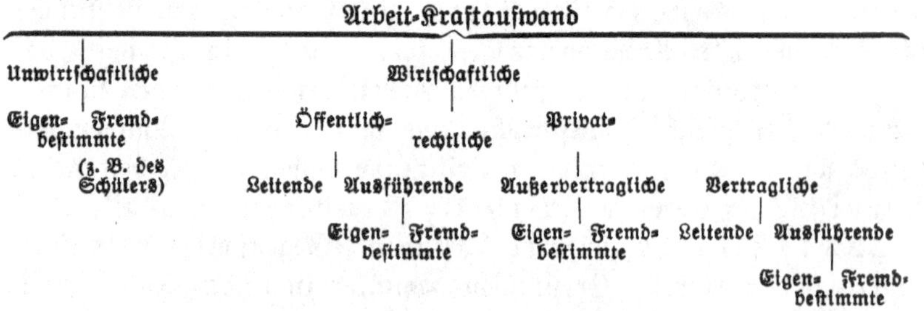

XI. Soweit Arbeit schlechthin zugesagt wird, kann sie von der Person eines bestimmten Leistenden ganz losgelöst werden; eine

Personengesamtheit, Gesellschaft, Firma, juristische Person kann Arbeit in eigener Person überhaupt nicht zusagen. Hier erhebt sich zunächst die Vorfrage, ob Arbeit als Inhalt eines Arbeitsvertrages in dieser unpersönlichen Form überhaupt möglich ist. Wenn Lotmar (Bd. 1 S. 97) die Frage schlechthin bejaht, so ist zu beachten, daß für ihn (vgl. oben Einl. S. 24) auch die Handelsgeschäfte, z. B. die Geschäfte der Speditionsfirma unter den Arbeitsvertrag fallen. Aber auch für den, der auf entgegengesetztem Standpunkt steht, muß die nach § 46 GO. für Rechnung der Witwe nach dem Tode des Gewerbetreibenden oder während der Krankheit des Schlossermeisters durch Gehilfen zu leistende und geleistete Arbeit (der Öffnung eines Schlosses) eine solche auf Grund des Arbeitsvertrages sein. Damit ergibt sich die Möglichkeit der Stellvertretung in der Arbeit (§ 45 GO.). Die Arbeit ist nach § 613 BGB. und nach § 23 des Entwurfes im Zweifel in Person zu leisten, vgl. unten § 15 unter V.

So besteht die Möglichkeit, daß in gewissen Fällen Recht und Pflicht aus der Arbeit auf andere übertragen werden kann. Ebenso kann unmittelbar die Arbeit Dritter zugesagt und um so mehr ein anderer in der Arbeit zur Unterstützung herangezogen werden. Unterscheidet doch § 811 ZPO. „die zur persönlichen Fortführung der Gewerbetätigkeit unentbehrlichen Gegenstände" von den für Gehilfen erforderlichen (Seuff. Arch. Bd. 58 Nr. 126). Damit erwächst die Möglichkeit, daß der zur Arbeit Verpflichtete auch seinerseits wieder einen Arbeitsvertrag auf die nämliche Arbeit abschließt oder sie auf Familienangehörige, Gehilfen, Lehrlinge überträgt, wie ja oben im Falle des § 46 GO. die Witwe durch Gehilfen leisten mußte. Ob die zugezogenen Personen nun Arbeitnehmer des Arbeitnehmers oder des ursprünglichen Arbeitgebers sind, hängt von den Bestimmungen des Hauptvertrages ab und wird sich insbesondere bei der Abgrenzung des Gruppenakkords zeigen (unten § 34). Nach § 110 des Entwurfes hat der Arbeitgeber, wenn der Arbeitnehmer nach Vereinbarung oder Ortsübung zur Stellung eines Gehilfen verpflichtet ist, auch diesem gegenüber die Rechte und Pflichten eines Arbeitgebers. Auch diese Auslegungsregel, ebenso wie die obigen, gegenüber dem Übergange von Rechten und Pflichten, haben nichts, was sie auf die abhängige Arbeit beschränken würde. Der Schuldner der Arbeit hat nach § 278 BGB. ein Verschulden seines gesetzlichen Vertreters und der Personen, deren er sich zur Erfüllung seiner Verbindlichkeit bedient, in gleichem Umfange zu vertreten wie eigenes Verschulden.

XII. Wenn Lotmar die Allgemeinheit (Bd. 1 S. 96) als Arbeitgeberin z. B. des Schauspielunternehmens, Versendungsunternehmens betrachtet und wenn er deren leitende Personen als solche des Arbeitnehmers auffaßt, so liegt wieder eine mit Lotmars Gesamtauffassung zusammenhängende Überspannung des Arbeitsverhältnisses vor. In den meisten Fällen handelt es sich um nicht hierher gehörige Handelsunternehmungen. Aber auch sonst gewährt z. B. die Eintrittskarte als Wertpapier i. S. des § 807 BGB. wohl das Recht auf Teilnahme an der Vorstellung oder das Recht der persönlichen Beförderung in dem auch sonst schon vorgesehenen Eisenbahnzuge, nicht aber schlechthin einen Anspruch darauf, daß eine Vorstellung veranstaltet, ein Zug gefahren wird usw. Auch nach v. Gierke (Deutsches Privatrecht Bd. 3 S. 690 A. 3) liegt nur z. B. „ein Theaterbesuchsvertrag" vor mit dem Rechte auf Teilnahme an dem angekündigten Genusse; vgl. aber Entscheid. d. OLG. Bd. 36 S. 79 und Kommentar von RGR. Anm. 1 zu § 631 BGB.

§ 9. 2. Das Entgelt als Inhalt des Arbeitsvertrages.

I. Entgelt ist die regelmäßig (oben Einl. S. 21) dem Arbeitgeber obliegende Vergütung des Arbeitenden für dessen Leistungen, nach § 47 des Entwurfes: Die Gesamtheit aller Vergütungen für die Arbeitsleistung. Nach § 612[1] BGB. gilt diese Vergütung als stillschweigend vereinbart, wenn die Arbeitsleistung nur gegen eine Vergütung zu erwarten ist. Das ist unter den heutigen Verhältnissen durchaus im Verkehre die Regel, da immer mehr auf Entschädigung selbst bis jetzt ehrenamtlicher Tätigkeit gedrängt wird, auch für Auftrag und Verwahrung, die nach §§ 662 f., 688 f. BGB. unentgeltlich sein sollen. Die Bezeichnung für das Entgelt schwankt, nach dem Vorgange von § 3 des Invalidenversicherungsgesetzes vom 13. Juni 1899 spricht jetzt § 160 der RVO. (vgl. mit § 2 AVG.) allgemein aus: Zum Entgelt i. S. dieses Gesetzes gehören neben Gehalt oder Lohn auch Gewinnanteile, Sach- und andere Bezüge, die der Versicherte, wenn auch nur gewohnheitsmäßig, statt des Gehalts oder Lohns oder neben ihm von dem Arbeitgeber oder einem Dritten erhält. Umfassend regelt § 9 des Einkommensteuergesetzes vom 29. März 1920 das Einkommen aus Arbeit und faßt unter Ziff. 1 als Arbeitslohn zusammen: Gehälter, Besoldungen, Löhne, Tantiemen,

Gratifikationen oder unter sonstiger Benennung gewährte Bezüge und geldwerte Vorteile der in öffentlichen oder in privatem Dienste angestellten oder beschäftigten Personen, während in den Ziff. 2 und 4 i. S. eines ganz weiten Arbeitsrechtes (vgl. oben § 8 unter VII) der Erwerb aus wissenschaftlicher, künstlerischer, schriftstellerischer, unterrichtender oder erziehender Tätigkeit, aus der Berufstätigkeit der Rechtsanwälte, Architekten, Ingenieure und der Ausübung anderer freier Berufe sowie die Einnahme aus einmaliger oder dauernder Tätigkeit jeder Art zum Einkommen aus Arbeit gerechnet wird. Vgl. jetzt EinkommenStG. vom 10. August 1925, RGBl. S. 189, und unten § 17 unter I f.

Was die einzelnen Bezeichnungen betrifft, so ist

1. Entgelt die allgemeinste Bezeichnung für die im BGB. (§§ 611 f., 631 f., 652 f., 689) und sonst z. B. im Lohnbeschlagnahmegesetze vorkommende Gegenleistung für Dienste. Entgelt ist insbesondere die technische Bezeichnung dieser Gegenleistung in den Reichsversicherungsgesetzen (vgl. z. B. außer § 160 RVO. ebenda §§ 732, 750, 758, 802, 1581 usw., §§ 1, 2 AVG.). Vgl. Denkschrift zum Arb.-VertrGes. S. 17. In der „Anleitung über den Kreis der in der RVO. gegen Invalidität und gegen Krankheit versicherten Personen" vom 15. Mai 1912 (A. N. des RVA. 1912 S. 720 f.) wird als entscheidend erklärt, daß die Leistung Vermögenswert besitzt, einschließlich z. B. der Gelegenheit zu lohnendem Nebenerwerb oder zu Trinkgeldern (vgl. unten § 10), ohne Rücksicht auf Form und Maßstab des Entgelts. In Ziff. 18 wird dabei unter Bezugnahme auf die Rechtsprechung des RVA. es mit dem Begriffe des Entgelts für vereinbar erklärt, wenn die gewährte Vergütung nicht allein die Belohnung für die Tätigkeit des Empfängers, sondern auch die Mittel zur Besoldung der von ihm zu beschaffenden Hilfskräfte (bei Zieglern, Winzern, Oberschweizern, Straßenbau-Akkordanten usw.) darstellt. Wenn Potthoff, Arbeitsentgelt und Arbeitsverdienst, im RArbBl. 1920 S. 59* gegen eine solche Ausdehnung des Begriffs Entgelt ankämpft, hat er begrifflich gewiß dann Recht, wenn von Anfang an die Zuziehung von Hilfspersonen des Arbeiters beiderseits in Aussicht genommen und ein bestimmter Teil des Lohns für sie bestimmt ist, praktisch wird in jenen Fällen schwer Abhilfe möglich sein, in denen, wie die Anleitung selbst hervorhebt, es vollständig von dem Entlohnten abhängt, ob er überhaupt Hilfspersonen und

wie viele er beschäftigt. Vgl. dazu Lotmar Bd. 1 S. 140 f. und oben S. 84 f.

Dem Begriffe des Entgelts sehr nahe steht

2. der des Arbeitsverdienstes, welcher wie der des Entgelts sowohl für Arbeiter, Angestellte und Beamte (RVO. §§ 165, 544, 1226, AVG. § 1, GGG. §§ 3, 4, KGG. § 4 usw.) wie für Betriebsunternehmer gebraucht wird. Vgl. Düttmann-Meinel, Kommentar z. RVO. 1922 S. 49 Ziff. 7. Bei den Hausgewerbetreibenden wird nach der Neuregelung in §§ 466 f., 473 RVO. der Ausdruck

3. Entgelt für die Arbeitserzeugnisse, allenfalls unter Abzug des Wertes der vom Hausgewerbetreibenden beschafften Roh- und Hilfsstoffe, nach § 45 des Hausarbeitsgesetzes vom 30. Juni 1923 (RGBl. S. 480) aber die Bezeichnung „Vergütung für Arbeiten oder Dienste aus Arbeits- oder Dienstverhältnis" gebraucht.

Während so Entgelt, Arbeitsverdienst, Arbeitsvergütung die Gesamtheit der Leistungen für die Arbeit bezeichnen, unter Ausscheidung nur regelmäßig der Vergütung für Auslagen des Arbeiters, Spesen, sonstigen Sachaufwand, ist

4. Gehalt regelmäßig die vertragsmäßige oder gesetzliche feste bare Vergütung, aber schon nach Obigem (§ 160 RVO.) ohne Gewinnanteile, Sach- und andere Bezüge, insbesondere Provisionen und Überstundengelder. Vgl. auch BGB. §§ 622, 627, GO. § 133 a „feste Bezüge" und Lotmar Bd. 1 S. 165 A. 3 und 350.

5. Lohn wird im BGB. und sonst als Entschädigung für eine Tätigkeit (Fuhr- und Botenlohn § 196 Ziff. 3 BGB., Maklerlohn § 652 f. HGB., Bergelohn § 740 f. daselbst, Schlepplohn usw.) gebraucht, in der GO. allgemein für die Entlohnung der Arbeiter, ihre „Löhne" § 115 GO., Lohnbücher, Lohnzettel.

Schrifttum: Oertmann, Arbeitslohn, Potthoff im Arbeitsrecht S. 6.

6. Honorar des Arztes, Ingenieurs usw. wird als Lohn für gewisse höhere Tätigkeiten in § 9 Ziff. 2 EinkStG. und sonst angewendet.

7. Gage, Heuer, Salär bezeichnen in den verschiedenen Berufsarten der Schauspieler, Schiffer, Architekten usw. die festen Einkommenteile im Gegensatze zu den wechselnden des Spielgeldes, des Überstundenlohns usw. Insbesondere

8. ist Prämie die Erhöhung des Entgelts für eine besonders gute oder besonders ersprießliche Arbeitsleistung oder bei einer besonderen Steigerung des Ergebnisses der Unternehmung. Vgl. Titze a. a. O. S. 621, Lotmar Bd. 2 S. 798, Koch, Prämienlöhne 1919, Gelter, Zusammenstellung der wichtigsten Lohn- und Ertragsbeteiligungsformen 1920.

9. Provision ist diejenige Form des Entgelts, bei welcher der Lohn sich nach den regelmäßig durch den Provisionsberechtigten vermittelten oder abgeschlossenen Rechtsgeschäften des Arbeitgebers mit Dritten richtet und meist in einer Quote, regelmäßig in Hundertteilen des Betrages derselben, besteht. Sie ist üblich insbesondere bei der Geschäftsbesorgung im weitesten Sinn und deshalb mehr beim Arbeitsvertrage Selbständiger als Unselbständiger, überhaupt mehr im Handelsrechte als im Arbeitsrechte. Der Agent, Mäkler, Kommissionär, Spediteur, Frachtführer, Lagerhalter, das Verwahrungsgeschäft der Banken, die Abrechnung des Berge- und Hilfslohns, aber doch auch mitunter die Entlohnung des Handlungsgehilfen, des Reisenden, des Angestellten, hier meist neben den festen Lohnsätzen, bedienen sich der Provision. Im HGB. wird sie beim Agentenvertrag geregelt (§ 88) und für den Handlungsgehilfen wird nur hierauf Bezug genommen; im Handelsrechte (§ 354 HGB.) kann auch ohne Vereinbarung Provision gefordert werden. Die Regelung der Provision im Entwurfe schließt sich vollständig der im HGB. und im österreichischen Angestelltengesetze an. § 54^{I} entspricht dem § 88^{I} S. 1 und ^{III} HGB., § 54^{II} dem § 89, § 55^{I} dem § 88^{I} S. 2, § 55^{II} dem § 88^{II}, § 56^{I} den §§ 88^{IV} und 91, wobei aber die Rechte des Provisionsberechtigten durchweg erweitert werden. Wenn dabei die Rechte des Bezirksagenten auf alle Geschäfte ausgedehnt werden, die zwischen Arbeitgeber und der dem Provisionsberechtigten zugewiesenen oder von ihm zugeführten Kundschaft auch ohne seine Mitwirkung zustande kommen, so dürfte das als Regel zu weit gehen. Dagegen ist die neue Vorschrift des § 56 Abs. 2 S. 2 über das Recht der Einsichtnahme in die Geschäftsbücher zu begrüßen; sie entspricht der Rechtsprechung des Reichsgerichts, RGZ. 87 S. 10. Im übrigen vgl. oben S. 61.

Schrifttum: Hueck, Arbeitsvertragsrecht S. 122; Matthaei, Arbeitsrecht S. 131; Oertmann, Arbeitsvertragsrecht S. 108; Titze a. a. O. S. 602, 619; Kaskel, ArbR. S. 84; Silberschmidt, „Provision" in Potthoffs Wörterbuch des Arbeitsrechts.

10. Gratifikation. Sie ist regelmäßig Entlohnungsteil, wenn sie auch der Wortbedeutung (gratis = umsonst) entsprechend auf Freiwilligkeit beruht. Demgemäß ist sie teils wirklich freiwilliger Ausfluß gelegentlicher Anerkennung für besondere Leistungen auch unabhängiger Arbeitnehmer, teils entspricht sie, insbesondere im Dienstvertrage, einer bestehenden, das Entgelt erhöhenden Übung gerade im betreffenden Betriebe (HansGZ., ArbR. 1924 S. 21), die sich oft auch auf den Erhöhungsbetrag erstreckt, wie dies bei der Weihnachts- und der Neujahrsgratifikation oft der Fall ist; sie ist als solche wohl auch vertragsmäßig, wenn auch nicht immer der Höhe nach, zugesagt und bildet meist einen Zuschlag zum Lohne für den Fall, daß das Jahr voll ausgehalten wird. Je nachdem besteht keinerlei Rechtsanspruch auf die Gratifikation oder es ist ausdrücklich oder stillschweigend ein Recht auf sie bei zufriedenstellender Dienstleistung eingeräumt, allenfalls erst für das Ende des Jahres. Die Gratifikation kann auch zu Akkordlöhnen oder zur Entlohnung des Werkvertrages hinzutreten. Unter Umständen entspricht die Leistung der Gratifikation, insbesondere zu Weihnachten, einer sittlichen Pflicht oder einer auf den Anstand zu nehmenden Rücksicht, dann ist Rückforderung (§§ 518, 528, 530 BGB.) nach § 814 BGB. ausgeschlossen, wenn man sonst Schenkung annehmen wollte. Der Entwurf gibt in §§ 60, 62 I dem während des Geschäftsjahres ausscheidenden Arbeitnehmer im Zweifel einen dem Jahresteil entsprechenden Anspruch, läßt ihn aber nach § 62 II im Zweifel entfallen, wenn der Arbeitnehmer die Beendigung des Arbeitsverhältnisses vor Fälligkeit verschuldet oder durch eine nicht in der Person des Arbeitnehmers begründete Kündigung herbeigeführt hat. Regelmäßig bildet aber nach jetziger Übung die Aushaltung des Dienstjahres eine Voraussetzung für die Fälligkeit der Gratifikation, ein Gratifikationsteil kommt dabei nicht in Frage; es dürfte nichts dafür sprechen, an diesem Tatbestand etwas zu ändern, soweit nicht der Arbeitgeber vorsätzlich und schuldhaft die Aushaltung des Jahres verhindert, in welchem Fall aber allenfalls die ganze Gratifikation zu leisten wäre. Vgl. Kaskel, ArbR. S. 84. Als Lohnteil fällt die Gratifikation unter §§ 160 und 318 RVO., unter die Vorschriften über Pfändung des Arbeits- und Dienstlohns und das Aufrechnungsverbot des § 394 BGB., endlich unter die Vorschriften über Besteuerung des Dienstlohnes. Schenkung liegt vor, wenn aus einem besonderen Anlaß

dem Arbeitnehmer eine außerordentliche Zuwendung gemacht wird; sonst wird mindestens der Arbeitnehmer die Gratifikation nur als Entgelt für seine Leistungen betrachten. RG. in DJZ. 1919 S. 509 und RGZ. Bd. 75 S. 327. Auch der ausdrückliche Vorbehalt der Freiwilligkeit kann durch eine entgegengesetzte Übung hinfällig werden, wie andererseits die arglistige Kündigung vor Fälligkeit wirkungslos sein kann, da der Schadensersatzanspruch nach § 628 II BGB. sich dann auf die Gratifikation erstreckt.

Schrifttum: Hueck, Arbeitsvertrag S. 125 f.; Matthaei S. 132, Titze S. 622, Oertmann, Arbeitsvertrag S. 148; Landsberger, im GKG. Bd. 14 S. 305, Verhandlungen des Verbands deutscher Gewerbe- und Kaufmannsgerichte 1910, GKG. Bd. 16 S. 131 f.; Neumann im Jahrb. Berliner KfmG. 1910 S. 138 f. und „Gratifikation" in der Karteiauskunft; Silberschmidt ebenso in Potthoffs Wörterb. des ArbR.; Gerth b. Schulz-Schalhorn S. 14 f.; Citron in DJZ. 1914 S. 365 f.

Ähnlich wie die Gratifikation ist

11. die Teuerungszulage bald eine aus Freigebigkeit und Fürsorge ohne Rechtsanspruch gewährte Beihilfe und als solche unpfändbar (vgl. VO. vom 2. Mai 1918 über die Unpfändbarkeit von Kriegsbeihilfen und Teuerungszulagen, RGBl. S. 382), bald, wenn die Teuerung Dauerzustand geworden ist, Lohnergänzung zum Ausgleiche der Geldentwertung für die Zeit derselben und als solche Lohnteil mit allen Eigenschaften des Entgelts. Die freiwillige Zulage steht als Aufwertung selbständig neben Lohn und Akkord, auch neben dem Tarifvertrage, bei letzterem, so lange die Tarifvereinbarung gemäß § 1 der VO. vom 23. Dezember 1918, RGBl. S. 1456, sich nicht auf sie erstreckt. Der vertraglichen Teuerungszulage steht die stillschweigend gewährte gleich, wenn sie gleichmäßig und ständig bewilligt wird, selbst wenn sie dabei immer wieder als einmalig bezeichnet wird. Eine Vereinbarung, daß die Teuerungszulage für den Kündigungsmonat wegfällt, ist nichtig, wohl aber kann eine Zuwendung erfolgen, falls nicht gekündigt wird. Für das Sonderentgelt findet nach § 62 I des Entwurfes § 60 Anwendung; vgl. dazu Ziff. 10 oben.

Schriftum: Auerswald im GKG. Bd. 23 S. 145; Erdel ebenda S. 212; Ruland ebenda S. 125 und 259; Silberschmidt, Teuerungszulagen in Potthoffs Wörterb. d. ArbR. und in DJZ. 1921 S. 484; Neumann ebenso in der Auskunftskartei, Reindl im Recht 1920 S. 29, Volkmar in DJZ. 1920 S. 642 und Recht 1920 S. 61; Oechsler in DJZ. 1921 S. 267; Kaskel in Neues ArbR. S. 153 und ArbR. S. 86; Oertmann, ArbVertrR. S. 149.

Als Naturalvergütung sind im nächsten Paragraph noch zu besprechen: 12. Gewinnanteil und 13. Umsatzanteil. Kein Entgelt ist z. B. freiwillige Unterstützung bei längerer Arbeitsunfähigkeit (E. u. Mitt. des RVA. Bd. 10 S. 241) oder im Kriege, dagegen zählt § 47 des Entwurfes ausdrücklich Wartegeld, Ruhegeld, Hinterbliebenen-Versorgung und ähnliche Bezüge als Entgelt auf; ebenso werden dort die Karenzentschädigung bei Wettbewerbsverboten (§§ 37, 131), die Sondervergütung für Erfindungen (§ 127) und die Entschädigung für unberechtigte Kündigung der §§ 149, 150 ausdrücklich als Entgelt bezeichnet. Vgl. Denkschrift S. 17 und Oertmann, ArbVertrR. S. 149, Arbeitslohn S. 10, Hueck, ArbVertrR. S. 126. Hier kommt insbesondere die Pension in Frage, die auf Grund zurückbehaltener Gehaltsteile bezahlt wird, in der Regel, wenn Arbeits- oder Dienstverhältnis eine bestimmte Zahl von Jahren gedauert hat. § 48 des Entwurfes schreibt für das Versprechen von Ruhegeld oder Hinterbliebenenversorgung Schriftlichkeit vor, weil die Erfüllung sich oft Jahrzehnte hinausziehe (Denkschrift S. 18, abweichend vom geltenden Rechte). Hueck, ArbVertr. S. 147, macht aber mit Recht gegen den Vorschlag die Gefahr geltend, daß das nun vor Jahrzehnten gegebene Versprechen mangels der Form hinfällig wird und will dem Bedachten das Recht einräumen, jederzeit schriftliche Niederlegung des Versprechens zu verlangen. Vgl. unten II 1 d.

Potthoff hat im RArbBl. 1920 S. 59* versucht, für das Entgelt des Arbeitsrechts feste Begriffe zu schaffen. So berechtigt aber das Bestreben ist, das gleiche Wort in den verschiedenen Gesetzen im gleichen Sinne zu gebrauchen, so unmöglich ist es, Worte wie „Entgelt", „Lohn" für das Arbeitsrecht oder gar nur für das Recht der Arbeiter und Angestellten ausschließlich zu beschlagnahmen.

II. Das Entgelt beruht entweder

1. auf wirklicher oder vorausgesetzter persönlicher Vereinbarung oder

2. auf obrigkeitlicher (staatlicher, gemeindlicher, korporationsmäßiger) Regelung, in welchem Falle man von Taxen, Tarifen, Gebühren usw. spricht, oder

3. auf Tarifvertrag oder Betriebsvereinbarung. Da diese Regelung vor allem für das Recht des Arbeitsvertrages i. e. S. von Bedeutung ist, hat ihre Behandlung dort zu erfolgen.

Zu 1. Wie der Arbeitsvertrag selbst auf der begrenzten Freiheit beruht, so gilt das gleiche für die Vereinbarung von Art und Maß des Entgeltes.

a) Wie dort der Vorbehalt für „unabdingbare Rechtsvorschriften", die hemmend eingreifen können, besteht, läßt hier § 50 des Entwurfes mit Recht in erster Linie die Rechtsvorschrift und in zweiter Linie erst die Vereinbarung über Art und Maß des Entgeltes bestimmen; selbstverständlich ist auch hier die Tarifvereinbarung von besonderer Bedeutung, sie bestimmt die Lohnhöhe durch autonome Rechtsquelle, vgl. Lange in N. Z. f. RA. 1924 S. 598 gegen Erdel in JW. 1924 H. 24. Mangels der Vereinbarung entscheidet über die Höhe des Entgeltes nach bestehendem Rechte wie nach § 50 des Entwurfes der Ortsgebrauch und sonst die Angemessenheit. Vgl. § 59 HGB. und § 612 BGB., wo noch vor der Ortsüblichkeit die etwaige Taxe entscheiden soll. Für die Üblichkeit hat Oertmann, ArbVertrR. S. 157, darauf verwiesen, daß die Üblichkeit am Orte der Arbeit und in dem besonderen Arbeits- und Gewerbszweig entscheidet, „die besonderen Gebräuche nur gerade in den Kreisen, denen der Arbeitnehmer angehört, sind nicht maßgebend, er tritt, wenigstens beim Arbeitsvertrag i. e. S., in den Geschäfts- und Einflußbereich des Unternehmens, nicht umgekehrt". Bei der Regelung des § 50 des Entwurfes ist die jetzt geltende der §§ 315, 316 BGB. außer acht gelassen, daß, wenn auch keine übliche Vergütung festzustellen ist, im Zweifel der Arbeitnehmer als Forderungsberechtigter den Betrag nach billigem Ermessen feststellen kann. Das ist auch, z. B. bei den Lohnforderungen des Handwerks, durchaus in Übung. Selten kommt es vor, daß die Bestimmung der Leistung einem Dritten, dann im Zweifel auch nach billigem Ermessen, gemäß § 317 BGB. überlassen ist, während allerdings auch dem Arbeitgeber ziemlich häufig die Bestimmung nach billigem Ermessen zusteht. Der Regelung des Entwurfes in § 50 entspricht die in § 54 für die Provision, es wird nur auf Angemessenheit des Entgelts abgestellt, ohne daß gesagt wird, wer dieses angemessene Entgelt zu bestimmen hat. Die Denkschrift S. 18 sagt, daß die Regelung nicht vom geltenden Recht abweicht.

Schrifttum: Hueck, ArbVertrR. S. 127; Oertmann ebenda S. 156.

b) In der Richtung der Begünstigung des Arbeitnehmers durch den Entwurf (vgl. Bewer b. Gruchot Bd. 67 S. 248) liegt dessen nicht unbillige Bestimmung in § 51, daß, wenn Erwerb oder Höhe des Anspruchs des Arbeitnehmers von einer bestimmten ununterbrochenen Dauer des Arbeitsverhältnisses abhängt, wie etwa beim Urlaub (§ 93 des Entwurfes), bei Entschädigung für unberechtigte Kündigung (§ 150 ebenda), bei Anspruch auf Vorschuß (§ 72 II ebenda), eine geringfügige Unterbrechung oder eine Unterbrechung durch den Krieg außer Betracht bleibt, wenn ihre Berücksichtigung eine unbillige Härte gegen den Arbeitnehmer darstellen würde.

In gleiche Richtung zielt die abdingbare Bestimmung des § 53, daß, wenn das Entgelt nach Wochen oder längeren Zeitabschnitten bemessen ist, wegen Nichtleistung von Arbeit an gesetzlichen Feiertagen kein Lohnabzug stattfinden darf. Vgl. aber sonst Hueck, ArbVertrR. S. 128. Alle diese Bestimmungen treffen auch für das Arbeitsrecht i. w. S. zu.

Schließlich ist noch der Fall zu ordnen, daß zwar die Lohnhöhe vereinbart, die Vereinbarung aber nichtig ist. Hier wird die durch den Gebrauch fremder Arbeitskräfte entstehende ungerechtfertigte Bereicherung nach § 812 BGB. im Zweifel meist schon nach bestehendem Rechte durch die Maßstäbe des nichtigen Vertrages gemessen, wie etwa auch im Falle der Benutzung einer Mietwohnung auf Grund nichtigen Mietvertrages (Komm. v. RGR. Ziff. 1 c, zu § 812), wenn nicht gerade der Betrag selbst der Grund der Nichtigkeit ist oder dem Üblichen widerspricht. Viel weiter geht der Vorschlag des Entwurfes in § 52. Der Arbeitnehmer hat danach bei Nichtigkeit Entgelt wie bei gültigem Vertrage zu verlangen, aber nur die ungerechtfertigte Bereicherung ist herauszugeben, wenn die Nichtigkeit Folge arglistiger Täuschung durch den Arbeitnehmer ist oder die Arbeitsleistung gegen die guten Sitten verstößt; wenn die Nichtigkeit aber durch die Geringfügigkeit des Entgelts begründet wird, kann angemessenes Entgelt nach diesem Vorschlag gefordert werden.

Es würde das geltende Recht genügen, das auch den § 52 S. 3 umfaßt, jedenfalls wäre aber den Anspruch auf den Fall der Gutgläubigkeit zu beschränken. Vgl. Hueck in Iher. Jahrb.

Bd. 74 S. 378 und ArbVert. S. 150, Bewer b. Gruchot Bd. 67 S. 248 und LZ. 1924 S. 320, vgl. unten § 13 VI und § 41.

c) Zwar nicht im Entwurfe, wohl aber in der Denkschrift S. 18 wird weiter die Frage, ob der Nichtabzug von geleisteten öffentlich-rechtlichen Abgaben durch den Arbeitgeber eine Entgeltszulage bedeutet, zugunsten des Arbeitnehmers und entgegen der Auffassung der Steuerbehörden verneinend entschieden. Hier wird es auf die tatsächlichen Verhältnisse ankommen, ob es sich um eine reine, von keiner Verbindlichkeit beherrschte Wohltat des Arbeitgebers handelt, die bei der nächsten Zahlung auch wieder eingestellt werden kann, oder nicht.

d) Der Arbeitsvertrag als Einzelvertrag ist formlos; der Entwurf gibt nur dem Arbeitnehmer in § 74 den Anspruch auf einen schriftlichen Beleg für jede Entgeltzahlung wegen der häufig schwierigen Art der Entgeltsberechnung und verweist auf die gesetzlichen Vorschriften über Lohnbücher, Lohnzettel usw. ohne selbst darüber sonstige neue Vorschriften zu geben. Nur für das Versprechen von Ruhegeld oder Hinterbliebenen-Versorgung, das oft erst nach vielen Jahren zu erfüllen ist, fordert er in § 48 Schriftlichkeit. Vgl. aber oben I a. E.

Zu 2. Hier kommen einmal in Frage

a) die Taxen, Gebührentarife, wie sie für gewisse Personengruppen und Gewerbe, insbesondere Amtsgewerbe, hinsichtlich bestimmter Tätigkeiten und Verrichtungen aufgestellt werden.

α) vom Staate, sei es vom Reiche, so für die Rechtsanwälte (RG. vom 18. Aug. 1923 RGBl. I S. 813 mit Nachträgen u. VO. vom 13. Dez. 1923 RGBl. S. 1188) und Gerichtsvollzieher (VO. vom 13. Dez. 1923 RGBl. S. 1189), sei es von den Einzelstaaten z. B. von Bayern für Bader (VO. 20. September 1922 GVBl. S. 553)
1. Dezember 1922 GVBl. S. 656′ für Hebammen (VO. vom 5. Dezember 1922 GVBl. u. 22. Okt. 1923 GVBl. S. 374), für Leichenschauer (VO. vom 3. März 1924 GVBl. S. 77), für Markscheider (VO. 7. März 1923 und 24. Jan. 1924, GVBl. S. 103 u. 24). Vgl. auch z. B. den Gebührentarif der Stellenvermittler für Bühnenangehörige nach der preußischen VO. vom 19. Aug. 1910 (HandelsMinistBl. S. 473) oder den für Stellenvermittler für Schiffsleute, vereinbart 1903 von den Bundesstaaten, Hiller-Luppe, GewO. S. 835.

Häufiger noch werden diese Tarife

β) von den Ortspolizeibehörden festgesetzt, so für Stellenvermittler nach § 75a GO., für Schornsteinfeger nach § 77 GO., für Lohndiener und das Straßengewerbe nach § 76 ebenda oder es sind der Ortspolizeibehörde auf deren Beschlüsse hin z. B. für Gastwirte nach § 75 ebenda die auszuhängenden Preisverzeichnisse anzuzeigen, bis zur neuerlichen Anzeige bindend.

γ) In ähnlicher Weise können die in § 36 GO. genannten Korporationen die von ihnen danach angestellten Personen an die Einhaltung einer Taxe binden. In allen diesen Fällen wird durch die Taxe die Höhe des Entgelts bestimmt.

Schrifttum: Artikel Preistaxen im Hdwb. d. Staatswissenschaft; Lotmar a. a. O. Bd. 1 S. 134; Oertmann, ArbeitsvertragsR. S. 157.

b) Soweit in diesen Fällen Arbeitsrecht überhaupt nicht in Frage kommt, wenn also z. B. ein Rechtsanwalt von Amts wegen als Verteidiger bestellt wird, so daß reines Dienstrecht anzuwenden ist, kann von Anwendung arbeitsrechtlicher Grundsätze keine Rede sein.

III. Nach diesen Grundsätzen ist das Entgelt nicht ein Schadensersatz für ein Leiden, das nicht vorhanden ist, sondern eine Vergütung für ein Tun, für den Aufwand von Kraft. Auch wenn die Arbeit durch den Arbeitnehmer nicht in Person geleistet wird (oben § 8 unter XI), so ist das Entgelt Vergütung für die geleistete Arbeit, nicht aber Ersatz der Auslagen für die verwendeten Hilfspersonen. Vgl. Lotmar Bd. 1 S. 143 und Denkschrift S. 17 unter II 5. An der Natur des Entgelts wird aber durch den Umstand nichts geändert, daß jetzt vielfach der Lohn als Soziallohn nach dem Familienstand und der Kinderzahl steigt und fällt, sei es, daß der Grundlohn sich ändert oder nur die Teuerungszulage oder daß besondere Frauen- und Kinderzulagen berechnet werden. Der internationale Gewerkschaftsbund hat sich 1924 gegen den Soziallohn ausgesprochen, weil er die Stellung des kinderreichen Arbeiters auf dem Arbeitsmarkt erschwere. Um das zu verhüten, sind Ausgleichskassen erforderlich, welche die Last auf alle abwälzen. Vgl. Mauß, Staatsbürger Bbl. H. 111, Heinemann in Soz. Pr. 1923 S. 1043f. und RArbBl. 1923 S. 4f., 68, Elfes in der Soz. P. 1924 S. 481. Vgl. für die Tarifverträge RArbBl. 1923

S. 4*f. und 68*f., mit Ausgleichskassen, dazu Potthoff im ArbR. Bd. VIII S. 214 und 1924 S. 413, Braun, Soziallohn 1922 und über den Soziallohn im Ausland Intern. Rundschau d. Arbeit 1924 S. 301, Dr. J. Feig im ArbBl. 1924 S. 484* ferner Mühler, Idee des gerechten Lohnes nach kath. Auffassung mit besonderer Berücksichtigung des Familienlohnes 1924. Nach dem Familienstand muß aber die Vergütung für die Arbeit sich richten, weil der Arbeiter unter allen Umständen für diesen Familienbedarf aufkommen muß. Der Zeilersche Gedanke der Notwendigkeit von Familienbeihilfen und der Anpassung des Lohnes an die Geldentwertung bzw. die Wirtschaftsentwicklung — vgl. GKG. Bd. 22 S. 174 — führt zu der gleichen Folgerung.

Schrifttum sonst: Zeiler, „Die ansteigende Linie des Beamtengehalts" im Finanzarchiv XXIV. Jahrg. 2 Bd. 1917 S. 147 f.; „Der Beamtengehalt auf neuen Grundlagen" 1918, ferner Schmollers Jahrb. Bd. 39 Heft 3 S. 295 f. und Bd. 41 Heft 4 S. 241. „Die selbsttätige Anpassung des Beamtengehalts an die Schwankungen des Volkswohlstandes und der Kaufkraft des Geldes" 1917. „Der Beamtenschaft Not und Rettung" 1918. „Eine selbsttätige Anpassung von Gehalt und Lohn an die Wirtschaftsentwicklung" 1922, ferner Hedemann in JW. 1921 S. 298 f.; Herrmann, Teuerung und Lohn 1921; Bräuer, Die Anpassung vom Gehalt und Lohn an die Lebenskosten 1922.

Andererseits steht dem Arbeiter neben dem Anspruch auf Vergütung für seine Arbeit auch ein solcher auf Ersatz der von ihm auf die Arbeit zu machenden Auslagen zu. Die bezügliche, für den Auftrag geltende Vorschrift des § 670 BGB. hat nach § 675 auf den Dienstvertrag Anwendung zu finden, wenn er, wie wohl stets bei Auslagen, eine Geschäftsbesorgung enthält. Auch nach § 68 II des Entwurfes ist der Arbeitgeber zum Ersatze von Aufwendungen verpflichtet, die der Arbeitnehmer den Umständen nach für erforderlich halten durfte. Nach § 68 I hat der Arbeitgeber für Anschaffungen oder sonstige Aufwendungen des Arbeitnehmers zur Ausführung der Arbeit die erforderlichen Beträge vorzuschießen. Die Auslagen müssen aber solche sein, die an sich den Arbeitgeber treffen; Vorstellungs-, Zureise- und Umzugskosten vor der Anstellung, Zureisekosten zur Arbeitsstelle braucht der Arbeitgeber nur zu tragen, wenn er sie ausdrücklich übernimmt, vgl. § 13 des Entwurfes und Hueck, ArbVertrR. S. 157. Fordert aber der Arbeitgeber einen bestimmten Arbeitnehmer ausdrücklich zur Vorstellung auf, so hat er nach § 11 I des Entwurfes im Zweifel die angemessenen Auslagen zu ersetzen, auch wenn kein Vertrag zustande kommt. Die Kosten des Vertragsabschlusses trägt auch nach § 12 des Entwurfes im Zweifel der Arbeitgeber. All das gehört dem Arbeitsrecht i. w. S. an.

Eine besondere Rolle spielen die Auslagen beim Handlungsreisenden, der oft „feste Spesen" und manchmal „Vertrauensspesen" erhält und in beiden Fällen den Überschuß über die wirklichen Auslagen behalten darf, aber in seinen Ausgaben auf die Bedeutung seiner Auftraggeber Rücksicht nehmen muß.

Schrifttum: Hahn, Die Spesen des Handlungsreisenden, GG. Bd. 9 S. 273 f.; Staub, Kommentar z. HGB. A. 37 f. zu § 59, OLG. Dresden in ZHR. Bd. 34 H. 571; Titze a. a. O. S. 846 f.; Hueck, ArbVertrR. S. 157; Oertmann, ArbVertrR. S. 206 f.; Eckstein, Das Mundgeld des Reisenden in GKG. Bd. 17 S. 234.

In solchen Fällen kann in der Bemessung des Auslagenbetrages und in der Unterhaltsersparnis während der Reise eine weitere Vergütung des Reisenden liegen. Andererseits können dem Entgelt allgemein auch Vergütungen für Auslagen beigemischt sein, „Aufwandsentschädigungen", die dann allenfalls erst zu trennen sind, soweit es auf das reine Entgelt ankommt. Vgl. Lohnbeschlagnahme-Gesetz § 3 II: „Ist die Vergütung mit dem Preise oder Werte für Material oder mit dem Ersatz anderer Auslagen in ungetrennter Summe bedungen, so gilt als Vergütung i. S. dieses Gesetzes der Betrag, welcher nach Abzug des Preises oder des Wertes der Materialien und nach Abzug der Auslagen übrig bleibt." Vgl. Lotmar Bd. 1 S. 140 und § 473 II RVO. Unter die Auslagen darf aber oben im Falle III am Anfang nicht der Ersatz für verwendete Hilfspersonen gerechnet werden, Lotmar ebenda S. 144.

IV. Das Entgelt ist endlich das Synallagma der Arbeit nicht eine nur in bezug auf diese gemachte unentgeltliche Zuwendung wie das Trinkgeld oder die letztwillige Bedenkung. In letzteren Fällen liegt remuneratorische Schenkung vor, z. B. an die langjährige Haushälterin; wenn hier eine Rente gewährt wird (§ 759 BGB.), liegt ein Leibrentenvertrag vor, während ein Arbeitsvertrag gegen Zusage einer Leibrente Arbeitsvertrag bleibt, weil es sich nicht um eine kapitalistische Rente, sondern um eine fortlaufende Arbeitsvergütung handelt. Vgl. unten § 17. Für eine im voraus geleistete Arbeit kann auch nachträglich ein Lohn zugesagt oder bezahlt werden.

Schrifttum: Lotmar Bd. 1 S. 151 f.; Eccius, Der Leibrentenvertrag b. Gruchot Bd. 45 S. 13; v. Gierke, Deutsches PrivatR. Bd. 3 S. 801 und das weitere in A. 34 angegebene Schrifttum; Siber a. a. O. S. 254; Oertmann, ArbVertrR. S. 249*.

§ 10. 3. Insbesondere die Naturalvergütung.

Inhalt der Arbeitsvergütung können neben den in Geld zu zahlenden Barbeträgen noch Sach- und andere Leistungen sein. Die Vergütung kann in jeder Handlung oder Unterlassung bestehen, die geeignet ist, einen Gegenwert darzustellen, insbesondere in der Gewährung von Sachen zu Eigentum oder zu Nutzgenuß.

I. Als Handlung kommt vor allem die Arbeit selbst als Entgelt wieder in Frage. Tatsächlich wird auf dem Lande sehr häufig ein Dienst mit einem anderen Dienste, die Leistung von Spanndiensten mit gleichen oder anderen Diensten vergolten und im mittelalterlichen Handel, als der Kaufmann seine Waren begleiten mußte, und doch nicht gleichzeitig in mehreren Orten sein konnte, war der eine oft unentgeltlich Faktor, nach heutigen Begriffen Vertreter, des andern und umgekehrt.

Schrifttum: Silberschmidt, Beteiligung und Teilhaberschaft S. 56 Arup, Studier i engelsk u. tysk handelshistorie, S. 1—64; Schmidt-Rimpler, Geschichte des Kommissionsgeschäfts in Deutschland Bd. 1 S. 57.

In ähnlicher Weise kommt die Gegenarbeit im Baugewerbe und anderen Gewerben in Betracht.

Schrifttum: Lotmar Bd. 1 S. 157; Hoeniger, Die gemischten Verträge in ihren Grundformen Bd. 1 S. 72 f.; Schreiber in Iherings Jahrb. Bd. 60 (1912) S. 221.

Lotmar hält derartige Verträge nach BGB. als Dienst- oder Werkverträge für unmöglich, weil bei letzteren als Gegenleistung Geld vorausgesetzt sei und die Stellung des Arbeitgebers und Arbeitnehmers grundsätzlich verschieden sei, nur für den Maklervertrag könne etwas anderes gelten, da hier Arbeit von typischer Art versprochen und geleistet werde. Das kann aber nicht als richtig anerkannt werden — vgl. Hoeniger S. 76 —, es besteht kein Grund, die tatsächlich vorkommenden gegenseitigen Arbeitsverträge nicht als solche zu betrachten. Wenn an sich das Entgelt als Barleistung vereinbart ist, so kann diese nach Vereinbarung „abgearbeitet" werden, der Gegenarbeit steht hier die „Gegenrechnung" gegenüber. So ist Bargeld wohl regelmäßig Gegenleistung des Dienst- und Werkvertrags, aber wenn unmittelbar oder mittelbar Arbeit an die Stelle des Bargeldes tritt, so ist das selbstverständlich gültig und auch die Begriffsbestimmung des Vertrages, der freilich damit ein regelwidriges Element aufnimmt, wird deshalb noch keine andere, vor allem bleibt der doppelseitige Arbeitsvertrag erst recht Arbeitsvertrag. Nach § 50 des Entwurfes ist die Art des Entgeltes verschieden, § 69 spricht von Barentgelt im Gegensatze zu anderem, ausgeschlossen ist keine Art von Entgelt. Wie der Tausch als Doppelkauf denkbar ist, so ist auch der Doppelarbeitsvertrag möglich. Und Lotmar selbst wendet in ländlichen Verhältnissen, „wo die Parteien als Arbeitnehmer und Arbeitgeber deutlich durch die Verschiedenheit ihrer Hauptleistungen geschieden werden" — das ist doch sehr häufig auch sonst der Fall —, privatrechtlich nichts gegen einen Werkvertrag oder Dienstvertrag ein, bei dem auch der Herr dem Instmann Fuhren leistet.

II. Auch eine Unterlassung kann geldwerte Gegenleistung im Arbeitsvertrage sein z. B. Unterlassung des Wettbewerbes, des Höherbauens, einer Klage. Vgl. Lotmar S. 156.

III. Es können sodann als Entgelt Sachen jeder Art zu Eigentum übertragen werden. Wenn in der Gewerbeordnung (§ 115) das Trucksystem verboten ist und die Gewerbetreibenden verpflichtet werden, die Löhne ihren Arbeitern in Reichswährung zu berechnen und bar auszubezahlen und wenn ihnen verboten wird, den Arbeitern Waren zu kreditieren, so ist darüber, wie über § 86 des Entwurfes beim Arbeitsvertrag i. e. S. zu sprechen.

IV. Eine sehr übliche Leistung des Arbeitgebers ist die von Wohnung und Verköstigung, Kleidung, von Brennstoffen, Licht, von Unterhalt usw.; die Aufnahme in die häusliche Gemeinschaft wird zum besonderen Zeichen des Gesindevertrages, kommt aber auch beim Lehrvertrage usw. vor. Indem wir auch diese Fragen deshalb in der Hauptsache in das Recht des Arbeitsvertrages i. e. S. verweisen, verbleibt doch auch für das Recht des Arbeitsvertrages i. w. S. ein Bündel von Fragen, insbesondere ist der Hausmeistervertrag, der Vertrag über die Werk- und Dienstwohnung hier zu besprechen, da sie nicht nur bei der abhängigen Arbeit vorkommen. Dabei wird von vorneherein das Vorliegen eines einheitlichen Vertrages, nicht etwa eines Mietvertrages neben dem Arbeitsvertrage vorausgesetzt. Wohnungen, die also nur anläßlich eines bestehenden Arbeitsverhältnisses vermietet werden, die auch als Werkwohnungen i. w. S. bezeichnet werden, haben nichts besonderes, hier besteht ein Arbeitsvertrag neben einem Mietvertrage. Gleiches gilt für die sogenannten Werkmietwohnungen, die nur mit Rücksicht auf ein zwischen den Vertragsparteien bestehendes Arbeitsverhältnis vermietet werden; nur wird regelmäßig in beiden letzteren Fällen nach den Vereinbarungen mit dem Arbeitsvertrage die Miete enden.

Schrifttum: Gros, Werkswohnung in der Kartenauskunftei, dagegen Potthoff im RArbBl. 1921 S. 1271* und besonders im Arbeitsrecht Bd. 11 S. 37; Thimm, Werkswohnungen im Arbeitsrecht 1922 S. 621 f.

Dagegen ist dem Hausmeistervertrag, der Werk- und der Dienstwohnung gemeinschaftlich, daß in diesen Fällen die Wohnung mit Rücksicht auf das Arbeitsverhältnis überlassen ist und daß die Überlassung gleichzeitig einen Teil der für die Dienstleistung zu gewährenden Vergütung in der Form der Naturalvergütung darstellt. Hier haben wir es daher mit gemischten Verträgen zu tun.

1. Beim Hausmeistervertrage überläßt der Arbeitgeber dem die Aufsicht im Hause führenden Hausmeister zu diesem Zwecke und deshalb manchmal auch unberechnet, regelmäßig aber als Entgelt, die Wohnung im oder beim Hause. Der insbesondere von Lotmar (Bd. 1 S. 688) vertretenen Ansicht, daß das maßgebende Schuldverhältnis der Dienstvertrag sei, insbesondere weil die betreffenden Räume (oft Kellergeschosse) regelmäßig gar nicht vermietet würden, und daß deshalb dem Dienstvertrag allein die entscheidenden Rechtsregeln zu entnehmen seien, während andererseits der Mietvertrag entscheide, wenn ein Mieter zugleich die Aufsicht auf das Haus übernehme, kann nicht gefolgt werden. Über Mängel der Wohnung kann das Recht des Dienstvertrages und über Mängel der Aufsicht das Recht des Mietvertrages nichts enthalten. Vielmehr sind die Vorschriften für beide Schuldverhältnisse anzuwenden, soweit sie sich nicht (§§ 567 gegenüber 624; 544, 553 und 554 gegenüber § 626) ausschließen. Hoeniger a. a. O. S. 62, Schreiber in Iher. Jahrb. Bd. 60 S. 158. So kann der Wohnungsmangel z. B. immer einen „wichtigen Grund" für die Kündigung des Dienstvertrages bilden. Die Einräumung der Wohnung ist eben die Gegenleistung für den Arbeitsvertrag.

Vgl. RGZ. Bd. 104 S. 365 und Fischer DJZ. 1922 S. 747. Ebenso verhält es sich

2. bei der Werkwohnung. Hier räumt das Werk den Arbeitern oder Angestellten, damit es sie beschäftigen kann, etwa mangels sonstiger geeigneter Wohnungen in der Nähe des Werks, solche Werkwohnungen als Teil des Arbeitsvertrages meist gegen mäßige Preise ein, dann ist dieses Mietverhältnis zugleich Entgelt des Arbeitsvertrages. Vgl. Dahm in JW. 1922 S. 466. Das Vertragsverhältnis, insbesondere die Auflösung des Vertrages, richtet sich in der Hauptsache nach Arbeitsrecht, der Gebrauch der Wohnung nach Mietrecht. Deshalb fand hier schon § 50 der bisherigen Mieterschutz-VO. v. $\frac{\text{23. September 1918}}{\text{11. Mai 1920}}$ keine Anwendung, wohl aber § 9 der Wohnungsmangel-VO. vom 23. Sept. 1918. Vgl. LG. Nürnberg in Z. f. RPfl. i. B. 1922 S. 243, RA. Dr. Berlin dortselbst, Gros; Werkwohnung in der Kartenauskunftei, dazu RGR. Dr. Bewer im RArbBl. 1922 S. 193* und die Begründung zum Entwurf eines Gesetzes über den Mieterschutz im § 11 (ebenda 1921 S. 968), alles das natürlich zugleich auch für den Hausmeistervertrag gültig, zum Teil auch für Dienstwohnung (vgl. dort).

A. Über das jetzt gültige Recht ist folgendes zu sagen. a) Nach § 20 des Gesetzes über Mieterschutz und Mieteinigungsämter vom 1. Juni 1923 RGBl. S. 353 f., das auf Wohnungen, die nur anläßlich eines Arbeitsverhältnisses vermietet sind, nicht anzuwenden ist, muß geschieden werden. Für die Mietwohnungen und Werkwohnungen (§ 21) ist für die Zeit nach Aufhebung des Arbeitsverhältnisses ein Unterschied zu machen,

a) ob der Arbeitnehmer dem Arbeitgeber durch sein Verhalten gesetzlich begründeten Anlaß zur Auflösung des Arbeitsvertrages gegeben hat (§§ 626 BGB., 123, 124a, 133b, 133c GO., 70, 72 HGB.) bzw. ob der Arbeitnehmer selbst, ohne daß der Arbeitgeber ihm einen solchen Grund gegeben hatte, das Arbeitsverhältnis gelöst hat. In diesem Falle kann der Arbeitgeber ohne Weiteres Räumungsklage erheben, ohne daß das MSchG. Anwendung findet und auch die Zwangsvollstreckung findet ohne Beschränkung statt. Dies muß auch gelten, wenn der werkbeurlaubte Arbeitnehmer zur Eingehung eines anderen Arbeitsverhältnisses gekündigt hat, gegen Hein in N. Z. f. AR. 1923 S. 275.

b) Bestand aber für den Arbeitgeber kein gesetzlicher Grund zur Auflösung des Arbeitsvertrages oder hatte der Arbeitgeber dem Arbeitnehmer seinerseits einen solchen Grund gegeben (§§ 626 BGB., 124, 133d GO., 71 HGB.), dann gelten nach Auflösung des Arbeitsverhältnisses die bisherigen Vertragsbestimmungen, so daß der Mieter in der Wohnung belassen werden muß, allenfalls unter Festsetzung des Mietzinses durch das Mieteinigungsamt, aber auch die Beschränkungen in § 1 MSchG. mit folgenden Besonderheiten: Der Arbeitgeber kann als Aufhebungsgrund geltend machen, daß er den Wohnraum aus besonderen Gründen, insbesondere für den Nachfolger, benötigt. Die als Voraussetzung für die Zwangsvollstreckung erforderliche Beschaffung von Ersatzraum kann auf Antrag der Parteien durch einen allenfalls vom Gerichte festzustellenden Geldbetrag ersetzt werden. Die Entscheidung, ob ein gesetzlicher Grund zur Lösung des Arbeitsverhältnisses vorlag, ist präjudiziell und allenfalls abzuwarten. Gewerkschaftliche Betätigung, insbesondere bei Lohn- und Arbeitsstreitigkeiten, darf keinen Grund zur Aufhebung des Wohnverhältnisses bilden. Befinden sich in Gebäuden, die vom Betriebsinhaber zur Unterbringung von Betriebsangehörigen errichtet sind, betriebsfremde Personen, so kann er jederzeit deren Entfernung zur Unterbringung von Betriebsangehörigen verlangen (§ 23). Über die Aufhebungsklage entscheidet nicht mehr das Arbeitsgericht, sondern das Amtsgericht unter Beiziehung von Vermietern und Mietern; gegen das ein Werkwohnungsverhältnis aufhebende oder eine Aufhebungs-(Räumungs-)klage abweisende Urteil ist die Berufung an das Landgericht zulässig. Die Zwangsvollstreckung ist im übrigen unbeschränkt.

b) Nach § 17 der Vorläufigen Landesarbeitsordnung vom 24. Jan. 1919 RGBl. S. 111, haben Dienstverpflichtete mit eigenem Haushalt bei vorzeitiger unverschuldeter Auflösung des Dienstvertrages für sich und ihre Familie. Anspruch auf Benutzung der vom Arbeitgeber gewährten Wohnung bis zu 3 Wochen nach Vertragsende ohne Vergütung, sofern der Vertrag ohnehin abläuft, bei Verschulden bis 2 Wochen mit Vergütung. Diese Regelung dürfte durch das Gesetz vom 1. Juni 1923 nicht aufgehoben sein (so Gros in der Kartenauskunftei), da das Gesetz das nicht sagt und bei verschuldeter Aufhebung der Schutz des Landarbeiters nach dem Spezialgesetze weiter geht. Auf Tarifverträge, welche den § 17 übernehmen, ist deshalb § 49 MSchG. nicht anwendbar.

c) Nach dem Wohnungsmangelgesetz vom 26. Juli 1923 RGBl. S. 751 können gemäß § 15

α) Räume, die zur Unterbringung von Angehörigen eines Betriebes von seinem Inhaber errichtet oder vor dem 1. Juli 1918 (vgl. auch § 33 III MSchG. nach VO. vom 24. Dez. 1923 RGBl. I S. 124 f.) zu Eigentum erworben oder gemietet sind, nur dann von der Gemeindebehörde (Wohnungsamt) in Anspruch genommen werden, wenn sie länger als vier Wochen nicht benützt sind und keine sichere Aussicht auf die Benützung innerhalb der nächsten vier Wochen besteht; auf nach dem 1. Juli 1918 bezugsfertig gewordene Räume bezieht sich das WMG. nicht (§ 18), durch § 15 sind die früher auf Grund von § 9 erlassenen landesgesetzlichen Bestimmungen für Werkwohnungen aufgehoben. § 15 bezieht sich auch auf Werkwohnungen i. w. S., wenn auch der Arbeitgeber den Vertrag nicht als Teil des Arbeitsvertrages abgeschlossen hat.

β) Der Betriebsinhaber bedarf der Zustimmung der Gemeindebehörde (Wohnungsamt) zum Abschlusse von Mietverträgen mit Personen, die vor dem 1. Januar 1914 ihren Wohnsitz nicht in Deutschland hatten oder die aus dem Auslande oder den durch den Friedensschluß von Deutschland abgetrennten oder besetzten Gebieten kommen, aber nicht i. S. des § 14 des Gesetzes als vertrieben gelten, es sei denn, daß diese Personen in Räumen untergebracht werden sollen, die für Wanderarbeiter und ähnliche Personen (Saisonarbeiter) errichtet sind.

d) Das Reichsmietengesetz vom 24. März 1922, RGBl. S. 273, und insbesondere seine Bestimmungen über gesetzliche Miete finden auf Werkwohnungen i. w. S. und auf Werkmietwohnungen Anwendung, da hier ein Mietvertrag mit selbständiger Mietvergütung besteht, nicht aber auf Werkwohnungen i. e. S., wo die Überlassung der Wohnung einen Teil des Arbeitsentgelts bildet. Vgl. LG. Zwickau in JW. 1923 S. 785 Z. 25.

e) Nach § 66 Z. 9 BRG. hat der Betriebsrat bei der Verwaltung der Werkwohnungen mitzuwirken, worunter wohl solche i. e. und w. S. zu verstehen sind, als bei den zum Betriebe gehörigen Wohnungen, vgl. auch cα am Ende, dagegen Potthoff im ArbR. Bd. 11 S. 38. Die Mitwirkung ist ein Mitberaten, Jahrb. d. ArbR. Bd. 4 S. 111.

f) Nach § 115 GO. ist es dem Arbeitgeber gestattet, dem Arbeitnehmer Wohnung gegen den ortsüblichen Mietzins unter Anrechnung bei der Lohnzahlung zu verabfolgen. Das bezieht sich auch auf die Werkwohnung i. w. S. Während die letztere Bestimmung nur für Arbeiter nach dem VII. Titel der GO. in Frage kommt, erstrecken sich sonst die Anordnungen über die Werkwohnung, auch als Dienstwohnung, auf jedes Arbeitsverhältnis; Oertmann z. B. unterscheidet nur Werkwohnung i. w. S. und Dienstwohnung, wo die Wohnung im unmittelbaren Zusammenhange mit dem Dienstvertrage gewährt wird (ArbVertrR. S. 145 und Arbeitslohn S. 19).

Schrifttum: Erdmann, In NZ. f. ArbR. Bd. 2 S. 95 f. und Arbeitgeber 1923 S. 95 f.; Bärwinkel, ebenda S. 261 f.; Thimm im Arbeitsrecht Bd. 9 S. 261 f.; Ebel ebenda Bd. 10 S. 557; Meyerowitz in JW. 1923 S. 705 f.; Gros a. a. O., Ebel im RArbBl. 1923 S. 286* und 344* sowie 1924 S. 156* und 209*; Potthoff im RArbBl. 1921 S. 1171 und Arbeitsrecht Bd. 11 S. 35; Bewer im RArbBl. 1922 S. 193*, 1923 S. 213* f. und 1924 S. 273*; Fürstmann, NZ. f. ArbR. 1923 S. 369.

B. Aus diesen Gedankengängen ergibt sich zugleich ein Teil der Begründung für die Vorschläge des Entwurfes (Denkschrift, vgl. auch Arbeitsrecht Bd. 11 S. 766).

1. Nach § 133 des Entwurfes sollen für alle Werkwohnungen, durch welche die Abhängigkeit des Arbeiter-Mieters vom Arbeitgeber-Vermieter noch gesteigert wird, wenn nämlich das Mietverhältnis nicht nur gleichzeitig mit dem Arbeitsverhältnis endigen, sondern vom Bestehen desselben abhängig sein soll, die abdingbaren Gesetzesvorschriften nur durch Tarifvertrag oder Betriebsvereinbarung geändert werden können (§ 133 I), wobei noch Mindestbestimmungen einzuhalten sind (§ 133 II). Diese Regelung steht unter dem Banne des Arbeitsvertrages i. e. S. und wird dadurch für den Arbeitsvertrag i. w. S. gänzlich unbrauchbar. Hier, wo Tarifvertrag und Betriebsvereinbarung häufig nicht in Frage kommen, wäre die Bestimmung oft unanwendbar und, wenn sie anwendbar wäre, könnten die abdingbaren Regeln (namentlich des BGB.) dann überhaupt nicht abgedungen werden. Dagegen fehlt es an einer Bestimmung, in welcher Weise hier Arbeitsrecht und Mietrecht anzuwenden sind. Die Denkschrift verweist auf die Regelung über die Aufnahme des Dienstpflichtigen in die Familie des Dienstberechtigten, die aber etwas anderes ist (vgl. §§ 105—109), auf die Regelung von Dienstwohnung und Dienstland eben in

§§ 134—141 und auf den „gegenwärtig wichtigeren Fall, daß neben dem Arbeitsvertrag ein selbständiger Miet- oder Pachtvertrag geschlossen wird," worüber aber keine Regelung im Entwurfe vorliegt. Damit dürfte auch hier die Notwendigkeit der Regelung des Arbeitsvertrags i. S. des weiteren Arbeitsrechts anerkannt sein.

Was nun die Mindestbestimmungen des § 133 II betrifft, so suchen sie den Arbeitnehmer vor Übervorteilung zu schützen dadurch, daß

a) der Mietzins der Billigkeit entsprechen muß und den gesetzlich oder behördlich vorgeschriebenen oder ortsüblichen nicht überschreiten darf,

b) die Wohn- und Nebenräume so eingerichtet und unterhalten sein müssen, daß Leben, Gesundheit und Sittlichkeit der Bewohner nicht gefährdet werden,

c) daß der Arbeitnehmer mit Instandhaltungspflichten nicht über das ortsübliche Maß belastet werden darf und daß er ortsübliche Vergütung verlangen kann, wenn er Instandhaltungsarbeiten vornimmt, zu denen üblicher Weise der Arbeitgeber verpflichtet ist.

Diese Mindestvorschriften eignen sich auch für den Hausmeistervertrag und die Dienstwohnung, nur daß sie hier allgemein gelten müßten.

2. Was nun insbesondere die Räumungsvorschriften des § 134 des Entwurfes betrifft, so sind sie unabhängig von den unter A vorgetragenen bisherigen Bestimmungen und müßten durch sie, insbesondere die §§ 20 f. MSchG., ergänzt werden. Wenn der Arbeitnehmer stirbt oder ohne sein Verschulden das Arbeitsverhältnis mit kürzerer einmonatiger Kündigungsfrist aufgelöst wird, so ist die Wohnung bei eigenem Hausstande des Arbeitnehmers binnen einem Monat, sonst binnen 10 Tagen nach der Auflösung zu räumen, und zwar nur zum Schlusse des Monats bzw. der Woche; für diese Frist darf kein höherer Mietzins vereinbart werden. Der Vermieter kann jedoch hier die sofortige Räumung eines Teils der Wohnung verlangen, wenn er sie zur Unterbringung des Nachfolgers im Arbeitsverhältnisse und seiner Einrichtung braucht und, soweit dies billiger Weise verlangt werden kann (Abs. 1), gegen angemessene Vergütung auch schon während der Kündigungsfrist oder kurze Zeit vor Ablauf der Vertragszeit (Abs. 4). Hat der

Arbeitnehmer die vorzeitige Beendigung des Arbeitsverhältnisses verschuldet, so steht ihm bei eigenem Haushalte die Benützung der Wohnung bis zum Ablaufe der 2. Kalenderwoche gegen angemessene Vergütung zu, sofern ihm nicht andere angemessene Unterkunft zur Verfügung gestellt oder nachgewiesen wird (Abs. 2). Die Bestimmungen des § 134 in Abs. 1 und 2 finden aber keine Anwendung, wenn der Arbeitnehmer nur eingerichtete Zimmer in der Wohnung des Arbeitgebers hat und keinen eigenen Haushalt führt (Abs. 3).

3. Eine Naturalvergütung bildet auch das Werkland, wobei wieder der Fall, daß getrennte Arbeits- und Pachtverträge vorliegen, ausscheidet, es sich vielmehr wieder darum handelt, daß der Pachtvertrag vom Arbeitsvertrag abhängig ist.

a) Landgemeinden und Gutsbezirke müssen bei ständiger Beschäftigung von Arbeitern im landwirtschaftlichen Betrieb ihnen nach §§ 22—25 des Reichssiedlungsgesetzes vom 11. August 1919, RGBl. S. 1429 (vgl. auch § 115 II GO.), allenfalls Gelegenheit für Pachtung oder sonstigen Nutzung von Land für den Bedarf des Haushalts geben, und zwar ist zur Hergabe des Landes in erster Linie der Arbeitgeber verpflichtet, bei dem die Arbeiter beschäftigt werden. Vgl. auch Lotmar Bd. 1 S. 711 f. und Strunden, „Landarbeitsrecht im Ausland", im RArbBl. 1922 S. 619*. Zusicherungen des Arbeitgebers über Landnutzung sollen nach § 8 der Vorläufigen Landarbeitsordnung vom 24. Januar 1919, RGBl. S. 111, wie die über Wohnungen und andere Leistungen, die keinen Marktwert haben, schriftlich sein, allenfalls soll sonst der Schlichtungsausschuß (jetzt das Arbeitsgericht) entscheiden.

b) Nach dem Entwurfe, § 135, ist über den Pachtzins das gleiche vorgeschrieben wie in § 133 Z. 1 über den Mietzins, hier nun auch allgemein und ohne Beziehung zu Tarifvertrag oder Betriebsvereinbarung: bei vorzeitiger Endigung des Arbeitsverhältnisses sollen die Früchte oder ihr Wert nach Maßgabe der aufgewendeten Arbeit dem Arbeitnehmer gehören (§ 137), sonst soll, wenn die Pacht im Laufe eines Pachtjahres endet, der Arbeitgeber die Kosten, die der Arbeitnehmer auf die noch nicht getrennten Früchte verwendet hat, soweit ersetzen, als diese Kosten ordnungsmäßiger Wirtschaft entsprechen und den Wert der Früchte nicht übersteigen (§ 136). Umgehung der Vorschriften durch Beauftragung Dritter mit Verpachtung oder Überlassung des Landes muß wirkungslos bleiben (§ 138). Vgl. bisher § 18 der Vorl. LandarbO. und über die Landnutzung in den landwirtschaftlichen Tarifverträgen RArbBl. 1923 S. 421* sowie über das Wohnungswesen, insbesondere die Räumung, in den landwirtschaftlichen Tarifverträgen RArbBl. 1923 S. 319*. Räumungsschutz bei Landnutzung besteht nicht. Was nun endlich

4. die Dienstwohnung und das Dienstland betrifft, so sind auch sie mit Rücksicht auf das Arbeitsverhältnis überlassen und dienen zur Entlohnung desselben; der Begriff „Dienstwohnung" bildet also, wie bei Oertmann (vgl. oben), allenfalls die allgemeinere Bezeichnung für Werkwohnung i. e. S. Die Dienstwohnung kommt besonders häufig im Beamten- und Angestelltenverhältnis vor. Sie kann hier zur Beaufsichtigung oder Reinigung usw. der eigentlichen Diensträume überlassen sein und das fällt dann mit dem Hausmeistervertrage zusammen. Oder die Wohnung bildet sonst nur einen Teil des Entgeltes. Auf alle Fälle ist auch hier das Miet- oder Pachtverhältnis von der Dauer des Arbeitsverhältnisses abhängig (§ 140 des Entwurfes) und nach § 139 hat der Arbeitnehmer die Rechte und Pflichten eines Mieters oder Pächters, soweit sich aus der Verbindung mit dem Arbeitsverhältnis, insbesondere dem Fehlen eines Miet- oder Pachtzinses, nichts anderes ergibt; die Vorschriften der §§ 133—137 finden Anwendung und §§ 134—140 sollen zugunsten des Arbeitnehmers unabdingbar sein. Vgl. Gros, „Dienstwohnung" in der Kartenauskunftei und OLG. Posen in GKG. Bd. 24 S. 36.

V. Der Arbeitgeber kann auch Gelegenheit zu Nebenverdiensten und Trinkgeldern als Entgelt gewähren: Verwendung als Zahlkellner an bevorzugten Plätzen usw. Wird das Trinkgeld ganz oder zum Teil an den Herrn abgeliefert, so liegt nicht etwa Pacht vor, auch nicht, wie simulatorisch darzustellen versucht wurde, Abgabe für Bruch, sondern die Gelegenheit zum Erwerbe wird um den abzuliefernden Betrag geschmälert. Vgl. Lotmar Bd. 1 S. 706.

VI. Eine Art der Naturalvergütung ist auch die partiarische oder gesellschaftliche Vergütung mit einem Anteil am Ertrage; von ihr war oben Einl. S. 27 schon die Rede. Vgl. Crome, Die partiarischen Rechtsgeschäfte und das oben S. 37 angegebene Schrifttum über die Commenda sowie Lotmar a. a. O. S. 697.

Diese Gewinnbeteiligung kann ebenso bei der unabhängigen Arbeit wie bei der abhängigen Arbeit in Frage kommen, den Agenten, den Direktoren, Aufsichtsräten, aber auch den Handlungsgehilfen, wissenschaftlichen Hilfsarbeitern, Arbeitern und Angestellten. Dabei kann es sich handeln

1. um die im Entwurf absichtlich nicht erwähnte (Denkschrift S. 18) Gewinnbeteiligung des Arbeiters

a) an dem von ihm für den Arbeitgeber erzielten Arbeitsergebnis. Gerade weil die Verarbeitung auf Grund des Vertrages, auch Werkvertrages, den Besteller regelmäßig (vgl. §§ 950, 647 BGB.) zum Eigentümer macht,

α) kann die Arbeit einer Kapitaleinlage gleichgestellt und hienach oder auf Grund der Arbeit nach den Grundsätzen der bürgerlichen Gesellschaft eine gesellschaftliche Beteiligung am Arbeitsprodukte vereinbart werden, z. B. für den Mitarbeiter an einer Erfindung, einem Kunstwerke. Häufiger aber wird der Arbeiter, Angestellte usw.

β) am rechnerischen Ergebnis des Unternehmers allenfalls außer seinem eigentlichen Lohnanspruch neben oder nach dem Unternehmer, insbesondere wenn dieser einen bestimmten Höchstbetrag erzielt hat (z. B. bei Zeiß, wenn der Gesamtgewinn 20% des Lohn- und Gehaltkontos übersteigt), beteiligt, und zwar bald am Gesamtunternehmen, bald nur an den Erträgnissen seiner Abteilung, Zweigniederlassung usw. oder bestimmten einzelnen Geschäften, vgl. Dietz in LZ. 1922 S. 722. In Deutschland war hier bahnbrechend Carl Zeiß, vgl. Schomerus, Die neueste Entwickelung der Carl Zeiß-Werke in Schmollers Jahrb. Bd. 43 (1919) S. 1477. Der Einzelunternehmer zieht dabei für sich selbst in der Regel einen dem Gehalt entsprechenden Betrag als Vorentlohnung für seine eigene Tätigkeit ab. Vgl. Fuchs in LZ. 1915 S. 618 und RG. in LZ. 1910 S. 212.

Für die Tantiemen des Vorstands und des Aufsichtsrats einer Aktiengesellschaft bestimmen §§ 237 und 245 HGB., welche Beträge vorher abzuziehen sind. Die Tantiemen der Angestellten (vgl. RG. in JW. 1924 S. 545[3]) sind im Zweifel nicht anders zu berechnen (vgl. allgemein Entwurf § 59 II). Der Reingewinn ist im Einzelfalle festzustellen. Bondi in LZ. 1919 S. 354, RGZ. Bd. 91 S. 313, 316, Bd. 93 S. 147. Ist die Beteiligung im einzelnen nicht näher festgestellt, so gilt § 59 HGB., RG. in JW. 1922 S. 106 mit Besprechung von Titze. Dabei ist die Bilanz zugrunde zu legen. Sie gilt so lange als richtig, wie nicht offenbare Unbilligkeit, Willkür oder Böswilligkeit nachgewiesen ist, RG. in LZ. 1910 S. 212, Titze S. 615.

Es kann aber auch der Mitarbeiter, Angestellte usw.

2. selbst am Kapitale des Unternehmens beteiligt werden und in die Rechtsgemeinschaft am Unternehmen eintreten (vgl. Silberschmidt, Beteiligung und Teilhaberschaft 1916 S. 1 f.). Dies kann geschehen

a) durch kommanditistische Beteiligung des Einzelnen oder der Gesamtheit der Arbeiter usw. oder ihrer Hilfskasse oder in ähnlicher Weise am Unternehmen (vgl. Leclaire, Société de secours mutuels intéressée dans une entreprise industrielle, Paris 1877; J. B. Godin, Mutualité sociale et association du capital et du travail, Paris 1880) oder

b) durch Zuteilung von Aktien oder Genußscheinen bei der Aktiengesellschaft oder der Kommanditgesellschaft auf Aktien, wobei die Aktien wieder entweder dem einzelnen, allenfalls unentgeltlich, zugeteilt werden oder Genossenschaften der Arbeitnehmer oder Banken übertragen werden, welche die Stücke gegen Bezahlung den Arbeitern überlassen. Dabei müßte es sich um Kleinaktien handeln. Die Kleinaktie hat gewisse Vorteile, insbesondere Verknüpfung des Arbeiters mit dem Unternehmen, enthält aber auch Gefahren durch die regelmäßig bestehende Veräußerungsmöglichkeit; empfehlen würde sich eine Begünstigung der Kleinaktie, so lange sie sich in der Hand des Arbeiters, Angestellten oder Mitarbeiters befindet.

Schrifttum: Oben Einl. S. 27, ferner Beil. z. RArbBl. 1920 S. 26 f.; Knott in ZHR. Bd. 84 (1921) S. 109; Pesl in LZ. 1921 S. 546; Fröchtling, Die Kleinaktie im ausländischen und deutschen Recht, Stahl und Eisen 1919 S. 657 f.; Rheinstein in der RhZ. Bd. 13 (1924) S. 76 über die société anonyme à participation ouvrière nach dem französischen Gesetze vom 20. April 1917; Jeglin, Die Beteiligung des Gemeinwesens und der Arbeiter an handelsrechtlichen Korporationen nach deutschem, schweizerischem und französischem Rechte 1922 (vgl. Hoeniger in der JW. 1923 S. 489). Internationale Rundschau der Arbeit 1923 S. 768, Studien und Berichte (Internat. Arbeitsamt Serie B. Nr. 10); König, Das Ende der Krupp'schen Arbeitsaktie in Arbeit und Wirtschaft, 3. Jahrg. H. 6.

Am weitesten geht es, über den Fall 1 a α oben hinaus,

c) die Arbeit kraft Gesetzes der Kapitaleinlage gleichzustellen und eine allgemeine bürgerliche Gesellschaft oder offene Handelsgesellschaft zu gründen, bei welch letzterer allerdings die Arbeitseinlage zu Unrecht nicht die Vorteile des § 122 HGB. genießt; bei der Grundkapitals-Gesellschaft ist eine solche Gleichstellung nicht möglich, hier könnten aber die Ersparnisse des Arbeiters von der Unternehmung nach b) als Aktien oder in sonstiger Weise als Kapital angenommen und etwa mindestens in der Höhe der Dividende verzinst werden.

Ein gesetzlicher Zwang zur Einführung der Gewinnbeteiligung empfiehlt sich aber z. Zt. noch nicht, nur etwa die gesetzliche Festlegung von Typen zur freiwilligen Einführung, allenfalls mit mittelbarem Anreiz.

Schrifttum: Die Referate von Kaskel und Ehrenzweig für den 32. deutschen Juristentag N. Z. f. ArbR. 1921 S. 333 und RArbBl. 1921 S. 1027 f. Silberschmidt im RArbBl. 1925 S. 84* und dagegen Göppert ebenda S. 165*, Mouttat, La participation aux bénéfices et à l'administration des entreprises en Suisse in Z. d. Berner Juristenvereins 1920 S. 201 f., Piechottka, Gleichberechtigung von Kapital und Arbeit, Arbeitsaktie und Steueraktie usw. 1921, Oertmann, Arbeitsgesellschaften? im Arbeitsrecht 1921 S. 197 f., Südekum ebenda S. 148 und Gewinnbeteiligung 1921.

Möglich, aber nicht empfehlenswert ist endlich

d) eine Beteiligung der Arbeiter an der Gesamtindustrie, dem Gesamthandel, der Landwirtschaft usw. eines Landes, auch hier neben dem Lohne. Vgl. Südekum a. a. O.

Soweit eine Gewinnbeteiligung als Recht, nicht nur als Schenkung in Frage kommt, muß dem Berechtigten die Möglichkeit der Überprüfung des Ergebnisses zustehen. Diese Frage ist auch in § 58 des Entwurfes geregelt, wonach die Abrechnung für jedes Geschäftsjahr auf Grund einer kaufmännischen Bilanz stattzufinden hat, der Gewinnanteil nach Feststellung der Bilanz unverzüglich zu zahlen ist, der Arbeiter Abschrift der Bilanz und Einsicht in die Geschäftsbücher, allenfalls mit Zuziehung eines Sachverständigen verlangen kann. Dieser Anspruch würde weiter gehen als bei der Provision nach § 56 II des Entwurfes, wo die Vorlegung der Geschäftsbücher erst dann zugebilligt wird, wenn Grund zur Annahme besteht, daß der Buchauszug nicht sorgfältig angefertigt ist, während doch die Provision als regelmäßig natürlicher Entgeltanspruch für berufliche Tätigkeit eines höheren Schutzes bedürftig ist. Weiter soll (§ 59[1]) der Gewinn aus einem Geschäftsjahre mangels anderer Vereinbarung nicht mit früherem Verlust oder solchem aus anderem Geschäftszweige errechnet werden dürfen. Endet oder beginnt das Arbeitsverhältnis inmitten des Geschäftsjahres, so soll auch hier nach § 60 des Entwurfes dem Arnehmer im Zweifel ein dem Jahresteil entsprechender Gewinnanteil gehören (§ 60). Aber auch hier läßt sich wie bei der Gratifikation mit mehr Recht der Satz vertreten, daß Gewinnanteil nur bei bestehender Beteiligung am Ende des Geschäftsjahres in Frage kommt; sonst entsprechen die §§ 58 f. der bestehenden Übung.

Jede Beteiligung am Besitze lehnt ab und verlangt Selbstverwaltung innerhalb der Werkstatt das Streben nach „Werkstattaussiedlung", „Werkstattkommandite" insbesondere Prof. Rosenstocks in seinen beiden gleichnamigen Büchern von 1922 und 1925 (vgl. RArbBl. 1925 S. 615): Der Lohn wird von der Belegschaft im Ganzen verdient und ausgeteilt. Vgl. unten § 34.

Ähnlich dem Gewinnanteil wirkt

VII. der Umsatzanteil, der zur Berechnung des Anteils den Umsatz verwendet und deshalb der Provision nahesteht, nur auch regelmäßig den gesamten Umsatz eines Unternehmens oder Unternehmensteils betrifft. Auch hier ist die gleiche Überprüfung notwendig. Auch der Umsatzanteil kann allenfalls nur für einen Teil des Geschäftsjahres in Frage kommen. Vgl. § 60 des Entwurfes. Endlich

VIII. stellt eine Naturalvergütung auch die Gelegenheit etwas zu lernen, dar, wie sie dem Lehrling und dem Volontär ausdrücklich geboten wird, stillschweigend aber auch bei manchem Gehilfen-, Angestellten-Verhältnis usw. vorkommt.

Nicht ist Naturalvergütung regelmäßig die Möglichkeit, von Wohlfahrtseinrichtungen des Unternehmens Gebrauch zu machen, selbst wenn darauf ein klagbarer Anspruch besteht, der aber an sich nie von der Größe der Leistung abhängig sein kann. Die Teilnahme erfolgt hier teils auf Grund der freiwilligen Zuwendung, teils auf Grund des Gesetzes, vgl. z. B. § 120d GO., überhaupt Lotmar Bd. 1 S. 684.

IX. Die Naturalvergütung kann allein als Entgelt oder neben Geldlohn in Frage kommen und sie kann auch selbst wieder durch einen Geldbetrag oder in anderer Weise abgelöst werden. Ist der Arbeitnehmer durch einen in seiner Person liegenden Umstand an der Leistung der Dienste für einen verhältnismäßig nicht erheblichen Zeitraum verhindert, so verliert er zwar nach § 616 BGB. nicht den Anspruch auf den Lohn, wohl aber manchmal den auf die Naturalvergütung (Kost, Wohnung, besondere Gelegenheiten usw.), soweit sie im einzelnen Fall als Unterhalt und damit als Gegenleistung gerade für die Leistung der Arbeit in Betracht kommen.

Der Entwurf hat zwar an sich den Begriff des Barentgelts (§ 69) und damit auch den Gegensatz des Entgelts ohne Barleistung, der Entwurf regelt auch, wie wir sehen, einzelne Punkte aus dem Rechte der Naturalvergütung, mit ihr selbst aber beschäftigt er sich nicht.

§ 11. 4. Sonstige Bestandteile des Arbeitsvertrages, insbesondere Vertragszeit, Arbeitszeit, Lieferungszeit, Zahlungszeit.

I. Außer der Bestimmung der Arbeit und des Lohnes enthält der Arbeitsvertrag regelmäßig Vereinbarungen über den Ablauf des Vertrages d. h. darüber, wann, zu oder innerhalb welcher Zeit, die Arbeit geleistet und der Lohn bezahlt werden soll. Die Arbeit als Dauerverhältnis bringt es mit sich, daß die Zeit nach verschiedenen Gesichtspunkten in Frage kommt.

1. Die Vertragszeit bestimmt die Zeitdauer des durch den Vertrag begründeten Dauerverhältnisses, des Arbeitsverhältnisses, und gibt an, seit und bis zu welchem Zeitpunkt es bestehen soll. Es wird begründet mit dem Abschlusse des Vertrages, nicht einem späteren Zeitpunkt, dem Beginne der Arbeitszeit, Dienstantritt, und dauert dann bis zur Beendigung durch Ablauf der Vertragszeit oder durch den Eintritt des Todes oder der Handlungsunfähigkeit einer Vertragspartei oder eines sonstigen, die Beendigung herbeiführenden Ereignisses, z. B. des Brandes des vereinbarten Arbeitsortes, insbesondere bis zu einer die Beendigung bewirkenden Willenserklärung einer Partei, der Kündigung; diese gewährt die Möglichkeit, das an sich dauernde Schuldverhältnis zu lösen. Ein gesetzlicher und notwendiger Bestandteil des Arbeits-

vertrages ist die Vertragszeit beim gewerblichen und kaufmännischen Lehrverhältnis (§ 126 b Ziff. 2 GO., § 77 HGB.), wobei sie die Dauer der Lehrzeit festsetzt. Die Vertragszeit, findet, soweit sie unmittelbar durch Zeitangabe oder mittelbar, durch Bestimmung der Arbeitsaufgabe, im Vertrage selbst festgesetzt ist, gemäß § 620 II BGB. mit Ablauf der Zeit oder Erledigung der Aufgabe ihr natürliches Ende, sie kann aber schon vorher durch Befristung oder Kündigung auslaufen; ist das Ergebnis in bestimmter Zeit zu erbringen, so entsteht der Begriff der Lieferzeit (vgl. Z. 3). Kündigungsausschluß ist in dem Sinn unmöglich, daß das Dauerverhältnis gar nicht gelöst werden dürfte, in dem Sinn aber zulässig, daß es keiner Kündigung bedarf, daß das Arbeitsverhältnis täglich zu lösen ist (vgl. § 22 GO.). Die Kündigung selbst kann auch hier eine befristete sein oder die unbefristete aus wichtigem Grunde (vgl. unten § 39). Das Ende der Vertragszeit trifft beide Parteien und beide Leistungen.

Schrifttum: Lotmar a. a. O. Bd. 1 S. 508 f.; Gierke, Dauernde Schuldverhältnisse in Iher. Jahrb. 64 (1914) S. 401 und in deutsches Privatrecht Bd. 3 S. 86 f.; Silberschmidt, Die Zeitdauer als Einteilungsgrund der vertraglichen Schuldverhältnisse in BayZfR. 12 (1916); Schulz in GKG. 12 S. 54 f.; Landsberger ebenda 21 S. 49 f.

2. Die Arbeitszeit ist diejenige Zeit, innerhalb deren die Arbeit zu leisten ist (Leistungszeit nach § 271 BGB.). Sie wird durch den Vertrag oder das Gesetz bestimmt, letzteres stellt jetzt regelmäßig Höchstarbeitszeiten auf, z. B. den Arbeitstag zu 8 Stunden oder die Arbeitswoche zu 48 Stunden. Sie ist hauptsächlich für das Recht der Abhängigen von Bedeutung und ist dort zu besprechen. Handelt es sich um einen Dienst mit Unterwerfung des Arbeitenden unter die persönliche Botmäßigkeit des Dienstberechtigten, so wird die Arbeitszeit zur Dienstzeit. Ist nicht die Arbeit selbst Gegenstand des Vertrages, sondern ein bestimmtes Ergebnis, so liegt es im Interesse des Arbeitsberechtigten, daneben auch noch die Zeit zu bestimmen, innerhalb deren das Ergebnis zu liefern ist und damit entsteht

3. die Lieferzeit oder Arbeitszeit im engeren Sinne, als Termin oder Frist möglich; im letzteren Falle spricht man von Lieferfrist. Vgl. §§ 634 f. BGB. Sie ist insbesondere da notwendig, wo die Arbeit nicht unter der Leitung des Arbeitgebers erfolgt, vor allem bei der Heimarbeit, wobei sie die tägliche Arbeits-

zeit zu verlängern geeignet ist. Für die Einhaltung der Lieferzeit wird noch durch Aussetzung von Prämien, Zeitersparnisprämien, geworben. Vgl. Lotmar a. a. O. Bd. 1 S. 467 f., 471 f.

4. Die Zahlungszeit ist ebenfalls Leistungszeit, nämlich diejenige Zeit, innerhalb deren das Entgelt der Arbeit zu leisten ist. Die Zahlungszeit folgt der Arbeit regelmäßig nach, die Arbeit ist vorzuleisten, das Entgelt ist erst nach Leistung der Arbeit fällig. Vgl. § 614 BGB. für den Dienstvertrag, § 641 für den Werkvertrag, § 652 I für den Mäklervertrag, § 699 für den entgeltlichen Verwahrungsvertrag, §§ 64, 65 HGB., § 115 I GO. usw. Der Entwurf läßt nach § 69 S. 1 Barentgelt nach der Leistung und, soweit es nicht schon vorher fällig ist, bei Ablauf des Arbeitsvertrages entrichten. „Mangels anderer Rechtsvorschrift ist festes Barentgelt für gewerbliche Arbeiter wöchentlich, für andere Arbeitnehmer am Schlusse des Kalendermonats zu entrichten. Durch Vereinbarung kann die Zahlungsfrist nicht über einen Monat ausgedehnt werden“ § 69 S. 2. Tag und Stunde der Zahlung bestimmen sich wieder zunächst nach Rechtsvorschrift, allenfalls Vertrag und sonst Ortsgebrauch, wobei das Entgelt während der Arbeitszeit oder unverzüglich im Anschlusse daran zu zahlen und Wartezeit im Zweifel wie Arbeitszeit zu vergüten ist, wenn sie nicht unerheblich ist (§ 70). Wie schon aus diesen Vorschriften ersichtlich, weichen die gesetzlichen Bestimmungen nach den einzelnen Arten von Arbeitsverträgen in der Frage voneinander ab, wie lange der Arbeiter, im weitesten Sinne genommen, nach Leistung der Arbeit auf den Lohn warten muß, der Handlungsgehilfe z. B. höchstens einen Monat. Für den Arbeitsvertrag i. e. S. ist die Frage besonders wichtig, weil Arbeiter und Angestellte nahezu ausschließlich auf den Lohn angewiesen sind; dort ist das Nähere zu erörtern. In allen Fällen ist eine von den gesetzlichen Bestimmungen abweichende Vereinbarung zugunsten der Arbeiter möglich. Dabei muß aber auch zugunsten des Arbeitgebers berücksichtigt werden, daß eine Auszahlung unmittelbar nach Schluß der Arbeit oft mit Rücksicht auf Verbuchung und Verrechnung unmöglich ist und daß daher oft am Zahlungstage nur die bis zu einem bestimmten früheren Tag geleistete Arbeit bezahlt werden kann. Vgl. Lotmar Bd. 1 S. 441, Oertmann, Arbeitslohn S. 92. Andrerseits werden vielfach auf den verdienten, aber noch nicht berechneten und fälligen und manchmal auch, insbesondere wenn der Lohn

erst mit Erzielung eines bestimmten Ergebnisses fällig ist, auf den noch nicht verdienten Arbeitslohn Vorschüsse oder Abschlagszahlungen geleistet, öfters gelten sie als stillschweigend vereinbart. Vgl. Lotmar Bd. 1 S. 387, Potthoff, „Vorschuß" im Wörterb. d. ArbeitsR., Kaskel ArbR. S. 99.

Der Entwurf gibt dem Arbeitnehmer abgestufte unabdingbare (§ 75) Ansprüche vor der eigentlichen Zahlung des Entgelts, nämlich

1. vor Eintritt der regelmäßigen Zahlungszeit

a) für geleistete Arbeit auf entsprechende Abschlagszahlung, wenn der Arbeitnehmer ihrer aus besonderem Anlasse dringend bedarf und keine Betriebsgründe dagegen sprechen (§ 72 I),

b) für noch nicht geleistete Arbeit auf Vorschuß nach billigem Ermessen unter den gleichen Voraussetzungen und wenn das Arbeitsverhältnis ununterbrochen zwei Jahre gedauert hat und voraussichtlich noch längere Zeit fortbesteht (§ 72 II);

2. nach Fälligkeit, wenn an den vorgeschriebenen oder üblichen Zahltagen Gedingegeld nicht abgerechnet werden konnte, auf angemessene Abschlagszahlung (§ 71). Auch diese Bestimmungen sind ganz allgemein und entsprechen der bestehenden Übung.

Auf Vorschuß und Abschlagszahlung finden im allgemeinen die Grundsätze der Lohnzahlung Anwendung. Vgl. „Vorschuß" von Potthoff im Wörterbuch des Arbeitsrechts und Lotmar Bd. 1 S. 387, wenn auch nicht stets „Lohnzahlung mit allen sich daran knüpfenden Folgen" gegeben ist, wie Oertmann, Arbeitslohn S. 93, annimmt, da im Augenblicke der Zahlung keine Einigung besteht, ob nicht mehr oder weniger geschuldet ist; wohl aber besteht eine Übereinstimmung dafür, daß das Gezahlte, wenn soviel geschuldet wird, als Lohn zu erachten ist. Vgl. JW. 1912 S. 684[8], Seuff. Arch. Bd. 71 Nr. 199. Vorschußzahlung auf den noch nicht verdienten Lohn kann sich als Erfüllung einer befristeten oder einer bedingten Forderung darstellen; im letzteren Falle kann, wenn Lohn nicht fällig wird, das Ganze, im ersteren allenfalls ein Teil auf Grund der Bestimmungen über ungerechtfertigte Bereicherung (§§ 812 f. BGB.) zurückgefordert werden. Der Vorschuß kann auch nur Darlehen des Arbeitgebers an den Arbeitnehmer sein, wobei dann die Anrechnung auf den Lohn sich nach den Regeln der Aufrechnung gestaltet.

Schrifttum: Oertmann, Arbeitslohn S. 93; Sinzheimer, Lohn und Aufrechnung 1902; Ulrichs, Das Recht der Zurückbehaltung und Aufrechnung 1910; Wendler, Zum Aufrechnungsverbot gegenüber Lohnforderungen, DJZ. 1922 S. 159.

II. Wie Vereinbarung von Arbeit und Lohn für jedes Arbeitsverhältnis im weitesten Sinn zu erörtern sind, so gilt gleiches für die oben behandelten zeitlichen Beziehungen, wie etwa auch für die Vereinbarung des Zahlungsorts (nach § 73 des Entwurfes ist der Lohn an der Betriebsstätte zu zahlen, soweit sich aus Vereinbarung, Art des Entgelts oder sonstigen Umständen nichts anderes ergibt) und für sonstige Nebenverpflichtungen. Bezüglich ihrer hat Oertmann (in Potthoffs ArbR. 2, 225) darauf aufmerksam gemacht, daß gerade im Arbeitsrecht eine große Anzahl solcher Nebenpflichten in Frage kommt und daß deshalb hier die Verkehrssitte in weitem Umfange maßgeblich erscheint. Als Nebenvereinbarungen sind insbesondere die über Leistung von Sachen und Sachnutzungen neben Arbeit zu nennen, die in § 10 oben besprochen wurden. Wenn ich die Arbeit des Gärtners zum Pflanzen in Anspruch nehme und dieser gleichzeitig einige Setzlinge mir aus seinen Beständen verkauft, liegt Arbeitsvertrag mit Kauf vor, wenn ich Pflanzen kaufe und der Verkäufer sie mir als Nebenleistung sofort einsetzt, möglicherweise nur Kauf, wenn die Arbeit neben dem Kaufe bedeutungslos ist; sobald aber der Arbeit irgendwelche Bedeutung beigelegt wird, muß sie auch nach ihren Regeln gewürdigt werden. Deshalb wird man in diesem Falle den Nebenverpflichtungen tunlichst selbständige Bedeutung beizulegen haben, da die Arbeitsverpflichtung im einheitlichen Kaufvertrage und die Kaufverpflichtung im einheitlichen Arbeitsvertrage keine Regeln hat. Hier muß die Lehre von den „gemischten Verträgen" entscheidend sein und danach muß jede Art von Verpflichtung schließlich doch von ihrem Standpunkt aus gewürdigt werden, wenn auch die besondere Art der Verbindung nicht aus dem Auge verloren werden darf.

III. Diese Nebenabreden fügen entweder dem Arbeitsvertrage etwas neues hinzu, wie in der Hauptsache die unter II besprochenen Vereinbarungen oder sie ergänzen und individualisieren den Hauptvertrag, insbesondere nach Zeit, Ort usw., wie die unter I erörterten Bestimmungen. Dabei müssen zwingende Rechtssätze beachtet werden, während der Vertrag innerhalb des durch nachgebende Rechtssätze festgestellten Gebiets freien Spielraum hat. Von den zwingenden Rechtssätzen sind es insbesondere auch die Schranken der Sitte, welche Beachtung fordern.

Zweiter Abschnitt.

Abschluß und Nichtabschluß des Arbeitsvertrages.

§ 12. 1. Die Vermittlung des Abschlusses.

Der Abschluß von Arbeitsverträgen jeder Art hängt ab von Angebot und Nachfrage und wird deshalb wesentlich gefördert durch Vermittlungen, die ganz allgemein das Angebot mit der Nachfrage in Verbindung setzen und die sich auf jeden Arbeitsvertrag beziehen können.

A. Geschichte der Arbeitsvermittlung in Deutschland.

I. Im Mittelalter lag die Arbeitsvermittlung in der Hand der Zünfte und daher der Meister, bis die Gesellen die „Umschau" beeinflußten, so daß Meldung auf der Herberge des Gesellenverbandes erfolgen mußte. Daraus entwickelten sich mit die gewerkschaftlichen Bestrebungen, aber die „Umschau" hat im 20. Jahrhundert ihre Bedeutung noch nicht ganz eingebüßt. An die Seite und dann an die Stelle der zünftischen Einrichtungen treten

1. die private Stellenvermittlung, die Gesindemärkte und die Zeitungsanzeige (vgl. dazu Schairer, Bedeutung des Inserats auf dem Arbeitsmarkte in der Sozial. Prax. Bd. 25 S. 897, Wirtschaftskurve 1924 1, 53). Die ursprünglich für ein freies Gewerbe erklärte Stellenvermittlung insbesondere wurde wegen der sich einstellenden Mißbräuche immer mehr eingeschränkt. Zunächst wurde Anzeige des Betriebsbeginns vorgeschrieben, dann wurde nach § 34 GO. Erlaubnis notwendig, die zu versagen war, wenn Tatsachen vorlagen, welche die Unzuverlässigkeit des Nachsuchenden in bezug auf den beabsichtigten Betrieb dartaten. § 38 GO. ermöglichte die Beaufsichtigung des Betriebs und der Buchführung, die Zentralbehörden konnten die Ausübung des Gewerbes im Umherziehen und die gleichzeitige Ausübung des Gast- und Schankwirtschaftsgewerbes untersagen. An die Stelle dieser Bestimmungen traten dann die des Stellenvermittlergesetzes vom 2. Juni 1910 (RGBl. S. 860), welches für Per-

sonen, die ein Stellenvermittlungsgewerbe betreiben, indem sie entweder a) den Abschluß eines Dienstvertrages herbeiführen oder b) nur die Gelegenheit zum Abschluß nachweisen (Gesindevermieter, Theateragenten, Heuerbase, Herausgeber von Stellenlisten usw., vgl. § 652 BGB. und RGSt. 36, 224), den Konzessionszwang einführte. Die Genehmigung ist außer dem schon erwähnten Falle der Unzuverlässigkeit zu versagen, wenn kein Bedürfnis gegeben ist, insbesondere wenn für den Ort oder den wirtschaftlichen Bezirk ein öffentlicher gemeinnütziger Arbeitsnachweis in ausreichendem Umfang besteht. Gewissen Personen (Wirten, gewerbsmäßigen Vermietern von Wohn- und Schlafstellen, Händlern mit Kleidern, Gebrauchs- und Genußgegenständen, Friseuren, Geldwechslern, Pfandverleihern) darf nach § 3 keine Konzession gegeben werden. Diese hat die Berufe zu verzeichnen, in denen die Vermittlung von Stellen stattfinden darf (§ 2 v). Nach § 55 des Gesetzes wurden die Landeszentralbehörden ermächtigt, Bestimmungen über den Umfang der Befugnisse und der Verpflichtungen sowie über den Betrieb des nichtgewerbsmäßigen Arbeitsnachweises zu erlassen, was aber nur wenig geschah. Den Stellenvermittlern wurde vom Gesetz eine Reihe bürgerlichrechtlicher und öffentlichrechtlicher Verpflichtungen auferlegt, die einen Mißbrauch der Stellenvermittlung verhüten sollten. Für die Gebühren wurden Taxen angeordnet, die nach Anhörung des Trägers des öffentlichen Arbeitsnachweises und von Vertretern der Arbeitgeber und Arbeitnehmer festzusetzen sind. Die Taxe ist auszuhängen. Haben beide Teile die Tätigkeit des Stellenvermittlers in Anspruch genommen, so ist die Gebühr, zugunsten des Arbeitnehmers unabdingbar, mindestens hälftig, zu teilen. Die Erlaubnis zum Gewerbebetrieb ist zurückzunehmen, wenn sich aus Handlungen oder Unterlassungen des Stellenvermittlers dessen Unzuverlässigkeit in bezug auf den Gewerbebetrieb oder seiner persönlichen Verhältnisse ergibt. Unzuverlässigkeit ist stets anzunehmen, wenn der Stellenvermittler wiederholt wegen Überschreitung der Gebührentaxe bestraft wurde oder weil er einen Arbeitnehmer zum Vertragsbruche verleitete oder einzelne der Gebote übertrat. Der Vertreter des öffentlichen Arbeitsnachweises ist berechtigt, selbständig Antrag auf Entziehung der Erlaubnis zu stellen. Strafbestimmungen sichern den Vollzug dieses Gesetzes, das sich im ganzen bewährt hat.

Schrifttum: **Reitzenstein**, Der Arbeitsnachweis im In- und Auslande 1897; **Conrad**, Die Organisation des Arbeitsnachweises in Deutschland 1904; **Jastrow**, Sozialpolitik und Verwaltungswissenschaft, 1. Band, Arbeitsmarkt und Arbeitsnachweis, 1902; Arbeitsmarkt und Arbeitsnachweis im Hdw. d. Staatsw. in der 4. Aufl. von **Lins**; **Fischer**, Kommentar zum StVG. 1912; **Kunzmann**, Die Arbeitslosigkeit und ihre Bekämpfung 1920; **Lins**, Staat und Arbeit, Beitrag zur Begründung der Notwendigkeit einer Arbeitsorganisation 1920; **Ludwig**, Der gewerbsmäßige Arbeitsnachw. 1922; **Weigert**, Der Arbeitsnachweis 1922; **Wölbling**, Der Arbeitsnachweis 1918; **Schellmann** und **Feder** in der Kart. d. ArbR., ferner RArbBl. 1922 S. 597.

Inzwischen war

2. neben der privaten Stellenvermittlung emporgewachsen:

a) die Arbeitsvermittlung durch die **Berufsgenossenschaften** sowohl einseitig α) der Arbeitnehmer (Glasarbeiter, Glaser, Kupferschmiede, Tabakarbeiter, Transportarbeiter usw.), insbesondere der Gewerkschaften, und β) der Arbeitgeber, vor allem der Innungen, der Arbeitgeber des Bergbaues, der Metallindustrie, des Bau- und des Verkehrsgewerbes, wie γ) gemeinschaftliche und Interessenten-Nachweise (z. B. die paritätischen Facharbeitsnachweise der Drucker und der Brauer sowie der Angestellten, insbesondere der Kaufleute);

b) der **gemeinnützige** Arbeitsnachweis, insbesondere auch der Schutzvereine für entlassene Gefangene und der Naturalverpflegstationen, Schulen, Arbeitskolonien, Herbergen zur Heimat, Mägdeheime, Mädchenschulvereine;

c) der **städtische** und d) der **allgemein öffentliche** Arbeitsnachweis, unter Aufsicht paritätischer Kommissionen meist unentgeltlich tätig, oft auch gemeinsam mit a und b.

Zu a. Die Gewerkschaften suchten den Arbeitsnachweis als Mittel zu ihrer eigenen Stärkung, insbesondere im Arbeitskampfe, in die Hand zu bekommen, die Arbeitgeber suchten ihn zur Fernhaltung mißliebiger Arbeitnehmer, besonders durch „schwarze Listen“, auszunutzen, beide Parteien widerstrebten zunächst der Einrichtung des gemeinsamen Arbeitsnachweises, besonders die Arbeitgeber mit Erfolg, die auch dem öffentlichen Arbeitsnachweis entgegenwirkten.

Schrifttum: **Michalke**, Der Arbeitsnachweis der Gewerkschaften 1912 **Keßler**, Die Arbeitsnachweise der Arbeitgeberverbände 1911; **Zahnbrecher** Die AGNachweise in Deutschland 1914; **Malachowski** a. a. O. S. 109 f.

Zu b. Die gemeinnützigen Arbeitsnachweise gehen vielfach von Wohltätigkeits- und Bildungsvereinen aus, gerade im Gegensatze zur Entwickelung unter a, und leiten zum öffentlichen Arbeitsnachweis über, in den sie vielfach aufgehen, da ihnen meist größere Mittel fehlen.

Schrifttum: Die bestehenden Einrichtungen zur Versicherung gegen die Folgen der Arbeitslosigkeit im Ausland und im Deutschen Reich. Teil 3: Der Stand der gemeinnützigen Arbeitsvermittlung öffentlicher und privater Verbände im Deutschen Reich, 1906.

Zu c. So mußte dem gegenseitigen Kampfe der Interessenten und dem guten, aber unzureichenden, Willen gemeinnütziger Bestrebungen der Erfolg versagt bleiben. Da sich zugleich die Notwendigkeit ergab, den an den einzelnen Orten verschieden großen Arbeitsbedarf aufzuzeichnen, zu vergleichen und von Mittelpunkten aus zu regeln, die öffentlichen Körperschaften aber, vor allem die Städte, daran ein lebhaftes Interesse hatten, so nahmen sie die Aufgabe in die Hand und es entstand so von der Schweiz aus (1888 Bern, 1889 Basel) zunächst in Süddeutschland der gemeindliche Arbeitsnachweis der Städte, der dann in provinzialen und Landesverbänden zusammengefaßt und im „Verband deutscher Arbeitsnachweise" unter dem Vorsitze von Richard Freund mit Jastrow's Monatsschrift „Der Arbeitsmarkt", später der Zeitschrift „Der Arbeitsnachweis in Deutschland" als Organ und Nachweismittel vereinigt wurde, während in Norddeutschland noch lange der von den Gemeinden nur mit Zuschüssen unterstützte „Vereinsarbeitsnachweis" vorherrschte. Die Gemeinde Berlin sicherte sich 1912 die Mehrheit in Generalversammlung und Vorstand des Zentralvereins für Arbeitsnachweis und führte damit eine Verbindung zwischen beiden Arten herbei.

Schrifttum: Georg Adler, Die Aufgaben des Staates angesichts der Arbeitslosigkeit 1894; Conrad, Die Organisation des Arbeitsnachweises in Deutschland, 1904; Dominicus, Aufgaben von Staat, Reich und Gemeinde gegenüber dem Arbeitsnachweis, 1908; Lindemann, Arbeiterpolitik und Wirtschaftspflege der deutschen Städteverwaltungen, 1. Bd., 1904; Die Entwicklung des Arbeitsnachweiswesens in Deutschland, in der Begründung des Entwurfes eines Arbeitsnachweisgesetzes (Reichstag I 1920/21, Druckf. Nr. 3148 S. 17 ff., auch RArbBl. 1921 S. 597 f.; Malachowski, Recht auf Arbeit und Arbeitspflicht, 1922, S. 100—124.

II. Das Jahr 1894 hatte der Bewegung den mächtigsten Antrieb gebracht, am 1. Nov. 1895 nahm das städtische Arbeitsamt München als erster großer gemeindlicher Arbeitsnachweis in Bayern und eines der ersten in Deutschland seine Tätigkeit auf; 1895 entstand auch der Arbeitsnachweis in Stuttgart unter dem Einflusse des trefflichen Gewerbegerichts-Vorsitzenden Lautenschlager. Wie schon 1894 die preußischen, bayrischen, württembergischen usw. Ministerien zur Bildung städtischer Arbeitsnachweise aufgefordert hatten, so empfahl ein Rundschreiben des Reichskanzlers vom 15. Febr. 1896 sämtlichen Bundesstaaten die Zusammenfassung des öffentlichen Arbeitsnachweises, wie auch das Reich den Verband deutscher Arbeitsnachweise mit Geld unterstützte, nachdem es zu der wiederholt angeregten gesetzlichen Regelung nicht gekommen war. Allmählich trat die sozialistische Partei für eine Monopolstellung des öffentlichen Arbeitsnachweises ein (Entwurf Dominikus) ein. Das Stellenvermittlergesetz von 1910 nahm in einigen, schon erwähnten, Punkten auf den öffentlichen Arbeitsnachweis Rücksicht; außerdem überließ es aber in seinem § 15 den Landeszentralbehörden, ob sie den nichtgewerblichen Arbeitsnachweis regeln wollten, was dann meistens nicht geschah. Unter der Notwendigkeit des Krieges machte sich der Mangel einheitlicher Zusammenfassung des Arbeitsnachweises besonders fühlbar, weshalb „Die Reichszentralstelle der Arbeitsnachweise" unter dem Reichsamt des Innern im August 1914 geschaffen wurde, für die aber in großen Teilen des Reiches der Unterbau fehlte. Den Arbeitsnachweisen wurde aber z. B. am 21. Nov. 1915 die Begutachtung der Zurückstellungsanträge Wehrpflichtiger übertragen. Um den Ausbau zu fördern, stellte nach Anregungen von Dominikus, Freund und Wölbling die organisierte Arbeiterschaft, die schon durch eine Eingabe vom 3. März 1915 den Reichstag zu dem einstimmigen Antrag gebracht hatte, die Reichsregierung solle ihm ein Arbeitsnachweisgesetz vorlegen, in Verbindung mit dem Büro für Sozialpolitik und der Gesellschaft für soziale Reform Grundsätze auf, die vom Reichstag am 12. und 16. Mai 1916 gebilligt aber erst durch das Arbeitsnachweisgesetz voll erfüllt wurden:

1. Die Landeszentralbehörden sollen Arbeitsnachweise in allen gewerblichen Gemeinden über 10000 Einwohner errichten. Diesen wird auf Grund von § 15 des Stellenvermittlungsgesetzes die Er-

richtung von Fachabteilungen und die Bildung von Männer- und Frauenabteilungen aufgegeben.

2. Die Arbeitsnachweise sind durch einen paritätischen Verwaltungsausschuß zu leiten.

3. Diesem liegt die Festsetzung der Vermittlungsgrundsätze ob, ferner die Anstellung von Arbeitsvermittlern, die mit den Berufsverhältnissen vertraut sind, die Entscheidung von Beschwerden gegen die Geschäftsführung des Nachweises, endlich liegt ihm ob die Ausgestaltung des Nachweises.

4. Der gemeindliche Nachweis kann die Aufgaben einer örtlichen Auskunftsstelle übernehmen.

5. Die höheren Verwaltungsstellen sollen für größere Gebiete Zentralauskunftsstellen als Ausgleichsstellen von Überschuß und Mangel an Arbeit schaffen. Den nicht gewerbsmäßigen Nachweisen ist durch Wahl zu Beirat und Vorstand entscheidender Einfluß zu gewähren.

6. Über den Zentralauskunftsstellen werden Landeszentralen für Arbeitsvermittlung angeordnet. Diese haben jede Erleichterung für den nichtgewerbsmäßigen Nachweis, insbesondere Verbilligung des zwischenörtlichen Verkehrs, zu gewähren.

7. Die Landeszentralen haben der Reichszentrale des Arbeitsnachweises regelmäßig zu berichten.

Dieser Forderung einheitlicher Regelung gegenüber überließ die BRVO. vom 14. Juni 1916 (RGBl. S. 519) wiederum die Entscheidung den Landesbehörden, ob sie die Gemeinden zur Einrichtung und Durchführung des Arbeitsnachweises verpflichten wollten. Von dieser Ermächtigung hat wieder Bayern, aber nicht Preußen vollen Gebrauch gemacht. Eine Bek. des bayr. Ministeriums des Innern vom 14. Sept. 1916 (StAnz. Nr. 215) verpflichtete alle Gemeinden mit mehr als 10000 Einwohner, gemeindliche Arbeitsämter zu errichten, ermächtigte die Kreisregierungen, auch kleinere Gemeinden und Distrikte hiezu zu veranlassen, schrieb für Gemeinden mit mehr als 20000 Einwohnern hauptamtliche Leitung und für alle Arbeitsämter die Einrichtung eines aus Vertretern der Arbeitgeber und Arbeitnehmer in gleicher Zahl zusammengesetzten beratenden Ausschusses vor und regelte das Zuschußwesen. Die MBek. vom 1. Mai 1898 (Vgl. M.A.Bl. S. 263) über den zwischenörtlichen Vermittlungsverkehr wurde durch eine solche vom 16. Dez. 1916 (StAnz. Nr. 294) weiter ausgedehnt: in jedem Regierungsbezirk ist ein „Hauptarbeitsamt" mit dieser Vermittlung innerhalb des Regierungsbezirks beauftragt worden, während das Arbeitsamt München als „Landesstelle für den öffentlichen Arbeitsnachweis" den Ausgleich über die Grenzen der Regierungsbezirke vorzunehmen hatte. Der Verband bayrischer Arbeitsämter war schon 1900 gegründet worden. In Preußen hat ein gemeinsamer Erlaß des Handelsministers und des Ministers des Innern vom 25. Juli 1916 die Regierungspräsidenten angewiesen, Gemeinden oder Kreise, in denen ein Bedürfnis nach Errichtung oder Ausbau kommunaler Arbeitsnachweise hervortrete, hiezu im Sinne der VO. vom 14. Nov. 1916 entsprechend zu verpflichten und über die Frage, ob ein Bedürfnis anzuerkennen sei, mit dem zuständigen Verband ins Benehmen zu treten und bei Meinungsverschiedenheit dem Arbeitsminister zu berichten. Hier also entschied das Ermessen des Regierungspräsidenten und allenfalls des Handelsministers.

Zunächst brachte eine teilweise Ausführung des aufgestellten Planes und jedenfalls eine Zusammenfassung der Arbeitsnachweise das Hilfsdienstgesetz vom 5. Dez. 1916 (RGBl. 1333) durch die Heeresverwaltung. In den Vorschriften (vgl. **Kaskel**, Neues ArbR. § 7 a. f. und die Sammlung behördlicher Maßnahmen zur Arbeitsvermittlung im Kriege, herausgeg. vom Büro für Sozialpolitik 1918) des Reichsamts für die Heranziehung der sämtlichen Arbeitsnachweise zur Arbeitsvermittlung für den vaterländischen Hilfsdienst waren Hilfsdienstmeldestellen und Zentralauskunftsstellen vorgesehen. Erstere fielen zusammen mit den gemeindlichen Arbeitsnachweisen, letztere mit den Zentralauskunftsstellen der Arbeitsnachweisverbände je eines Korpsbezirks. Durch übereinstimmende Verordnungen der kommandierenden Generale wurde auf Grund des Gesetzes über den Belagerungszustand in jedem Korpsbezirk eine Melde- und Auskunftspflicht für sämtliche nicht gewerbsmäßige Arbeitsnachweise eingeführt, auf Grund deren die nicht erledigten Arbeitsgesuche wöchentlich zweimal den Hilfsdienststellen, von diesen den Zentralauskunftsstellen zur Ausgleichung innerhalb ihres Bezirks und allenfalls zur Weitergabe an das Statistische Reichsamt behufs Ausschreibung in dem, zweimal wöchentlich erscheinenden, Arbeitsmarktanzeiger zugeleitet wurden.

In Bayern wurde durch die Bek. vom 6. März 1917 betr. Meldewesen und Arbeitsnachweis dieser nahezu vollständig bei den Arbeitsämtern zentralisiert. Die vaterländischen Notwendigkeiten führten in dieser Zeit zu einer starken Werbetätigkeit und zu einer sehr bedeutenden Heranziehung des weiblichen Geschlechts zur Hilfsdiensttätigkeit, wodurch die Betonung der Interessen des weiblichen Geschlechts und der Notwendigkeit weiblicher Vermittlung sich von selbst ergab.

Trotz aller dieser Anstrengungen war der unglückliche Ausgang des Krieges nicht zu vermeiden. Mit der Staatsumwälzung erfolgte der wirtschaftliche Friedensschluß der Arbeitgeber- und Arbeitnehmerverbände vom 15. Nov. 1918, veröffentlicht am gleichen Tage durch den Rat der Volksbeauftragten; in Ziff. 5 war „gemeinsame Regelung und paritätische Verwaltung des Arbeitsnachweises" vorgesehen. Für die Demobilmachungszeit erging darauf die Anordnung über Arbeitsnachweise vom 9. Dez. 1918 (RGBl. S. 1421), die wieder, wie die VO. vom 14. Juni 1916 die Landeszentralbehörden nur ermächtigte, Gemeinden oder Gemeindeverbände zur Errichtung und Ausbau der jetzt notwendig „öffentlichen unparteiischen Arbeitsnachweise, an deren Verwaltung Arbeitgeber und Arbeitnehmer gleichmäßig zu beteiligen sind" zu verpflichten (§ 1), den Ländern weiter den Zusammenschluß der nicht gewerbsmäßigen Arbeitsnachweise behufs Ausgleichung von Angebot und Nachfrage zu Zentralstellen, nach Anhörung der Arbeitgeber und Arbeitnehmer, und die Erlassung der notwendigen Anordnungen, auch über Meldungen, Statistische Berichte usw. freistellte (§§ 2, 3) und es ihnen auch überließ, die Gemeinden und Gemeindeverbände zur Schaffung von Einrichtungen für eine allgemeine, gemeinnützige Berufsberatung und Lehrstellenvermittlung, insonderheit in Verbindung mit öffentlichen unparteiischen Arbeitsnachweisen, anzuhalten. Das führte für die Zeit der Demobilmachung, in der die Demobilmachungsbehörden den Arbeitsnachweis förderten, zu einer allgemeinen Anordnung der Meldepflicht und zwar für nicht landwirtschaftliche Arbeitgeber, wenn sie auf einmal 5 oder mehr Arbeitskräfte besetzen wollten, nach der leicht zu umgehenden VO. vom 17. Febr. 1919 (RGBl. S. 201) und für Arbeitgeber der Land- und Forstwirtschaft für jede offene Stelle nach VO. vom 16. März 1919 (RGBl. 310); in beiden Fällen hatte die Meldung an einen nicht gewerblichen Arbeitsnachweis, der sich mit der Vermittlung derartiger Arbeitskräfte befaßte, zu erfolgen. Vgl. Anordnung des bayrischen Ministeriums für soziale Fürsorge vom 17. Juni 1921, RArbBl. S. 658. Ebenso enthielt die Pflicht zur Freimachung von Arbeitsstellen nach der VO. vom 28. März 1919 (RGBl. 355) auch die Pflicht, im Falle getroffener Anordnung der Demobilmachungsausschüsse, einen nicht gewerbsmäßigen Arbeitsnachweis zur Wiederbesetzung der freigemachten Stelle zu benutzen und eine von diesem gesendete Arbeitskraft, wenn nicht wichtige Gründe entgegenstanden, einzustellen. Endlich hatte für die Beschäftigung Schwerbeschädigter je ein Vertreter der öffentlichen Arbeitsnachweise nach RG. vom 6. April 1920 (RGBl. S. 458) Sitz und Stimme im Beirat bzw. Schwerbeschädigtenausschuß der Hauptfürsorgestelle, bis dies durch VO. vom 27. Okt. 1923 (Art. 21 Nr. VII RGBl. S. 1009) geändert wurde. Nach § 2 S. 2 der VO. zur Behebung des Arbeitsmangels in der Landwirtschaft vom 16. März 1919 (RGBl. 310) durfte kein nichtgewerbsmäßiger Arbeitsnachweis und kein gewerbsmäßiger Stellenvermittler Arbeitssuchende, die erst bei Ausbruch des Krieges oder während des Krieges in der Land- und Forstwirtschaft tätig waren, anderen Betrieben zuführen, so lange offene Stellen in der Landwirtschaft zu angemessenen Lohn- und Arbeitsbedingungen nachgewiesen werden konnten, es sei denn, daß die Arbeitsuchenden für die Land- und Forstwirtschaft nicht mehr tauglich waren.

Schrifttum: Das unter I genannte, sodann Arbeitsrecht und Arbeiterschutz 1921 S. 41 f. Soz. Praxis 20 S. 115, 23 S. 1244 und 1385, 24 S. 1367; Käthe Gäbel daselbst 28 S. 11; Marg. Brünnig, Die Entwicklungstendenzen der öffentlichen Arbeitsvermittlung der Frauen im RArbBl. 1921 S. 702*; Schlederer, Der öffentliche Arbeitsnachweis in Bayern und der Entwurf des Reichsarbeitsnachweisgesetzes in der Bayr. Gemeinde- und Verwaltungszeit. 1921 S. 193 f. und derselbe, ebenda 1922 S. 586.

III. So war der öffentliche Arbeitsnachweis in langjähriger, in den verschiedenen deutschen Staaten ziemlich gleichartiger Tätigkeit ohne einheitliche Regelung herangewachsen. Das Vorbild hatte schon 1871 Schönberg in seiner Schrift über die „Arbeitsämter“ gegeben, indem er (vgl. auch in seinem Handbuch Bd. 2^2 S. 594 und 637) zum Zwecke einmaliger und laufender statistischer Erhebungen, nach amerikanischem Muster über Arbeit und Löhne das Reich in Ämter, Oberämter und ein Zentralamt einteilte.

1. **Bayern** hatte vor Einführung des Reichsgesetzes 95 selbständige gemeindliche und Bezirksarbeitsämter, den Arbeitsämtern waren Meldestellen von auswärtigen Vermittlungseinrichtungen teilweise angegliedert, zum Teil bestanden vorübergehende Arbeitsvermittlungsstellen für die Erwerbslosenfürsorge. Alle Gemeindeverwaltungen geben Vordrucke für Stellenangebote und Stellengesuche unentgeltlich ab und helfen bei der Ausfüllung. Die allgemeine Einrichtung ist unter II oben geschildert. Sie wurde ergänzt durch die Anordnungen des Staatskommissars für Demobilmachung vom 29. Nov. 1918 (StAnz. Nr. 281), vom 15. Jan. 1919 (StAnz. Nr. 22) und, zusammenfassend, vom 2. April 1919 (StAnz. Nr. 98—111). Damit war die gesamte Stellenvermittlung den Arbeitsämtern übertragen, für welche die nichtgewerbsmäßigen Stellen- und Arbeitsnachweise Nebenstellen bildeten, soweit nicht überhaupt ihnen die Demobilmachungsausschüsse die Tätigkeit wegen Gefährdung des Ausgleichs von Angebot und Nachfrage bis auf Weiteres ganz verbieten konnten, während die gewerbliche Stellenvermittlung ausgeschlossen war und nur ausnahmsweise zugelassen werden konnte. Die Arbeitgeber waren verpflichtet, die offenen Stellen binnen 24 Stunden nach der Erledigung bei dem nächsten Arbeitsamt anzumelden. Auch die Behörden sollten nach MBek. vom 16. Jan. 1920 (StAnz. Nr. 18) ihren Bedarf nur bei gemeindlichen und Bezirks-Arbeitsämtern decken, soweit es möglich war. Stelleninserate hatten nach MBek. vom 13. Nov. 1919 (StAnz. 278) den Namen des Suchenden zu enthalten, Chiffre- und Deckadresse war verboten. So war in Bayern nahezu ein Monopol für den öffentlichen Arbeitsnachweis erreicht.

2. **Württemberg** hatte schon auf Grund der VO. vom 14. Juni 1916, **Preußen** und **Sachsen** haben auf Grund der VO. vom 9. Dez. 1918 Landesverordnungen über Arbeitsnachweise mit Landesämtern für Arbeitsvermittlung errichtet. Auf die Einrichtungen der einzelnen Länder kann aber nicht eingegangen werden. Die **internationale** Arbeitskonferenz in Washington hat im Nov. 1919 eine Übereinkunft angenommen, wonach jedes Mitglied die öffentliche unentgeltliche Arbeitsnachweisstellen unter einer Zentralstelle zu schaffen habe.

Die Reichsverfassung erklärte in Art. 7 Ziff. 9 den Arbeitsnachweis zur Reichssache. Damit wird das hohe öffentliche Interesse des Reiches daran, daß in seinem ganzen Gebiete auf dem Arbeitsmarkte ein geregeltes Verhältnis zwischen Angebot und Nachfrage herrscht, festgestellt. Der erste Schritt des Reiches nach eigener einheitlicher Regelung des Arbeitsnachweises geschah im Winter 1919/20 durch die Bildung einer besonderen Abteilung für Arbeitsvermittlung im Reichsarbeitsministerium. Dieser Schritt erhielt durch das Reichsgesetz vom 5. Mai 1920 (RGBl. S. 876) seine gesetzliche Grundlage. Danach wurde zur Beobachtung des Arbeitsmarktes und zur einheitlichen Regelung der Arbeitsvermittlung unter der Aufsicht des Reichsarbeitsministers ein Reichsamt für Arbeitsvermittlung errichtet (§ 1). Außer den angegebenen beiden Hauptaufgaben wurden ihm eine Reihe von Tätigkeitsgebieten überwiesen, insbesondere im Einvernehmen mit den obersten Landesbehörden die Aufsicht über alle Einrichtungen, die für die Zusammenfassung der Arbeitsnachweise größerer Gebiete bestimmt sind, sowie die Aufsicht über Arbeitsnachweise jeder Art, gleichviel ob sie von Gemeinden, Gemeindeverbänden, Berufsvereinen der Arbeitgeber und Arbeitnehmer oder von beiden gemeinsam, von Innungen, Landwirtschaftskammern, Vereinen, Schulen und dergleichen unterhalten werden, und über die gewerbsmäßige Stellenvermittlung, ferner die Regelung der Anwerbung und Vermittlung ausländischer Arbeitnehmer, im Einvernehmen mit den obersten Landesbehörden die Aufsicht über alle Einrichtungen, die zur Berufsberatung und Lehrstellenvermittlung unterhalten werden, die Durchführung der Maßnahmen, die zur Bekämpfung der Arbeitslosigkeit auf Grund gesetzlicher Vorschriften oder allgemeiner Verwaltungsverordnungen von Reichswegen getroffen werden (produktive Erwerbslosenfürsorge), die Sammlung der Tarifverträge und ihre Auswertung, die Beobachtung der Ausstände und Aussperrungen, sowie die Beobachtung der Entwicklung der Berufsvereine von Arbeitgebern und Arbeitnehmern. Weitere Aufgaben konnten dem Reichsamt, welches das Reichsarbeitsblatt und den Arbeitsmarkt-Anzeiger fortlaufend herausgab, durch den Reichsarbeitsminister mit Zustimmung des Reichsrats übertragen werden (§ 2). Das Reichsamt hatte aber auch andererseits die Ermächtigung, mit Zustimmung der obersten Landesbehörden seine Aufgaben und Befugnisse auf Arbeitsnachweiseinrichtungen zu übertragen, die zwecks Zusammenfassung der Arbeitsnachweise eines Landes oder mehrerer

Länder oder größerer Bezirke unterhalten werden (Landesarbeitsämter). Ihre Einrichtungen und Befugnisse konnten von den obersten Landesregierungen näher geregelt werden, die ihre Einrichtung und Unterhaltung Gemeindeverbänden dieser Bezirke übertragen konnte.

Die VO. vom 5. Mai 1920 ist dann durch § 70 des Arbeitsnachweisgesetzes aufgehoben worden, dessen § 26 den Aufgabenkreis des Reichsamts auf das Gebiet der Arbeitsvermittlung beschränkt, allerdings wieder einschließlich der Berufsberatung, Lehrstellenvermittlung und Anwerbung, Vermittlung und Beschäftigung ausländischer Arbeitnehmer. Vgl. §§ 55 und 60 des Gesetzes und VO. vom 2. Jan. 1923 über die Einstellung und Beschäftigung ausländischer Arbeiter, RArbBl. S. 43, abgeändert durch VO. vom 23. Dez. 1923 RArbBl. 1924 S. 2 und vom 16. März 1925 RGBl. I S. 25 und die VO. vom gleichen Tage hinsichtlich ausländischer Landarbeiter, RArbBl. S. 45 und VO. über die Einstellung und Beschäftigung ausländischer Arbeiter im rechtsrheinischen Bayern, RArbBl. 1923 S. 654, aufgehoben durch VO. vom 25. Sept. 1925 RArbBl. S. 471, für Sachsen ebenda RArbBl. 1925 S. 137 sowie über die Begriffsbestimmung des ausländischen Arbeiters RArbVerw. im RArbBl. 1923 S. 447). Der ausländische Arbeiter wird im Inlande nur ausnahmsweise zugelassen und erhält allenfalls einen Befreiungsschein, der durch vorübergehenden Aufenthalt im Ausland nicht erlischt (RArbVerw. im RArbBl. 1925 S. 21). Vgl. Stephan, die Verordnungen der Reichsarbeitsverwaltung zur Regelung der Beschäftigung ausländischer Arbeitnehmer in N. Z. f. ArbR. 1923 S. 345 und andererseits Feder in der Kartenauskunftei „Arbeitsvermittlung nach dem Auslande". Nach § 26 III des Gesetzes konnten weitere Aufgaben auf dem Gebiete der Regelung des Arbeitsmarkts dem Reichsamt mit Zustimmung seines Verwaltungsrats nach Genehmigung der Reichsregierung und des Reichsrats durch den Reichsarbeitsminister übertragen werden. (RArbBl. S. 45, abgeändert durch VO. vom 16. März 1925 RArbBl. S. 110.) Durch diese gesetzlichen Bestimmungen ist nun allerdings die Tätigkeit des Reichsamts für Arbeitsvermittlung in einzelnen Beziehungen erweitert, in anderen aber eingeschränkt worden. Es ist verständlich, daß man Abhilfemittel gegen diese Einschränkung suchte. Eine starke Strömung bestand auch für Einführung einer einheitlichen Arbeitsverwaltung, an welche viele auch die Arbeitsgerichtsbarkeit angliedern wollten. Eine VO. über die Umbenennung des Reichsamts für Arbeitsvermittlung vom 30. Sept. 1923 (RGBl. I S. 759) bestimmte deshalb vom 1. Okt. 1923, dem Tage der Einführung des Arbeitsnachweisgesetzes, an, daß das auf Grund der VO. vom 5. Mai 1920 errichtete Reichsamt für Arbeitsvermittlung die Bezeichnung „Reichsarbeitsverwaltung" erhalten sollte (§ 1), das Reichsamt für Arbeitsvermittlung im Sinne des Arbeitsnachweisgesetzes eine Abteilung der Reichsarbeitsverwaltung sein sollte (§ 2) und daß die bisherigen Aufgaben des Reichsamts für Arbeitsvermittlung der Reichsarbeitsverwaltung übertragen werden sollten, soweit sie über das Gebiet der Regelung des Arbeitsmarkts hinausgehen. Syrup, der Präsident des bisherigen Reichsamts für Arbeitsvermittlung und jetzt der Reichsarbeitsverwaltung, in der Karte „Reichsarbeitsverwaltung" der Karten-Auskunftei, rechtfertigt damit die Möglichkeit, daß die Reichsarbeitsverwaltung alle früheren Aufgaben des Reichsamts für Arbeitsvermittlung durchführt. Vgl. auch Art. „Arbeitsverwaltung" von Billerbeck der Kartenauskunftei und Berger, Reichsarbeitsverwaltung in der Soz. Praxis Bd. 2 S. 1231. Bedenken erweckt der Umstand, daß Reichsamt für Arbeitsvermittlung im Sinne und nach dem Willen des Arbeitsnachweisgesetzes das Reichsamt für Arbeitsvermittlung im Sinne des RG. vom 5. Mai 1920 sein sollte, dem das Arbeitsnachweisgesetz gewisse Aufgaben entzog. Wollte man dies wieder rückgängig machen, so hätte das besser durch Abänderung des Gesetzes, nicht im Wege einer Verordnung durch Umbenennung, geschehen sollen. Die jetzigen Aufgaben der Reichsarbeitsverwaltung umfassen außer denen nach § 26 des ArbVermGesetzes die Aufsicht über die unterstützende und die produktive Erwerbslosenfürsorge, die Erklärung der Allgemeinverbindlichkeit von Tarifverträgen, Beobachtung der Ausstände und Aussperrungen (Streikstatistik), Beobachtung der Entwicklung der Berufsvereine von Arbeitgebern und Arbeitnehmern (Verbandsstatistik), die Arbeitsmarktstatistik, die Statistik der Betriebsabbrüche und -stillegungen, die Auszahlung der Beiträge des Branntweinmonopols an die Krankenkassen und die Herausgabe des Reichsarbeitsblattes, sowie des Arbeitsmarktanzeigers. Dazu kam durch Erlaß des Reichsarbeitsministers vom 8. Febr. 1923

(RArbBl. S. 113) die Aufsicht über die Verwendung der Mittel für die Erwerbslosenfürsorge nach § 4 der VO. vom 1. Nov. 1921 RGBl. S. 1337 und die Durchführung der Maßnahmen, die zur Bekämpfung der Arbeitslosigkeit auf Grund gesetzlicher Vorschriften oder allgemeiner Verwaltungsanordnungen von Reichs wegen getroffen werden (produktive Erwerbslosenfürsorge), wie schon nach RG. vom 5. Mai 1920. Der Reichsarbeitsminister hat ferner am 15. März 1924 (RArbBl. S. 122) der Reichsarbeitsverwaltung noch übertragen Aufgaben auf dem Gebiete des Betriebsschutzes, der Gewerbehygiene, der Kinder-, Jugendlichen- und Frauenarbeit, des Lehrlingswesens und der Hausarbeit, des Arbeitzeitschutzes und der Sonntagsruhe, der Arbeiteraufsicht und der Durchführung der Fürsorge für Erwerbsbeschränkte; die Ständige Ausstellung für Arbeiterwohlfahrt ist der Reichsarbeitsverwaltung eingegliedert. Als weitere Aufgaben wurden sodann der RArbVerw. zugeteilt (RArbBl. 1924 S. 184 und 222): die Angelegenheiten der Zentralaufsichtsstellen für Sprengstoff- und Munitionsfabriken und grundsätzlich in allen diesen Angelegenheiten die Durchführung des bestehenden Rechts.

B. Das Arbeitsnachweisgesetz.

Das neugebildete Reichsamt für Arbeitsvermittlung erhielt den Auftrag, ein Arbeitsvermittlungsgesetz auszuarbeiten, eine Aufgabe mit der sich auch schon der beim Reichsarbeitsministerium bestehende Arbeitsrechtsausschuß befaßt hatte. Aus dieser gemeinsamen Tätigkeit ist zunächst ein Referenten-Entwurf (RArbBl. Nr. 7 Bd. I S. 26 f.) und dann der endgültige Entwurf (ebenda S. 528 f. und Auszug aus der Begründung S. 597 f.) hervorgegangen. Um ihn wurde im vorläufigen Reichswirtschaftsrat und im Reichstag ein heftiger Kampf geführt, aber am 13. Juli 1922 wurde der Gesetzentwurf fast einstimmig vom Reichstag angenommen. Das Arbeitsnachweisgesetz vom 22. Juli 1922 (RGBl. S. 657), enthält in 72 Paragraphen eine abschließende Regelung der Arbeitsvermittlung; es ist inzwischen durch die VO. vom 30. Okt. 1923, RGBl. S. 1065, und durch diejenige vom 13. Febr. 1924, RGBl. S. 121, abgeändert worden.

Schrifttum: J. Wehrle in NZ. f. ArbR. Bd. 1922 S. 645; Weigert, Das Arbeitsnachweisgesetz in seiner endgültigen Gestalt, RArbBl. 1922 S. 417; Soz. Praxis 1922 S. 767, 805, 1391; Kaskel und Syrup, Kommentar zum

ANG. 1923; Berger und Donau, ANG. 1922; Ehlert und Lehfeldt, ANG. 1923; Erdmann 1923; Most, desgl.; Weigert, desgl. 1922; Ziegler und Schlederer, desgl. 1923, 1. Nachtrag 1924; Wölbling, Der AN. im Deutschen Reich 1923; Malachowski a. a. O. S. 724 f.

I. Gegenüber dem Entwurf und den bei der Beratung des Gesetzes hervorgetretenen Bestrebungen liegt

1. die verneinende Bedeutung des Gesetzes in der Abwehr des Vermittlungsmonopols für den öffentlichen Arbeitsnachweis, des Benutzungszwangs und Einstellungszwangs für den Arbeitgeber, sowie des Verbots der Chiffre-Anzeige. Die Anhänger des Entwurfes glauben freilich, nur bei Monopolisierung habe sich die volle Wirkung erreichen lassen. Die Wirkung des öffentlichen Nachweises, wie er im Gesetz geregelt ist, wird von der Ausführung im einzelnen abhängen und ist keinesfalls als unter allen Umständen so sicher und günstig zu betrachten, daß es möglich wäre, dem Arbeitgeber schon jetzt alle andern Mittel zu versagen und ihn zu zwingen, offene Stellen durch Vermittlung des öffentlichen Nachweises zu besetzen. So gelangt man

2. zur bejahenden Bedeutung des Gesetzes als eines den Arbeitsparteien zur freiwilligen Benutzung gewährten, das ganze Reich umfassenden Hilfsmittels. Dabei ist im Gesetze die Wirkung der Selbstverwaltung gegenüber dem Entwurf erheblich gesteigert worden, während es andererseits nicht möglich war, den sehr zahlreichen Beamtenstab zu vereinfachen. Deshalb ist auch die Zuteilung der Nebenaufgaben eine große Notwendigkeit.

Schrifttum: Wehrle in der RZ. f. ArbeitsR. Bd. 2 S. 645; Liebrich im Arbeitgeber 1923 S. 253, 267, vorher schon S. 241 f.; Schlederer a. a. O. S. 587; Margarete Ehlert in Technik und Wirtschaft 1920 S. 750; Schmölder im Arbeitgeber 1922 S. 53.

Zweck des Gesetzes ist, den Nachweis von (vorhandener) Arbeitsgelegenheit für die Parteien des Arbeitsvertrages zu fördern und damit Arbeit zu vermitteln. Der Arbeitsminister kann den öffentlichen Arbeitsnachweisen nach § 2 II des Gesetzes auch die Mitarbeit bei der Arbeitsbeschaffung d. h. Ermittlung und Neuanschaffung von bisher nicht vorhandener Arbeitsgelegenheit übertragen. Entsprechend dem Grundsatze der Freiwilligkeit der Benutzung öffentlicher Arbeitsnachweise können Arbeitgeber und Arbeitnehmer in jeder Weise, ohne jede Vermittlung oder durch irgendwelche private Vermittlung, z. Zt. zum Abschlusse des Arbeitsvertrages gelangen. Das darf auch nicht durch Polizeiverordnungen unmöglich gemacht werden. RArbVerw. im RArbBl. 1923 S. 83. Nur sind eine Reihe von Beschränkungen festgesetzt.

a) Die gewerbsmäßige Stellenvermittlung ist vom 1. Jan. 1931 ab verboten, mit diesem Zeitpunkt erlischt die erteilte Erlaubnis oder sonst bestehende Befugnis zur Ausübung des Gewerbes; denjenigen Stellenvermittlern, die dann das Gewerbe mindestens seit dem Inkrafttreten des StVG. (2. Juli 1910) auf Grund behördlicher Erlaubnis ausüben, ist eine angemessene Entschädigung zu gewähren, deren Höhe durch besonderes Gesetz bestimmt wird (§ 48 I). Vom Inkrafttreten des ArbNachwGesetzes an (1. Okt. 1922) darf eine neue Erlaubnis zum Gewerbebetrieb eines Stellenvermittlers nicht erteilt und eine bestehende Erlaubnis nicht verlängert oder übertragen werden. Vom 1. Okt. 1922 ab wird der Gewerbebetrieb der bestehenden Stellenvermittler der Aufsicht der für den Betriebsort zuständigen Arbeitsnachweisämter unterstellt (§ 48 II). Das Reichsamt kann im Benehmen mit seinem Verwaltungsrat allgemeine Bestimmungen über die Durchführung dieser Aufsicht und die Pflicht der gewerbsmäßigen Stellenvermittler zur Anmeldung ihres Betriebes bei den Arbeitsnachweisämtern sowie zur Berichterstattung treffen. Diese Bestimmungen sind am 28. April 1923 erlassen worden (RArbBl. S. 284). Die gewerbsmäßigen Stellenvermittler haben vierteljährig dem öffentlichen Arbeitsnachweis zu berichten. RArbBl. 1923 S. 285, vgl. zuletzt 1925 S. 216*. Die Aufsicht der Gewerbebehörde besteht daneben fort. Für die Begriffsbestimmung der gewerbsmäßigen Stellenvermittlung ist zunächst § 1 StVG. maßgebend und ebenso sind die Vorschriften dieses Gesetzes für die Tätigkeit des Stellenvermittlers insbesondere auch in strafrechtlicher Beziehung richtunggebend, der Begriff der Arbeitsvermittlung in § 2 des ANG. ist viel weiter. Vgl. Kaskel und Syrup. In §§ 57 und 69 ArbVermG. werden Strafen für Stellenvermittler festgesetzt, und zwar in § 57 an Stelle der Strafen des § 12 Nr. 1 StVG., im § 69 für diejenigen, die den Vorschriften des Reichsamts nach § 57 des ArbNachwG. zuwiderhandeln. Der Reichsarbeitsminister aber kann Ausnahmen von den Vorschriften des § 48 Abs. 1 und 2 zulassen. Er kann auch vor dem 31. Dez. 1930 für einzelne Berufe die gewerbsmäßige Stellenvermittlung untersagen (§ 48 III).

Als gewerbsmäßige Stellenvermittlung gilt auch die gewerbsmäßige Herausgabe von Stellenlisten einschließlich ihnen gleichzuachtender Sonderdrucke und Auszüge aus periodischen Druckschriften; dagegen werden sonst Zeitungen, Zeitschriften, Fachblätter oder ähnliche periodisch erscheinende Druckschriften von den Bestimmungen des § 48 nicht betroffen, auch falls der Anzeigenbetrieb überwiegt, wenn es sich sonst nur um den Anzeigenbetrieb und nicht um Stellenlisten oder ähnliche Einrichtungen handelt, bei denen der Unternehmer zum Zwecke der Arbeitsvermittlung tätig wird (§ 48 IV), und sich mit den Arbeitsparteien in Verbindung setzt. Vgl. Matthaei, Grundriß S. 122.

Endlich gilt nach § 48 als gewerbsmäßige Stellenvermittlung die Zuweisung von Arbeitnehmern, deren Arbeitskraft der Zuweisende gewerbsmäßig dritten Personen für vorübergehende Beschäftigung zur Verfügung stellt, ohne selbst die Ausrüstung mit den erforderlichen Werkzeugen und die sozialen Versicherungslasten des Arbeitgebers für die vermittelten Personen zu übernehmen (Dienstverschaffungsvertrag vgl. Molitor im RArbBl. 1924 S. 144* und 205*, besonders ArbVertrag S. 58, oben § 8 unter III.) d. h. wenn der Zuweisende nicht selbst als Arbeitgeber, sondern nur als Vermittler handelt, indem er ohne Aufwendungen seinerseits Arbeitnehmer zusendet z. B. zu Transport- und Reinigungszwecken. Vgl. Prochownik, Die gewerbsmäßige Stellenvermittlung im RArbBl. 1924 S. 532*.

b) Die nicht gewerbsmäßigen Arbeitsnachweise sind diejenigen der Arbeitsvermittlung dienenden Einrichtungen, welche keine Arbeitsnachweisämter i. S. des Gesetzes sind und den Arbeitsnachweis auch nicht als Unterhaltsquelle betreiben. Sie bestehen grundsätzlich weiter, können aber in ein Arbeitnachweisamt im Sinne des Gesetzes überführt werden, wenn der Träger die Überführung beim Landesamt oder, wenn seine Tätigkeit über den Bezirk des Landesamts hinaus reicht, beim Reichsamt beantragt (§ 45).

Die nichtgewerbsmäßigen Arbeitsnachweise, die nicht Arbeitnachweisämter i. S. des Gesetzes sind, unterstehen der Aufsicht des Landesamts, in dessen Bezirk sie ihre Tätigkeit ausüben. Sofern ihre Tätigkeit über den Bereich eines Landesamts hinausreicht, übt die Aufsicht das Reichsamt oder das von ihm bestimmte Landesamt aus. Vgl. die Vorschriften vom 28. April 1923 R.-

ArbBl. S. 284. Für nichtgewerbsmäßige Arbeitsnachweise gelten die Vorschriften für die öffentlichen Arbeitsnachweise über die Art und Weise der Vermittlungstätigkeit, nur daß sie nicht unentgeltlich sein muß (§§ 44 Abs. 2 S. 1, 40—43). Vgl. unten zu IV. Die sonst verbotene Frage nach der Zugehörigkeit zu einer Vereinigung darf von solchen Arbeitsnachweisen gestellt werden, die von wirtschaftlichen Vereinigungen der Arbeitnehmer errichtet sind und satzungsgemäß nur an deren Mitglieder Arbeit vermitteln (§ 44 II). Das Reichsamt und mit seiner Zustimmung die Landesämter können über Einrichtung und Betrieb dieser Nachweise weitere Vorschriften erlassen; vorher hat das Reichsamt seinen Verwaltungsrat und haben die Landesämter ihre Verwaltungsausschüsse zu hören (§ 44 III). Diese Vorschriften, vom 26. Oktober 19 3 RArbBl. S. 707, / 4. Juni 1925 S. 229 sehen Geschäftsführer vor, die nicht zugleich das Gewerbe eines Stellenvermittlers betreiben dürfen, Anschluß an den Ausgleichsverkehr der öffentlichen Arbeitsnachweise; die Gebühren dürfen nur die Unkosten decken. Vgl. Schindler, die nicht gewerbsmäßigen Arbeitsnachweise, in Arbeit und Beruf Bd. 2 S. 106.

Das Landesamt für Arbeitsvermittlung kann mit Zustimmung seines Verwaltungsausschusses die Überführung eines nichtgewerbsmäßigen Arbeitsnachweises, über den es die Aufsicht führt, beantragen, wenn er den Anforderungen des Gesetzes (§ 44 II) trotz wiederholter, angemessener befristeter Aufforderung nachweislich nicht entspricht oder seine Tätigkeit für seinen Geltungsbereich dauernd ohne nennenswerte Bedeutung ist. Statt der Überführung kann das Landesamt die Schließung beantragen, wenn mindestens 2 Drittel der Mitglieder seines Verwaltungsausschusses zustimmen. Die Entscheidung über den Antrag trifft das Reichsamt nach Anhörung seines Verwaltungsrats. Es kann unter den gleichen beiden Voraussetzungen mit Zustimmung seines Verwaltungsrats auch die Überführung oder Schließung eines nichtgewerbsmäßigen Arbeitsnachweises anordnen, über den es selbst die Aufsicht führt, die Schließung nur, wenn mindestens 2 Drittel der Mitglieder seines Verwaltungsrats zustimmen. Gegen den Beschluß der Überführung oder Schließung ist Beschwerde an den Reichsarbeitsminister zulässig, der endgültig entscheidet (§ 45). Wer einen nichtgewerbsmäßigen Arbeitsnachweis widerrechtlich unterhält, leitet oder darin tätig ist, wird nach § 56 des Gesetzes bestraft.

Es können aber auch nichtgewerbsmäßige Arbeitsnachweise neu errichtet oder in ihrer Selbständigkeit wieder hergestellt werden, wenn der Verwaltungsausschuß des Landesamts oder, sofern die Tätigkeit des beabsichtigten Arbeitsnachweises über den Bezirk des Landesamts hinausreichen soll, der Verwaltungsrat des Reichsamts es zuläßt. Die Zulassung hat zu erfolgen, wenn sich ergibt, daß nach der Eigenart des Berufs oder den Ansprüchen der Beteiligten an die Arbeitsvermittlung diese, zumindesten für einen nennenswerten Teil der Beteiligten, für absehbare Zeit besser durch eigene Einrichtungen wirtschaftlicher Vereinigungen oder öffentlicher Berufsvertretungen als durch einen öffentlichen Arbeitsnachweis ausgeübt wird. Nur gegen die Ablehnung ist Beschwerde an den Reichsarbeitsminister zulässig, der endgültig entscheidet, bei Beschwerden gegen den Verwaltungsausschuß eines Landesamts nach Anhörung des Verwaltungsrats des Reichsamts (§ 46). Wie ersichtlich, liegen in Anhörung, Genehmigung, Zustimmung der Verwaltungsausschüsse die hauptsächlichen Sicherungsmittel gegen die Gefahren der Schließung, Überführung usw., vgl. auch Wölbling im Arbeitsrecht 1922 S. 679 f.

Die Einrichtung der seemännischen Heuerstellen war entsprechend dem in Genua am 10. Juli 1920 getroffenen Abkommen nach RG. vom 25. Mai 1925 RGBl. II S. 166 zu regeln. Die Aufsicht über die seemännischen Heuerstellen wird unmittelbar durch das Reichsamt ausgeübt (§ 47); der Reichsarbeitsminister hat die VO. vom 8. Nov. 1924 über seemännische Heuerstellen RArbBl. S. 440 erlassen, die Stellenvermittlung hat danach ausschließlich durch die regelmäßigen Sammelstellen der Reeder und der Seeleute zu erfolgen unter Aufsicht eines paritätischen Verwaltungsrates. Vgl. Perls Stellenvermittlung für Seeleute im RArbBl. 1924 S. 964* und Feder ArbVerm. f. Seeleute in der Kartenauskunftei.

II. Die Einrichtung des öffentlichen Arbeitsnachweises erfolgt nach einem vielfach in der Sozialversicherung, dem Schlichtungswesen, der Arbeitsgerichtsbarkeit usw. angewendeten Muster einer Dreiteilung: von örtlichen Stellen, hier den öffentlichen Arbeitsnachweisen, und Landesämtern unter dem Reichsamt. Demgemäß sind nach § 1 des Gesetzes, Arbeitsnachweisämter die öffentlichen Arbeitsnachweise (§§ 2—14), die Landesämter für Arbeitsvermittlung (§§ 15—25) und das Reichsamt für Arbeitsvermittlung (§§ 26—31). Vgl. Lauer in Arbeit und Beruf 1922 S. 5.

1. Die öffentlichen Arbeitsnachweise sind

a) was deren örtliche Bezirke betrifft, als lückenloses Netz über ganz Deutschland in der Weise ausgebreitet, daß jede Gemeinde von einem öffentlichen Arbeitsnachweis erfaßt werden muß. Die oberste Landesbehörde setzt nach Anhörung des Landesamts für Arbeitsvermittlung und seines Verwaltungsausschusses den Bezirk für jeden öffentlichen Arbeitsnachweis fest. Dabei waren die bei Inkrafttreten des Gesetzes von Gemeinden oder Gemeindeverbänden unterhaltenen Arbeitsnachweise in öffentliche i. S. des Gesetzes zu überführen. Vgl. für Preußen, Bayern, Sachsen, Württemberg, Baden usw. RArbBl. 1922 S. 675, 677, 1923 S. 42, 81. Es können aber auch für bestimmte Bezirke nach Anhörung des Landesamts und seines Verwaltungsausschusses von der obersten Landesbehörde neue öffentliche Arbeitsnachweise errichtet, bestehende aufgelöst oder zusammengelegt werden. Dabei ist in der Regel für den Bezirk jeder unteren Verwaltungsbehörde ein öffentlicher Arbeitsnachweis zu errichten. Vor der Auflösung eines öffentlichen Arbeitsnachweises oder einer Änderung seines Wirkungskreises ist der Träger des öffentlichen Arbeitsnachweises zu hören. Für mehrere Gemeinden, die zu verschiedenen Ländern gehören, können deren oberste Landesbehörden die Errichtung eines gemeinsamen öffentlichen Arbeitsnachweises anordnen. Auf Antrag einer obersten Landesbehörde und nach Anhörung der andern kann der Reichsarbeitsminister die Entscheidung über die Errichtung treffen (§ 3). Die oberste Landesbehörde kann ihre Errichtungsbefugnis auf andere Behörden übertragen (§ 62). Oberste Landesbehörde war in Bayern nach der VO. vom 14. Nov. 1918 (GVBl. 1232) das Ministerium für soziale Fürsorge, jetzt ist es nach Bkm. vom 2. Febr. 1923 StA. Nr. 29 die Kreisregierung.

b) Errichtet wird der öffentliche Arbeitsnachweis durch die Gemeinde oder den weiteren Gemeindeverband, für deren Bezirk der Nachweis bestimmt ist, die Errichtungsgemeinde, die bei unbegründeter Weigerung durch die Staatsaufsicht gezwungen wird (vgl. Schlederer in „Arbeit und Beruf" Jahrg. 2 N. 8 und Peters ebenda N. 11), durch Einigung von mehreren Gemeinden oder Gemeindeverbänden, wenn der Bezirk über die Grenzen einer Gemeinde oder eines Gemeindeverbandes hinausgeht und, wenn sich diese nicht einigen können, durch Anordnung der obersten Landesbehörde nach Anhörung des Landesamts. Dabei gilt die Überführung eines bestehenden Arbeitsausweises als Errichtung (§ 4).

c) Als Aufgabe der öffentlichen Arbeitsnachweise bezeichnet § 2 des Gesetzes die Arbeitsvermittlung von Arbeitern und Angestellten, aber auch z. B. von Werkstudenten, sowie die Mitwirkung bei der gesetzlichen Durchführung von Unterstützungsmaßnahmen für Arbeitslose jeder Art; die öffentlichen Arbeitsnachweise sind ermächtigt und können durch das Reichsamt für Arbeitsvermittlung oder die obersten Landesbehörden verpflichtet werden, ihre Tätigkeit auch auf die Berufsberatung und Lehrstellenvermittlung nach den vom Reichsamt im Einvernehmen mit seinem Verwaltungsrat aufgestellten allgemeinen Bestimmungen zu erstrekken. Der Reichsarbeitsminister kann weitere Aufgaben zur Regelung des Arbeitsmarktes, insbesondere der Mitarbeit auf dem Gebiete der Arbeitsbeschaffung, der Erwerbsbeschränkten- und Wandererfürsorge, den öffentlichen Arbeitsnachweisen übertragen. Auch die obersten Landesbehörden und mit ihrer Zustimmung die Errichtungsgemeinden können diese Aufgaben mit Zustimmung des Reichs, den öffentlichen Arbeitsnachweisen überweisen. Vgl. Art. I § 4 der VO. vom 30. Okt. 1923. Vorher hat die Gemeinde die Zustimmung des Verwaltungsausschusses des öffentlichen Arbeitsnachweises, die oberste Landesbehörde diejenige der Verwaltungsausschüsse der beteiligten Landesämter, der Reichsarbeitsminister diejenige des Verwaltungsrats beim Reichsamt einzuholen. So ist, wie an sich die Arbeitsvermittlung sich auf jedes Arbeitsverhältnis beziehen kann, insbesondere auch die Tätigkeit der öffentlichen Arbeitsnachweise nicht auf Arbeiter und Angestellte beschränkt. Wenn auch der öffentliche Arbeitsnachweis nach § 2 des Gesetzes nur „Arbeitern und Angestellten", allerdings nicht im technischen Sinne, zugute kommen soll — Kaskel-Syrup S. 50 —, so geht die Unterstützung Arbeitsloser, die Berufsberatung, die Mitarbeit bei der Arbeitsbeschaffung, Erwerbsbeschränkten- und Wandererfürsorge usw. über diese Grenze weit hinaus. Vgl. über die Erwerbsbeschränkung Siefart, Der Begriff der Erwerbsfähigkeit 3. Aufl. und Mschr. für Arbeiter und Angestellten V. 1913 S. 3ff., Kaskel-Syrup S. 58, ferner z. B. die Grundsätze über die Arbeits- und Stellenvermittlung für die vertriebenen Grenzlanddeutschen v. $\frac{\text{25. August 1920 (RArbBl. 1920 S. 178,}}{\text{15. Februar 1922 (RArbBl. 1922 S. 198}}$ wonach durch enges Zusammenarbeiten von Arbeitsnachweis und Fürsorgestellen nach § 8 auch die Arbeitsvermittlung für die Angehörigen höherer und akademischer Berufe zu pflegen ist. Vgl. auch unten § 14 zur Frage der Arbeitslosigkeit. Die neue Kostenregelung steht allerdings wieder mehr auf versicherungsrechtlichem Standpunkt.

d) Die Verfassung des öffentlichen Arbeitsnachweises wird durch die Satzung geregelt. Diese wird von der Errichtungsgemeinde im Einvernehmen mit dem Verwaltungsausschuß errichtet und, wenn sich diese nicht einigen können, durch Entscheidung der Gemeindeaufsichtsbehörde nach Anhörung des Verwaltungsausschusses des Landesamts. Das Reichsamt kann mit Zustimmung seines Verwaltungsrats allgemeine Anordnungen über den Inhalt der Satzungen erlassen (§ 5 Abs. I—IV S. 1); das hat es am 17. Nov. 1922 (RArbBl. S. 674) getan. Danach muß die Satzung enthalten: die Errichtungs-Gemeinde oder Gemeinden und die Verwaltungsgemeinde unter Anführung der Anordnung, durch welche sie bestimmt wurde, Name, Bezirk und Sitz, sowie die Aufgaben des Arbeitsnachweises, bei gemeinsamen Arbeitsnachweisen und Fachabteilungen die Grundsätze der Verteilung der Kosten auf die einzelnen Errichtungsgemeinden, den Zeitpunkt des Inkrafttretens der Satzung, ferner Bestimmungen über Zusammensetzung, Ergänzung und Amtsdauer des Verwaltungsausschusses, die Voraussetzungen, unter denen der Verlust der Beisitzer- und Stellvertreter-Eigenschaft eintritt, die Grundsätze über Tagegelder und Reisekosten der Besitzer, ferner über die Sitzungen und Beschlüsse des Verwaltungsausschusses und der Fachausschüsse, insbesondere über Beschlußfähigkeit, die Art der Beschlußfassung, die Sitzungsniederschrift, die Fälle, in denen Arbeitgeber und Arbeitnehmer in gleicher Zahl mitwirken müssen und wie dies herbeigeführt werden soll, auch unter welchen Voraussetzungen der Geschäftsführer zu den Sitzungen des Verwaltungsausschusses beigezogen werden soll.

Soweit das Reichsamt von der Befugnis dieser allgemeinen Bestimmungen keinen Gebrauch macht, können die Landesämter mit Zustimmung ihrer Verwaltungsausschüsse und mit Genehmigung der beteiligten obersten Landesbehörden solche Bestimmungen erlassen. Wie schon seit der Frühzeit der Arbeitsnachweise üblich war, kann durch die Satzung die Schaffung besonderer weiblicher

Abteilungen unter sachgemäßer weiblicher Leitung bestimmt werden. Vgl. Marg. Brünning, Die Entwicklungstendenzen der öffentlichen Arbeitsvermittlung der Frauen RArbBl. 01, 702 *, dazu ebenda S. 394 *.

Bei der erstmaligen Errichtung der Satzung trat möglichst bald (RArbBl. 1923 S. 448) an die Stelle des vorläufigen ein endgültiger Verwaltungsausschuß (§ 63 I). Bestehende Satzungen waren bis 31. Dez. 1922 den Vorschriften des Gesetzes anzupassen. Im übrigen hat die Reichsarbeitsverwaltung im RArbBl. 1922 S. 701 eine unverbindliche Mustersatzung für einen größeren öffentlichen Arbeitsnachweis bekanntgegeben. Nach der VO. vom 30. Okt. 1923, Art. I Ziff. 3, war Errichtung und Einrichtung der öffentlichen Arbeitsnachweise binnen zwei Wochen durch die Landesregierungen einzuleiten.

e) Die Verwaltung des öffentlichen Arbeitsnachweises erfolgt durch die Errichtungsgemeinde, für gemeinsame Arbeitsnachweise bestimmt die oberste Landesbehörde nach Anhörung des Landesamts und der beteiligten Gemeinden, allenfalls der Reichsarbeitsminister im Falle des § 3 III, welche Errichtungsgemeinde Verwaltungsgemeinde sein soll. Bei einer Reihe von Aufgaben, wie schon bei Errichtung der Satzung (§ 5, vgl. §§ 8, 11, 13, 14) ist die Mitwirkung des Verwaltungsausschusses vorgesehen. Die Verwaltung des Arbeitsnachweises wird vom Vorsitzenden im Auftrage der Gemeinde geführt (§ 8 IV). Er hat dem Verwaltungsausschuß auf dessen Wunsch jederzeit Auskunft über die Verwaltungsmaßnahmen zu geben; in einzelnen Fällen ist Beschlußfassung der Gemeinde, wie schon bei der Errichtung, erforderlich. Die Verwaltung des Arbeitsnachweises ist ein Teil der Gemeindeverwaltung, der Träger des Arbeitsnachweises ist die Gemeinde, eine besondere Rechtspersönlichkeit wie sie die Versicherungsträger in der Sozialversicherung haben, kommt dem Arbeitsnachweis nicht zu, seine Angestellten sind solche der Gemeinde. Aber er ist Behörde, vgl. OLG. Breslau in N. Z. f. ArbR. 1925 S. 251. Vgl. Schlederer a. a. O. S. 590; Ziegler-Schlederer S. 31; Kaskel, Verwaltung und Geschäftsführung im Arbeitsnachweis, Arbeit und Beruf I S. 434; Lehmann, Aufgaben und Befugnisse der Verwaltungsausschüsse, ebenda 1925 S. 509; Erdmann, Kommentar A. 1 zu § 6. Danach liegt der Verwaltung ob die Sorge für den geregelten Dienstbetrieb (Dienststunden, Kassenführung usw.), dagegen der Geschäftsführung die Regelung des sachlichen Aufgabenkreises des Arbeitsnachweises. Zur Verwaltung gehört daher die Beschaffung und Unterhaltung des Sachbedarfs einschließlich der Räume und des Personalbedarfs, während zur Geschäftsführung die Erledigung des Aufgabenkreises des Arbeitsnachweises gehört. Die Geschäftsführung obliegt der Selbstverwaltung der Beteiligten, während die Verwaltung nach Verwaltungsgrundsätzen geführt wird. Vgl. Potthoff, Selbstverwaltung im Arbeitsnachweis, Arbeitsrecht 1923 S. 110.

f) Die Grundsätze für die Geschäftsführung des Arbeitsnachweises werden, soweit nicht Gesetz oder Satzung entgegenstehen, vom Verwaltungsausschuß aufgestellt, der sie im Rahmen des Gesetzes und der Satzung durch eine Geschäftsordnung regelt. Eine unverbindliche Muster-Geschäftsordnung ist im RArbBl. 1922 S. 704 aufgestellt. Der Verwaltungsausschuß entscheidet auf Beschwerden über die Geschäftsführung (§ 11 S. 1 und 2). Für jeden öffentlichen Arbeitsnachweis muß ein Verwaltungsausschuß gebildet werden. Er besteht aus dem Vorsitzenden des öffentlichen Arbeitsnachweises oder einem seiner Stellvertreter und mindestens je drei Arbeitgebern und Arbeitnehmern als Beisitzern. Die Zahl der Arbeitgeber und Arbeitnehmer muß gleich sein, auch wohl für den einzelnen Beschluß (vgl. aber RArbMin. im RArbBl. 1923 S. 709), jedenfalls, soweit die Satzung es vorschreibt. Unter den Beisitzern sollen sich Frauen befinden. Die Errichtungsgemeinde darf Vertreter mit beratender Stimme in den Verwaltungsausschuß entsenden, ihre Zahl darf aber nicht größer sein als die der Arbeitgeber oder Arbeitnehmer. Vertreter wirtschaftlicher Vereinigungen der Arbeitgeber oder Arbeitnehmer gelten je als Vertreter der Arbeitgeber oder Arbeitnehmer. Wer ausschließlich Hausgehilfen beschäftigt, gilt nur hinsichtlich einer Fachabteilung für Hausgehilfen (§ 32) als Arbeitgeber i. S. dieser Vorschrift; das Landesamt kann Ausnahmen in solchen Fällen zulassen, in denen der Arbeitsnachweis sich wesentlich mit der Vermittlung von Hausgehilfen befaßt. Als Arbeitgeber gilt dabei auch eine Frau, deren Mann als Haushaltungsvorstand Hausgehilfen beschäftigt. Auf jeden Beisitzer entfällt ein Stellvertreter, der ihn im Behinderungsfalle vertritt und im Falle des Ausscheidens für den Rest der Amtsdauer ersetzt. Die Stellvertreter der Beisitzer sind berechtigt, an den Sitzungen des Verwaltungsausschusses, aber ohne beratende und beschließende Stimme, teilzunehmen (§ 7). Jedem Mitglied des Verwaltungsausschusses ist die Anwesenheit in den Diensträumen des Arbeitsausschusses während der Geschäftsstunden gestattet. Es kann mit Zustimmung des Vorsitzenden oder auf Beschluß des Verwaltungsausschusses die Vorlegung von Büchern, Akten oder sonstigen Urkunden und Belegen verlangen (§ 11 S. 2 und 3), darf sich aber natürlich nicht selbst in die Geschäfte mischen.

Der Verwaltungsausschuß wird vom Vorsitzenden berufen, so oft ein Bedürfnis vorliegt. Er muß berufen werden, wenn ein Drittel der Mitglieder oder der Vorstand der Errichtungsgemeinde (Verwaltungsgemeinde) es verlangt (§ 12). Der Verwaltungsausschuß kann nach Art. I Ziff. 1 VO. vom 30. Okt. 1923, RArb.-Bl. S. 731, seine Rechte und Pflichten einzeln oder insgesamt einem Unterausschuß oder mehreren Unterausschüssen übertragen. In diesen müssen Arbeitgeber, Arbeitnehmer, Errichtungsgemeinden und öffentliche Körperschaften gleich stark vertreten sein, jede Gruppe wählt ihre Vertreter unter Berücksichtigung auch der Minderheiten. Vgl. dazu RArbBl. 1924 S. 202. Auf die Möglichkeit schnellen Zusammentretens und auf Ersparnis an Reisekosten und Tagegeldern ist Bedacht zu nehmen. Vgl. Lehmann, Aufgaben und Befugnisse der Verwaltungsausschüsse in „Arbeit und Beruf" IV Heft Nr. 5.

g) Der Vorsitzende des öffentlichen Arbeitsnachweises ist zugleich der Vorsitzende des Verwaltungsausschusses. In der ersteren Eigenschaft ist er der Beauftragte und Vertreter der Gemeinde, in der letzteren der Vorsitzende des Organs der Selbstverwaltung, der die Geschäftsführung leitet und für sie dem Verwaltungsausschuß verantwortlich ist. Er kann jederzeit auch wieder abberufen werden. In allen Angelegenheiten der Verwaltung hat er die Anweisung der Errichtungsgemeinde, in allen Angelegenheiten der Geschäftsführung die Anweisungen des Verwaltungsausschusses zu befolgen. Der Vorsitzende des öffentlichen Arbeitsnachweises und seine Stellvertreter werden von der Errichtungsgemeinde, bei gemeinsamen Arbeitsnachweisen von der Verwaltungsgemeinde nach Benehmen mit den andern Errichtungsgemeinden bestellt. Vor der Bestellung ist der Verwaltungsausschuß zu hören. Erhebt mehr als die Hälfte der Beisitzer Einspruch, so ist die Bestellung nur mit Zustimmung des Verwaltungsausschusses des Landesamts zulässig. Der Einspruch muß mit Gründen versehen sein. Wird darauf die Zustimmung versagt und kommt binnen vier Wochen keine neue Regelung zustande, so nimmt die Gemeindeaufsichtsbehörde, was freilich tunlichst zu vermeiden wäre, die erforderlichen Bestellungen nach Anhörung des Landesamts vor. Der Vorsitzende und seine Stellvertreter dürfen ohne Zustimmung des Verwaltungsausschusses weder Arbeitgeber noch Arbeitnehmer sein. Sie werden jedoch durch die Beschäftigung von Hausgehilfen nicht gehindert, den Vorsitz in einer Fachabteilung für Hausgehilfen zu führen (§ 8).

h) Die Beisitzer und ihre Stellvertreter werden von der Errichtungsgemeinde oder der Verwaltungsgemeinde wie die Vorsitzenden bestellt. Nur ist die Bestellerin hier an die Vorschlagslisten der wirtschaftlichen Vereinigungen (vgl. unten) der Arbeitgeber und Arbeitnehmer, die zur Einreichung durch öffentliche Bekanntmachung der Verwaltungsgemeinde (RArbBl. 1923 S. 531) aufzufordern sind, gebunden. Für die Bestellung ist die Reihenfolge in jeder Vorschlagsliste entscheidend. Liegen mehrere solcher Vorschlagslisten vor, so sind auf sie die Arbeitgeberbeisitzer nach der Zahl der beschäftigten Arbeitnehmer, die Arbeitnehmerbeisitzer nach der Zahl der Mitglieder, die den vorschlagenden wirtschaftlichen Vereinigungen im Bezirke des öffentlichen Arbeitsnachweises angehören, zu verteilen, in beiden Fällen „unter billiger Berücksichtigung des Schutzes der Minderheiten", d. h. tunlichst annähernd nach den Grundsätzen der Verhältniswahl, so daß beachtliche Minderheiten ihre Vertretung finden, wie nach der Wahlordnung zum Betriebsrätegesetz vom 5. Febr. 1920 (RGBl. S. 175). Werden keine Vorschlagslisten eingereicht oder sind keine als Vorschlagskörper geeigneten Vereinigungen vorhanden, so bestellt die Errichtungsgemeinde oder die Verwaltungsgemeinde die Beisitzer aus den Reihen der Arbeitgeber und Arbeitnehmer. Gegen die Nichtzulassung der Vorschlagsliste oder gegen die Verteilung der Beisitzer auf die Vorschlagsliste kann jede vorschlagende Vereinigung Beschwerde bei der Gemeindeaufsichtsbehörde einlegen. Diese entscheidet nach Anhörung des Verwaltungsausschusses des Landesamts. Bei Nichtzulassung einer Vorschlagsliste ist weitere Beschwerde an die endgültig entscheidende oberste Landesbehörde zulässig (§ 9). Nur Reichsangehörige, die mindestens 24 Jahre alt, im Besitze der bürgerlichen Ehrenrechte sind und mindestens sechs Monate im Bezirk einer der Errichtungsgemeinden wohnen oder beschäftigt sind, können als Beisitzer bestellt werden. Die Bestellung erfolgt auf drei Jahre. Die Beisitzer verwalten ihr Amt als unentgeltliches Ehrenamt, doch können ihnen für die Teilnahme an den Sitzungen angemessene Tagegelder und Ersatz der Reisekosten gewährt werden (§ 10).

i) Die Erfüllung der Aufgaben des öffentlichen Arbeitsnachweises liegt vor allem in der Hand des Geschäftsführers und der Arbeitsvermittler. Sie alle werden von der Errichtungsgemeinde oder Verwaltungsgemeinde auf Vorschlag des Verwaltungsausschusses bestellt. Der Geschäftsführer kann zugleich der Vorsitzende oder stellvertretende Vorsitzende des Arbeitsausschusses sein. Vgl. RArbBl. 1923 S. 531.

α) Der Geschäftsführer muß die erforderliche Sachkenntnis auf dem Gebiete der Arbeitsvermittlung besitzen. Das Reichsamt im Benehmen mit seinem Verwaltungsrat und, sofern es von dieser Befugnis keinen Gebrauch macht, die Landesämter im Benehmen mit ihren Verwaltungsausschüssen können Grundsätze aufstellen über die Voraussetzungen, unter denen die erforderliche Sachkenntnis als gegeben anzusehen ist. Das Reichsamt hat diese Grundsätze alsbald als (vgl. RArbBl. 1922 S. 674 f.) Mindestforderungen aufgestellt: 1. Nachweis ausreichender Allgemeinbildung, Sicherheit und Gewandtheit im mündlichen und schriftlichen Verkehr, 2. vierjährige erfolgreiche Berufsarbeit, insbesondere in Wirtschaft, Verwaltung und Wohlfahrtspflege, 3. Nachweis von ausreichenden Kenntnissen in Volkswirtschaft, Verwaltungs- und Arbeitsrecht, die auch ohne Besuch von Hochschulen oder Kursen erworben sein können, 4. dreimonatige Tätigkeit in einem nach Ansicht des Landesamts geeigneten öffentlichen Arbeitsnachweis mit Zuständigkeit für Berufsberatung und Lehrstellenvermittlung oder einem nach Ansicht des Landesamts und seines Verwaltungsausschusses gleichwertigen Arbeitsnachweis. Für die Geschäftsführer von Landesämtern wird abgeschlossenes volkswirtschaftliches oder juristisches Hochschulstudium und mehrjährige erfolgreiche Berufsarbeit gefordert, davon ein Jahr in selbständiger Stellung in einem Arbeitsnachweisamt, oder mindestens dreijährige erfolgreiche selbständige Stellung in einem Arbeitsnachweisamt und nachgewiesene wissenschaftliche oder organisatorische Leistungen auf sozialem Gebiete. Auch hier kann Tätigkeit in andern Arbeitsnachweisen unter gewissen Umständen für gleichwertig erachtet und die Tätigkeit in andern öffentlichen oder privaten Verwaltungen bis zur Dauer von zwei Jahren auf die mindestens dreijährige Berufsarbeit in Arbeitsnachweisämtern unter bestimmten Bedingungen angerechnet werden. Bei der Übernahme von Geschäftsführern der vorhandenen Landesämter konnte die oberste Landesbehörde Ausnahmen zulassen. Der Geschäftsführer soll in der Regel hauptamtlich angestellt werden. Die Vorschlagsliste darf ohne Zustimmung der Errichtungsgemeinde oder Verwaltungsgemeinde für jede offene Stelle nicht weniger als zwei Bewerber enthalten. Es kann die Einreichung weiterer Vorschläge verlangt werden, wenn Tatsachen vorliegen, aus denen sich die mangelnde Eignung eines vorgeschlagenen Bewerbers ergibt. Lehnt der Verwaltungsausschuß den Vorschlag anderer geeigneter Bewerber ab, so entscheidet die Gemeindeaufsichtsbehörde nach Anhörung des Landesamts, sie kann die Gemeinde zur selbständigen Anstellung ermächtigen.

β) Auf der Tätigkeit der Arbeitsvermittler beruht vor allem der Erfolg des Amts. Sie haben die Aufgabe, die Parteien des Arbeitsvertrages zu vereinigen. Sie brauchen aber nicht gegen Entgelt angestellt zu werden und sind niemals Beamte. Über die Vermittlungsgrundsätze vgl. IV.

k) Die übrigen Angestellten des öffentlichen Arbeitsausschusses werden ebenfalls von der Errichtungsgemeinde oder der Verwaltungsgemeinde bestellt, aber ohne Vorschlag des Verwaltungsausschusses. Nach dem Vorbilde der Sozialversicherung ist entgegen der bisherigen Übung in Süddeutschland, wo bisher fast ausschließlich Beamte in den Arbeitsämtern angestellt waren, in § 13 III des Gesetzes bestimmt worden: „Die Angestellten des Arbeitsnachweises sind durch privatrechtlichen Dienstvertrag auf Grund einer Dienstordnung anzustellen". Vgl. Potthoff im Arbeitsrecht 1923 S. 118. „Die Dienstverhältnisse regelt der Vorstand der Errichtungsgemeinde im Einvernehmen mit dem Verwaltungsausschuß durch die Dienstordnung" — ohne Rücksicht auf § 78 Nr. 3 BRG. Vgl. Kaskel-Syrup S. 124. — Von der Anstellung auf Privatdienstvertrag kann in Hinsicht des Geschäftsführers mit Zustimmung des Verwaltungsausschusses abgewichen werden. Durch die Bestellung auf Dienstvertrag kann der Einfluß der Interessenten ein größerer sein, zum Vorteile des Dienstes ist es aber nicht, der in Beamten regelmäßig ständigere und verlässigere Dauer haben wird. Wenn aber bei der Beratung des Gesetzes, entgegen dem Standpunkte des Entwurfes und seiner Begründung, der Gedanke hervorgetreten ist, Träger des Arbeitsnachweises sei überhaupt nicht die Gemeinde, die Angestellten seien nicht solche der Gemeinde, sondern des Arbeitsnachweises, so kann diese Auffassung nicht gebilligt werden. Dem Arbeitsnachweis ist nicht wie den Trägern der Sozialversicherung (RVO. § 4) eigene Rechtspersönlichkeit eingeräumt (vgl. oben d) und er ist nicht wie diese Träger der Sozialversicherung von der Gemeinde losgelöst worden. Die Angestellten sind daher solche der Gemeinde, der Errichtungsgemeinde oder, bei gemeinschaftlichen Arbeitsnachweisen, der Verwaltungsgemeinde, welche die Anstellung ohne Mitwirkung der übrigen Errichtungsgemeinden vornimmt, wenn auch diese Gemeinden Mitträger des gemeinsamen Arbeitsausschusses sind. Vgl. Schlederer a. a. O. S. 560 f., 622 f.; Elsas im RArbBl. N. F. Bd. 1 S. 494* und Kästler in Bayr. GemVZ. 1923 S. 498 f. Die Gemeinden und hinsichtlich der Arbeitsnachweisämter höherer Ordnung Reich, Land usw. haften daher, soweit es sich um Beamte handelt, für diese, sonst nach §§ 826, 831 BGB., vgl. Kaskel-Syrup Anm. 3 d zu § 1, Gutachten des Reichsamts und des RJM. NZfAR. 1922 S. 63. Die beim Inkrafttreten des Gesetzes bei den Arbeitsämtern beschäftigten Beamten und ständigen Angestellten sind auf Verlangen der Gemeinde von den neuen Arbeitsnachweisen zu übernehmen, der Verwaltungsausschuß kann jedoch aus wichtigen Gründen der Übernahme widersprechen. Im Streitfall entscheidet die oberste Landesbehörde oder die von ihr bestimmte Stelle, § 64.

l) Den Haushalt des öffentlichen Arbeitsnachweises setzt die Errichtungsgemeinde auf Vorschlag des Verwaltungsausschusses fest. Dieser kann gegen die Festsetzung Einspruch erheben, dann entscheidet die Gemeindeaufsichtsbehörde nach Anhörung des Verwaltungsausschusses des Landesamts. Bei gemeinsamen Arbeitsnachweisen sind übereinstimmende Beschlüsse der beteiligten Errichtungsgemeinden erforderlich. Kommen sie nicht zustande oder erhebt der Verwaltungsausschuß gegen den festgesetzten Haushaltplan Einspruch, so entscheidet nach Anhörung des Verwaltungsausschusses des Landesamts die gemeinsame Gemeindeaufsichtsbehörde. Fehlt diese, so entscheidet der Reichsarbeitsminister im Benehmen mit den beteiligten obersten Landesbehörden (§ 14).

2. Arbeitsnachweisämter höherer Ordnung sind sodann die Landesämter für Arbeitsvermittlung. Sie sind die fachlichen Aufsichts- und Beschwerdestellen über die Geschäftsführung der öffentlichen Arbeitsnachweise, daneben besteht aber die allgemeine Dienstaufsicht der Landesbehörden. Die Landesämter haben auch die Aufsicht über die nichtöffentlichen nichtgewerbsmäßigen Arbeitsnachweise (§ 44). Sie haben aber auch eigene Mindestaufgaben. Sie haben den Arbeitsmarkt zu beobachten und den Ausgleich von Angebot und Nachfrage zwischen den einzelnen Arbeitsnachweisen zu fördern, die Durchführung des zwischenörtlichen Ausgleichs selbst verbleibt den Arbeitsnachweisen. Sie sind aber auch weiter ermächtigt und können durch das Reichsamt für Arbeitsvermittlung oder die obersten Landesbehörden für verpflichtet erklärt werden, ähnlich wie die öffentlichen Arbeitsnachweise, ihre Tätigkeit auf Berufsberatung und Lehrstellenvermittlung auszudehnen. Diese Erstreckung ist jetzt für die Landesämter, nicht aber für die öffentlichen Arbeitsnachweise, angeordnet. Bei den Landesämtern ist als Gutachter-Organ in der Regel ein ehrenamtlicher Beirat aus sachkundigen Personen zu bilden. Soweit Fachabteilungen (§ 32) bei den Landesämtern bestehen, liegt ihnen auch die Arbeitsvermittlung ob. Der Reichsarbeitsminister kann mit Zustimmung des Reichsrats und auch die obersten Landesbehörden können den Landesämtern weitere Aufgaben zur Regelung des Arbeitsmarktes übertragen, und zwar nach eingeholter Erlaubnis der Verwaltungsausschüsse der beteiligten Landesämter oder des Verwaltungsrats des Reichsamts (§ 15). Zur Durchführung ihrer Aufgaben können die Landesämter von Gemeinden, Handels-, Handwerks- und Landwirtschaftskammern, Krankenkassen, den wirtschaftlichen Vereinigungen der Arbeitgeber und Arbeitnehmer und andern mit der Arbeitsfürsorge befaßten Stellen Auskunft über die Lage des Arbeitsmarkts einfordern (§ 25). Die richtige Erteilung der Aufschlüsse ist unter Strafandrohung geboten (§ 54 Z. 1).

Die Landesämter können nicht nur für die Länder, sondern auch für Provinzen oder andere größere Bezirke errichtet werden. Für die Gebiete mehrerer Länder oder für Bezirke, die zu mehreren Ländern gehören, kann nach Anordnung der beteiligten obersten Landesbehörden ein gemeinsames Landesamt errichtet werden. Träger der gemeinsamen Landesämter sind die beteiligten Länder, Provinzen oder Bezirke gemeinsam. Als Träger haben sie einerseits zu den Kosten beizutragen, andererseits aber auch bei allen wichtigen Entscheidungen über Bestand und Verwaltung des Amtes mitzuwirken. Auf Antrag einer obersten Landesbehörde kann der Reichsarbeitsminister im Einvernehmen mit dem Verwaltungsrate des Reichsamts nach Anhörung der andern beteiligten obersten Landesbehörden die Entscheidung über die Errichtung eines gemeinsamen Landesamts treffen. Soweit ein dringendes wirtschaftliches Bedürfnis es erfordert, kann der Reichsarbeitsminister mit Zustimmung des Reichsamts den Bezirk für ein Landesamt bestimmen; vorher ist der Reichswirtschaftsrat zu hören. In diesen Fällen bestimmt der Reichsarbeitsminister nach Anhörung der beteiligten Landesbehörden, in welcher Weise die Verwaltung zu führen ist (§ 16 II). Wo, wie in Bayern, bisher Arbeitsämter zunächst nur von Gemeinden und dann auch von Bezirken bestanden, ist jetzt zwischen Landesämtern, gemeinsamen Landesämtern und gemeinsamen Arbeitsnachweisen zu scheiden. Ein gemeinsamer Arbeitsnachweis kommt z. B. in Bayern in Frage, wenn eine unmittelbare Stadt und ein Bezirk oder wenn mehrere Bezirke Träger des Arbeitsnachweises sind; ist dabei der eine Bezirk unter mehrere Arbeitsämter geteilt, so kommen nur die einzelnen Gemeinden als Träger in Frage. Für einen größeren Bezirk, eine Provinz oder das Land kann ein Landesamt errichtet werden. Handelt es sich um Gebiete mehrerer Länder oder um Bezirke, die zu mehreren Ländern gehören, so kommt das gemeinsame Landesamt in Frage. Die im Entwurfe vorgesehenen Unterarbeitsämter, Zweigstellen der Arbeitsämter, sind nicht mehr ausdrücklich im Gesetze vorgesehen, ihrer Schaffung steht aber nichts im Wege, soweit sie nicht selbständige öffentliche Arbeitsnachweise zum Schaden der Selbstverwaltung ersetzen sollen, Bescheid des Reichsarb.-Minist. v. 14. Dez. 1922, RArbBl. 1923 S. 4. Auch die Landesämter können innerhalb ihres Bezirkes Zweigstellen des Landesamts errichten oder einzelnen Arbeitsämtern besondere Aufgaben zuteilen. In Ausübung dieser Ermächtigung hat Bayern in der Bek. vom 18. Nov. 1922 (StA. Nr. 270) die bewährte Einrichtung von Hauptarbeitsämtern beibehalten, indem es den Arbeitsämtern München, Straubing, Ludwigshafen, Regensburg, Bamberg, Nürnberg, Würzburg und Augsburg übertrug: die

Mitwirkung bei der fachlichen Aufsicht, insbesondere durch Bereisung und Erstattung von Berichten nach Weisung des Landesamts, den Ausgleich innerhalb des Regierungsbezirks einschließlich der Herausgabe von Stellenlisten, die regelmäßige Berichterstattung für den Arbeitsmarktanzeiger, die Ausübung der Aufsicht über die nichtgewerbsmäßigen nichtöffentlichen Arbeitsnachweise unter Vorbehalt gewisser Zuständigkeiten für das Landesamt und eine Mitwirkung im Verfahren bei Genehmigung der Beschäftigung ausländischer Arbeiter, wobei die Kosten, die den Hauptarbeitsämtern bei Erfüllung der ihnen hienach übertragenen Aufgaben erwachsen, als solche der Landesstelle gelten und nach näher festzusetzenden Grundsätzen vergütet werden, RArbBl. 1922 S. 701.

Das Landesamt wird durch die oberste Verwaltungsbehörde errichtet. Die obersten Landesbehörden, in den Fällen des § 16 III der Reichsarbeitsminister, bestimmen, ob die Landesämter als selbständige Behörden errichtet oder welcher Staats- oder kommunalen Verwaltungsbehörde ihres Bezirks sie angeschlossen werden (§ 17). Die Verfassung des Landesamts wird durch die oberste Landesbehörde geregelt. Vor Abänderung der Verfassung ist der Verwaltungsausschuß zu hören. Der Reichsarbeitsminister stellt mit Zustimmung des Reichsrats nach Anhörung des Verwaltungsrats des Reichsamts Grundsätze für die Verfassung der Landesämter auf (§ 18). Für jedes Landesamt ist auch wieder ein Verwaltungsausschuß zu bilden. Vgl. Lehmann, Aufgaben und Befugnisse der Verwaltungsausschüsse, im ArbR. 1925 S. 509. Der Verwaltungsausschuß besteht aus dem Vorsitzenden des Landesamts oder einem seiner Stellvertreter und mindestens je vier Arbeitgebern, Arbeitnehmern und Vertretern der Errichtungsgemeinden im Bezirke des Landesamts als Beisitzern. Die Zahl der Arbeitgeber, Arbeitnehmer und der Vertreter der Errichtungsgemeinden muß gleich sein. § 7 III–V finden entsprechende Anwendung. Unter den Beisitzern sollen sich Frauen befinden. Die oberste Landesbehörde kann in den Verwaltungsausschuß Beauftragte ohne beschließende Stimme entsenden (§ 19). Die oberste Landesbehörde bestellt nach Anhörung des Verwaltungsausschusses des Landesamts den Vorsitzenden des Landesamts und seinen Stellvertreter, ferner die Vertreter der Errichtungsgemeinden auf Grund von Vorschlagslisten der beteiligten Gemeinden. Hierbei ist die Bedeutung der verschiedenen Gemeindegruppen zu berücksichtigen (§ 20). Die Arbeitgeberbeisitzer im Verwaltungsausschuß werden durch die Arbeitgeberabteilung, die Arbeitnehmerbeisitzer durch die Arbeitnehmerabteilung des Bezirkswirtschaftsrats (§ 20) und, so lange dieser noch nicht gebildet ist, auf Vorschlag der wirtschaftlichen Vereinigungen der Arbeitgeber und Arbeitnehmer des Bezirks (vgl. Schlederer, Bayer. GemZ. 1922 S. 618) des Landesamts von den obersten Landesbehörden bestellt (§ 65). Für die Beisitzer, die Zuständigkeit und die Berufung des Verwaltungsausschusses finden die Vorschriften über die öffentlichen Arbeitsnachweise entsprechende Anwendung (§ 22[1]). Der Geschäftsführer des Landesamts wird von der obersten Landesbehörde auf Vorschlag des Verwaltungsausschusses bestellt nach den für den Geschäftsführer des Arbeitsnachweises aufgestellten Grundsätzen. Lehnt der Verwaltungsausschuß den Vorschlag anderer geeigneter Bewerber ab, so ist die oberste Landesbehörde an die Vorschlagsliste nicht mehr gebunden. Die sonst noch erforderlichen Arbeitskräfte werden von der obersten Landesbehörde oder der von ihr bestimmten Stelle bestellt, ohne daß weitere Einschränkungen bestehen (§ 23). Der Verwaltungsausschuß stellt mit Genehmigung der obersten Landesbehörde Grundsätze für die Geschäftsführung der öffentlichen Arbeitsnachweise seines Bezirks auf. Vgl. Marg. Ehlert im RArbBl. 1923 S. 470*.

Die Schaffung dieser in großen Teilen Deutschlands aus praktischen Gründen durch Zusammenschluß der Arbeitsämter entstandenen Zwischeninstanz im ANG. ist vom Deutschen Städtetag und sonst (Kleindienst im „Arbeitsnachweis" 8. Jahrg. Nr. 5, Leibrock im „Arbeitgeber" 1921 Nr. 11, dagegen Schlotter im RArbBl. 1921 S. 935* und schon S. 51* ebenda insbesondere wegen des Ineinandergreifens von Verwaltung und Selbstverwaltung angegriffen worden, hat sich aber doch bewährt, weil nur so unter der ständigen, nicht zu entfernten Fachaufsicht der Arbeitsnachweis vollen Erfolg zeitigte und weil, verglichen mit den bayrischen Hauptarbeitsämtern, für das Reich eine einheitliche, gleichartige Einrichtung erforderlich war. Auch Frankreich z. B. (vgl. Donau im RArbBl. 1922 S. 485*) hat gemeindliche und Departements-Nachweise und daneben noch officiers régionaux du placement unter der Zentralstelle. Die deutschen aus dem freiwilligen Zusammenschluß hervorgegangen 20 Landesämter, darunter 6 gemeinschaftliche, umfassen in 6 Fällen das Land, in 8 Fällen Gebietsteile eines Landes. Sie sind teils selbständige Behörden, teils solchen oder Selbstverwaltungskörpern angeschlossen. Vgl. Marg. Ehlert im RArbBl. 1923 S. 470* und 1925 S. 532*, Abicht im „Arbeit und Beruf" 1923 S. 154.

3. Das Reichsamt für Arbeitsvermittlung führt im Einvernehmen mit den obersten Landesbehörden die fachliche Aufsicht über die Durchführung des Gesetzes (im Gegensatze zur Aufsicht über die formale Handhabung des Dienstbetriebs). Es hat den Arbeitsmarkt zu beobachten und den Ausgleich von Angebot und Nachfrage zwischen den verschiedenen Gebieten zu regeln. Hinsichtlich der Berufsberatung und Lehrstellenvermittlung steht ihm im Einvernehmen mit seinem Verwaltungsrat und nach Anhörung der öffentlichen Berufsvertretungen (Handelskammern, Handwerkskammern usw.) und wirtschaftlichen Vereinigungen die Aufstellung allgemeiner Grundsätze, wenn es solche erlassen will, und im Einvernehmen mit den obersten Landesbehörden die fachliche Aufsicht über die, diesen Aufgaben dienenden, Einrichtungen zu. — Verschieden davon ist die Pflicht zur Erlassung allgemeiner Bestimmungen nach §§ 2 und 15 des Gesetzes hinsichtlich der öffentlichen Arbeitsnachweise und Landesämter, während für die Berufsberatung und Lehrstellenvermittlung außerhalb der Arbeitsnachweisämter nur die Grundsätze nach § 26 des Gesetzes in Frage kommen. Werden solche Grundsätze aufgestellt und wird durch beharrliches Zuwiderhandeln gegen sie der Zweck der Berufsberatung oder Lehrstellenvermittlung gefährdet, so kann das Reichsamt mit Zustimmung seines Verwaltungsrats die Schließung solcher Einrichtungen verlangen, die dann von den obersten Landesbehörden durchzuführen ist (§ 26 Abs. 2 S. 3). Sonst aber stehen die Anweisungen selbst nicht unter behördlichem Zwange. Nach vorausgegangenen Ausführungen des Präsidenten Syrup in RArbBl. 1922 S. 542* hat das Reichsamt die Tätigkeit der öffentlichen Arbeitsnachweise hinsichtlich Berufsberatung und Lehrstellenvermittlung (vgl. jetzt die Allgem. Bestimmungen vom 12. Mai 1923, RArbBl. S. 309, welche nicht allgemein die öffentlichen Arbeitsnachweise, sondern nur die Landesämter zur Berufsberatung und Lehrstellenvermittlung verpflichten, dazu aber auch Herschel im Arbeitsrecht 1923 S. 444) in folgender Weise begrenzt: a) Erteilung von Rat und Auskunft an ratsuchende Personen beiderlei Geschlechts beim Eintritt in das Berufsleben, Berufswechsel und bei Berufsausbildung und -fortbildung,

b) Nachweis von beruflichen Ausbildungsstätten.

c) Vermittlung in sittlich, beruflich und gesundheitlich einwandfreie Anlern- und Lehrstellen. Die Berufswahl Jugendlicher ist planmäßig vorzubereiten und die Öffentlichkeit aufzuklären. Die Durchführung der übernommenen oder übertragenen Aufgaben gehört zur Geschäftsführung und untersteht dem Verwaltungsausschuß. Sie können einer besonderen Abteilung für Berufsberatung und Lehrstellenvermittlung, Berufsamt, überwiesen werden, allenfalls mit eigenem Geschäftsführer. Schafft aber die Gemeinde ein eigenes Berufsamt, Berufsberatungsamt, so gelten für dieses nur die allgemeinen Grundsätze des § 26. Für die Berufsberatung und Lehrstellenvermittlung durch die Landesämter kommt nach Syrup a. a. O. S. 542* und den obigen Bestimmungen, neben der Verpflichtung zur Bestellung eines Beirats, in Frage a) Mitwirkung bei Einrichtung und Ausbau der Berufsberatung und Lehrstellenvermittlung bei den öffentlichen Arbeitsnachweisen, b) Fachaufsicht über die öffentlichen Arbeitsnachweise und die Berufsberatung außerhalb derselben. c) Beobachtung der Berufsbewegung und des Lehrstellenmarktes,

d) Regelung des zwischenörtlichen Lehrstellenausgleichs,

e) Sicherstellung der Zusammenarbeit zwischen der öffentlichen Berufs- und Lehrstellen-Vermittlung in den beteiligten Kreisen und Stellen,

f) Fortbildung der Berufsberater,

g) Sammlung und Bearbeitung berufskundlichen Materials, sowie seine Nutzbarmachung für die praktische Berufsberatung,

h) Berufsberatung für die Personengruppen und Berufe, für die bei den öffentlichen Arbeitsnachweisen die Berufsberatung nicht übernommen werden kann oder eine Zersplitterung der Kräfte bedeuten würde,

i) Anregung zur Schaffung von Ausbildungsgelegenheit.

In ähnlicher Weise sind, ebenfalls am 12. Mai 1923 (RArbBl. S. 310), allgemeine Grundsätze für die Berufsberatung und Lehrstellenvermittlung außerhalb der Arbeitsnachweisämter aufgestellt werden. Vgl. dazu Käthe Gäbel ebenda S. 210* und Stets ebenda S. 311*. Die mit dem Arbeitsnachweis eng zusammenhängende Frage der Berufsberatung und Lehrstellenvermittlung zeigt, wie sehr der ganze Gegenstand in das Arbeitsrecht im w. S. gehört und nicht auf Arbeiter und Angestellte beschränkt ist. Das Ziel der „Berufsberatung innerhalb des Reichsamts" (vgl. Schindler im RArbBl. 1921 S. 275*) wird es sein, die bis jetzt landesrechtliche, auf dem Demobilmachungsrecht beruhende, Regelung (vgl. preußische VO. vom 18. März 1919, bayrische Bek. v. 18. Dez. 1917, württembergische Ministerialverfügung vom 12. Febr. 1920) zu einer reichsrechtlichen durch die erwähnten Grundsätze und Bestimmungen zu gestalten. In Bayern sind durch MBkm. vom 21. Juli 1925 mit Vollzugsvorschriften auch die öffentlichen Arbeitsnachweise angewiesen, ihre Tätigkeit auf Berufsberatung und Lehrstellenvermittlung nach Bedürfnis zu erstrecken (RArbBl. S. 449 f.).

Die Statistik der Berufsberatung ist erst im Entstehen, vgl. Anordnung des RA. f. ArbVerm. v. 27. Juni 1922 RArbBl. S. 322 und Dr. Franziska Müller im RArbBl. 1922 S. 364*. Zu diesem Zweck und zur Berufsberatung überhaupt ist ein Zusammenarbeiten mit der Schule unerläßlich. Vgl. preußische und sächsische Erlasse im RArbBl. 1921 S. 629, 630, 1922 S. 426 (Berufsschulen sind z. B. in Sachsen: Fortbildungs-, Gewerbe-, Handels-, landwirtschaftliche Schulen und Lehrlingsabteilungen von Fachschulen). Wichtig ist die Auswahl der Berufsberater, für deren Anstellung die Voraussetzungen bestimmt wurden, sowie allenfalls der Landesberufsberater. Die Berufsforschung selbst läuft wieder aus in die arbeitswissenschaftliche Eignungsprüfung (vgl. oben S. 44 und Dr. Sachs, Die Bedeutung arbeitspsychologischer Forschung für die gesetzliche Regelung der Arbeitszeit. RArbBl. 1923 S. 138*).

Schrifttum: Altenrath, Berufswahl und Lehrstellenvermittlung 1911, Prof. Alois Fischer, Über Beruf, Berufswahl und Berufsberatung 1918; Konrad, Bedeutung und Organisation der Berufsberatung für die schulentlassene Jugend 1918; Kühne, Beru fswahl und Berufsberatung 1919; Feder; Berufsberatnng und Lehrstellenvermittlung in der Kartei 1923, Jäker, Berufsberatung und Volkswirtschaft im RArbBl. 1922 S. 294; Stets, Stand und Tätigkeit der öffentl. Berufsberatung im RArbBl. 1924 S. 407*; Berger, Berufsberatung, Berufsauslese, Berufsausbildung, ebenda S. 628*; Langenberg, Stellung der allgemeinen Berufsberatung zur Berufspsychologie, ebenda S. 265* und 1925 S. 137*; Münch, Berufsfürsorge für Hilfsschulen, ebenda S. 308*. Besonders für die Frauenberufe Josephine Levy-Rathenau, Die deutsche Frau im Beruf 1917, zuletzt dieselbe, Vergangenheit und Zukunft der Frauen. Berufsberatung im RArbBl. 1921 S. 1192*, vgl. auch Marg. Brünning im RArbBl. 1921 S. 702*. Die Frauenberatung muß durch Frauen erfolgen. Der

Bund deutscher Frauenvereine unterhält ein Frauenberufsamt. Ähnliches gilt für Akademiker; vgl. Mahrholz, Arbeitsämter für geistige Berufe im RArbBl. 1921 S. 849* und Marg. Ehlert, Zur Organisation der Arbeitsvermittlung für Akademiker, ebenda S. 664*.

Bezüglich der übrigen Aufgaben des Reichsamts ist bereits das Erforderliche zu B am Anfang gesagt. In Preußen ist im Einvernehmen mit dem Reichsarbeitsminister der Kreis der Obliegenheiten der Landesämter und der öffentlichen Arbeitsnachweise am 22. Okt. 1924 (RArbBl. S. 460) auf die Beratung der preußischen Gefangenenanstalten hinsichtlich der Beschäftigung von Strafgefangenen ausgedehnt worden. Über Arbeitsvermittlung für entlassene Strafgefangene vgl. RArbBl. 1924 S. 125 und SozPr. 1924 S. 329.

Das Reichsamt umfaßt das ganze Gebiet des Deutschen Reiches, es hat seinen Sitz in Berlin, die Aufsicht über das Reichsamt führt der Reichsarbeitsminister (§ 27). Unter den Beamten des Reichsamts sollen sich im Arbeitsnachweiswesen sachverständige Frauen befinden (§ 28). Für das Reichsamt wird ein Verwaltungsrat gebildet. Er besteht aus dem Präsidenten des Reichsamts oder seinem Stellvertreter als Vorsitzenden sowie aus einer gleichen Anzahl von Vertretern der öffentlichen Körperschaften, Arbeitgebern und Arbeitnehmern, je mindestens 4, und ihren Stellvertretern. Weitere, auf dem Gebiete des Arbeitsnachweises Sachverständige, darunter auch Frauen, können als ständige Gutachter mit beratender Stimme in den Verwaltungsrat berufen werden. Dies ist aber bisher nicht geschehen, Kaskel, ArbR. S. 57 A. 3. Die Vertreter der öffentlichen Körperschaften (Gemeinden, Gemeindeverbände, Länder) und die Sachverständigen werden vom Reichsarbeitsminister berufen, die ersteren nach Anhörung des Reichsrats. Der Reichsarbeitsminister kann auch Beauftragte mit beratender Stimme in den Verwaltungsrat entsenden. Die Vertreter der Arbeitgeber und Arbeitnehmer werden wie beim Verwaltungsausschuß von den Abteilungen des Reichswirtschaftsrats gewählt. Der Verwaltungsrat gibt sich seine Geschäftsordnung, die der Zustimmung des Reichsarbeitsministers bedarf (§ 29). Das Reichsamt erläßt mit Zustimmung des Verwaltungsrats allgemeine Anordnungen für die Geschäftsführung der öffentlichen Arbeitsnachweise und der Landesämter (§ 30). Zur Durchführung der im § 26 des Gesetzes genannten Aufgaben ist das

Reichsamt berechtigt, Erhebungen über die Lage des Arbeitsmarktes, über Arbeitsbedingungen, Ausstände und Aussperrungen sowie über die Mitgliederbewegung der Vereinigungen von Arbeitgebern und Arbeitnehmern vorzunehmen und die erforderlichen Auskünfte zu verlangen, deren richtige Erteilung bei Strafandrohung geboten ist (§ 54 Ziff. 1). Das Reichsamt hat am 26. Jan. 1923 (RArbBl. S. 82) die öffentlichen und sonstigen, nicht gewerbsmäßig betriebenen, Arbeitsnachweise zu monatlicher Berichterstattung verpflichtet, ebenso am 28. April 1923 die gewerbsmäßigen (RArbBl. S. 285). Vgl. auch über die Zusammenarbeit der Berufsberatung mit dem Arzte Dr. Käthe Gäbel im RArbBl. 1924 S. 313*, dazu 1925 S. 13*. Das Reichsarbeitsamt veröffentlicht regelmäßig im Reichsarbeitsblatte Berichte über die Lage des Arbeitsmarktes, den Umfang der Arbeitslosigkeit, den Erfolg der Arbeitsvermittlung und Arbeitsbeschaffung, die Arbeitsstreitigkeiten und die Entwicklung des Tarifwesens sowie der Vereinigungen von Arbeitgebern und Arbeitnehmern.

III. An die Seite dieser allgemeinen Einrichtung der Arbeitsnachweisämter tritt nun die Bildung von Fachabteilungen und Abteilungen für Angestellte, die nach Bedarf einzurichten sind. So lange es sich nur um ungelernte Arbeiter dreht, genügt die allgemeine Einrichtung. Sobald aber gelernte Arbeiter und Angestellte in Frage kommen, erfordert das Bedürfnis nach Verständnis der für den Beruf erforderlichen Eigenschaften, ähnlich wie wir das schon beim Frauen-Nachweis gesehen haben, Persönlichkeiten, die mit der betreffenden Sparte vertraut sind und ihr angehören. Daß das richtig ist, ergibt sich daraus, daß z. B. in Frankreich (RArbBl. 1922 S. 486) die Entwicklung den gleichen Gang genommen hat. Vgl. auch den Facharbeitsnachweis für Juristen und Volkswirtschaftler in Bayern StA. Nr. 181 v. 6. Aug. 1920.

1. Fachabteilungen können bei den öffentlichen Arbeitsnachweisen, den Landesämtern und dem Reichsamt errichtet werden (§§ 32, 36), mit Zustimmung des Landesamts auch für den Bezirk mehrerer öffentlicher Arbeitsnachweise (gemeinsame Fachabteilung, die hinsichtlich der Kosten als Abteilung der beteiligten öffentlichen Arbeitsnachweise gilt), § 32 S. 2 und 3. Verwandte Berufsgruppen können in eine Fachabteilung zusammengefaßt werden (§ 32 Abs. 2). Die Arbeiten in einer Fachabteilung werden

möglichst durch Angehörige oder Sachverständige des Fachs ausgeführt. Die Vorschriften über die Angestellten und Beamten gelten auch hier, nur braucht der Geschäftsführer nicht hauptamtlich angestellt zu sein (§ 34). Bei den Fachabteilungen können in derselben Weise wie bei den Verwaltungsausschüssen Unterausschüsse gebildet werden. Ob ein Bedürfnis zur Bildung einer Fachabteilung vorliegt, bei gemeinsamen Fachabteilungen auch, bei welchem öffentlichen Arbeitsnachweis sie zu bilden ist, bestimmen die für das Fach innerhalb des Bezirks bestehenden öffentlichen Berufsvertretungen und wirtschaftlichen Vereinigungen der Arbeitgeber und Arbeitnehmer, denen damit wieder eine wichtige, mit dem Berufe zusammenhängende Aufgabe überwiesen wurde. Sind solche öffentliche Berufsvertretungen oder wirtschaftliche Vereinigungen nicht vorhanden oder ist eine Einigung zwischen ihnen nicht zu erzielen, so entscheidet auf Antrag der Fachausschuß beim Landesamt und, falls ein solcher nicht besteht, der Verwaltungsausschuß des Landesamts nach Anhörung der beteiligten öffentlichen Arbeitsnachweise. Die Errichtungsgemeinde, sowie nach Anhörung des Verwaltungsausschusses der Vorsitzende des öffentlichen Arbeitsnachweises sind, mit Rücksicht auf die Kosten, berechtigt, den Beschluß der öffentlichen Berufsvertretungen oder wirtschaftlichen Vereinigungen innerhalb von 2 Wochen, nachdem er amtlich bekannt geworden ist, bei dem Verwaltungsausschuß (Fachausschuß) des Landesamts anzufechten. Das gleiche gilt bei gemeinsamen Fachabteilungen für jede beteiligte Gemeinde oder für den Vorsitzenden jedes beteiligten öffentlichen Nachweises, soweit der eigene Bezirk betroffen ist (§ 32). Die weitere Beschwerde geht an den Verwaltungsrat oder den Fachausschuß beim Reichsamt. Ist aber die Beschwerde endgültig abgewiesen, dann kann die Gemeinde-Aufsichtsbehörde die erforderlichen Mittel zwangsweise in den Gemeindehaushalt einsetzen. Wenn hier von Fachausschuß die Rede ist, so ist eben für jede Fachabteilung (und auch für jede Abteilung für Angestellte) ein Fachausschuß zu bilden. Der Fachausschuß tritt, soweit nicht allgemeine Grundsätze für die Geschäftsführung entgegenstehen, in allen ausschließlich das Fach betreffenden Angelegenheiten an die Stelle des Verwaltungsausschusses. Den Vorsitz im Fachausschuß führt der Vorsitzende des Arbeitsnachweises oder sein Stellvertreter. Die Beisitzer sind auf Vorschlag der für das Fach zuständigen wirtschaftlichen Vereinigungen aus dem Fache zu entnehmen, für das der Fachausschuß gebildet ist. Sie werden vom Verwaltungsausschuß des Arbeitsnachweises bestellt und können sich nur aus Vertretern der Arbeitgeber und Arbeitnehmer zusammensetzen (RArbBl. 1923 S. 447). Im übrigen finden § 27 Abs. 1 S. 2—4, Abs. 3 und 5, § 9 Abs. 2 und 3, §§ 10—13 des Gesetzes sinngemäß Anwendung (§ 33). Eine Fachabteilung kann von der Errichtungsgemeinde innerhalb des Bezirks des Arbeitsnachweises auch an einem anderen Orte als dem des Arbeitsnachweises errichtet werden, falls die für das Fach innerhalb des Bezirkes bestehenden öffentlichen Berufsvertretungen und wirtschaftlichen Vereinigungen der Arbeitgeber und Arbeitnehmer ein Bedürfnis dafür nachweisen. Lehnt die Errichtungsgemeinde den Antrag der Berufsvertretung oder wirtschaftlichen Vereinigung ab, so entscheidet das Landesamt (§ 35). Für die Landesämter und das Reichsamt finden die §§ 32—35 sinngemäße Anwendung, für die Landesämter wird das Nähere vom Reichsamt im Einvernehmen mit der obersten Landesbehörde, für das Reichsamt vom Reichsarbeitsminister bestimmt (§ 36). Bei der Reichsarbeitsverwaltung ist mit Bek. vom 24. Nov. 1924 RArbBl. S. 460 eine Fachabteilung für das Gastwirtsgewerbe gebildet worden. Das Landesamt oder das Reichsamt können mit Zustimmung des Verwaltungsausschusses (Fachausschusses) auch von Amts wegen anordnen, daß bei einzelnen öffentlichen Arbeitsnachweisen Fachabteilungen errichtet werden oder daß Fachabteilungen für das gleiche Fach, um unnötige Einrichtungen zu verhindern, nur bei bestimmten öffentlichen Arbeitsnachweisen unterhalten werden dürfen, weil etwa nach dem Standorte der Industrie nur an diesen Orten eine besondere Förderung zu erwarten ist. Der Errichtungsgemeinde steht gegen die Anordnung Beschwerde an die oberste Landesbehörde zu (§ 37). Eine Fachabteilung beim Landesamt oder Reichsamt darf für Bezirke, deren Arbeitsnachweis eine Abteilung für das gleiche Fach hat, nur im Ausgleichsverfahren eine unmittelbare Vermittlungstätigkeit ausüben. Das Reichsamt kann für einzelne Berufszweige und Bezirke, soweit Fachabteilungen der Landesämter in Betracht kommen, im Einvernehmen mit der obersten Landesbehörde, Ausnahmen zulassen (§ 38).

2. In gleicher Weise wie Fachabteilungen können besondere Abteilungen für Angestellte, bei denen ja auch höhere

Anforderungen gestellt werden, gebildet werden (§ 32). Für jede solche Abteilung für Angestellte ist ein Fachausschuß zu bilden (§ 33 S. 1). Der Begriff des Angestellten, der im Gesetze selbst nicht gegeben ist, wird aus § 1 AngestVersG. zu entnehmen sein. Ein Fachausschuß der Abteilung für Angestellte ist beim Reichsamt nach Bek. vom 12. Febr. 1923 gebildet worden (RArbBl. S. 114). Mit Zustimmung dieses Fachausschusses sind die Bestimmungen über Angestelltenvermittlung vom 17. Juli 1924, RArbBl. S. 297, erlassen worden. Vgl. auch Benda, Grundzüge der Bestimmungen über Angestelltenvermittlung im RArbBl. 1925 S. 357, dazu Perls, Stellenvermittlung für Seeleute, ebenda S. 564 und Krause, Bestimmungen über Angest.-Vermittl. in N. Z. f. ArbR. 1925 S. 730.

IV. Am wichtigsten vom arbeitsrechtlichen Standpunkte sind die **Grundsätze der Vermittlungstätigkeit**, die ebenfalls gesetzlich festgelegt sind. 1. Die Vermittlung ist für Arbeitgeber und Arbeitnehmer als amtliche Tätigkeit, soweit die eigentliche Vermittlungstätigkeit in Frage kommt (RArbBl. 1923 S. 83), unentgeltlich (§ 39), nur für das Beschwerdeverfahren können als Ausnahme Gebühren eingeführt werden, soweit nicht Auslagen in Fragen kommen, die über diese Tätigkeit hinausgehen, RArbVerw. im RArbBl. 1923 S. 83. 2. Die Vermittlung hat unparteiisch und ohne Rücksicht auf die Zugehörigkeit zu einer Vereinigung zu erfolgen. 3. Sie hat dahin zu wirken, daß freie Stellen durch möglichst geeignete Arbeitskräfte besetzt werden. Dabei sind einerseits die besonderen Verhältnisse der freien Arbeitsplätze, andererseits die berufliche und körperliche Eignung sowie die persönlichen und Familienverhältnisse und die Dauer der Arbeitslosigkeit des Bewerbers zu berücksichtigen, soweit die Lage des Arbeitsmarktes es gestattet. (Individuelle Vermittlung, nicht „Nummernzwang", nach der Reihenfolge der Anmeldungen, und „Arbeitsvermittlung unter gesundheitlichen Gesichtspunkten" vgl. Thiele im RArbBl. 1924 S. 310 und Knack in SozPr. 1924 S. 169.) Weibliche Arbeitnehmer sind tunlichst durch fachgemäß vorgebildete weibliche Angestellte zu vermitteln. Die Frage nach der Zugehörigkeit zu einer Vereinigung ist, soweit es sich nicht um Betriebe i. S. des § 67 Betriebsrätegesetzes handelt, untersagt. Ebenso ist es dem Arbeitsnachweis untersagt, einen Arbeitnehmer zum Zwecke der Nichteinstellung ungünstig zu kennzeichnen oder sonst an einer Maßregelung von Arbeitnehmern oder einer entsprechenden Maßnahme gegen Arbeitgeber mitzuwirken.

4. Eine besondere Schwierigkeit bot die Frage, wie sich der Arbeitsnachweis bei Ausständen und Aussperrungen zu verhalten habe. Gerade mit Rücksicht auf die Wirtschaftskämpfe hatten Arbeitgeber und Arbeitnehmer versucht, den Nachweis in ihre Hand zu bekommen. Auch der neutrale Arbeitsnachweis sollte nach der lange festgehaltenen Anschauung jedenfalls der Arbeitnehmerseite im Arbeitskampfe seine Tätigkeit einstellen. Allmählich sah man aber ein, daß diese Forderung über das Ziel hinausgeht und so begnügt sich § 42 des Gesetzes folgendes anzuordnen: Die Arbeitgeber sind verpflichtet und die wirtschaftlichen Vereinigungen der Arbeitnehmer sind berechtigt, bei Ausbruch und Beendigung eines Ausstands oder bei Vornahme und Beendigung einer Aussperrung, nicht aber bei passiver Resistenz (RArbVerw. im RArbBl. 1923 S. 530, für die Feststellung entscheidet der tatsächliche Wille, ebenso 1924 S. 144), den zuständigen Arbeitsnachweisämtern, allenfalls auch den Fachabteilungen (RArbBl. 1923 S. 531), schriftliche Anzeige zu machen. Das Reichsamt erläßt im Einvernehmen mit seinem Verwaltungsrat nähere Bestimmungen über die hierbei einzuhaltenden Fristen und Formen sowie darüber, in welchen Fällen Anzeige statt von den einzelnen Arbeitgebern von einer öffentlichen Berufsvertretung oder wirtschaftlichen Vereinigung zu erstatten ist. Vgl. Vorschriften vom 17. Nov. 1922, RArbBl. S. 699, und vom 10. Jan. 1923, RArbBl. S. 46, welche letztere die neue Arbeitskampfstatistik begründeten, vgl. Conrad, Die Neuordnung der Streikstatistik, RArbBl. 1923 S. 36* und Feder, Streik und Aussperrung: statistische Berichterstattung, in der Auskunftei. Ist die schriftliche Anzeige erstattet, so hat der Arbeitsvermittler den Arbeitsuchenden (gleichviel welchen Berufs, vgl. RArbVerw. in RArbBl. 1923 S. 312) von der Tatsache des Ausstandes oder der Aussperrung Kenntnis zu geben und die Vermittlung nur dann vorzunehmen, wenn sie trotzdem verlangt wird. Ebenso dürfen ausständige oder ausgesperrte Arbeitnehmer (auch in einen andern Beruf, vgl. RArbBl. 1923 S. 312) nur vermittelt werden, wenn die Tatsache des Ausstandes oder der Aussperrung dem Arbeitgeber vorher bekanntgegeben war. Unterlassene oder wissentlich unrichtige Anzeige wird nach § 54 Z. 2 bestraft.

Vgl. Kallee, Arbeitsvermittlung; 3. bei Streik und Aussperrung, in der Auskunftei, Kaskel, AR. S. 317.

5. Auch an Tarifverträge ist der Arbeitsnachweis gebunden. Soweit nämlich ein Tarifvertrag besteht, hat der öffentliche Arbeitsnachweis die Vermittlung beteiligter Arbeitnehmer an beteiligte Arbeitgeber, sofern ihm die Beteiligung bekannt ist, nur zu tariflich zulässigen Bedingungen vorzunehmen. Soweit aber auch der Abschluß eines Arbeitsvertrages gegen die im Beruf ortsüblichen Mindestlohnsätze verstoßen würde, hat der öffentliche Arbeitsnachweis eine Vermittlung unter solchen Bedingungen abzulehnen. Im übrigen hat sich der Arbeitsnachweis einer Einwirkung auf die Lohnhöhe zu enthalten; Auskunfterteilung über die ortsüblichen Lohnverhältnisse gilt nicht als Einwirkung (§ 41).

6. Diese Auskunfterteilung selbst darf nicht über ein gewisses Maß ausgedehnt werden, zweifelhaft ist der Umfang des Dienstgeheimnisses, RArbBl. 1923 S. 178.

Der Geschäftsführer und der Arbeitsvermittler sind berechtigt und verpflichtet, Auskunft über Besonderheiten einer offenen Stelle, die für den Arbeitsuchenden von Bedeutung sein können, oder über besondere Eigenschaften eines Arbeitsuchenden, die für seine Eignung für die Stelle wichtig sein können, zu geben, wenn ihnen diese Besonderheiten oder besonderen Eigenschaften amtlich bekannt geworden sind (rein privates Wissen darf nicht verwendet werden) und wenn es besondere Umstände, namentlich die Aufnahme in die Hausgemeinschaft, rechtfertigen (§ 43). Sie sind nach dem Gesetze (anders nach dem 1. Entwurf zu § 46) nicht berechtigt, Arbeitgeber oder Arbeitnehmer auszuschließen. Wenn der Vermittler aber wiederholt seine Stelle verläßt und auf Befragen der Vermittler Ungünstiges (gerichtliche Bestrafung) erfährt, so kann er das künftig berücksichtigen und auf Anfrage auch einem andern Arbeitsnachweis mitteilen. Vgl. Bescheid d. RArbVerw. im RArbBl. 1923 S. 178 und 1925 S. 61. Die Verletzung der Vermittlungsgrundsätze begründet Verletzung einer Dienstpflicht, aber nicht die Verletzung von subjektiven Rechten der Arbeitgeber und Arbeitnehmer, zu deren Gunsten die Vorschriften kein Schutzgesetz bilden. Wohl aber kann Klage auf Schadensersatz gegen einen Beamten durch die Gemeinde und den Staat nach § 839 BGB., gegen einen Angestellten durch die Gemeinde und den Staat nach §§ 826, 831 BGB. erhoben werden.

V. Als einziger Rest der Monopolpläne ist die Möglichkeit verblieben, daß der Reichsarbeitsminister, nach Anhörung des Verwaltungsrats beim Reichsamt für Arbeitsvermittlung, anordnet, daß Arbeitgeber die bei ihnen vorhandenen offenen Arbeitsplätze bei dem zuständigen öffentlichen Arbeitsnachweis anzumelden haben. Der Reichsarbeitsminister hat von der Möglichkeit aus wohlerwogenen Gründen bisher keinen Gebrauch gemacht, vgl. Lüttich im RArbBl. 1924 S. 55*. Die Anmeldepflicht darf sich nur auf Arbeitsplätze für Arbeitnehmer erstrecken, die der Kranken- und Angestelltenversicherung unterliegen; sie darf sich nicht erstrecken auf Arbeitsplätze in der Land- und Hauswirtschaft, wo gerade die gewerbliche Arbeitsvermittlung noch vorherrscht und in solchen Betrieben, die weniger als fünf Arbeitnehmer beschäftigen. Die Anmeldepflicht kann auf bestimmte Bezirke und Berufe beschränkt werden. Diese Möglichkeit kommt nicht in Frage bei Arbeitsplätzen, die durch Ausstand oder Aussperrung frei geworden sind (§ 49). Die Aufnahme von Strafvorschriften in die Anordnung des Arbeitsministers ist vom Gesetze nicht vorgesehen (vgl. RArbVerw. im RArbBl. 1923 S. 83) und kann auch nicht durch Polizei-Anordnungen der Länder ersetzt werden.

VI. Das Beschwerdeverfahren, soweit es die Geschäftsführung betrifft, ist in den §§ 50—53 des Gesetzes geregelt, während die Dienstaufsichtsbeschwerde in Verwaltungssachen sich nach den landesgesetzlichen Vorschriften richtet. Gegen die Entscheidungen des Vorsitzenden des Arbeitsnachweises (oder seines Stellvertreters) ist schriftlicher Einspruch beim Verwaltungsausschuß bzw. Fachausschuß zulässig, welcher endgültig entscheidet, nur daß gegen einen abändernden Bescheid des Verwaltungsausschusses der Vorsitzende innerhalb zweier Wochen die Entscheidung des Verwaltungs- oder Fachausschusses des Landesamts anrufen kann. Zum Einspruch berechtigt ist jeder, der an der Abänderung der Entscheidung ein wirtschaftliches Interesse hat, also nicht wie bei der freiwilligen Gerichtsbarkeit nur der, dessen Recht durch die Verfügung beeinträchtigt ist. Ein eigenes Interesse haben deshalb auch die wirtschaftlichen Vereinigungen der Arbeitgeber und Arbeitnehmer, wenn für die Gesamtheit oder einen nicht individuell bestimmten Teil ihrer Mitglieder ein Interesse an der Abänderung der Entscheidung besteht, also z. B. gegenüber allgemeinen Anordnungen. Bei Behandlung solcher Einsprüche, die von einer Vereinigung von Arbeitgebern oder Arbeitnehmern ausgehen, ist auf Antrag ein von ihr zu bestimmender Vertreter in mündlicher Verhandlung zu hören. Der Einspruch hat keine aufschiebende Wirkung (§ 50). Gegen Entscheidungen des Verwaltungsausschusses, die nicht auf Einspruch ergangen sind, ist Beschwerde an den Verwaltungs- bzw. Fachausschuß des Landesamts zulässig (§ 51). Für die Landesämter gelten die §§ 50 und 51 entsprechend. In grundsätzlichen Fragen ist vor der Entscheidung des Verwaltungsrats der obersten Landesbehörde Gelegenheit zur Äußerung zu geben (§ 52). Gegen Entscheidungen der Fachausschüsse beim Reichsamt, die nicht auf Beschwerde ergangen und deshalb endgültig sind, ist Einspruch beim Verwaltungsrat zulässig (§ 53).

VII. Die Kosten der Arbeitsnachweisämter sollten durch besonderes Gesetz im Zusammenhange mit der Arbeitslosenversicherung geregelt werden. Bis zum Inkrafttreten dieses Gesetzes wurden die Kosten für die öffentlichen Arbeitsnachweise durch die Errichtungsgemeinden, für die Landesämter durch die Länder oder die von den obersten Landesbehörden bestimmten Verwaltungsbezirke oder Gemeindeverbände, für das Reichsamt durch das Reich aufgebracht. Das Reich leistete zu den notwendigen Kosten der Landesämter Zuschüsse. Diese waren so zu bemessen, daß die Länder, Verwaltungsbezirke oder Gemeindeverbände nach Abzug aller sonstigen Einnahmen der Landesämter nicht mehr als ein Drittel der Kosten zu tragen hatten. Das Reich leistete auch angemessene Beihilfen zu den Kosten der öffentlichen Arbeitsnachweise. Mit VO. vom 17. Okt. 1922 und vom 23. Mai 1923 (RArbBl. 1922 S. 590 und 1923 S. 335) hat der Reichsarbeitsminister die Verteilung auf die einzelnen Länder und die innerhalb derselben allenfalls durch die Oberste Landesbehörde vorzunehmende Verteilung auf die einzelnen Landesämter durch besonderen Schlüssel näher geregelt, während für die Verteilung auf die Arbeitsnachweise allgemeine Grundsätze aufgestellt wurden. Im Einzelfall war besonders zu entscheiden, welche Kosten zu den notwendigen zu rechnen sind. Diese notwendigen Kosten wurden dann nach der VO. vom 15. Okt. 1923 zu $^4/_5$ durch Zuschläge für AG. und AN. zu den Krankenversicherungsbeiträgen, welche der Verwaltungsausschuß des öffentlichen Arbeitsnachweises mit höchstens 20% dieser Beiträge festsetzte, und zu $^1/_5$ durch die Errichtungsgemeinden, welche sich auch zu Gemeinschaften zusammenschließen und durch die oberste Verwaltungsbehörde zusammengeschlossen werden konnten, äußerstenfalls durch Beihilfen des Reichs und der Länder für Bezirke mit ungewöhnlich großer Arbeitslosigkeit aufgebracht. Die Errichtungsgemeinde trug nicht mehr als $^1/_4$ dessen, was AG. und AN. zusammen leisteten, Reich und Land trugen die Beihilfen zur Hälfte, aber erst, wenn zwei Wochen lang die Höchstbeiträge erhoben wurden (§§ 1—6 der VO.). Dazu sind Ausführungsbestimmungen des Arbeitsministers vom 25. Okt. 1923 (RArbBl. S. 705) ergangen, es ist aber dann durch die VO.en vom 13./16. Febr. 1924 (RGBl. I S. 121), vom 13. März 1924 (RGBl. I S. 279) und die Ausführungsvorschriften vom 25. März 1924 (RGBl. I S. 376) sowie die Ausführungs-Verordnungen vom 24. Mai 1924 (RGBl. I S. 562) und 4. Juli 1924 (RGBl. I S. 663) sowie das Gesetz vom 11. Aug. 1924 und die VO.en vom 11. Aug. und 14. Nov. 1924 (RGBl. I S. 681 und 741) die Aufbringung der Kosten der Arbeitsvermittlung in immer engerem Anschluß an diejenigen der Erwerbslosenfürsorge und damit an Versicherungsgrundsätze geregelt worden. Die weitere Darstellung hat deshalb bei der Erwerbslosenfürsorge (unten § 14 D) zu erfolgen.

VIII. Die Strafen des Gesetzes in §§ 54—58 wurden schon an den Stellen, zu denen sie erlassen wurden, berücksichtigt. Ausführungsbestimmungen kann der Arbeitsminister gemäß § 59 nach Anhörung des Verwaltungsrats des Reichsamts und mit Zustimmung des Reichsrats erlassen, insbesondere Vorschriften über das Zusammenarbeiten der Arbeitsnachweisämter mit den Stellen, die für die Durchführung der Arbeitsbeschaffung, Arbeitsverteilung, der Erwerbslosen-, Erwerbsbeschränkten-, Kriegsbeschädigten- und Wanderfürsorge, Jugendpflege und dergl. zuständig sind. Noch einmal zeigt sich hier, wie der Arbeitsnachweis, entsprechend den ihm im § 2 übertragenen und allenfalls vom Reichsarbeitsminister zu übertragenden Aufgaben mitzuarbeiten und unter Umständen entscheidend tätig zu sein hat zu dem Zwecke, nicht nur die vorhandene Arbeitsgelegenheit den gegebenen Arbeitskräften zugänglich zu machen und zuzuteilen, sondern auch neue Arbeitsgelegenheit in den vorhandenen oder neuen Unternehmungen (Notstandsarbeiten, produktive Erwerbslosenfürsorge) zu schaffen und die mögliche gesamte Arbeitsgelegenheit auf die vorhandenen Arbeitskräfte zu verteilen, dabei auch alle nur denkbaren Personengruppen (Kriegsbeschädigte, Kriegshinterbliebene, Wanderer, Jugendliche) heranzuziehen und geeignet zu bestimmen. Kaskel-Syrup S. 287, 47 f. Z. B. kommt hier auch die Unterbringung ausscheidender Wehrmachts- und Reichswehr-Angehöriger in Frage (vgl. Sachse im RArbBl. 1921 S. 352*), der Reichsarbeitsnachweis für Offiziere und die Arbeitsvermittlung des Reichswirtschaftsverbandes derzeitiger und ehemaliger Berufssoldaten, ferner die Stellenvermittlung für Wohlfahrtspflegerinnen (Lüdy im RArbBl. 1922 S. 739*) usw. Vgl. auch Reichsversorgungsgesetz §§ 21 f., Wehrmachtversorgungsgesetz §§ 6 III und 62 sowie das RG. für Jugendwohlfahrt vom 9. Juli 1922 in seinem § 4 über Zusammenwirken mit dem Jugendamte durch die Berufsberatungsstelle, Richtlinien vom 4. Sept. 1924, RArbBl. S. 459, sowie Stets, Die Zusammenarbeit der Einrichtungen für Berufsberatung mit verwandten Wohlfahrtsbehörden im RArbBl. 1923 S. 41* und Langenberg ebenda 1925 S. 137*. Ein ähnliches Zusammenwirken der Arbeitsvermittlung findet für verdrängte Grenzlanddeutsche mit dem deutschen Roten Kreuze statt, vgl. die Grundsätze für Arbeitsvermittlung für verdrängte Grenzlanddeutsche vom 12. Febr. 1923, RArbBl. S. 113, ferner für Anwerbung und Vermittlung von Arbeitnehmern nach dem Ausland (VO. vom 4. Okt. 1923, RGBl. S. 960, und 22. Juli 1924, RArb.-Bl. S. 313, und dazu Donau im RArbBl. 1924 S. 148*), die regelmäßig den öffentlichen Arbeitsnachweisämtern vorbehalten ist, mit dem Reichswanderungsamt (RArbBl. 1925 S. 86*).

IX. Die allgemeine Konferenz der internationalen Arbeitsorganisation in Washington hat am 28. Nov. 1919 für alle die bezügliche Übereinkunft ratifizierenden Staaten die Notwendigkeit eines unentgeltlichen Systems freier öffentlicher Stellenvermittlungen (Agencies) unter Aufsicht einer Zentralbehörde festgelegt, wobei die Begutachtung durch paritätische Ausschüsse mit beratender Stimme erfolgen soll und die öffentliche Arbeitsvermittlung mit der allenfalls vorhandenen privaten zusammengefaßt und ein planmäßiges Zusammenarbeiten der Nachweise der einzelnen Länder unter dem Internationalen Arbeitsamt herbeigeführt werden soll. Der Text ist im RArbBl. 1925 S. 231 veröffentlicht, in Deutschland ist die Annahme durch RG. vom 25. Mai 1925 RGBl. II S. 162 und RArbBl. S. 231 erfolgt, das Übereinkommen ist von Deutschland ratifiziert worden, ebenso bis jetzt von Griechenland, Rumänien, Großbritannien, Britisch Indien,

Schweden, Dänemark, Finnland, Norwegen, Bulgarien, der Schweiz, Japan, Estland, Italien, Spanien, der Südafrikanischen Union, Österreich und Polen.

Deutschland hat am 25. Mai 1925 durch Reichsgesetz vom gleichen Tage auch dem am 10. Juli 1920 von der Allgemeinen Konferenz der Internationalen Arbeitsorganisation zu Genua angenommenen Übereinkommen über die Stellenvermittlung für Seeleute zugestimmt (RGBl. II S. 166 und RArbBl. S. 233). Seeleute in diesem Sinne sind alle Personen an Bord eines Seeschiffes mit Ausnahme der Offiziere. Für die Seeleute soll die entgeltliche Stellenvermittlung durch Personen, Gesellschaften oder Anstalten möglichst rasch beseitigt und durch die ratifizierenden Staaten ein wirksames und zweckmäßiges System unentgeltlicher Stellenvermittlung eingerichtet und unterhalten werden. Diese soll durch paritätische Ausschüsse der Reeder und Seeleute erfolgen, wobei aber beiden Parteien Vertragsfreiheit gewahrt, der Heuervertrag mit den erforderlichen Bürgschaften zum Schutze der Beteiligten versehen und die Stellenvermittlung, erforderlichenfalls durch öffentliche Stellen, den Seeleuten aller vertragschließenden Länder geöffnet werden sollte, sofern die Arbeitsbedingungen ungefähr die gleichen sind. Die deutsche Regelung (vgl. oben S. 136) entspricht diesem System. Auch dieses Uebereinkommen ist von Deutschland ratifiziert worden, ebenso von Schweden, Norwegen, Finnland, Japan, Estland, Bulgarien, Polen, Italien und Belgien. Damit würde auch der überstaatliche Arbeitsnachweis und Arbeitsaustausch mächtig gefördert werden. Über die in den einzelnen Staaten jetzt schon vorhandene Einrichtung gibt der schon erwähnte Anhang zur Begründung des AN.-Gesetzes (Reichstagsdrucksache Nr. 3148) Aufschluß. Vgl. auch Hdw. d. Staatsw. Bd. I⁴ S. 837, Malachowski a. a. O. S. 116 f., Soz. Praxis 1922 S. 77, Regelung der öffentlichen Arbeitsvermittlung in der Schweiz, RArbBl. 1925 S. 141 *, für die Vereinigten Staaten von Nordamerika Arbeitgeber 1924 S. 13.

§ 13. 2. Der Abschluß des Arbeitsvertrages.

I. Der Arbeitsnachweis schließt in dieser Eigenschaft den Arbeitsvertrag nicht ab, wenn auch ausnahmsweise ein Vermittler als Bevollmächtigter einer Vertragspartei den Vertrag wirklich zum Abschlusse bringt. Arbeitgeber und Arbeitnehmer gehen miteinander den Arbeitsvertrag ein.

Der Abschluß ist nach § 305 und für den gewerblichen Arbeitsvertrag § 105 GO. Gegenstand freier Übereinkunft (vgl. oben § 8 unter II), aber auch schon bei Erlassung dieses Gesetzes wurde Vorbehalt gemacht für die durch Staatsgesetz begründeten Beschränkungen. Vgl. Hueck, Die rechtliche Grundlage der Arbeitsbedingungen beim gewerblichen Arbeitsvertrage, Gruch. Bd. 65 S. 16f. und jetzt §§ 6 und 7 des Entwurfes: „als nicht unabdingbare Rechtsvorschriften entgegenstehen". Je mehr der Arbeitsvertrag des staatlichen Schutzes bedurfte, der notwendig zwingend ausgesprochen werden mußte, wenn er Wirkung haben sollte, desto zahlreicher sind die Beschränkungen der Vertragsfreiheit, in bezug auf Arbeitszeit, Arbeitsort, Arbeitslohn, Arbeitsmittel, auf den Arbeitsvertrag selbst usw. geworden. Dieser Zwang war insbesondere deshalb notwendig, weil die Vertragsfreiheit dann gefährdet und gegenstandslos wird, wenn der formalen rechtlichen Gleichheit gegenüber ein wirtschaftliches Übergewicht der einen Partei über die andere besteht. Das ist nicht nur beim Arbeitsvertrage so, sondern ebenso z. B. beim Kaufvertrage, Versicherungsvertrage, Mietvertrage usw. Wie im Versicherungsrechte das Übergewicht der Versicherungsgesellschaften durch Beschränkungen der Vertragsfreiheit für sie, soweit als notwendig (VVG. §§ 187, 188 usw.), ausgeglichen werden mußte, wie Gleiches beim Versendungsvertrag, der Eisenbahn, Post usw., für die wirtschaftliche Macht der Eisenbahn, Post usw. gilt (HGB. §§ 461 ff., 453, 473 II, Postgesetz § 3, Telegraphengesetz § 5), wie den Inhalt des Kaufvertrags der wirtschaftlich Stärkere bestimmt, weshalb auch hier die Gefahr des Mißbrauchs besteht, so mußte vor allem beim Arbeitsvertrage die für die Volksgesundheit so gefährliche Ausbeutung des Schwachen durch den Starken vermieden werden. Vgl. Molitor ArbV. S. 86. Diese Gefahr bestand lange Jahre für den Fabrikarbeiter und dann auch für die übrigen Arbeiter, ferner für die Angestellten in besonderem Maße und deshalb hat für diese Personen die deutsche Sozialpolitik zunächst eingesetzt und für sie ist die große Masse der staatlichen bindenden Vorschriften erlassen worden, die deshalb beim Arbeitsvertrag in e. S. besonders zu besprechen sind. Solche bindende Vorschriften müssen unabdingbar sein (vgl. oben § 8 III), damit auch der Arbeiter selbst nicht in die Gefahr kommt, darauf zu verzichten; insoweit ist die Vertragsfreiheit eingeschränkt. Aber die Unabdingbarkeit muß, was im Entwurfe nicht immer der Fall ist, aus dem Gesetze sich klar ergeben. Vgl. Molitor ArbVertr. S. 88. Im allgemeinen wird der zwingende Charakter der Vorschrift durch das Wort „unabdingbar" (vgl. §§ 75, 92, 103, 127, 128) bezeichnet, oder es wird, wie sonst z. B. häufig im VVG., gesagt, daß man sich auf eine „Vereinbarung nicht berufen" oder „auf einen Vertrag nicht verzichten" kann (einerseits §§ 44, andrerseits §§ 20, 125), aber die Denkschrift selbst (S. 13) macht geltend, daß sich der zwingende Charakter in anderen Fällen (z. B. §§ 27, 30, 63, 87, 107, 144, 146 148—154, 156, 160, 162—164) „aus der Fassung oder dem Inhalt offenbar ergebe," was schon auf die Möglichkeit von Zweifeln hinweist. Bindende Vorschriften liegen vor, wenn das Gesetz gewisse Vereinbarungen für nichtig oder unwirksam erklärt (§§ 30 II, 43, 108) oder wenn es ihre Gültigkeit auf bestimmte Fälle beschränkt (§§ 37, 69 S. 2, 124 II) oder von Einhaltung von Vorschriften (§ 144) oder Mindestbedingungen (§ 133) abhängig macht, insbesondere auch von der Zulassung in Tarifsatzung oder Betriebssatzung (§§ 31 S. 2, 103 S. 2). Die Vorschriften des Entwurfes sind eben regelmäßig Mindestbedingungen zugunsten des Arbeitnehmers. Vgl. Denkschrift S. 13, ArbVertr. S. 88.

So wird der Abschluß des Arbeitsvertrages in erster Linie durch die Vorschriften des Gesetzes bestimmt (vgl. Denkschrift S. 16) und dieses Gesetz erst bestimmt dann weiter, ob wieder der Einzelarbeitsvertrag seinen Inhalt durch Zwischennormen, Rechtsquellen zweiten Grades, wie Normalarbeitsverträge, Tarifverträge, Arbeitsordnungen, Betriebsvereinbarungen erhalten kann. Dabei spielt auch die Form eine Rolle, sei es, daß sie für den Vertrag (Lehrvertrag, Lohnzettel, Heuervertrag, vgl. Groh S. 85) oder für die Zwischenform, sei es, daß sie für die Ausnahmen von ihr gefordert wird; dabei kommt vor allem die Schriftlichkeit in Frage (§§ 31 I, 37 Ziff. 2, 48, 124 I, 132 I des Entwurfes § 74 HGB.), aber auch die Form für Veröffentlichung der Zwischennorm, Aushängung von Taxen usw. Soweit dann der Wille der Parteien durch solche Rechtsquellen oder eine die Form bedingende Vereinbarung nicht gebunden ist, kann formlose freie Vereinbarung erfolgen. Der Einzelarbeitsvertrag ist an sich formfrei und muß so bleiben ArbVertr. S. 109. Wenn an letzterem Orte von Molitor nach ausländischen Mustern zwar nicht eine begründende (konstitutive), wohl aber eine bestätigende (deklaratorische) Vertragsform dahin gefordert wird, daß zwar die Nichteinhaltung der Schriftform den Vertrag gültig läßt, daß aber die Vertragschließenden oder einer derselben auf die Einhaltung klagen können (vgl. auch Hueck im ArbVertr. S. 43, 148), so kann das nur befürwortet werden, allenfalls auch die gesetzliche Möglichkeit der Kündigung eines nicht schriftlichen Vertrages nach einem Vierteljahre. Mit Recht zieht Molitor S. 110 diese bestätigende Schriftform der andern noch aus Urväterzeiten stammenden Vertragsform der Draufgabe vor, die nur den Vertragsschluß feststelle.

Zur Bestärkung des Abschlusses von Arbeitsverträgen dient vielfach gewohnheitsmäßig, insbesondere bei Verträgen der Hausgehilfen, die Draufgabe, arrha, die nach § 366 BGB. als Zeichen des Vertragsabschlusses, nicht als Reugeld, gilt, und für den Nachweis dieses Abschlusses von Bedeutung ist. So auch § 14 S. 1 des Entwurfes, während S. 2 ausspricht, daß die Draufgabe nicht auf das Entgelt anzurechnen, aber zurückzugeben ist, wenn der AN. schuldhaft die Arbeit nicht antritt, im Gegensatze zu § 337 BGB., der die Draufgabe im Zweifel auf die Leistung anrechnen und nur, wenn dies nicht geschehen kann, zurückgeben läßt. Kreller (Arch. f. z. Pr. N. F. Bd. 3 S. 326) billigt im Zusammenhalte mit der Entwicklung des Gesinderechts (Gierke Privatrecht Bd. 2 S. 648) diese Abweichung, während er S. 1 des § 14 wegen der Übereinstimmung mit § 336 streichen will. Da aber § 336 BGB. nach keiner Richtung aufgehoben werden, andererseits § 14 keineswegs nur für das frühere Gesinderecht gelten soll, § 336 überdies für eine gegenteilige (vgl. Molitor im ArbVertr. S. 109 f.) Vereinbarung Freiheit läßt, dürfte besser § 14 ganz zu streichen sein.

Ob noch ein Arbeitsvertrag vorliegt, wenn die eigentliche Dienstleistung schon der Vergangenheit angehört, wie Oertmann, Arbeitsrecht S. 109 behauptet, mag dahingestellt bleiben, jedenfalls aber kann nachträglich für eine solche Dienstleistung ein Lohn oder ein anderer, insbesondere höherer, Lohn vereinbart werden. Vgl. darüber insbesondere RGZ. Bd. 94 S. 323 und dazu Siber in Jher. Jahrb. Bd. 70 (1921) S. 254. Irreführend ist die Angabe der Denkschrift, daß die Rechte und Pflichten auch ohne ausdrücklichen Vertragsschluß „auf Grund von Beschäftigung oder Arbeitsleistung (§§ 18/9, 50, 52, 143)" entstehen. Ohne mindestens stillschweigend abgeschlossenen Arbeitsvertrag entsteht kein Anspruch. Vgl. dazu einerseits Denkschrift S. 30 und Arbeitsvertrag S. 40 und 148, Hueck bei Jher. Jahrb. Bd. 74 S. 382, dagegen Bewer in LZ. Bd. 18 S. 320 und Oertmann, Die Rechtsbedingung S. 25 f.

Im Zweifel gilt, wenn ausdrückliche oder stillschweigende Vereinbarung nicht vorliegt, das Orts-, Fach- oder Betriebsübliche als vereinbart (so auch § 18 des Entwurfs). Soweit auch dann eine Bindung insbesondere in Einzelfragen nicht erzielt ist, erfolgt einseitige Bestimmung durch eine Partei, insbesondere regelmäßig den Arbeitgeber. Dieser, für den ja die Arbeit zu vollbringen ist, hat schon deshalb in weitem Maße gewohnheitsmäßig und teilweise kraft Gesetzes (BGB. §§ 242, 611 GO. § 121) das Recht, die Arbeit anzuordnen und zu leiten (Direktionsrecht). Der Entwurf beschränkt sich darauf, in § 19 zu sagen, daß der Arbeitgeber Anfang und Ende der Arbeitszeit und der Pausen nach den Erforderdernissen des Betriebes und nach Ortsgebrauch unter billiger Rücksicht auf die Bedürfnisse des Arbeitnehmers zu regeln hat, während in § 30 die allgemeine Leitungsbefugnis des Arbeitgebers festgelegt wird. Vgl. unten zu § 15 III.

Je bestimmter der Arbeitsvertrag lautet, desto weniger Raum bleibt für dieses Direktionsrecht. Ein gänzlich unbestimmter Vertrag, etwa dahin, daß der Schuldner das Recht hat, die Schuld abzuarbeiten, ist unwirksam (Sächs. Arch. Bd. 59 S. 56), soweit nicht der Inhalt des Vertrages anderweitig festgestellt werden kann. Wenn Lotmar glaubt (Bd. I S. 96), im Arbeitsverhältnis des Theater-Direktors zum Besucher, des Transportunternehmers zum Passagier, des Patienten zum Arzte, des Versenders zum Spediteur stände dem Arbeitnehmer die Direktion zu, so ist auf den früher ausgesprochenen Zweifel zu verweisen, ob es sich dabei überhaupt um Arbeitsverträge und um ein Direktionsrecht handelt.

II. Wer geschäftsunfähig ist, d. h. nach § 104 BGB. wer das siebente Lebensjahr nicht vollendet hat, wer sich in einem nicht vorübergehenden, die freie Willensbestimmung ausschließenden Zustande krankhafter Störung der Geistestätigkeit befindet und wer wegen Geisteskrankheit entmündigt ist, dessen auf Eingehung eines Arbeitsvertrages abzielende Willenserklärung ist nichtig und nichtig ist auch jede solche Erklärung, die im Zustande der Bewußtlosigkeit oder vorübergehender Störung der Geistestätigkeit abgegeben wird (§ 105). Diese Handlungsunfähigkeit kann auch ein tatsächliches Hindernis sein, die Rechte und Pflichten aus dem Arbeitsvertrage auszuüben, insbesondere die notwendigen Arbeiten zu leisten, aber auch zu leiten und entgegenzunehmen. Diese physische Unmöglichkeit hat erst zu dem Rechtsbegriffe der Handlungsunfähigkeit geführt, der nun seinerseits wieder durch die Vorsorge des Staates für Vertretung des Handlungsunfähigen, durch Eltern und Vormund, überwunden wird (§§ 1630, 1676, 1685, 1793, 1897, 1915 BGB.). Dadurch wird der Handlungsunfähige in den Stand gesetzt, Arbeitgeber oder Arbeitnehmer zu werden, soweit er tatsächlich in der Lage ist, diese Stellung auszufüllen oder soweit auch in ihr eine Stellvertretung möglich ist. Ob letzteres der Fall ist, richtet sich nach der Art der Arbeit und der Vereinbarung, insbesondere ob die Arbeit als persönlich zu leistend zugesagt wurde (vgl. oben § 8 XI und Lotmar Bd. I S. 97) und ob nach der Ansicht der Parteien Stellvertretung möglich sein oder ob überhaupt die Arbeit durch Dritte geleistet werden oder ob Unterstützung des Arbeitnehmers durch Dritte in Frage kommen sollte, die dann regelmäßig als Erfüllungsgehilfen nach § 278 BGB. erscheinen (so der vom Maurer zu stellende Mörtelträger, der Scharwerker des Instmanns). Auf gleichen Erwägungen wie die Regelung des Arbeitsvertrags des Handlungsunfähigen beruht diejenige des Arbeitsvertrages der in der Handlungsfähigkeit Beschränkten. Diese, insbesondere Minderjährige zwischen dem vollendeten 7. und 21. Lebensjahre, soweit sie nicht für volljährig erklärt sind, bedürfen zur Eingehung von Arbeitsverträgen, da diese ihnen nicht lediglich einen rechtlichen Vorteil gewähren, der Einwilligung (§ 183 BGB.) oder Genehmigung (§ 184 BGB.) ihres gesetzlichen Vertreters, wozu dann noch in gewissen Fällen die Genehmigung des Vormundschaftsgerichts tritt, z. B. wenn der Mündel durch den Vormund zu persönlichen Leistungen für länger als ein Jahr verpflichtet werden soll (§ 1822 Ziff. 7, vgl. auch § 1822 Ziff. 5 und 1643 BGB.) oder wenn der Vormund einen Lehrvertrag für länger als ein Jahr schließt (§ 1822 Ziff. 6) oder wenn ein neues Erwerbsgeschäft für den Vertretenen begonnen werden soll (§§ 1645, 1823 BGB.). Wenn aber der gesetzliche Vertreter mit Genehmigung des Vormundschaftsgerichts den Minderjährigen zum selbständigen Betrieb eines Erwerbsgeschäfts ermächtigt (§ 112

BGB.) oder wenn er ihn (§ 113 BGG.) ermächtigt, in Dienst oder in Arbeit zu treten, so tritt damit die Wirkung der Großjährigkeitserklärung insoweit ein, als der Minderjährige dann für solche Rechtsgeschäfte unbeschränkt rechtsfähig ist, welche „der genehmigte Geschäftsbetrieb mit sich bringt oder welche die Eingehung oder Aufhebung eines Dienst- oder Arbeitsverhältnisses der gestatteten Art oder die Erfüllung, der sich aus einem solchen Verhältnis ergebenden Verpflichtungen betreffen", soweit nicht hier der Vertreter der Genehmigung des Vormundschaftsgerichts bedurfte (§ 112/3 BGB. und § 9[1] des Entw.). Die Ermächtigung kann sich auf Arbeit und Dienst aller Art, z. B. als Beamter, Schauspieler beziehen (OLG. 22, 39) und gehört daher in diesen ersten Teil. § 9 des Entwurfs sagt in Übereinstimmung mit dem BGB.: Ermächtigt der gesetzliche Vertreter eine in der Geschäftsfähigkeit beschränkte Person in Arbeit zu treten, so ist sie für solche Rechtsgeschäfte unbeschränkt geschäftsfähig, die die Eingehung oder Aufhebung eines Arbeitsverhältnisses der gestatteten Art oder die Erfüllung der sich aus einem solchen ergebenden Verpflichtungen betreffen. Wenn die Denkschrift zum Entwurfe S. 16 sagt, daß dieser nur den § 113 BGB., der sich „ausschließlich mit Arbeitsverhältnissen befasse", in § 9 übernehme, so hat Kreller a. a. O. S. 267 A. 11 hervorgehoben, daß die in § 113 behandelten Arbeitsverhältnisse nicht die des Entwurfes sind (vgl. oben § 5) und daß die Grenze gegen § 112 fließend ist, Richter aber a. a. O. S. 232 stellt die beiden §§ hinsichtlich der ausschließlichen Behandlung von Arbeitsverhältnissen völlig gleich und hebt hervor, daß § 113 im Entwurf auch nicht aufgehoben ist, während andererseits der Wortlaut abgeändert ist. So würden gerade vom Standpunkte des Entwurfes aus, durch seine Begriffsbestimmung des „Arbeitsverhältnisses", auch hier nach mancher Richtung Unklarheiten entstehen, §§ 1822 Z. 6 und 7 sind andererseits vom Entwurfe nicht übernommen. Vgl. Molitor im ArbVertr. S. 109. Das gesetzgeberische Motiv des Satzes „Arbeit macht mündig" mag mit die Erkenntnis sein, daß der Minderjährige durch den frühen Geschäftsverkehr mit Dritten und die damit verbundene früh gezeitigte Verantwortlichkeit im Leben die Befähigung erhalten hat, beim Eingehen von solchen Verträgen in genügenderweise seine Interessen zu vertreten.

Vgl. Auerswaldt im GKG. 1917 S. 28 und Hörle ebenda 1918 S. 37. Die für einen einzelnen Fall erteilte Ermächtigung gilt im Zweifel als allgemeine Ermächtigung, aber nur zur Eingehung von Verhältnissen derselben Art (§ 113 IV BGB. und § 9 IV des Entwurfs). Die vom Vormund verweigerte Ermächtigung kann vom Vormundschaftsgericht ersetzt werden (§ 113 III, § 9 Abs. 3 des Entwurfes). Die Ermächtigung nach § 113 und § 9 II kann eingeschränkt werden, nicht aber die nach § 112. Durch diese Ermächtigungen kann zweifellos (vgl. Hörle a. a. O.) der Minderjährige in die Gefahr geraten, eine Selbständigkeit zu genießen, die er noch nicht zu benutzen versteht. Neben dem bürgerlich-rechtlichen besteht dagegen freilich noch ein öffentlich-rechtlicher, im Entwurfe deshalb nicht erwähnter (vgl. auch Kreller a. a. O. S. 269), Schutz, der aber auch wieder hinfällig werden kann. Minderjährige Personen dürfen nach § 107 GO., soweit reichsgesetzlich nicht ein andres zugelassen ist, als gewöhnliche Arbeiter nur beschäftigt werden, wenn sie mit einem Arbeitsbuche versehen sind und Kinder, welche zum Besuche der Volksschule verpflichtet sind, erhalten nach § 107 II kein Arbeitsbuch. Die Ausstellung des Arbeitsbuchs erfolgt nach § 108 nur auf Antrag oder auf Zustimmung des gesetzlichen Vertreters, andererseits gilt dieser Antrag, wenn ohne Vorbehalt gestellt, auch als Ermächtigung nach § 113 IV BGB. Keine solche Ermächtigung wird erteilt, wenn der gesetzliche Vertreter den Arbeitsvertrag selbst für den Minderjährigen abschließt. In diesem Falle bleibt der Minderjährige beschränkt geschäftsfähig und nur unter Mitwirkung des gesetzlichen Vertreters kann das Arbeitsverhältnis geändert, aufgelöst, der Lohn entgegengenommen (auch diese Annahme bringt dem Minderjährigen nicht ausschließlich Vorteile, weil sie die Lohnforderung zum Erlöschen bringt) und im Namen des Kindes oder des Vertreters eingeklagt werden, während bei der gesetzlichen Ermächtigung der Minderjährige auch die Prozeßfähigkeit erlangt und den etwaigen Eid zu schwören hat, wenn er eidesfähig ist. Die Ermächtigung des § 113 kann nach Abs. 2, mit der Wirkung in die Folgezeit, wieder zurückgezogen werden. Vgl. Schefold im Arch. f. ZivPr. 1/903 S. 308 und Planck zu § 113 II A. 4, sowie Auerswaldt a. a. O. S. 31 und § 9 Abs. 2 des Entwurfes. Im übrigen hat die Ermächtigung nach § 1651 BGB. die Wirkung, daß das, was das Kind durch seine Arbeit oder durch den ihm nach § 112 gestatteten selbständigen

Betrieb eines Erwerbsgeschäfts erwirbt, freies Vermögen wird, an dem zwar die Verwaltungsmacht des Vaters, nicht aber dessen Nutznießung besteht und dem Kinde muß auch die freie Verfügung über diejenigen Mittel zustehen, die zum Fortbetriebe seiner Tätigkeit erforderlich sind. Auerswaldt a. a. O. S. 31. Der Abschluß eines Lehrvertrags begründet regelmäßig die Rechte nach § 131 BGB. überhaupt nicht, vgl. Auerswaldt gegen Gordon in GRG. 21 S. 171. Die Regelung im BGB. ist im Ganzen entsprechend und wäre dort zu belassen.

III. Kein Arbeitsvertrag wird in jenen Fällen abgeschlossen, in denen das Kind nur auf Grund des Familienverhältnisses im Erwerbsgeschäfte der Eltern tätig ist und nach § 1617 BGB. zu Dienstleistungen angehalten werden kann, ohne daß ein Anspruch auf Gewährung von Lohn besteht. Freilich kann sich dabei der Vater auch des Mißbrauchs seiner Gewalt nach § 1666 BGB. schuldig machen. Er kann andererseits auch einen Arbeitsvertrag mit dem Kinde schließen, obwohl es ihm an sich schon familienrechtlich genügend verpflichtet wäre. Dabei macht es natürlich einen Unterschied, ob das Kind vorher schon durch Beschäftigung bei fremden Leuten die Rechte des § 113 BGB. erlangt hat, die es dann durch den Vertrag mit den Eltern nicht verliert, während in der Rückkehr zur Familie und in der Leistung familienrechtlicher Dienste unter Umständen ein Verzicht auf diese Rechte erblickt werden kann. Vgl. dazu Lotmar Bd. 1 S. 257 und Auerswaldt a. a. O. S. 34. Tritt das Kind aber zuerst beim Vater in einen Arbeitsvertrag, so liegt der Fall des § 113 nicht vor, einmal, weil es gerade bei dem Machthaber eintritt und dann, weil eine Ermächtigung des Gewalthabers zum selbständigen Abschluß durch das Kind hier gar nicht in Frage kommt; dann ist aber auch das Kind weiter geschäftsbeschränkt und der spätere wirkliche Arbeitsvertrag mit dem Gewalthaber kann nach § 181 BGB. nur unter Zuziehung eines Pflegers abgeschlossen werden. Auerswaldt a. a. O. Ein gewerblicher Arbeitgeber, der fremde Kinder beschäftigen will, hat nach § 10 des RG. betr. Kinderarbeit in gewerblichen Betrieben vom 30. März 1903 (RGBl. S. 113) vor dem Beginn der Beschäftigung, sofern sie nicht bloß eine gelegentliche Beschäftigung mit einzelnen Dienstleistungen ist, der Ortspolizeibehörde eine schriftliche Anzeige zu erstatten und die Beschäftigung ist dann nach § 11 nur gestattet, wenn dem Arbeitgeber zuvor für das Kind eine Arbeitskarte ausgehändigt ist. Bei öffentlichen theatralischen Vorstellungen und anderen öffentlichen Schaustellungen dürfen schulpflichtige Kinder und Kinder unter 13 Jahren überhaupt nicht beschäftigt werden, es kann aber die untere Verwaltungsbehörde, soweit ein höheres Interesse der Kunst oder Wissenschaft obwaltet, Ausnahmen von diesem Verbote nach Anhörung der Schulaufsichtsbehörde zulassen (§ 6 des Kinderschutzgesetzes); die Ausnahme wird nur für Unternehmungen, die nach § 32 GO. konzessionspflichtig sind, also bei Schauspiel-Unternehmungen höherer Art, statthaft sein, vgl. hieher Lüders, Kinderschutz bei öffentlichen Schaustellungen im RArbBl. 1921 S. 890 *). Über den Kinderschutz im allgemeinen, insbesondere in Betrieben ist das Nähere im Arbeitsrechte der Abhängigen zu erörtern. All das ist im Entwurf übergangen.

IV. Kein Arbeitsvertrag wird auch abgeschlossen, wenn die Ehefrau nur nach § 1356 BGB. zu Arbeiten im Hauswesen und, soweit es nach den Verhältnissen der Ehegatten üblich ist, im Geschäfte des Mannes verpflichtet, in dieser Weise tätig ist und dabei als Gehilfin des Ehemanns für diesen erwirbt. Das gilt auch für Tätigkeiten, deren Ausübung technische Fertigkeiten und ein gewisses Maß von Ausbildung des Geschmacks und Schönheitssinns erfordert. RGZ. Bd. 64 S. 326. Nach § 159 RVO. begründet die Beschäftigung eines Ehegatten durch den andern keine Versicherungspflicht; mit dem Unternehmer wird aber häufig auch seine Ehefrau versichert, vgl. §§ 551, 928, 1062 usw. RVO. Im übrigen kann die Ehefrau sowohl als Arbeitgeberin wie als Arbeitnehmerin ihre Arbeitsverträge abschließen, aber der Mann kann einen Vertrag, durch welchen sich seine Ehefrau zu einer in Person zu bewirkenden Leistung verpflichtet hat, gemäß § 1358 BGB. kündigen. Auch für die Ehegatten kommt in Betracht, was unter III ausgeführt wurde, daß freiwillig trotzdem (zwischen den Gatten) auch ein Arbeitsvertrag abgeschlossen werden kann und regelmäßig wird das vom Manne der Frau in diesem Vertrage gewährte Entgelt (gegen Wieruszowski, Eherecht Bd. 2 § 13 A. 30) nicht als Schenkung und eingebrachtes Gut zu betrachten sein. RGZ. Bd. 64 S. 328. Für das öffentliche Recht wird es häufig darauf ankommen, Vorschriften für alle Arbeiter des Betriebes zu geben, sie vor Gefahren zu schützen, den Betrieb zu gewisser Zeit zu schließen usw.; in diesen Fällen werden meist, vorbehaltlich der

Prüfung der einzelnen Vorschrift (vgl. GO. §§ 120a, 120b, 120c), unter den Arbeitern und Angestellten auch diejenigen Personen mitinbegriffen sein, die, wie Ehefrau und Kinder, im Betriebe mitarbeiten, ohne einen Arbeitsvertrag abgeschlossen zu haben. Vgl. Lotmar Bd. 1 S. 242 A. 1 und S. 259 gegen Loewenfeld in Brauns Archiv f. soz. Gesetzgeb. Bd. III S. 394 f.

V. In gewissen Fällen ist gesetzlich der Abschluß von Arbeitsverträgen ausgeschlossen, so z. B. im Beamtenrecht, wenn schlechthin jede Nebenbeschäftigung verboten ist. Vgl. auch §§ 60, 61, 76 I usw. HGB., 32 II Börsengesetz. Nichtig ist als wider die guten Sitten verstoßend ein Arbeitsvertrag, in dem ein Arbeitgeber einen Gesellen oder Gehilfen, von dem er weiß, daß er einem andern Arbeitgeber zur Arbeit verpflichtet ist, während der Dauer dieser Verpflichtung annimmt (§ 125, vgl. auch § 127e GO.); der verleitende AG. macht sich schadensersatzpflichtig, vgl. § 10 des Entwurfs. Nichtig ist auch jeder andere gegen ein gesetzliches Verbot (§ 134 BGB.), z. B. gegen ein Verbot der Beschäftigung an Sonntagen, etwa VO. vom 5. Febr. 1919 (RGBl. S. 176), verstoßende Arbeitsvertrag, soweit sich nicht aus dem Gesetze ein Anderes ergibt; der vom Verbote nicht betroffene Teil des Vertrages bleibt allenfalls in Kraft, während die Übertretung des Verbotes, wenn es eine solche unter allen Umständen verhindern wollte, unheilbare Nichtigkeit zur Folge hat. Soll aber, wie in § 3 der Vorläufigen Landarbeitsordnung vom 24. Jan. 1919 (RGBl. S. 186), eine Übertretung der Höchstarbeitszeit nur zu besonderer Vergütung der Überstunden führen, so hat es dabei sein Bewenden, wenn der Vertrag eine solche Übertretung vereinbart. Ähnliches gilt für den Arbeitsvertrag, der gesetzliche Höchst- oder Mindestlöhne, Taxen, Tarife usw. unbeachtet läßt und dann vom Gerichte nach dem Gesetze berichtigt wird, soweit nicht in der Vereinbarung der Parteien ein beiderseitiges Handeln wider die guten Sitten zu erblicken ist. Vgl. Oertmann, Deutsches Arbeitsvertragsrecht S. 102 f. und Silberschmidt, Die Nichtigkeit der gegen Kriegsverordnungen verstoßender Rechtsgeschäfte, im Bankarchiv, 16. Jahrg. S. 397 f. Liegt freilich ein solches Handeln gegen die guten Sitten vor — bei Übertretung richtigzustellender Zahlengrenzen wird dabei meist noch etwas weiteres hinzukommen müssen —, dann ist unheilbare Nichtigkeit gegeben. Vgl. Lotmar Bd. 1 S. 171 A. 4. Mit besonderer Schärfe ist Potthoff in seinen

„Problemen des Arbeitsrechts“, S. 189, dem Lohnwucher entgegengetreten, vgl. auch Silberschmidt, Lohnwucher und Preiswucher in der N. Z. f. AR. Bd. 2 (1922) S. 30 und Potthoff, Kreditwucher, Sachwucher, Arbeitswucher im RArbBl. 1922 S. 232*. Dazu allgemein Bovensiepen, Verstöße gegen die guten Sitten im Arbeitsverhältnis in Potthoffs Zeitschrift 1922 S. 197 und derselbe, Arbeitswucher und Strafrecht ebenda S. 340. Lohnwucher ist gegeben, wenn der Lohn zur Leistung im auffälligen Mißverhältnis steht und Ausbeutung des Gegners oder Mißbrauch der Notlage, Unerfahrenheit usw. vorliegt; § 138 II BGB. kann deshalb weder von § 138 I mitumfaßt noch kann Leistungswucher ohne den Tatbestand des § 138 II angenommen werden. Vgl. Potthoff im Arbeitsrecht 1925 S. 213 „Wucher im Arbeitsvertrage“ und Peschke, Deutsche Wirtschaftszeitung 1923 S. 616. Des Lohnwuchers kann sich aber nicht nur der Arbeitgeber, sondern auch der Arbeitnehmer schuldig machen, der z. B. in Ausbeutung besonderer Umstände oder Fertigkeiten einen zu hohen Lohn fordert, vgl. meinen eben genannten Aufsatz und Süßmann im Arbeitsr. 1925 S. 212. Andererseits kommt bei unzulässigen Erschwerungen des Wettbewerbs im Arbeitsvertrage schon nach HGB. § 74 Abs. 1 und 2 zunächst wieder Ermäßigung durch den Richter und erst, wenn diese nicht möglich ist, Nichtigkeit in Frage. Nichtig ist endlich auch ein Arbeitsvertrag eines Gemeindevertreters mit der Gemeinde, wenn diese durch Statut Arbeitsverträge dieser Vertreter, durch welche sie Arbeitnehmer der Gemeinde werden, für unzulässig erklärt hat; dabei kann § 134 und § 138 BGB. zutreffen. Lotmar I S. 255. Die Anfechtbarkeit beurteilt sich nach allgemeinen Grundsätzen, vgl. Hueck, Arbeitsvertragsrecht S. 57 f.

VI. Bei Nichtigkeit des Arbeitsvertrages ist an sich auch kein Lohn geschuldet, sondern nur Anspruch auf Herausgabe der ungerechtfertigten Bereicherung. Nach § 52 des Entwurfes soll aber aus Billigkeitsgründen der Arbeitnehmer für geleistete Arbeit Entgelt wie aus gültigem Vertrage beanspruchen können. Vgl. oben § 9 II 1 b. Ist ein Teil des Vertrages nichtig, so soll nach § 8 des Entwurfes (vgl. Denkschrift S. 16) § 139 BGB. nicht anwendbar sein, vielmehr bleibt der Vertrag im Zweifel sonst gültig und ist so zu ergänzen, wie ihn die Beteiligten ohne die nichtigen Bestimmungen abgeschlossen hätten. Sind dem Arbeitnehmer gerade mit Rücksicht auf die im nichtigen Vertragsteil übernommenen Pflichten Leistungen von besonderer Höhe zugesichert, so können sie im Urteil herabgesetzt werden. Diese Vorschläge können in der Hauptsache als Auslegungen der gegenwärtigen Rechtsübung erachtet werden. Vgl. Hueck in Jher. Jahrb. Bd. 74 S. 361, ArbVertr. S. 148 und 40 sowie oben I a. E. und unten § 40.

§ 14. 3. Arbeitslosigkeit und Arbeitslosenfürsorge.

I. Die vorhandene Arbeitsenergie wird vom Reiche, insbesondere durch das Mittel der Arbeitsnachweise, bewirtschaftet. Es soll damit der Abschluß möglichst zahlreicher Arbeitsverträge bewirkt und es soll durch diese Abschlüsse der Eintritt von Arbeitslosigkeit verhütet werden. Die vorhandene Erwerbsfähigkeit soll so tunlichst ausgenützt und andererseits wieder der Eintritt von Erwerbslosigkeit tunlichst vermieden werden. Freilich kann die Arbeitslosigkeit auf verschiedene Ursachen zurückgehen. Es kann einmal

A. sachlich Arbeit nicht vorhanden sein, weil sie

1. überhaupt fehlt und erst geschaffen werden muß oder

2. weil Arbeit nicht zu finden ist, indem etwa der Arbeitsnachweis fehlt,

3. weil zurzeit Arbeit mangelt, indem

a) der Unternehmer aus persönlichen oder wirtschaftlichen Gründen Arbeit versagt,

b) Arbeit nicht zu vergeben hat, und zwar

α) wegen schlechter Konjunktur, Krise: durch elementare, gesellschaftspolitische, wirtschaftlich-technische Ursachen oder Umlaufsstörungen,

β) wegen der regelmäßig eintretenden Arbeitsunterbrechung: infolge der Jahreszeit, der Saison, der Mode. Es kann aber auch

B. aus persönlichen Gründen Arbeitslosigkeit bestehen, einmal

1. wegen Arbeitsunfähigkeit des Arbeiters, die vollkommen oder zeitweilig sein kann, und zwar aus körperlichen, geistigen, sittlichen Gründen oder wegen äußerer Behinderung,

2. wegen mangelnder Arbeitswilligkeit, und zwar entweder a) Scheu vor jeder Arbeit oder b) Ablehnung der gerade vorhandenen, und zwar α) bei freiwilligem Austritt oder verschuldeter Entlassung oder β) bei Streike und Aussperrung, die vom Arbeiter herrühren.

Vgl. dazu Kumpmann im HndWb. d. Staatsw. Bd. 1⁴ S. 793.

Diesen Gründen der Arbeitslosigkeit gegenüber kann der Staat, zu A 1 und A 3 neue Arbeitsgelegenheiten schaffen und die vorhandene erhalten und tunlichst verteilen, zu A 2 Arbeitsnachweise schaffen, soweit aber der Mangel an Arbeit nicht zu beheben ist, bei vorhandener Arbeitswilligkeit Erwerbslosenfürsorge eintreten lassen, wenn nicht die soziale Versicherung einschließlich etwa von Arbeitslosen-Versicherung Abhilfe schafft; die Arbeitsscheu ist zu bekämpfen. Auch hier wieder treffen wir (vgl. Kumpmann a. a. O. S. 794) die Ansicht, daß nur die Arbeitslosigkeit solcher Personen in Betracht komme, „die auf regelmäßige Arbeit und Entlohnung angewiesen sind, vor allem der Arbeiter und der Privatangestellten". Nur die „soziale Arbeitslosigkeit" erfordere Abhilfe. Die Arbeitslosigkeit von Selbständigen oder Bemittelten können außer Betracht bleiben, wie man auch im Leben beschäftigungslose Rechtsanwälte und Ärzte, kundenlose Kaufleute nicht in Betracht ziehe. Solche Leute fänden durch ihre gesellschaftliche Stellung immer wieder Mittel, in die Höhe zu kommen. Diese Ausführungen werden aber weder dem Leben noch dem Gesetze gerecht. Wenn der Staat sich der Arbeitslosigkeit annimmt, so tut er es einmal aus sittlichen Gründen, weil ein erheblicher Teil der Arbeitslosigkeit, insbesondere soweit sie auf sachliche Gründe zurückgeht, unverschuldet ist und zum Teil unmittelbar auf die Krisen und Konjunkturen der Volkswirtschaft zurückzuführen ist, hauptsächlich aber aus rechts- und wirtschaftspolitischen Gründen, um die Betroffenen nicht dem Elend anheimfallen zu lassen und dem Verbrechen in die Arme zu treiben. Diese Gründe gelten für alle Menschen und es kann deshalb eine Untersuchung, aus welchen Schichten der Bevölkerung sich die Erwerbslosen zusammensetzen, nicht angestellt werden. Natürlich ist ein wenig beschäftigter Arzt nicht arbeitslos, wohl aber sind vielfach unter den Arbeitslosen solche, die vorher nicht Arbeiter, sondern Rechtsanwälte, Ärzte usw. waren. Vgl. schon BRBkm. vom 18. Dez. 1914, RGBl. S. 619.

Schrifttum: Adler im Hdw. d. StW. 3. Aufl. und derselbe, Die Aufgaben des Staates angesichts der Arbeitslosigkeit, 1894; Alterthum, Entstehungsgründe und Folgeerscheinungen der Arbeitslosigkeit, Erlanger Dissert. 1911; Die Erwerbslosigkeit in der Welt, ihre Wirkungen und ihre Bekämpfung, Denkschrift der Reichsregierung, Beil. z. RArbBl. 1922 Nr. 8; Kumpmann, Die Arbeitslosigkeit und ihre Bekämpfung, 1920 und Hdw. d. StW. 4. Aufl. S. 790 f.; Lins, Staat und Arbeit, 1920; Löwe, Arbeitslosigkeit und Kriminalität, 1614; Malachowski a. a. O.; Wunderlich, Bekämpfung der

Arbeitslosigkeit in Deutschland nach dem Kriege, 1925; Simons, Ef. w. des Krieges, 1919.

Es kommen daher in gleicher Weise ehemalige Selbständige wie Abhängige in Frage, überhaupt hat es darauf, welchen Kreisen der Arbeitslose entstammt, um so weniger anzukommen, als ein wesentliches Mittel gegen die Arbeitslosigkeit in der Umschulung, der Vorbereitung der Arbeitslosen für bestimmte geeignete neue Berufsarten, besteht, in denen sie bisher nicht beschäftigt waren. Es darf dabei aber auch nicht verlangt werden, daß der bisher selbständige Handwerker zunächst die für seinen bisherigen Betrieb erforderlichen Werkzeuge verkauft, die Brücken hinter sich abbricht. Vgl. RArb.-Minister im RArbBl. 1924 S. 6. Vgl. Lehfeldt S. 34.

Niemand weist den aus der Bahn geworfenen Kaufmann, Rechtsanwalt, Arzt zurück, wenn er als Arbeitsloser um Arbeit bittet. In der eben angeführten Denkschrift der Reichsregierung (ReichsArbBl. 1922 Beil. zu Nr. 8 S. 12) wird von folgender, für die internationale Arbeitslosenzählung geprägten Begriffsbestimmung des Arbeitslosen ausgegangen: Wer arbeitsfähig und arbeitswillig ist, aber keine Beschäftigung finden kann, die seinen Fähigkeiten und seinen gesamten Verhältnissen bei billigem Ermessen entspricht. Diese Begriffsbestimmung des Arbeitslosen stimmt auch mit den Voraussetzungen der deutschen Gesetzgebung überein. Nach Art. 163 RV. und § 1 SozialisGes. hat der Staat die Pflicht, jedem Deutschen eine wirtschaftliche Existenz zu ermöglichen und soweit ihm im einzelnen angemessene Arbeitsgelegenheit nicht nachgewiesen werden kann, wird für seinen notwendigen Unterhalt gesorgt. Nach den VO. über die Erwerbslosenfürsorge vom 6. Mai 1920 (RGBl. 871), 1. Nov. 1921 (RGBl. S. 1335) und 16. Febr. 1924 (RGBl. S. 127) stand und steht ein subjektives öffentliches Recht, der Unterstützungsanspruch, jeder arbeitsfähigen und arbeitswilligen erwerbslosen und bedürftigen Person zu. Kaskel hebt im „neuen Arbeitsrecht" (§ 21) ausdrücklich hervor, daß der Unterstützungsanspruch „nicht auf die Mitglieder bestimmter rechtlich und wirtschaftlich abhängiger Berufsstände beschränkt ist, sondern grundsätzlich allen Personen zusteht, so daß auch die bisher selbständigen Unternehmer sowie die Angehörigen freier oder beamteter Berufsstände darunter fallen". Vgl. Jäger-Neuburger, Erwerbslosenfürsorge, zu § 3, wo ausdrücklich auch Angehörige der freien Berufe, Handwerker und Meister, Hausgewerbetreibende und Heimarbeiter als unter § 3 fallend erklärt werden. Nachdem die Erwerbslosenfürsorge jetzt der zu schaffenden Arbeitslosigkeitsversicherung immer mehr angeglichen wird und die Erwerbslosenfürsorge von Beitragszahlung abhängig gemacht wurde, ist in § 4 der VO. vom 16. Febr. 1924 die Erteilung der Unterstützung nur dem gewährt worden, der in den letzten 12 Monaten wenigstens drei Monate eine Beschäftigung ausgeübt hat, in der er gegen Krankheit pflichtversichert war, wobei der Reichsarbeitsminister unter gewissen Bedingungen Ausnahmen gewähren kann. So erhält trotz § 4 auch der „abgebaute“ Beamte, der trotz Inanspruchnahme des öffentlichen Arbeitsnachweises Arbeit nicht erlangen konnte, nach Anordnung des Präsidenten der Reichsarbeitsverwaltung (RArbBl. 1924 S. 428) im Falle der Bedürftigkeit eine näher geordnete Unterstützung. Vgl. aber jetzt Nachtrag Nr. 1.

Andrerseits ist es in Folge des § 4 notwendig geworden, die Erwerbslosenfürsorge für Seeleute neu zu regeln, die nicht der Krankenversicherung unterstehen, sondern besondere Versorgungsansprüche gegen den Reeder haben. Entsprechend auch einem Beschlusse der Internationalen Arbeiterkonferenz zu Genua von 1920 und nach Ermächtigung durch Gesetz vom 7. Sept. 1924 RGBl. I S. 701 wurde die VO. über die Fürsorge für erwerbslose Seeleute vom 30. Okt. 1924 samt Ausfvorschr. (RGBl. S. 78) sowie das Gesetz vom 27. März 1925 RGBl. I S. 31 erlassen (vgl. oben § 12 a. E.). Danach ist hier Gewährung davon abhängig, daß es sich um unterstützungsbedürftige Erwerbslose handelt, die in den letzten 12 Monaten vor Eintritt der Bedürftigkeit mindestens drei Monate hindurch als Angehörige der Schiffsbesatzung eines deutschen Seefahrzeugs beschäftigt, aber nicht für den Fall der Krankheit pflichtversichert waren und daß ihr regelmäßiger Jahresarbeitsverdienst nicht die Pflichtgrenze übersteigt. Vgl. Berndt im RArbBl. 1924 S. 554*. Über das Verhältnis von Fürsorge und Versicherung in der jetzigen Regelung im allgemeinen vgl. Wagner in Soz. Pr. 1924 S. 1083, Voigt ebenda S. 561, Opliedt, Arbeit 1924 S. 39, Lehfeldt in N. Z. f. AR. 1924 S. 265. Die Fragen der Arbeitslosigkeit und Arbeitslosen-Fürsorge sind daher im Arbeitsrechte weiteren Sinnes zu erörtern. Freilich die für die Arbeitslosen zu beschaffende Arbeit wird häufig eine solche sein, wie sie für Arbeiter in Frage kommt und die Arbeitslosenversicherung wird sich meist für die Tätigkeit von Arbeitern und Angestellten bisher ausgebildet haben. Das ändert aber nichts an dem, was eben ausgeführt wurde. Vgl. oben § 81.

II. Wirksam wird der Arbeitslosigkeit entgegengetreten durch 1. die Beschaffung = Schaffung neuer Arbeit. Diese Beschaffung neuer Arbeit steht im Gegensatze zur Erhaltung, Vermittlung und Verteilung der vorhandenen. Die Neuschaffung kann geschehen durch Vermehrung der Unternehmungen oder der Arbeitsgelegenheit in den vorhandenen Unternehmungen und zwar entweder in der Weise, daß vom Staate, den öffentlichen Körperschaften usw. entweder ohne Rücksicht auf die Arbeitslosigkeit oder wegen derselben zum Zwecke der Vermehrung der Arbeitsgelegenheit Arbeiten, die sonst nicht begonnen worden wären, in Angriff genommen werden (Notstandsarbeiten) oder doch Gelder und Unterstützungen gewährt werden, durch welche die Inangriffnahme solcher Arbeiten ermöglicht wird (produktive Erwerbslosenfürsorge) oder daß eine Arbeitsstelle erst dadurch zur Arbeit „reif gemacht" wird, daß die erforderlichen Voraussetzungen (Unterkunfts-, Ernährungsmöglichkeit) dazu geschaffen werden. Vgl. Kaskel-Syrup Ziff. 28 zu § 2 Arb.-NachwG. Zur Arbeitsbeschaffung wirken, wie schon zu § 12 am Ende gezeigt wurde, die Behörden der Reichsarbeitsverwaltung mit den sonstigen Reichsbehörden zusammen und durch ähnliches Zusammenwirken sucht man der Arbeitslosigkeit zuvorzukommen (Berufswahl, Berufswechsel, Umschulung usw.). Vgl. Malachowski a. a. O. S. 78 f. Alle diese Fragen werden unter dem Begriffe der Erwerbslosenfürsorge zusammengefaßt.

Wird so durch Beschaffung neuer, vorher nicht vorhandener, Arbeit und durch andere Verteilung schon vorher vorhandener Arbeit der Arbeitslosigkeit entgegengewirkt, so kann das weiter geschehen durch Erhaltung von Arbeit, deren Verlust drohte, insbesondere a) infolge von Abbruch und Stillegung von Betrieben und b) infolge von Kündigung. Es kann die Arbeit aber auch erhalten, d. h. auf einen längeren Zeitraum verteilt werden, c) durch Streckung.

Zu a). Der aus Abbruch und Stillegung von Betrieben drohenden Gefahr für den Verlust von Arbeit wurde durch die VO. vom $\frac{\text{8. November 1920}}{\text{15. Oktober 1923}}$ (RGBl. I S. 1901, 945, (983) begegnet, landesrechtliche Vorschriften über Betriebsstillegung, Arbeitsstreckung und Erhaltung der Arbeitnehmer in den Betrieben wurden durch Art. IV der VO. v. 15. Okt. 1923 aufgehoben. Nach der reichsrechtlichen Vorschrift aber sind die Unternehmer oder Leiter von gewerblichen Betrieben, nach Auerswaldt im GKG. Bd. 30 S. 174, soweit sie der unmittelbaren Wertproduktion dienen, und von solchen des Verkehrsgewerbes mit mindestens 20 Arbeitnehmern, aber mit Ausnahme von Betrieben des Reiches und der Länder, verpflichtet, bevor sie zu wesentlichen Abbrüchen oder Stillegungen schreiten, dies und die vorhandenen Vorräte der von der Landeszentralbehörde bezeichneten Behörde anzuzeigen und bei Abbruch 6 Wochen, bei Stillegung regelmäßig 4 Wochen zuzuwarten, damit die Behörde, allenfalls durch Sachverständige, den Tatbestand feststellen und selbst vorgehen kann, wozu ihr Beschlagnahme und Enteignung zu Gebote stehen; gegen die Festsetzung der Höhe des Entschädigungsbetrages steht der Rechtsweg offen. Die Pflicht entfällt, wenn Abbruch oder Stillegung mit Genehmigung der zuständigen Behörde oder als Aussperrung erfolgen. Das Gebot gehört dem weiteren Arbeitsrecht an, da es sich überhaupt nur an den Unternehmer oder Leiter des Betriebes zum Schutze der Produktionsstelle wendet und keineswegs nur abhängige Arbeiter in Frage kommen müssen. Dagegen betrifft § 74 BRG. (vgl. §§ 88, 91) ein ähnliches Gebot, vorher den Betriebsrat zu verständigen, das dem Arbeitsrecht i. e. S. angehört, wie die Verhältnisse des Betriebsrates überhaupt. Vgl. auch ähnlich § 16 des SchwBeschG. vom 12. Jan. 1923.

Schrifttum: Ausgaben des Gesetzes von Weigert, Häußner (von ihm auch Erläuterung in der Kartothek) und Kantorowicz-Kluckhohn; Priebe in DJZ. 1923 S. 625, Geschäftsbericht des Vereins d. deutschen AG.-Verbände 1922 S. 21 f.; Weigert in NZfAR. 1924 S. 65, vorher Häußner das. 1923 S. 163 und nachher Fuchs das. S. 135 und Nikisch S. 577, Fuchs in JW. 1924 S. 1015 und Erdmann im „Arbeitgeber" 1921 S. 89 und 1923 S. 360, Schmelz im ArbR. 1924 S. 924.

Der VO. vom 8. Nov. 1920 ist diejenige vom 10. Nov. 1920 RGBl. S. 1865, auf Grund Art. 48 II RV. erlassen, anzureihen, welche, dem Arbeitsrecht i. w. S. angehörend, Aussperrungen und Arbeitsniederlegungen in Betrieben, welche die Bevölkerung mit Gas, Wasser und Elektrizität versorgen, erst für zulässig erklärt, wenn der zuständige Schlichtungsausschuß seit mindestens 3 Tagen den Schiedsspruch verkündet hat. Sie gehört dem Streikrecht an, will aber doch auch die Stillegung der Betriebe verhindern.

Zu b). Hier ist auf die später darzustellenden Kündigungsbeschränkungen zu verweisen vgl. unten § 39 a. E., soweit nicht die Kündigung aus Anlaß der Stillegung erfolgt und dann, unter den Verhältnissen zu a), der behördlichen Zustimmung bedarf.

Zu c). Die Arbeitsstreckung war ein Mittel der Demobilmachungszeit, um möglichst viele Arbeiter, wenn auch nur für kurze Zeit, in Kurzarbeit beschäftigen zu können. Die betreffenden Vorschriften der §§ 12—15 der DemobilmachVO. vom 12. Febr. 1920 sind durch die VO. vom 13. Okt. 1923 aufgehoben und nur noch für bestimmte Fälle der Stillegung während der 4wöchigen Wartezeit zugelassen worden. Vgl. Technik und Wirtschaft 1918 S. 236, Häußner, „Arbeitsstreckung" in der Kartenauskunftei, Potthoff, Das Recht der Arbeitsstreckung, in seinem ArbR. 1924 S. 807 f. Ist endlich die Arbeit dadurch verloren, daß das Privatunternehmen zum Stillegen gekommen ist, so kann die Oberste Landesbehörde durch Darlehen oder Zuschüsse die Wiederaufnahme des Betriebes fördern, vgl. unten III Z. 10 e.

III. Die Erwerbslosenfürsorge ist kein eigentliches Mittel gegen die Arbeitslosigkeit. Sie ersetzt das zu versagende Recht auf Arbeit (Malachowski a. a. O. S. 73 f. und die dort genannten Schriftsteller). Sie kann freilich sogar zur Erhöhung der Arbeitslosigkeit führen, wenn gar zu leicht auch für denjenigen, der nichts arbeitet und dessen Arbeitswillen nicht erprobt wird, gut gesorgt wird. Aber sie ist notwendig, wenn eine allgemeine Not dem Einzelnen fast jede Möglichkeit des Erwerbs benimmt und sie ist insbesondere durch die Kriegs- und Nachkriegszeit notwendig geworden und zwar nicht nur in Deutschland. Hier hatte man im Kriege eine Wohlfahrtspflege, bes. für Arbeiter von stillgelegten Industrien, eingeführt. Die Gefahren der wirtschaftlichen Demobilmachung führten schon vor der Staatsumwälzung zur Notwendigkeit der Erwerbslosenfürsorge im weitesten Sinn und zur Ausarbeitung und dann zum Erlaß der VO. vom 13. Nov. 1918 (RGBl. S. 1305), nach mehrfachen Abänderungen neu verkündet mit VO. vom 23. April 1919 (RGBl. S. 416) und nach weiterer Abänderung mit VO. vom 26. Jan. 1920 (RGBl. S. 98), neu verkündet mit VO. vom 1. Nov. 1921 (RGBl. S. 1337), abgeändert durch die vom 21. März 1922 (RGBl. S. 280) und Gesetz vom 14. Mai 1923 (RGBl. I S. 287) und wieder verkündet mit VO. vom 16. Febr. 1924 (RGBl. I S. 126) mit Ausführungsvorschriften vom 13. März 1924 (RGBl. I S. 279) und 25. März 1924 (RGBl. I S. 376), 24. Mai 1924 (RGBl. I S. 562), 4. Juli 1924 (RGBl. I S. 663) und Gesetz vom 11. Aug. 1924 (RGBl. I S. 681) samt Ausführungsvorschriften vom 14. November 1924 (RGBl. I S. 741), jetzt 18. Januar 1926 RGBl. I S. 93 sowie 2. Mai 1925 (RGBl. I S. 61). Die Aufbringung der Mittel ist neu geordnet in der VO. vom 15. Okt. 1923 (RGBl. S. 984, vgl. mit S. 946) mit Ausführungsbestimmungen vom 25. Okt. 1923 (RGBl. S. 1027) und der VO. vom 13./16. Febr. 1924 (RGBl. I S. 121 f.). Vgl. noch A 10 c.

Schrifttum: Kaskel, Neues Arbeitsrecht §§ 18 ff. und die dort angeführten Schriften, dazu Zimmermann in Potthoffs Arbeitsrecht Bd. 3 (1916) S. 49, die Kommentare von Lehfeldt[2] 1925, Krause 1920, Leppert 1924, Jäger-Neuburger 1924, Böhm-Eichelsbacher, Wahrburg-Berndt, Schmeißer 1924, Wahrburg in der Auskunftei, Zschucke 1924, Schindler, im RArbBl. 1921 S. 277, Weigert das. 1924 S. 121* und 403, Gäbel in SozPr. 1924 S. 203, Stiller in Conrads Jahrb. Bd. 120 S. 97 f. und Heyde, Abriß der Sozialpolitik 1923 sowie für ausscheidende Wehrmachtsangehörige Sachse, RArbBl. 1923 S. 352*.

Die Erwerbslosenfürsorge des Deutschen Rechts.

Sie war zunächst eine Demobilmachungsmaßregel vorübergehender Natur und sollte von Anfang an und soll auch jetzt bei der endgültigen Regelung durch die Arbeitslosenversicherung ersetzt werden. Sie gibt jedem arbeitsfähigen und arbeitswilligen sowie bedürftigen Erwerbslosen vom vollendeten 16. Lebensjahre an einen Rechtsanspruch auf Unterstützung in geordnetem Verfahren, dadurch verschieden von der Armenpflege oder allgemeinen Fürsorge, die lediglich Ermessenssache ist (§ 3 der VO. vom 16. Febr. 1924) und angenähert dem Rechte der sozialen Versicherung, das in dem schon erwähnten § 4 zum Ausdrucke kommt. Der innere Grund des Anspruchs ist die Tatsache, daß von der an sich vorhandenen Fähigkeit und Willigkeit, die Arbeitskraft als Erwerbsquelle zu benützen, kein Gebrauch gemacht werden kann.

A. Das materielle Recht der unterstützenden Erwerbslosenfürsorge.

Die Gemeinden sind nach § 1 der VO. über Erwerbslosenfürsorge vom 16. Febr. 1924 (RGBl. I S. 127, vgl. Weigert im RArbBl. 1924 S. 121*) verpflichtet, soweit ein Bedürfnis dazu besteht, eine Fürsorge für Erwerbslose einzurichten, der sie nicht den Rechtscharakter der Armenpflege beilegen dürfen, so daß keinesfalls die staatsbürgerlichen Rechte der Erwerbslosen bedroht werden können. Die Erwerbslosenfürsorge ist keine juristische Person (R.-

ArbBl. 1925 S. 462 aus einem Urteile des Amtsgerichts Hannover vom 7. Oktober 1924). Das Ziel dieser Fürsorge ist im einzelnen Falle die Beendigung der Erwerbslosigkeit durch Aufnahme der Arbeit (vgl. oben § 4 III). Nur insoweit dieses Ziel nicht erreicht werden kann, sind die angeordneten Unterstützungen zu gewähren. Eine besondere Art der Erwerbslosenfürsorge ist die Fürsorge für Kurzarbeiter; ihre Einrichtung kann von der obersten Landesbehörde mit Zustimmung des RArbMinisters und des Ministers der Finanzen angeordnet werden (§ 1 II). Gemeinden, die trotz vorhandenen Bedürfnisses keine oder keine genügende Erwerbslosen- oder Kurzarbeiter-Fürsorge einrichten, werden von der Gemeindeaufsichtsbehörde oder von jener Behörde dazu angehalten, die von der obersten Landesbehörde hiezu bestimmt wird. Diese Behörden können die dazu notwendigen Anordnungen für Rechnung der Gemeinden treffen (§ 2) Wahrburg, Kurzarb.-Unterst. in der Kartenauskunftei. Vgl. jetzt A 10c.

Die Fürsorge wird, vorbehaltlich der Bestimmungen über die Versorgung für den Krankheitsfall in den §§ 20—26 der VO., nur arbeitsfähigen und arbeitswilligen Personen, die sich infolge des Krieges durch gänzliche oder teilweise Erwerbslosigkeit in bedürftiger Lage befinden, gewährt. Erwerbslosigkeit ist nicht als Kriegsfolge anzusehen, wenn sie durch Ausstand oder Aussperrung überwiegend veranlaßt ist. Erst frühestens 4 Wochen nach Abschluß des Ausstands oder der Aussperrung können die Gemeinden den Arbeitnehmern beim Vorliegen der allgemeinen Voraussetzungen Erwerbslosenunterstützungen gewähren (§ 3 vgl. Cuno im Soz. Pr. 1924 S. 131 und Aull ebenda S. 154). Selbstverschuldete Arbeitslosigkeit begründet gleichfalls nicht den Anspruch auf die E.F.

2. Arbeitsfähigkeit, nicht Berufsfähigkeit wird verlangt (vgl. Z. 3). Der Betreffende muß gesundheitlich so beschaffen sein, daß er noch Aussicht hat, auf dem Arbeitsmarkt irgendwie eine Stelle zu finden. Nicht als arbeitsfähig wurde nach § 6a II der früheren VO. betrachtet, wer wegen Beeinträchtigung der Erwerbsfähigkeit, nicht auch schlechthin wegen Alters (vgl. Bescheid des R.-ArbMin., RArbBl. 1923 S. 222), eine Invalidenrente wegen Erwerbsbeschränkung von 66 2/3 % bezog; jetzt wird nach § 4 der neuen VO. Erwerbslosen-Unterstützung Erwerbslosen nicht gewährt, die in den letzten 12 Monaten vor Eintritt ihrer Unterstützungs-

bedürftigkeit weniger als 3 Monate hindurch eine Beschäftigung ausgeübt haben, in der sie gegen Krankheit pflichtversichert waren; damit hat man, wie oben ausgeführt wurde, zum Zwecke der Annäherung an die später einzurichtende Arbeitslosenversicherung und nachdem die Kosten zum Teil durch Beiträge der Arbeitnehmer erhoben wurden, dem Versicherungsgedanken mehr Raum gegeben wie früher. Damit verringert sich der Kreis der begünstigten Personen. Auf § 6a II der früheren VO. hat man nunmehr verzichtet. Art. 1 der Ausführungsvorschriften vom 2. Mai 1925 verpflichtet Arbeitnehmer und Krankenkassen zu den nach § 4 der VO. erforderlichen Auskünften. In die Frist von 12 Monaten ist die Dauer von Untersuchungs- und Strafhaft nicht einzurechnen (AusfVO. vom 4. Juli 1924, RGBl. I S. 663). Vgl. jetzt A 10c.

3. Arbeitswilligkeit liegt nicht vor, wenn der Erwerbslose sich weigert, eine nachgewiesene, seinen persönlichen Eigenschaften und Verhältnissen entsprechende Arbeit, die auch außerhalb seines Berufs- und Wohnorts liegen kann, anzunehmen, vgl. Soz. Pr. 1924 S. 968; nicht angemessen ist die Arbeit, wenn ein nicht angemessener ortsüblicher Lohn geboten wird, wenn die Unterkunft sittlich bedenklich ist und wenn bei Verheirateten die Versorgung der Familie unmöglich wird; auch Streikarbeit brauchte nicht angenommen zu werden. Vgl. im übrigen § 13 I der neuen VO. Ist eine Reise an den neuen Beschäftigungsort erforderlich, so hat die Gemeinde des letzten Wohnorts freie Fahrt für den Erwerbslosen nebst einer angemessenen Beihilfe zu den Reisekosten aus den Mitteln der E.F. zu bewilligen, ferner das gleiche für die im Haushalte desselben lebenden Familienangehörigen, wenn er nachweist, daß deren Unterkunft am Beschäftigungsorte gesichert ist; auch kann eine Beihilfe zu den Unkosten der Beförderung des Umzugsguts gewährt werden (§ 13 II).

4. Eine bedürftige Lage ist, vorbehaltlich des folgenden unter b—e, nur insoweit anzunehmen, als die Einnahmen des zu Unterstützenden einschließlich der in seinem Haushalte lebenden Familienangehörigen derart geringe sind, daß er nicht imstande ist, damit den notwendigen Lebensunterhalt zu bestreiten und als ihm keine familienrechtlichen Unterhaltungsansprüche zustehen, deren Erfüllung den notwendigen Lebensunterhalt ermöglichen würde (§ 7 I). Angehörigen eines Unterstützten, die gegen ihn einen familienrecht-

lichen Unterhaltsanspruch haben oder im Falle seiner Leistungsfähigkeit haben würden und bis zum Eintritt der Unterstützungsbedürftigkeit von ihm ganz oder in der Hauptsache unterhalten worden sind, darf keine selbständige Erwerbslosenunterstützung gewährt werden. In solchen Fällen ist vielmehr die an und für sich gewährte Unterstützung angemessen zu erhöhen (Familienzuschläge). Stief- und Pflegekinder eines unterstützten Erwerbslosen stehen Angehörigen, die einen familienrechtlichen Unterhaltsanspruch gegen ihn haben, gleich, wenn sie bis zum Eintritte der Unterstützungsbedürftigkeit ganz oder in der Hauptsache unentgeltlich von ihm unterhalten worden sind (§ 13 II). Ist bei Verheirateten die Mitnahme der Familie in den auswärtigen Beschäftigungsort nicht angängig, so kann die Gemeinde des letzten Wohnorts für die zurückbleibenden Familienangehörigen während der Dauer des auswärtigen Arbeitsverhältnisses die Familienzuschläge ganz oder teilweise gewähren (§ 13 III). Vgl. auch RArbBl. 1924 S. 299.

a) Einnahmen des Erwerbslosen, insbesondere Zinsen, Spargroschen u. dgl. sind, abgesehen von den Ausnahmen unter b—d, voll auf die Erwerbslosenunterstützung anzurechnen (§ 7 II).

b) Unterstützungen, die der Erwerbslose auf Grund eigener oder fremder Vorsorge bezieht, sowie Rentenbezüge sind zur Hälfte des Betrages auf die Erwerbslosenunterstützung anzurechnen. Das Gleiche gilt für die Unterstützungen der im Haushalt lebenden Familienangehörigen, RArbMin. im RArbBl. 1920 S. 6. (§ 7 III.)

c) Was der Erwerbslose durch Gelegenheitsarbeit (über den Begriff vgl. RArbBl. 1925 S. 469, vgl. mit S. 326: Arbeit von nicht mehr als einer Woche) verdient, wird auf die Erw.Unterst. nur dann nicht angerechnet, wenn der Verdienst in einer Kalenderwoche 10% desjenigen Betrags nicht übersteigt, den der Erwerbslose bei voller Erwerbslosigkeit an Unterstützung einschließlich der Familienzuschläge für die Kalenderwoche beziehen würde. Der Mehrbetrag des Verdienstes wird zu 60% angerechnet (§ 7 IV).

d) Völlig anrechnungsfrei bleiben: α) Unterstützungen, die der Erwerbslose auf Grund eigner Vorsorge für den Fall der Arbeitslosigkeit verdient,

β) Stillgeld, das eine Wöchnerin auf Grund der reichsgesetzlichen Vorschriften über Wochenhilfe und Wochenfürsorge erhält, nicht aber das Wochengeld, RArbMin. im RArbBl. 1923 S. 336,

γ) Zusatzrente die auf Grund der §§ 88/95 des RVersorgG.

in der Fassung der Bek. vom 30. Juni 1923 (RGBl. I S. 523) gewährt wird (§ 7 V).

e) Kleinerer Besitz (Spargroschen, Wohnungseinrichtung) darf für die Beurteilung der Bedürftigkeit nicht in Betracht gezogen werden (§ 7 VI). Größerer Besitz und nicht etwa nur seine Erträgnisse sind zu berücksichtigen (ObLGSt. 21, 110).

5. Soweit eine Fürsorge für Kurzarbeit eingerichtet ist, finden auf die Kurzarbeiter-Unterstützung die §§ 3 und 6 der VO. vom 16. Febr. 1924 mit der Maßgabe Anwendung, daß die Bedürftigkeit nur insoweit zu prüfen ist, als die Stelle es anordnet, die zur Entscheidung über die Unterstützung zuständig ist (§ 8). Bis zur neuen VO. wurde die Bedürftigkeit bei der Fürsorge für Kurzarbeit nicht geprüft. Die Kurzarbeiter-Unterstützung beträgt nach Art. 4 III der Ausführungsbestimmungen, wenn Arbeitnehmer in einer Kalenderwoche oder Kalenderdoppelwoche infolge vorübergehender Einstellung oder Beschränkung der Arbeit die in ihrer Arbeitsstätte ohne Überarbeit übliche Zahl von Arbeitsstunden nicht erreichen und wenn sie deshalb weniger als $^2/_3$ ihres vollen Arbeitsverdienstes erzielen, 40% des Unterschiedes zwischen ihrem Arbeitsverdienst und $^2/_3$ des vollen Verdienstes. Sie vermehrt sich für jeden zuschlagsberechtigten Angehörigen um 10% dieses Unterschieds, bis einschließlich des Arbeitsverdienstes $^2/_3$ des vollen Verdienstes erreicht sind. Als Kurzarbeiterunterstützung ist zu gewähren, wenn der frühere volle Arbeitsverdienst $= V$, der Kurzarbeiterverdienst (Kurzlohn) $= A$ und die Zahl der zuschlagsberechtigten Angehörigen, die nicht größer als sechs sein darf, $= n$ ist: $(^2/_3\,V - A) \cdot \frac{4 + n}{10}$ Goldmark (Jäger-Neuburger S. 340). Die oberste Landesbehörde oder der Verwaltungsausschuß des öffentlichen Arbeitsnachweises kann weitere Einschränkungen anordnen, insbesondere daß die Kurzarbeiter-Unterstützung den Betrag nicht überschreiten darf, den der Arbeitnehmer als Unterstützung erhalten würde, wenn er erwerbslos wäre. Wo stundenmäßige Begrenzung der Arbeitsdauer nicht in Frage kommt, entfällt auch die Kurzarbeiter-Unterstützung. RArbBl. 1924 S. 87. Notstandsarbeiter erhalten keine Kurzarbeiter-Unterstützung.

6. Erwerbslosen, die das 16. Lebensjahr noch nicht vollendet haben, wird die ErwblU. nicht gewährt, Erwerbslosen, die das 16., aber noch nicht das 18. Lebensjahr vollendet haben, nur, wenn die oberste Landesbehörde oder die von ihr bezeichnete Stelle

nach Anhörung des Verwaltungsausschusses des Landesamts für Arbeitsvermittlung festgestellt hat, daß es Personen dieser Altersgruppen nach der allgemeinen Lage des Arbeitsmarkts trotz besonderer Bemühungen erst nach längerer Arbeitslosigkeit möglich sein wird, Arbeit zu erlangen. Personen, die hienach nicht unterstützungsberechtigt sind, bei denen aber im übrigen die Voraussetzungen für die Unterstützung vorliegen, können zu den Arbeiten nach § 14 der VO. zugelassen werden und erhalten dann die entsprechende Unterstützung. Vgl. Liebernberg, Die Arbeitslosigkeit der Jugendlichen, in Arbeit und Beruf Bd. 2 S. 274 f. und § 5.

7. Ausländern wird die ErwerbslF. gewährt, wenn ihr Heimatstaat deutschen Erwerbslosen nachweislich eine gleichartige Fürsorge gewährt. Der RArb.Minister kann mit Zustimmung des Reichsrats anordnen, daß Ausländern die Fürsorge auch ohne diese Voraussetzung gewährt wird. Die Reichsregierung kann anordnen, daß gegen Angehörige eines ausländischen Staates ein Vergeltungsrecht angewendet wird. Der RArb.Minister kann bestimmen, daß die Zugehörigkeit zu einer Versicherung gegen Arbeitslosigkeit, die im Ausland auf Grund einer ausländischen Gesetzgebung eingeführt ist, einer Beschäftigung im Sinne des § 4[I] der VO. gleichzustellen ist (§ 6). In welchen Ländern die Gegenseitigkeit als verbürgt anzusehen ist, bestimmt der RArb.Minister (Art. 3 der Ausführungsvorschriften). Die Gegenseitigkeit besteht hienach z. B. für die Angehörigen der Schweiz, Tschechoslowakei und von Österreich (R.-ArbBl. N. F. Bd. 1 S. 51), Luxemburg (ebenda S. 371), Danzig (S. 442), Dänemark (S. 426), Schweden (Bd. 2 S. 250), nicht für Jugoslavien (Bd. 2 S. 582), Rußland, Ungarn, Niederlande, Polen (Bd. 1 S. 442) usw.

8. Die Erwerbslosen-Unterstützung darf seit der VO. vom 19. Juli 1923 erst nach einer **Wartezeit** von mindestens einer Woche gewährt werden. Die Wartezeit kann aber durch die oberste Landesbehörde mit Zustimmung des Reichsarbeitsministers bis auf drei Tage abgekürzt werden. Eine Wartezeit besteht überhaupt nicht

a) für die im § 12 Abs. 3 bezeichneten Personen (Flüchtlinge) bei der Rückkehr in ihren früheren Wohnort,

b) Personen, die nach einer Beschäftigung von weniger als sechs Wochen oder nach Krankheit von mindestens einwöchiger Dauer unterstützungsbedürftig werden,

c) Personen, die unmittelbar vor Eintritt der Unterstützungsbedürftigkeit Kurzarbeit geleistet haben und deshalb Lohnkürzungen unterworfen waren (§ 9).

9. Sind die Voraussetzungen gegeben, dann entsteht für den Erwerbslosen der Unterstützungsanspruch gegen die Gemeinde, in der der Erwerbslose bei Eintritt der Unterstützungsbedürftigkeit seinen Wohnort hatte, bei Kriegsteilnehmern den früheren Wohnort vor der Einziehung zum Heere, und wenn sie nicht dahin zurückgekehrt sind, den Entlassungsort, bis zur Höchstdauer von vier Wochen. Vgl. VO. vom 15. Jan. 1919 und RArbMin. im RArbBl. 1920 S. 244. Über den Begriff des Wohnorts in diesem Sinne vgl. RArb.Minister im RArbBl. 1923 S. 250 (Flüchtlingslager?). Saisonarbeiter begründen am Arbeitsorte den Wohnort, wenn die Dauer des Aufenthaltes neun zusammenhängende Monate erreicht hat (Art. 5 der AusfBest. zu § 12 VI der VO.). Für die Unterstützung Erwerbsloser, die bis zum Eintritte der Unterstützungsbedürftigkeit infolge ihrer Berufstätigkeit entweder keinen Wohnort hatten oder sich an ihrem Wohnort in der Regel nicht aufhalten konnten, ist jetzt die Gemeinde zuständig, in der sie bei Eintritt der Unterstützungsbedürftigkeit ihren Aufenthalt hatten, im 2. Falle jedoch nur so lange, als sie sich an ihrem Wohnort nicht aufhalten. Zuständig für die Kurzarbeiter-Unterstützung ist die Gemeinde, in deren Bezirk der Kurzarbeiter beschäftigt wird. Die Gemeinden, die in die Ortsklassen A und B eingereiht sind, können die Fürsorge für Erwerbslose, die bei Eintritt der Unterstützungsbedürftigkeit noch nicht länger als sechs Wochen ihren Wohnsitz haben, auf vier Wochen beschränken. Endgültig zuständig für die Fürsorge ist in diesen Fällen die Gemeinde, in welcher der Erwerbslose vor dem letzten Ortswechsel während wenigstens sechs Wochen seinen Wohnort gehabt hat. Die Beschränkung findet nicht statt, wenn der Erwerbslose vor Eintritt der Unterstützungsbedürftigkeit an seinem Wohnort mit seiner Familie einen gemeinschaftlichen Hausstand begründet hat und noch führt oder wenn die Rückkehr in den früheren Wohnort tatsächlich unausführbar ist. Das gleiche gilt für einen reichsdeutschen Erwerbslosen, wenn der Ort, an dem er zuletzt wenigstens während sechs Wochen seinen Wohnort gehabt hat, im Ausland oder in Teilen des Reichsgebiets liegt, die vom Deutschen Reich abgetrennt oder von fremden Mächten besetzt sind, sofern die Rückkehr in diese Reichsteile aus politischen Gründen mit erheb-

lichen Nachteilen für ihn verknüpft ist. Auf die Kurzarbeiter-Unterstützung findet aber all das keine Anwendung.

Auch hier ist zur Reise in den zur endgültigen Fürsorge zuständigen Wohnort dem Erwerbslosen von der einstweilen fürsorgepflichtigen Gemeinde aus Mitteln der Erwerbslosenfürsorge freie Fahrt und Beihilfe zu den Reisekosten einschließlich Umzuggut zu gewähren. Abweichende Vereinbarungen der Gemeinden über die Zuständigkeit sind nur zulässig, wenn sie im öffentlichen Interesse liegen und bedürfen zu ihrer Wirksamkeit der Zustimmung der betreffenden obersten Landesbehörden oder der von diesen bezeichneten Stellen. Dabei gilt als Wohnort im Sinne der VO. über die E.F. der Ort, in dem sich eine Person nicht nur vorübergehend, sondern mit der Absicht längeren oder dauernden Verweilens aufhält (§ 12). Vgl. auch RArbBl. 1921 S. 51.

10. Während früher die Einrichtung der E.F. den Gemeinden in der Hauptsache überlassen war, erläßt jetzt der RArb.-Minister nach Benehmen mit dem Verwaltungsrate des Reichsamts für Arbeitsvermittlung Anordnungen über Art, Höhe und Dauer der Unterstützung für die Erwerbslosen und Kurzarbeiter (§ 10I). An Stelle aufgehobener Anordnungen vom 24. Okt. und 30. Nov. 1923 entscheiden jetzt die Bestimmungen der Ausführungsvorschriften vom 2. Mai 1925 (RGBl. I S. 61 f.). Danach werden

a) die jeweiligen Höchstsätze, innerhalb deren das freie Ermessen des Verwaltungsausschusses entscheidet, besonders bekanntgemacht (§ 4I), zuletzt Anordnung vom 30. Jan. 1925 (RBl. S. 53). Es werden für Deutschland drei Wirtschaftsgebiete, Osten, Mitte und Westen unterschieden und in jedem für Personen (nicht mehr nach Geschlechtern geschieden) unter und über 21 Jahren sowie für Familienzuschläge die Höchstsätze nach den Ortsklassen A, B, C sowie D und E zusammen festgesetzt, z. B. für Personen über 21 Jahren für Klasse A zwischen 115, 135 und 145 Reichspfennige wochentäglich, „vorübergehend" jetzt höher seit 17. Dez. 1925, 27. Febr. u. 28. März 1926. Der Verwaltungsausschuß des öffentlichen Arbeitsnachweises kann mit Zustimmung des Vorstandes der für die Fürsorge zuständigen Gemeinde bestimmen, daß die E.F. ganz oder teilweise in Sachleistungen zu gewähren ist (Art. 4II).

b) Zu der Erwerbslosenunterstützung i. e. S. mit Versorgung für den Krankheitsfall (§§ 20 f.) kommen dann noch Unterstützungen i. w. S. s. Arbeitsausrüstung, Anlernzuschuß, Umschulungsbeihilfen, Freifahrt usw.

α) Soweit Erwerbslose an der Aufnahme der Arbeit dadurch verhindert sind, daß ihnen die erforderliche Arbeitsausrüstung, die üblicher Weise von ihnen beizubringen wäre, nicht zur Verfügung steht, darf ihnen das Fehlende aus Mitteln der E.F. vorgestreckt werden. In Fällen besonderen Bedürfnisses kann auf die Rückerstattung bis zum Zwölffachen des täglichen Unterstützungssatzes des Empfängers verzichtet werden (Art. 6 I der Ausf.Vorschriften vom 2. Mai 1925 zu §§ 13 I und 33).

β) Erwerbslose, die eine Arbeitsstelle angenommen haben, in der sie vollen Arbeitsverdienst erst nach Erlangung der erforderlichen Fertigkeit erreichen können, darf bis zur Dauer von acht Wochen ein Zuschuß zum Arbeitsentgelt gewährt werden (Anlernzuschuß). Arbeitsentgelt und Zuschuß dürfen zusammen 5/6 des vollen Verdienstes, der Zuschuß allein darf das 1½fache der zuletzt gezahlten E.Unterstützung nicht übersteigen (Art. 6 II ebenda). Jugendlichen Erwerbslosen kann Arbeitsausrüstung und Freifahrt mit Umzugsbeihilfen auch dann gewährt werden, wenn sie nicht zu Arbeiten nach § 14 der VO. zugelassen werden (Art. 2 der Ausf.-Vorschr. zu § 5 der VO.).

γ) Im Einvernehmen mit dem Verwaltungsausschusse des öffentlichen Arbeitsnachweises und mit Zustimmung der obersten Landesbehörde oder der von ihr bezeichneten Stelle kann der Vorstand der Gemeinde aus Mitteln der E.F. Maßnahmen fördern, durch welche Erwerbslose dem Erwerbsleben wieder zugeführt werden sollen. Insbesondere können zu diesem Zwecke Veranstaltungen zur beruflichen Fortbildung und Umschulung eingerichtet und unterstützt oder das übliche Schulgeld für die Teilnehmer gezahlt werden. Die Aufwendung für den einzelnen Erwerbslosen darf bei einer solchen Maßnahme das Fünfzigfache seines täglichen Unterstützungssatzes nicht übersteigen (Art. 8 der Ausf.-Best. zu §§ 15 und 33). Nach den Bestimmungen des Reichsarbeitsministers über die Einstellung unterstützter Erwerbsloser vom 18. Jan. 1924 (RArbBl. S. 34) kann die oberste Landesbehörde die Förderung von stilliegenden Privatunternehmungen durch Darlehen oder Zuschüsse anordnen, wenn sie den Betrieb wieder aufnehmen und mindestens 20 Erwerbslose beschäftigen, die zwei Wochen Erwerbslosen-Unterstützung bezogen haben und Kurzarbeiter-Unterstützung nicht erhalten dürfen. Vgl. Rademaker im R.-ArbBl. 1924 S. 54* und oben II a).

c) Es ist nun bezeichnend, daß die Not der Zeit neuestens nach zwei Richtungen Gesetzesänderungen herbeigeführt hat:

α) Durch RG. vom 17. Jan. 1926 (RGBl. I S. 89) und Ausf.-VO. vom 21. Jan. 1926 (ebenda S. 96) wurden, da die Anknüpfung an die Krankenversicherung in § 4 der VO. sich zu eng erwies, auch diejenigen Angestellten, die nicht gegen Krankheit pflichtversichert sind, also mehr als 2700 Mk. als Entgelt im Jahre beziehen, der E.F. unterstellt, wenn sie der Versicherungspflicht nach dem Angestellen-Versicherungsgesetz unterliegen, d. h. einen Jahresarbeitsverdienst von nicht mehr als 6000 Mk. beziehen. Zugleich wurde für diese Angestellten auch die Versicherungspflicht ausgesprochen und bestimmt, daß für sie die Beiträge in Bruchteilen (z. Zt. 3%) der Höchstverdienstgrenze für die Krankenversicherungspflicht (2700 Mk.) erhoben werden; die Hälfte davon hat der Arbeitgeber zu bezahlen. Die Beiträge sind an die Krankenkasse zu entrichten, bei welcher der Angestellte für den Fall der Krankheit pflichtversichert wäre, wenn sein Arbeitsverdienst nicht über die Grenze der Krankenversicherungspflicht hinausginge, daher nicht an Ersatzkassen. Zugleich wurde bestimmt, daß bei Unterstützungsanträgen, die bis 31. März 1926 gestellt werden, die Voraussetzungen des § 4 der VO. auch dann als erfüllt gelten, wenn die Angestellten in den letzten zwei Jahren vor Eintritt der Unterstützungsbedürftigkeit 6, nach VO. vom 19. Febr. 1926 (RGBl. I S. 104) 3 Monate die fragliche Beschäftigung ausgeübt haben. Damit verschwindet die Bedeutung der Krankenversicherung fast ganz.

β) Andrerseits hatte man seit 1. April 1924 eine Kurzarbeiterfürsorge nicht mehr zugelassen. Nun wurde unter Aufhebung des Art. 4 III (oben Ziff. 5) durch VO. vom 20. Febr. 1926 (RGBl. I S. 105) bestimmt, daß Arbeitnehmer eines gewerblichen Betriebs (§ 105 b I RGO.), in dem regelmäßig mindestens zehn Arbeitnehmer beschäftigt werden, aus Mitteln der E.F. Kurzarbeiterunterstützung erhalten, wenn in einer Kalenderwoche drei, vier oder fünf volle Arbeitstage oder nach einer Kalenderwoche Arbeit eine solche in regelmäßigem Wechsel (Wochenschichtwechsel) ausfallen (§ 1 I u. II). Als Wartezeit (§ 3) wird gefordert, daß der Betrieb in zusammenhängenden Kalenderwochen insgesamt mindestens acht volle Arbeitstage, in jeder Kalenderwoche aber mindestens zwei volle Arbeitstage, wobei auf die Frist von acht Tagen nicht mehr als drei Tage in jeder Kalenderwoche angerechnet werden, oder unmittelbar zuvor mindestens drei Wochen hintereinander geruht hat. Als

Anwartschaftszeit wird verlangt, daß der Kurzarbeiter in den letzten zwölf Monaten mindestens drei Monate eine Beschäftigung ausgeübt hat, in der er gegen Krankheit oder nach dem AGBG. pflichtversichert war. Es muß aber überhaupt die Annahme gerechtfertigt sein, daß die Kurzarbeiterunterstützung benötigt wird (§ 2 II). Die Höhe der Unterstützung wird nach Tagessätzen der Erwerbslosenunterstützung als Höchstsätzen bestimmt: höchstens ein Tagessatz, wenn 3, zwei Tagessätze, wenn 4 Arbeitstage der Kalenderwoche ausfallen usw. Die Kurzarbeiterunterstützung wird den Arbeitnehmern desselben Betriebs höchstens für die Dauer von sechs aufeinanderfolgenden Kalenderwochen gewährt (§ 6). Voraussetzung ist Anzeige des Arbeitgebers, allenfalls sonst der Betriebsvertretung oder, wenn eine solche nicht besteht, eines Arbeitnehmers. Der Arbeitgeber haftet für Mißbrauch (§ 9). Die Unterstützung ist zu versagen, wenn dem Kurzarbeiter anderweit Arbeit nachgewiesen werden kann. Die Errechnung der Unterstützung erfolgt durch die öffentlichen Arbeitsnachweise, die Auszahlung kann die Gemeinde dem Arbeitgeber überlassen (§ 8).

Vgl. auch Vollz.Anw. des bayr. Staatsm. f. soziale Fürsorge vom 2. März 1926 (StA. Nr. 50), wonach insbesondere Unterstützung von Werkbeurlaubten nicht mehr bewilligt werden darf. Lehfeldt S. 35 f.

d) Die Unterstützung selbst darf die für die einzelnen Orte nach Maßgabe ihrer Zugehörigkeit zu den Ortsklassen A—E der Reichsbeamten vorgeschriebenen Höchstsätze nicht übersteigen. Die oberste Landesbehörde kann nach Zustimmung des Reichsarbeitsministers bestimmen, daß der für den Ort eines einheitlichen Wirtschaftsgebiets gültige Höchstsatz auch für andere Orte dieses Gebiets zu gelten hat (§ 10 II der VO. über E.F.).

e) Die Familienzuschläge, die ein Erwerbsloser erhält, dürfen insgesamt das Zweifache der ihm gewährten Unterstützung nicht übersteigen (§ 10 III ebenda).

f) Die selbständigen Unterstützungen, die mehrere in einem gemeinschaftlichen Hausstande lebenden Familienmitglieder erhalten, dürfen in ihrer Summe das Dreifache der Unterstützung nicht übersteigen, die dem höchstunterstützten Mitglied der Familie für seine Person zusteht, wobei der Vorstand der Familie als ihr Mitglied gilt (§ 10 IV).

g) Wenn eine bedürftige Lage durch einen Teilbetrag der E.F. behoben werden kann, ist nur der Teilbetrag zu gewähren (§ 10 V).

h) Die Unterstützung darf nur für die sechs Wochentage gewährt werden (§ 11).

i) Unbeschadet der Vorschrift des § 13 der VO. hat der Verwaltungsausschuß des öffentlichen Arbeitsnachweises, soweit Gelegenheit dazu besteht, die Unterstützung von einer Arbeitsleistung abhängig zu machen. Die Arbeiten dürfen nur gemeinnützigen Charakter tragen, d. h. müssen dem allgemeinen Nutzen dienen, RArb.Minister im RArbBl. 1924 S. 36, sowie Benda, Pflichtarbeit und Gemeinnützigkeit in N. Z. f. AR. 1924 S. 671. Als Arbeitsleistung kann auch eine Tätigkeit bei öffentlichen Notstandsarbeiten verlangt werden. Meist kommen Erdarbeiten in Frage, aber auch z. B. Instandsetzungsarbeiten von Handwerkern (Handwerkerstuben), Verwendung von geistigen Arbeitern zu Lehrern usw. (vgl. Benda im RArbBl. 1924 S. 126*). Der Verwaltungsausschuß kann über die Dauer der Arbeitsleistung Bestimmungen treffen und hat dafür zu sorgen, daß den Erwerbslosen nur solche Arbeiten überwiesen werden, die gemeinnützig sind und ihnen nach ihrem körperlichen Zustand zugemutet werden können (§ 14 der VO., dazu Weigert im RArbBl. 1924 S. 121* und Benda das. S. 124* u. N. Z. f. AR. 1924 S. 671, sowie Soz. Pr. 1924 S. 137 u. Erhart das. S. 393). Den Erwerbslosen dürfen dabei nur solche Arbeiten zugewiesen werden, die sonst überhaupt nicht oder nicht zu dieser Zeit oder nicht in diesem Umfang ausgeführt würden (Art. 7 I der Ausf.VO.). Die Arbeitsleistung des Pflichtarbeiters soll in der Regel 16 Stunden wöchentlich nicht übersteigen (Art. 7 III). Für Mehraufwendungen sollen die Erwerbslosen vom Träger der Pflichtarbeit eine angemessene, aber begrenzte, Entschädigung erhalten; diese sowie die Unterstützungsbeträge sind nicht als Entgelt im Sinne der Kranken-, Invaliden- und Angestelltenversicherung anzusehen (Art. 7 Abs. 2 und 4). Die Beschäftigung bei Notstandsarbeiten gilt aber jetzt nach § 9 der Bestimmungen vom 30. April 1923 (RGBl. I S. 53) als Beschäftigung gegen Entgelt im Sinne der RVO., wenn auch nicht als Arbeitsverhältnis, vgl. unten C I a δ.

k) Für Erwerbslose unter 18 Jahren, die nach § 5 I unterstützungsberechtigt sind, hat der Verwaltungsausschuß des öffentlichen Arbeitsnachweises die Unterstützung, sofern geeignete Arbeiten im Sinne des § 14 nicht vorhanden sind, von der Teilnahme an Veranstaltungen, die der beruflichen Fortbildung oder der Allgemeinbildung dienen, abhängig zu machen; für Erwerbslose über 18 Jahre kann der Verwaltungsausschuß die gleichen Anordnungen, allenfalls auch hinsichtlich Veranstaltungen, die der Umschulung dienen, treffen, soweit die Erwerbslosenfürsorge nicht von einer Arbeitsleistung abhängig gemacht ist (§ 15).

l) Der Verwaltungsausschuß des öffentlichen Arbeitsnachweises kann bestimmte Ausschließungsgründe für den Bezug der E.F. (Mißbrauch der Einrichtung, Nichtbefolgung der Kontrollvorschriften u. dgl.) festsetzen (§ 16).

m) Die Unterstützung darf einem Erwerbslosen innerhalb von 12 Monaten höchstens für die Dauer von insgesamt 26, künftig 30, Wochen gewährt werden. Abweichungen bestimmt der Reichsarbeitsminister oder die von ihm bezeichnete Stelle. Insbesondere kann die Höchstdauer der Unterstützung für Angehörige von Berufen, die einen besonders ungünstigen Arbeitsmarkt aufweisen, auf 39, vorübergehend 52 Wochen ausgedehnt werden (Art. 9 I der Ausf.V.). Für ledige landwirtschaftliche Arbeiter und Hausangestellte beträgt die Höchstdauer 13 Wochen, allenfalls auch für andere Berufe mit günstigem Arbeitsmarkt nach Anordnung der obersten Landesbehörde (Art 9 II)). Ausnahmsweise kann das zulässige Höchstmaß zur Vermeidung unbilliger Härten überschritten werden, aber nicht um mehr als 13 Wochen. Die Erwerbslosenunterstützung ist auf einen kürzeren Zeitraum zu beschränken, wenn begründete Aussicht besteht, daß es dem Erwerbslosen möglich sein wird, sich innerhalb dieses Zeitraums durch eigene Bemühung eine Arbeit zu verschaffen, deren Ablehnung die Entziehung der Unterstützung nach sich zöge (§ 18). Auf die Höchstdauer der Unterstützung wird die Zeit der Tätigkeit bei öffentlichen Notstandsarbeiten bis zur Dauer von höchstens 13 Wochen nicht angerechnet (Art. 4 der Ausf.Vorschriften).

n) Die Erwerbslosenunterstützung ist der Pfändung nicht unterworfen (§ 19).

o) Der Verwaltungsausschuß des öffentlichen Arbeitsnachweises hat auch alle Maßregeln zu ergreifen, um Mißbräuche bei der E.F. zu verhüten. Früher konnten zu diesem Zwecke die Gewerkschaften beigezogen werden, denen auch die Auszahlung der Unterstützung unter gewissen Bedingungen übertragen werden konnte; § 14 der ursprünglichen Bestimmungen. Vgl. über die frühere Überwachung Stiller im RArbBl. 1921 S. 666*.

B. Das Verfahren bei der unterstützenden Erwerbslosenfürsorge.

1. Was nun das Verfahren betrifft, so entscheidet a) über die Unterstützungsgesuche nicht mehr, wie früher, der Fürsorgeausschuß der Gemeinde., sondern der Vorsitzende des öffentlichen Arbeitsnachweises. Die Gemeinde hat — vgl. Benda, „Zur Aufgabenverteilung in der E.F.", N.Z.f.AR. 1925 S. 91 — im allgemeinen die äußeren Voraussetzungen der E.F. zu schaffen, der Verwaltungsausschuß des öffentlichen Arbeitsnachweises die allgemeinen fachlichen Grundsätze aufzustellen, der Vorsitzende des öffentlichen Arbeitsnachweises die Fürsorge durchzuführen. Der Vorsitzende des öffentlichen Arbeitsnachweises hat in der E.F. eine immer mehr steigende Bedeutung erlangt. Sind mehrere Errichtungsgemeinden eines „gemeinsamen öffentlichen Arbeitsnachweises" vorhanden, so kann der Vorsitzende den Vorständen derjenigen Gemeinden, die nicht Verwaltungsgemeinde sind, mit ihrer Zustimmung die Entscheidung für ihre Bezirke übertragen. Auch ohne diese Zustimmung kann die Übertragung durch die oberste Landesbehörde oder die von ihr bezeichnete Stelle ausgesprochen werden; gehören die beteiligten Gemeinden zu verschiedenen Ländern, so bedarf die Übertragung einer gemeinschaftlichen Anordnung der obersten Landesbehörden. Ist der Arbeitsnachweis bei einem weiteren Gemeindeverband errichtet, so kann der Vorstand des Gemeindeverbandes die Entscheidung den Vorständen der Einzelgemeinden für ihren Bezirk übertragen. Das gleiche gilt, wenn sich unter den Errichtungsgemeinden eines gemeinsamen Arbeitsnachweises ein weiterer Gemeindeverband oder mehrere weitere Gemeindeverbände befinden; die Übertragung geschieht in diesem Falle gemeinschaftlich durch den Vorsitzenden des Arbeitsnachweises und den Vorstand des weiteren Gemeindeverbands (§ 27). Der Vorstand des weiteren Gemeindeverbandes kann den Vorständen der Einzelgemeinden auch die Entgegennahme und Vorprüfung der Unterstützungsgesuche (die also zunächst der Gemeinde obliegt), und die Auszahlung der Unterstützung übertragen (Ausf.Vorschriften Art. 13).

Der Vorstand der Gemeinde kann, wenn er es zur Wahrung der öffentlichen Interessen für erforderlich hält, auf dem Gebiete der E.F., insbesondere für die Entscheidung über Unterstützungsgesuche, dem Vorsitzenden des öffentlichen Arbeitsnachweises bindende Weisungen erteilen. Vorher soll der Verwaltungsausschuß des Arbeitsnachweises gehört werden. Hat der Arbeitsnachweis mehrere Errichtungsgemeinden, so ist der Vorsitzende an die Weisungen des Vorstandes der Verwaltungsgemeinde gebunden. Dieser soll die Weisungen nach Benehmen mit den Vorständen der übrigen Errichtungsgemeinden erteilen. Den Vorständen der Errichtungsgemeinden, die nach § 27 an die Stelle des Vorsitzenden treten, können solche bindende Weisungen nicht erteilt werden, den Vorständen der Einzelgemeinden nur vom Vorstand ihres weiteren Gemeindeverbandes (§ 28).

b) Gegen die Entscheidung des Vorsitzenden ist binnen zwei Wochen nach ihrer Bekanntgabe Einspruch beim Verwaltungsausschusse des öffentlichen Arbeitsnachweises zulässig. § 50 Abs. 2 S. 1—4 ANG. findet Anwendung (§ 29). Das weitere Verfahren ist bemerkenswert geregelt. Tritt der Ausschuß dem Vorsitzenden bei, so kann die Entscheidung durch ein Rechtsmittel nicht weiter angefochten werden. Tritt der Ausschuß dem Vorsitzenden nicht bei, so schlägt er Abänderung vor. Der Vorsitzende kann dem Vorschlage stattgeben, sofern nicht eine Weisung der Gemeinde entgegensteht. Gibt er dem Vorschlag des Ausschusses nicht statt, so hat er die Sache der obersten Landesbehörde oder der von ihr bezeichneten Stelle vorzulegen. Gegen die Entscheidung dieser Stelle ist ein (weiteres) Rechtsmittel nicht gegeben. All das gilt auch, wenn auf Grund des § 27 der Vorstand der Einzelgemeinde eines weiteren Gemeindeverbandes entschieden hat. Diese Entscheidungen können auch sonst jederzeit vom Vorstande des Gemeindeverbandes abgeändert werden (§ 30). Soweit mehr als $^2/_3$ des Gesamtaufwandes durch die Beiträge der Arbeitgeber und Arbeitnehmer aufgebracht werden, kann der Reichsarbeitsminister nach Benehmen mit dem Verwaltungsrate des Reichsamts für Arbeitsvermittlung diese vorstehenden Vorschriften über Rechtsmittel für das Reichsgebiet oder Teile desselben dauernd oder vorübergehend aufheben. Wenn seine Anordnung sich auf das ganze Reichsgebiet erstreckt, bedarf sie der Zustimmung des Reichsrats, wenn sie sich auf Teile des Reichsgebiets erstreckt, bedarf sie der Zustimmung der obersten Landesbehörden. Wird die Aufhebung ausgesprochen, so finden auf das Beschwerdeverfahren die §§ 50 bis 52 des ANG. Anwendung (§ 29).

c) Gegen Beschlüsse, die der Verwaltungsausschuß des öffentlichen Arbeitsnachweises auf Grund der §§ 10 I und 14—16 der VO. faßt, ist Beschwerde an den Verwaltungsausschuß des Landesamts für Arbeitsvermittlung gemäß §§ 51/2 des ANG. zulässig (§ 17). Ebenso gegen die Festsetzung der Beiträge durch den Verwaltungsausschuß des öffentlichen Arbeitsnachweises, in welch letzterem Falle noch die weitere Beschwerde an den Verwaltungsrat des Reichsamts für Arbeitsvermittlung zusteht (§ 34 II).

Wünschenswert wäre es, das Verfahren in der Erwerbslosenfürsorge mit dem beim Arbeitsnachweis in Übereinstimmung zu bringen (RArbBl. 1925 S. 532*f.).

2. Soweit eine Fürsorge für Kurzarbeiter eingerichtet ist, sind die Arbeitgeber verpflichtet, über den Arbeitsverdienst der Kurzarbeiter dem öffentlichen Arbeitsnachweis Auskunft zu geben und die Kurzarbeiterunterstützung kostenlos zu errechnen und auszuzahlen. (Vgl. jetzt A 10c β).

3. Besondere Vorschriften wahren dem Erwerbslosen die durch den Austritt aus der Arbeit gefährdeten Ansprüche auf künftige Krankenversicherungs-Leistungen. Vgl. Dr. Heinz Jäger im RArbBl. 1924 S. 457*. Die Gemeinde, die zur Auszahlung der Erwerbslosen-Unterstützung zuständig ist, soll alle Erwerbslosen, die sie zu unterstützen hat, gleichzeitig (vgl. über gegenteilige Versuche RArbBl. 1925 S. 361) bei der Allgemeinen Ortskrankenkasse ihres Bezirks oder einer anderen Krankenkasse (§ 225 RVO.), die in ihrem Bezirk ihren Sitz hat und deren Leistungen denen der Allgemeinen Ortskrankenkasse mindestens gleichwertig sind, gegen Krankheit versichern (§ 20 I). Sonst würden die Erwerbslosen der Versicherung verlustig gehen, unter allen Umständen die Krankenkassen zu sehr belastet haben. Die Gemeinde hat daher die Erwerbslosen binnen drei Wochen nach Beginn der Unterstützung anzumelden und die vollen Beiträge aus Mitteln der Fürsorge für sie zu zahlen (§ 20 II). Die Mitgliedschaft und die Dreiwochenfrist (Art. 11 I) beginnt mit dem Tage, für den die Erwerbslosen-Unterstützung nach den Vorschriften des § 9 erstmalig gezahlt werden darf. Ablehnung der Kasse bis zu einer Vereinbarung mit der Gemeinde ist unzulässig, vgl. grundsätzliche Entscheidung des RVA. Nr. 2875 vom 7. Mai 1925

A. N. S. 249. Soweit es nach dem Verhältnis der Zahl der Erwerbslosen zu der Zahl der erwerbstätigen Mitglieder die finanziellen Belange einer Krankenkasse notwendig machen, hat auf ihr Verlangen die Gemeinde mit ihr unter Zustimmung des OVA. einen erhöhten Beitragssatz zu vereinbaren (jetzt durch Erhöhung des Grundlohns, vgl. nächsten Absatz, nahezu gegenstandslos, vgl. RArbBl. 1925 S. 501*), allenfalls entscheidet das OVA. endgültig (Art. 10 der Ausf.Vorschriften). Der Versicherte ist unverzüglich abzumelden, spätestens binnen drei Tagen, sobald die Voraussetzungen für den Bezug der E.U. nicht mehr vollständig vorliegen (Art. 11 III). Nach näherer Bestimmung des Reichsarbeitsministers können Erwerbslose, die nach der RVO. oder dem Reichsknappschaftsgesetze zur Fortsetzung oder Aufrechterhaltung einer Versicherung gegen Krankheit berechtigt sind, die Versicherung bei ihrer früheren Kasse beantragen (§ 20) und zwar gleichzeitig mit dem Antrag auf E.F. oder binnen einer Woche danach, falls sie noch keine Leistungen aus der zuständigen Krankenkasse beantragt haben (Art. 15 I der Ausf.V.).

Als Grundlohn gilt das Doppelte des Betrages, den der Erwerbslose als Erwerbslosen-Unterstützung für seine Person erhielte, wenn er nicht erkrankt wäre (§ 21 I in der Fassung des RG. vom 11. Aug. 1924, RGBl. I S. 651). Ist der Erwerbslose bei seiner früheren Kasse zu einem höheren Grundlohn berechtigt, so kann er mit dem Antrage die Versicherung nach dem höhern Grundlohn verlangen, wenn er die Mehrkosten trägt (Art. 12 II). Art. 12 Abs. 1 und 2 sowie § 20 III der VO. gelten auch für die Mitglieder der Ersatzkassen; diese können aber die Weiterversicherung bei ihrer früheren Kasse nur dann verlangen, wenn sie ohne die Mitgliedschaft bei der Ersatzkasse zur Fortsetzung oder Aufrechterhaltung ihrer Versicherung bei der Krankenkasse berechtigt wären (Art. 12 Abs. 2 und 3 der Ausf.Vorschr.). Die Leistungen der Krankenkasse bestimmen sich nach den Vorschriften der RVO. Das Krankengeld darf jedoch nicht höher sein als die Erwerbslosen-Unterstützung, die der Erwerbslose für seine Person erhielte, wenn er nicht erkrankt wäre (Fassung des RG. vom 11. Aug. 1924 RGBl. I S. 681). Streit über Beiträge und Leistungen wird im Verfahren nach der RVO. entschieden (§ 21 II). Hängt der Erwerb eines Rechtes nach der RVO. oder dem Reichsknappschaftsgesetz oder der Satzung einer Krankenkasse davon ab, daß eine Wartezeit bei einer Kasse zurückgelegt ist oder während eines bestimmten Zeitraums eine Versicherung von bestimmter Dauer bestanden hat, so steht die Versicherung nach § 20 einer Versicherung auf Grund der RVO. oder des Reichsknappschaftsgesetzes oder bei einer Ersatzkasse gleich. Die Zeit von mindestens zehn oder sechs Monaten nach den §§ 195a Abs. 2, 199, 205a Abs. 1 Nr. 3 RVO. gilt als Wartezeit im Sinne dieser Vorschrift (§ 22).

Ein Ausscheiden aus der Kasse, das deshalb erfolgt, weil eine Voraussetzung für den Bezug der Erwerbslosen-Unterstützung weggefallen ist, steht dem Ausscheiden wegen Erwerbslosigkeit im Sinne von § 214 RVO. und (entgegengesetzt den früheren Bestimmungen) dem Ausscheiden aus der versicherungspflichtigen Beschäftigung im Sinne des § 313 RVO. gleich. Gehörte der Versicherte, bevor er nach § 20 versichert war, einer andern Kasse an, so stehen ihm die Rechte aus § 313 RVO. auch gegenüber dieser Kasse zu (§ 23). Die Vorschriften des § 214 RVO. gelten nicht, soweit danach dem Erwerbslosen neben dem Anspruch nach den vorstehenden Bedingungen Ansprüche gegen eine andere Kasse zustehen würden (§ 24). Neben Krankengeld, Wochengeld oder den Ersatzleistungen, die an ihre Stelle treten, darf ein Erwerbsloser für seine Person keine Erwerbslosen-Unterstützung erhalten, dagegen erhält er die Familienzuschläge. Neben sonstigen Leistungen der Krankenversicherung wird die E.U. in vollem Umfange gewährt (§ 25).

Hat die Gemeinde einen Erwerbslosen nicht nach den Vorschriften der §§ 20, 21 versichert oder die erforderlichen Meldungen oder Beitragszahlungen unterlassen und erhält der Erwerbslose infolge dessen keine oder zu geringe Leistungen von der Krankenkasse, so wird ihm die Hauptunterstützung in Höhe des dadurch verursachten Ausfalls gewahrt, soweit er nicht dauernd arbeitsunfähig ist und im übrigen die Voraussetzungen für die Gewährung der E.U. vorliegen. Daneben hat die Gemeinde dem Erwerbslosen die gleiche oder eine gleichwertige Krankenpflege, Wochenhilfe — diese jedoch mit Ausschluß des Wochengeldes — oder Familienhilfe aus eigenen Mitteln zu gewähren. Kann die Gemeinde die ärztliche Behandlung selbst nicht beschaffen, so hat sie dem Erwerbslosen dafür 3/4 des Krankengeldes zu gewähren, das ihm nach § 21 zusteht. Die Vorschriften über Gewährung von Familienzuschlägen bleiben unberührt. Vgl. Jäger im RArbBl. 1924 S. 457.

Schrifttum: Weigert in der Kartenauskunftei; Brehm in Arbeit und Beruf, 1921 S. 42, 1922 S. 292.

C. Das materielle Recht der produktiven Erwerbslosenfürsorge.

Von besonderer Bedeutung war der § 15 der ursprünglichen VO., der die Keime der Weiterentwicklung bzw. Rückbildung enthielt, jetzt § 32. Danach kann der Reichsarbeitsminister zur Unterstützung von Maßnahmen, die geeignet sind, den Abbau der Erwerbslosenfürsorge zu fördern, insbesondere zur Beschaffung von Arbeitsgelegenheit für die Erwerbslosen, Darlehen oder Zuschüsse aus Mitteln der E.F. bewilligen (produktive Erwerbslosenfürsorge). Die Darlehen und Zuschüsse bestimmen sich in ihrer Höhe nach der Zahl der Personen, die durch diese Maßnahmen der E.F. entzogen oder ferngehalten werden. Die Bewilligung von Reichsmitteln verpflichtet das Land, den gleichen Betrag aus eigenen Mitteln zur Unterstützung von Maßnahmen aufzuwenden, die geeignet sind, den Abbau der E.F. zu fördern. Der Reichsarbeitsminister kann diese Befugnisse ganz oder zum Teil auf andere Stellen übertragen. Vgl. Bestimmungen des Reichsarbeitsministers über die Einstellung unterstützter Erwerbsloser vom 16. Jan. 1924 (RArbBl. S. 94) und dazu Rademaker s. ebenda S. 54*.

Je mehr man von Anfang an die Arbeitslosen-Fürsorge nicht als Heilmittel, sondern als ein notwendiges Übel betrachtete und je mehr man die Mißbräuche, die sich tatsächlich ergaben, erkannte, desto mehr suchte man von der eigentlichen, sog. unterstützenden, E.F. loszukommen. Der beste Beweis dafür ist gerade der § 15, der sofort den Abbau ins Auge faßte. Zu § 15 wurden vom Reichsarbeitsminister Ausführungsbestimmungen erlassen, zuletzt vom 25. Dez. 1922 (RArbBl. 1923 S. 43) und weitere Erklärungen (vgl. RArbBl. 1921 S. 922, 1922 S. 290) abgegeben. Vgl. Albrecht und Richter, Die produktive Erwerbslosenfürsorge 1921. Malachowski a. a. O. S. 97f.). Die produktive Erwerbslosenfürsorge führte vor allem

1. zu Notstandsarbeiten, einschließlich der Umschulung, und so sind die „Bestimmungen des Reichsarbeitsministers über öffentliche Notstandsarbeiten" vom 17. Nov. 1923, RGBl. I S. 1111, jetzt verbessert vom 30. April 1925, RGBl. I S. 53, an die Stelle der Ausführungsbestimmungen zur produktiven E.F. getreten. Zu den neuen Bestimmungen hat Preußen am 7. Mai, Bayern am 11. Mai, sein Landesamt für Arbeitsvermittlung am 14. Mai,

Sachsen am 22. Mai, Württemberg am 30. Juli, Baden am 23. Mai 1925 (vgl. RArbBl. S. 381 f.) Ausführungsbestimmungen erlassen.

Schrifttum: **Albrecht** und **Wilhelmi**, Oeffentliche Notstandsarbeiten, 1924; **Häußner** in NZ. f. ArbR. 1923 S. 226 f.; **Malachowski** a. a. O. S. 93; **Richter**, Das Recht des Notstandsarbeiters in NZ. f. ArbR. 1922 S. 531; **Kaskel**, AR. S. 62 f.

Nach dieser etwas formalistischen Regelung wurden

a) als Notstandsarbeiten im Sinne der „Bestimmungen von 1823“ Arbeiten betrachtet, die mit Mitteln der E.F. gefördert werden, während keine solche Notstandsarbeit die Arbeit sein sollte, welche Erwerbslose nur gegen die Unterstützung nach § 9II der VO. vom 15. Okt. 1923 leisteten, ohne daß Zuschläge nach Ziff. 9 der „Bestimmungen“ gewährt wurden.

Die Förderung sollte geschehen *α*) in Höhe der Beiträge, mit denen die Notstandsarbeiter aus der E.F. unterstützt werden, einschließlich der Zuschläge nach Ziff. 9 der „Bestimmungen“: „kleine Notstandsarbeiten“, *β*) über diese Beträge hinaus aus Mitteln der Reiches, des Landes und der Gemeinde nach § 15 der VO. über E.F.: „große Notstandsarbeiten“. Diese Unterscheidung, auch schon eigentlich zwischen großer und kleiner Förderung, hat man in den Bestimmungen von 1925 wieder fallen gelassen. Als Hauptgrundsatz stellte man jetzt auf, daß als Notstandsarbeiten nur solche Arbeiten gefördert werden können, die einen volkswirtschaftlichen Wert haben (§ 21I).

b) Besondere Förderung verdienen

α) Notstandsarbeiten, die geeignet sind, die Menge einheimischer Nahrungsmittel, Rohstoffe und Betriebsstoffe zu vermehren, welche insbesondere fremde Rohstoffe und Kohle entbehrlich machen, vor allem Elektrizitätsanlagen (vgl. „Richtlinien für die Förderung von Elektrizitätsanlagen aus Mitteln der produktiven E.F.“ vom 25. Nov. 1921, RArbBl. S. 950), und Wasserkraftanlagen, Arbeiten, die in hohem Maße menschliche Arbeitskraft beanspruchen und in geringem Maße sachlichen Aufwand verbrauchen, durch deren Ausführung für die Dauer eine vorteilhaftere Verteilung der Arbeitskräfte herbeigeführt oder neue Arbeitsgelegenheit beschafft wird; im besonderen Arbeiten, die dem

Übergang großstädtischer Arbeitskräfte in ein ländliches oder kleinstädtisches Arbeitsverhältnis dienen (§ 8 II). Vgl. RArbMin. im RArbBl. 1925 S. 137. Maßnahmen, denen ein volkswirtschaftlicher Wert fehlt, dürfen grundsätzlich nicht unterstützt werden, entgegen der früheren Praxis bei Notstandsmaßnahmen, der es wesentlich auf die Beschäftigung der Arbeitslosen ankam. Zu fördern sind hienach Arbeiten für landwirtschaftliche Bodenverbesserungen (vgl. Bardow im RArbBl. 1921 S. 668*, nur darf keine Doppelförderung eintreten, RArbBl. 1925 S. 125), der Bau von Landarbeiter- und Beamten-Wohnungen (RArbBl. 1921 S. 628, 950, Bescheide des RArbMinist. und des Reichsamts sowie des preußischen Ministeriums für Volkswohlfahrt im RArbBl. 1921 S. 628, 806, 868 und Wahrburg, Die Förderung von Landarbeiter-Wohnungen aus Mitteln der produkt. E.F., RArbBl. 1925 S. 1950), die Errichtung von Kulturgürteln um die Städte (vgl. Berger im RArbBl. 1921 S. 343*), Verkehrsbauten, doch wohl auch Sportplätze und ähnliches.

β) Träger von Notstandsarbeiten sind Körperschaften des öffentlichen Rechts, gemischtwirtschaftliche und private Unternehmungen, die beiden letzteren nur für solche Arbeiten, die nicht auf Erwerb gerichtet sind oder der Allgemeinheit zugute kommen; andererseits ist es auch kein besonderer Grund zur Förderung, daß die Körperschaft usw. sich in schwieriger finanzieller Lage befindet.

γ) Arbeiten, die auch ohne Förderung aus Mitteln der E.F. vorgenommen werden würden, dürfen nicht als Notstandsarbeiten gefördert werden (§ 3). Vgl. aber für Straßeninstandsetzungen RArbBl. 1924 S. 34.

ϑ) Die Förderung von Notstandsarbeiten darf nach Art, Umfang und Dauer nicht über das unerläßliche Maß hinausgehen. Sie soll regelmäßig höchstens für die Dauer von 6 Monaten gewährt werden (§ 4).

ε) Körperschaften des öffentlichen Rechts sollen Notstandsarbeiten regelmäßig nicht in eigener Regie ausführen, aber Vorsorge treffen, daß der Gewinn des Unternehmens sich auf das unerläßliche Maß beschränkt. Von unabweisbaren Ausnahmen abgesehen, sind Notstandsarbeiten nicht freihändig zu vergeben, sondern auszuschreiben. Der Ausschreibung soll ein Akkordbauvertrag zugrunde gelegt werden (und zwar zum mindesten in der Form, daß diejenigen Leistungen des Unternehmers, die außerhalb der Baustelle liegen, im Akkordvertrage vergeben werden, wie es in den früheren Bestimmungen ausdrücklich heißt).

ζ) Notstandsarbeiter, die für die Förderung aus der E.F. angerechnet werden sollen, dürfen nur aus dem öffentlichen Arbeitsnachweis entnommen werden. Sie müssen unmittelbar vor ihrer Zulassung zu der Notstandsarbeit mindestens zwei Wochen auf Grund der VO. über E.F. unterstützt worden sein. Daß diese Voraussetzungen vorliegen, ist durch den Arbeitsnachweis, von dem die Erwerbslosen entnommen sind, zu bescheinigen (§ 6). In erster Linie sollen Erwerbslose verwendet werden, die schon längere Zeit erwerbslos sind. Bei Notstandsarbeiten, die außerhalb des Wohnortes liegen, sind jugendliche Erwerbslose und Erwerbslose ohne Wohnung bevorzugt heranzuziehen, bei Notstandsarbeiten am Wohnort Familienväter. Mit diesen Einschränkungen und unter Beachtung der Bestimmungen des Arbeitsnachweisgesetzes steht dem Träger der Notstandsarbeit oder dem Unternehmer die Auswahl unter den Erwerbslosen zu. Der Arbeitsnachweis wird von selbst dahin wirken, daß die Auswahl unparteiisch und ohne Rücksicht auf Zugehörigkeit zu einer Vereinigung erfolgt und daß möglichst geeignete Erwerbslose den einzelnen Notstandsarbeiten zugeführt werden (§ 7).

η) Die Notstandsarbeiter müssen ständig zur Verfügung des Arbeitsnachweises stehen. Auf die Förderung kann die Beschäftigung jedes Notstandsarbeiters, der den Bestimmungen des § 6 entspricht, nur so lange angerechnet werden, bis der Arbeitsnachweis ihn von der Notstandsarbeit abruft, höchstens aber für eine Dauer von 3 Monaten. Der Arbeitsnachweis muß den Notstandsarbeiter abberufen, wenn er ihm eine Arbeit nachweisen kann. Dabei muß der Arbeitsnachweis jedoch dem Träger der Maßnahmen oder dem Unternehmer rechtzeitig Nachricht von der geplanten Abberufung geben. Die Weiterführung der Notstandsarbeit darf durch die Abberufung nicht gefährdet werden, solange aus sozialen oder technischen Gründen ein überwiegendes Interesse an ihrer Fortführung besteht (§ 8 II). Der Arbeitsnachweis bildet insbesondere auch durch die von ihm erforderten Bestätigungen ein wichtiges Glied in der produktiven Erwerbslosenfürsorge (vgl. Neuburger, Arbeitsnachweis und produktive Erwerbslosenfürsorge, im RArbBl. 1922 S. 611*). Die Stelle, die für die Förderung zuständig ist, kann die Höchstdauer der Anrechnung für einzelne Arbeiter herabsetzen; die oberste Landesbehörde oder die von ihr bestimmte Stelle kann sie in besonderen Fällen, aber nicht über 3 Monate hinaus, verlängern. Die Beschäftigung als Notstandsarbeiter darf 6 Monate innerhalb eines Jahres nicht übersteigen (§ 8 III, IV).

ϑ) Die Beschäftigung des Notstandsarbeiters ist kein Arbeitsverhältnis, sondern eine Form der E.F., wie etwa auch die Beschäftigung des Arbeiterkolonisten kein Arbeitsverhältnis ist, gilt aber als Beschäftigung gegen Entgelt im Sinne der RVO. und als Beschäftigungsverhältnis i. S. des EinkStG. Vgl. dagegen Bodmann im RArbBl. 1925 S. 531. Die Vorschriften über die Vergütung waren bisher sehr schwerfällig. Die Zuschläge der Notstandsarbeiter waren so geregelt, daß, wenn der Notstandsarbeiter wöchentlich mehr als 24 Stunden arbeitete, sich seine wöchentliche Hauptunterstützung für je 8 weitere Stunden um 20%, seit 18. Jan. 1924 30% (RArbBl. 35) erhöhte. Der Träger des Unternehmens hatte eine bestimmte Mindestleistung vorzuschreiben, die von jedem Notstandsarbeiter eingehalten werden mußte. Er hatte ferner für besonders schwierige und für besonders gute Arbeitsleistungen Prämien festzusetzen. Diese Prämien durften in ihrem Gesamtbetrage für je 8 Stunden 5% des wöchentlichen Hauptunterstützungssatzes nicht überschreiten. Für Arbeiten gelernter Facharbeiter in ihrem Fachgebiete war stets eine Prämie von 10% für je 8 Stunden festzusetzen (RArbBl. 1924 S. 55). Nach der neuen Regelung (§ 9) erhalten die Notstandsarbeiter eine Vergütung, die der Leistung angepaßt sein soll. Jeder unterstützte Erwerbslose muß sich zu der Vergütung des § 9 nach § 10 wie nach § 13 I der VO. bei Notstandsarbeiten verwenden lassen. Bei Notstandsarbeiten, die einen Wechsel des Aufenthaltsortes bedingen, kann wieder Freifahrt aus Mitteln der Erwerbslosenfürsorge und für die zurückbleibenden Familienangehörigen ganze oder teilweise Gewährung der Familienzuschläge (§ 3 II der VO.) in Frage kommen (§ 10 II, III), allenfalls auch Gewährung der erforderlichen Arbeitsausrüstung, wobei in Fällen besonderen Bedürfnisses auf die Rückerstattung bis zum Zwölffachen des täglichen Unterstützungssatzes des Empfängers verzichtet werden kann (§ 10 IV). Zwar nicht die

Hauptunterstützungen, aber die Prämien konnten, da insoweit ein Arbeitsverhältnis angenommen wurde, gepfändet werden, vgl. Burghart in NZfAR. 1925 S. 221 und die dort angeführte Entscheidung des Landgerichts Nürnberg vom 28. Juli 1924, jetzt ist die Beschäftigung des Notstandsarbeiters niemals ein Arbeitsverhältnis.

c) Nach Wegfall des Unterschieds zwischen kleinen und großen Notstandsarbeiten unterscheidet man Grundförderung und verstärkte Förderung. Soweit die Art der Arbeit es irgendwie zuläßt, ist eine Akkordvergütung oder die Gewährung von Leistungsprämien vorzusehen. Falls dies nicht möglich ist, muß mindestens ein bestimmtes angemessenes Maß an Arbeitsleistung für den Arbeitstag festgesetzt werden. Mit dieser Maßgabe bestimmt sich die Vergütung der Notstandsarbeiter in ihrer Höhe nach der tariflichen oder, mangels einer solchen, nach der ortsüblichen Entlohnung, die für Arbeiten gleicher Art am Orte der Notstandsarbeit bezahlt wird. Wenn in einzelnen besonders gelagerten Fällen diese Bemessung der Vergütung bei einer Notstandsarbeit zur Folge haben würde, daß der Antrieb zur Aufnahme anderer Arbeit nicht erhalten bleiben oder daß für andere Arbeiter ein Anreiz entstehen würde, zu der Notstandsarbeit abzuwandern, so kann der Verwaltungsausschuß des zuständigen Landesamts für Arbeitsvermittlung mit Genehmigung der obersten Landesbehörde für die Vergütung eine oberste Grenze festsetzen oder anordnen, nach welchem Tarifvertrage die Vergütung zu errechnen ist. Derartige Festsetzungen und Anordnungen sollen nach Möglichkeit vor Beginn der Notstandsarbeit getroffen werden (§ 9^{II-IV}). Vgl. Stephan im RArbBl. 1925 S. 362.*

Dadurch, daß die Beschäftigung der Erwerbslosen bei Notstandsarbeiten als Beschäftigung gegen Entgelt im Sinne der RVO. erklärt wurde, sind auch die früheren etwas widerspruchsvollen Bestimmungen über die Krankenversicherung der Notstandsarbeiter (vgl. Jäger-Neuburger S. 306) hinfällig geworden.

α) Der allgemeine Begriff der Förderung geht davon aus, daß eben Arbeiten von volkswirtschaftlichem Werte durch Reich und Staat zum Zwecke der Beschäftigung Erwerbsloser ermöglicht werden sollen (§ 1 der Vorschriften vom 30. April 1925) und daß gewisse Arbeiten besondere Förderung verdienen. Diese Förderung zerfällt dann wieder in die „Grundförderung" und die „verstärkte Förderung", erstere nach den §§ 11—14, letztere nach den §§ 15—19 und 22 der Bestimmungen.

β) Die Grundförderung wird mit Zustimmung des Verwaltungsausschusses vom Vorsitzenden des öffentlichen Arbeitsnachweises bewilligt (§ 11 I), die verstärkte Förderung aus Reichs- und Landesmitteln (§ 32 der VO. über E.F.) von der Reichsarbeitsverwaltung oder der obersten Landesbehörde (§ 20 der Bestimmungen). Sie tritt zur Grundförderung hinzu; bei Notstandsarbeiten größeren Umfangs von mehr als örtlicher Bedeutung kann, insbesondere wenn bei ihnen Erwerbslose aus mehreren Arbeitsnachweisbezirken beschäftigt werden sollen, auf die Grundförderung ganz oder teilweise verzichtet werden (§ 19 S. 1).

γ) Die Grundförderung kann als Darlehen oder als verlorener Zuschuß gewährt werden, letzteres nur, wenn die Förderung durch Darlehen nicht ausreicht (§ 12 Abs. 1 S. 1, 2). Die Förderung darf in der Regel die Ersparnis an E.Unterst. nicht übersteigen. In Ausnahmefällen, insbesondere zur Abgeltung erhöhter Kosten infolge der Heranziehung auswärtiger Erwerbsloser, kann die Förderung bei Zuschüssen auf das anderthalbfache, bei Darlehen auf das zweieinhalbfache der Ersparnis erhöht werden. Die Förderung gehört zum Fürsorgeaufwand gemäß § 33 der VO. über E.F. (§ 12 III).

Die verstärkte Förderung kann für Notstandsarbeiten in besonderen Fällen, außer der Grundförderung, aus Reichs- und Landesmitteln durch Übernahme einer Bürgschaft oder durch Hingabe eines Darlehens erfolgen und muß in einem angemessenen Verhältnis zu der bewirkten Ersparnis an E.F. stehen (§ 15 I, II), während die Grundförderung diese Ersparnis in der Regel nicht übersteigen darf. Die Darlehen sind planmäßig in 5—10 Jahren zu tilgen. Die Zinsbedingungen sind den Diskontbedingungen der Reichsbank anzupassen. Die Sicherung des Darlehens wird geregelt (§ 17). Preußen verzichtet regelmäßig auf hypothekarische Sicherung gegenüber Gemeinden und verlangt Bürgschaft eines weiteren Kommunalverbandes oder Verpfändung von Überweisungssteuern. Vgl. RArbBl. 1925 S. 477. Über „Verzinsung und Tilgung der Darlehen" vgl. Albrecht im RArbBl. 1925 S. 580*.

δ) Im übrigen entsprechen die Bedingungen für die verstärkte Förderung in der Hauptsache den früheren Bedingungen für die großen Notstandsarbeiten.

αα) Die verstärkte Förderung darf nur erfolgen für Notstandsarbeiten, deren Durchführung in besonders hohem Maße notwendig und ohne eine derartige Förderung nicht möglich ist und bei denen außerdem folgende Voraussetzungen zusammentreffen:

1. die Notstandsarbeit muß mehr als 2000 Erwerbslosentagwerke umfassen,
2. die Erwerbslosen, die dabei beschäftigt werden sollen, müssen mindestens 2 Wochen von einer Gemeinde unterstützt worden sein, in der die Zahl der unterstützten Erwerbslosen 1%, früher 2% der Einwohner erreicht. In besonderen Fällen kann aber die oberste Landesbehörde mit Zustimmung der Reichsarbeitsverwaltung von einer dieser beiden Voraussetzungen oder von beiden absehen (§ 16), früher mußte die Gemeinde die höchstzulässigen Beträge nach § 2 III der VO. vom 15. Okt. 1923 bezahlt haben.

ββ) Soweit Notstandsarbeiten einen Ertrag erwarten lassen, soll (früher mußte) dem Reich und dem Land ein angemessener Anteil gesichert werden (§ 1). Über Finanzierungs- und Rentabilitätsplan vgl. z. B. Ziff. 6 der preuß. Ausf.-Best. Wenn bei Verzicht auf die Grundförderung ein unrentierlicher Aufwand entsteht, insbesondere infolge von Beschäftigung von Erwerbslosen, können aus Reichs- und Landesmitteln auch Zuschüsse bis zur Höhe der Ersparnis an E.F., in Ausnahmefällen bis zum anderthalbfachen dieser Ersparnis, gewährt werden (§ 19 S. 2).

ε) Sowohl bei der Grundförderung wie bei etwaigen Zuschüssen nach § 19 können Durchschnittsbeträge zugrunde gelegt werden. Insbesondere kann

αα) für alle Notstandsarbeiter von einem einheitlichen Satze der E.U. ausgegangen werden, der dem Unterstützungssatze eines männlichen Erwerbslosen über 21 Jahre mit den Zuschlägen für 2 Kinder entspricht.

ββ) Für Notstandsarbeiten, die in Orten von verschiedener Teuerungsklasse unterstützt worden sind, kann eine einheitliche

Klasse zugrunde gelegt werden und zwar diejenige, nach der die Mehrzahl der Notstandsarbeiter unterstützt worden ist, soweit sich das nicht ermitteln läßt, der Ort der mittleren Teuerungsklasse (§ 13).

ζ) In Ausnahmefällen kann die verstärkte Förderung fest zugesichert werden, wenn es sich anders nicht ermöglichen läßt, eine Notstandsarbeit in Gang zu bringen, deren Durchführung infolge der Lage des Arbeitsmarktes unerläßlich erscheint. Dabei darf die fest bewilligte Förderungssumme ausbezahlt werden, auch wenn die erwartete Ersparnis an E.U. ohne Verschulden des Trägers der Arbeit, der sich bemüht hat, die entsprechende Anzahl anrechnungsfähiger Notstandsarbeiter zu beschäftigen, infolge nicht vorherzusehender Umstände nicht eintritt (§ 22).

D. Das Verfahren in der produktiven Erwerbslosenfürsorge.

I. Was die Zuständigkeit betrifft, so wird

1. die Grundförderung mit Zustimmung des Verwaltungsausschusses vom Vorsitzenden desjenigen öffentlichen Arbeitsnachweises bewilligt, in dessen Bezirke die bei der Notstandsarbeit beschäftigten Erwerbslosen unterstützt werden; umfaßt der Bezirk mehrere Errichtungsgemeinden, so hat der Vorsitzende sich vorher mit den Vorständen derjenigen anderen Errichtungsgemeinden zu verständigen, aus denen Erwerbslose in größerer Anzahl in Frage kommen. Die versagte Zustimmung des Verwaltungsausschusses kann durch den Verwaltungsausschuß des Landesamts ersetzt werden (§ 11).

2. Für die Bewilligung einer verstärkten Förderung ist die Reichsarbeitsverwaltung zuständig,

a) wenn die verstärkte Förderung den Betrag von 200000 RMk. übersteigt,

b) wenn die Förderung sich auf einen längeren Zeitraum als 6 Monate erstreckt,

c) wenn ein privates oder gemischtwirtschaftliches Unternehmen gefördert wird,

d) wenn die Maßnahmen sich auf den Bereich mehrerer Länder erstrecken,

e) wenn das Reich oder ein Land als Träger des Unternehmens in Frage kommt, sonst die oberste Landesbehörde, welche die Entscheidung außer bei festen Zusicherungen (§ 22) auf andere Stellen übertragen kann, soweit die Gesamtförderung einschließlich der Grundförderung den Betrag von 100000 RMk. nicht übersteigt (§ 20 I, II).

3. Der Antrag ist stets an die oberste Landesbehörde oder die von dieser bestimmte Stelle zu richten, wobei stets ein Nachweis über die erfolgte Grundförderung, soweit sie nicht nach § 19 entfällt, beizubringen ist. Die oberste Landesbehörde oder die betreffende Stelle geben den Antrag mit ihrer Äußerung „an die Reichsarbeitsverwaltung (Reichsamt für Arbeitsvermittlung)“ weiter (§ 20 III).

II. Wird für eine Notstandsarbeit eine verstärkte Förderung gewährt, so wird 1. eine Anerkennung ausgestellt. Es ist der Bescheid, durch den die Bewilligung der verstärkten Förderung ausgesprochen wird und zwar einem bestimmten Empfänger gegenüber für eine bestimmte Maßnahme; es handelt sich dabei um einen öffentlich-rechtlichen Verwaltungsakt, durch welchen subjektive öffentliche Rechte begründet werden, wie andrerseits der Empfänger auch die öffentlich-rechtlichen Pflichten übernimmt, nach den auferlegten Bedingungen zu handeln. Daß gleichzeitig auch eine bürgerlich-rechtliche Bindung vorliege, ist nicht anzunehmen.

2. Mit dem Empfange der Anerkennung hat der Förderungsempfänger zu bestätigen, daß er bereit ist, sich den Bestimmungen über die Notstandsarbeiten zu unterwerfen. Die Anerkennung muß enthalten:

a) Bezeichnung der Notstandsarbeit; b) Angabe der Zahl anrechnungsfähiger Notstandsarbeiter; c) Angabe der Förderungsfrist; d) Höhe und Art der verstärkten Förderung; e) bei Darlehen die Tilgungs- und Zinsbestimmungen sowie gestellten Sicherheiten; f) etwaige besondere dem Förderungsempfänger erteilte Auflagen; g) im Falle Vorschüsse gegeben werden, die Erklärung, daß diese zurückbezahlt bzw. verzinst werden, soweit die Notstandsarbeit nicht zur Ausführung gelangt oder wenn die Anerkennung aus irgend einem Grunde zurückgezogen wird (Ziff. 21).

Schrifttum: Zschucke, Rechtliche Natur der Anerkennung in N. Z. f. ArbR. 1922 S. 227.

III. Der Antrag auf verstärkte Förderung soll vor Beginn der Arbeit gestellt werden, nur in besonders zu begründenden Ausnahmefällen darf er bis zu 4 Wochen nach Beginn der Arbeit zugelassen werden, nach Fertigstellung der Arbeit darf keine Anerkennung mehr ausgesprochen werden, nur Ergänzungsanerkennungen bis spätestens 1 Monat nach Beendigung der betreffenden Arbeit. Eine Anerkennung darf auch nicht ausgesprochen werden, wenn der Antrag auf Förderung länger als 6 Monate zurückliegt (§ 23). Eine Anerkennung erlischt, soweit die Arbeiten nicht zu der vorgesehenen Zeit ausgeführt werden. Ein Antrag auf Änderung der Förderung gilt als neuer Antrag und muß als solcher geprüft werden (§ 24).

IV. Die Abrechnung für die verstärkte Förderung findet in der Weise statt, daß der Träger der Notstandsarbeit die Verwendung der Notstandsarbeiter fortlaufend in einer Liste nachzuweisen hat, die bei der Landesstelle verbleibt (§ 26) und daß er nach Beendigung der Notstandsarbeit Schlußrechnung nebst Schlußzahlungsanweisung der Reichsarbeitsverwaltung einzureichen hat. Die Reichsarbeitsverwaltung kann den Ländern auf Antrag Pauschalvorschüsse gewähren, Vorschußforderungen sind zu begründen und zu belegen. Vorschüsse, die den Bedarf eines Monats übersteigen, sind unaufgefordert zurückzugeben (§ 28). Die Schlußrechnung muß die Bescheinigung der obersten Landesbehörde enthalten, daß die Bedingungen der Anerkennung eingehalten sind, und wenn die Zahl der Erwerbslosentagwerke um mehr als 5% überschritten ist, muß rechtzeitig Ergänzungsanerkennung durch die oberste Landesbehörde ausgesprochen sein (§ 27). Die Belege müssen geprüft werden, der Reichsarbeitsverwaltung und dem Rechnungshofe des Deutschen Reiches bleibt Einforderung von Belegen oder Nachprüfung an Ort und Stelle vorbehalten (§ 29). Die von Land und Reich zugesagten Anteile können verweigert werden, wenn nach Ablauf der Förderungsfrist der zuständigen Verwaltungsbehörde nicht je innerhalb 3 Monaten prüfungsfähige Abrechnung und der Reichsarbeitsverwaltung spätestens nach 6 Monaten die Schlußrechnung vorgelegt wird (§ 30).

V. Schließlich ist die Aufbringung der Kosten zu besprechen, deren Grundzüge bei der Arbeitsvermittlung (oben S. 116) schon erwähnt wurden.

Schrifttum: Dermietzel in Arbeit und Beruf, Bd. 2 S. 330f., Lehfeldt in NZ. f. AR. 1923 S. 671f.

a) Nach der VO. vom 16. Febr. 1924 §§ 33f. (RGBl. I S. 132) über E.F. werden jetzt die Mittel, die zur Bekämpfung der Arbeitslosigkeit sowie zur Fürsorge für die Erwerbslosen erforderlich sind, bis zu der im § 34 II und IV festgesetzten Höchstgrenze durch Beiträge von Arbeitgebern und Arbeitnehmern sowie durch eigene Leistungen der Gemeinden aufgebracht. Soweit die Höchstleistungen der Arbeitgeber, Arbeitnehmer und Gemeinden den notwendigen Aufwand der E.F. in Bezirken mit ungewöhnlich großer Arbeitslosigkeit zeitweise nicht decken, leisten das Reich und die Länder Beihilfen (§ 33). Die Beiträge der Arbeitgeber und Arbeitnehmer müssen $^2/_3$ der notwendigen Kosten des öffentlichen Arbeitsnachweises und den notwendigen Aufwand der E.F. im Bezirke des öffentlichen Arbeitsnachweises insoweit decken, als er nicht von der Gemeinde nach § 37 getragen wird (§ 34 III S. 1). Die Gemeinde trägt die Kosten des öffentlichen Arbeitsnachweises einschließlich der Verwaltungskosten der E.F. (Art. 14 der Ausf.Vorschriften vom 25. März 1924), soweit sie nicht gemäß § 36 durch die Beiträge der Arbeitgeber und Arbeitnehmer gedeckt werden, sowie $^1/_4$ des Aufwandes der E.F. im Bezirke des Arbeitsnachweises. In die notwendigen Kosten des öffentlichen Arbeitsnachweises darf das Gehalt des Vorsitzenden nur in gewissen Ausnahmefällen eingerechnet werden (Art. 15 der Ausf.Vorschriften). Der Reichsarbeitsminister kann mit Wirkung vom 1. Juli 1924 oder von einem späteren Zeitpunkt an mit Zustimmung des Reichsrats für das Reichsgebiet oder Teile desselben den Anteil der Gemeinden am Fürsorgeaufwande widerruflich bis auf $^1/_6$ erhöhen. Er kann die Befugnis hiezu den obersten Landesbehörden übertragen (§ 37). Die Gemeinden haben die Mittel der E.F. von sonstigen Geldern getrennt zu verwalten (Art. 13 der Ausf.Vorschriften vom 25. März). Die Beiträge der Arbeitgeber und Arbeitnehmer dürfen jedoch, außer wenn Reichs- und Landesbeihilfen versagt bleiben, 3 % des Grundlohns nicht übersteigen. Arbeitgeber und Arbeitnehmer tragen den Beitrag je zur Hälfte (§ 34 III S. 2 u. 3). Beitragspflichtig sind die Arbeitnehmer, die auf Grund der Reichsversicherung oder des Reichsknappschaftsgesetzes für den Fall der Krankheit pflichtversichert sind (also auch Lehrlinge, vgl. RArbBl. 1924 S. 35 und alle im Beschäftigungsverhältnis stehenden Personen, RArbBl. 1925 S. 62), und ihre Arbeitgeber (§ 34 I). Die Höhe der Beiträge setzt der Verwaltungsausschuß des öffentlichen Arbeitsnachweises für seinen

Bezirk in Bruchteilen des Grundlohns (Lohnstufen, wirklicher Arbeitsverdienst, Mitgliederklassen) fest, in einigen besonders bestimmten Fällen (§§ 39, 45) der Verwaltungsausschuß des Landesamts. Gegen die Festsetzung ist Beschwerde an den Verwaltungsausschuß des Landesamts bzw. den Verwaltungsrat des Reichsamts zulässig (§ 31 II).

b) Der Reichsarbeitsminister kann mit Zustimmung des Reichsministers der Finanzen und des Reichsrats nach Benehmen mit dem Verwaltungsrate des Reichsrats

1. einen höheren Hundertsatz des Grundlohns zulassen,
2. bestimmte Beschäftigungen oder Personengruppen für beitragfrei erklären oder verschieden belasten,
3. Arbeitnehmer, deren Einkommen über die Grenze der Krankenversicherung hinausgeht, zu freiwilligen Beiträgen zulassen oder zu Pflichtbeiträgen heranziehen (vgl. oben S. 193),
4. die Bildung und die Verwendung von Rücklagen vorschreiben.

Auf Grund von Ziff. 2 wurden dann Ausführungsverordnungen am 13. März 1924 (RGBl. I S. 279) für die Land- und Forstwirtschaft und am 24. Mai 1924 (RGBl. I S. 562) für die Binnen- und Küstenfischerei, sodann an ihrer Stelle am 14. Nov. 1924 gemeinsame Vorschriften (RGBl. I S. 741), abgeändert 18. Jan. 1926 (ebenda S. 91) erlassen. In beiden Fällen macht Eigentum oder Pacht land- und forstwirtschaftlichen Grundbesitzes von solcher Größe, daß der Versicherungspflichtige vom Ertrage mit seiner Familie leben kann, wenn er auch während eines Teils des Jahres als Arbeitnehmer tätig ist, versicherungsfrei, die für den Beschäftigungsort zuständige oberste Landesbehörde oder die von ihr bezeichnete Stelle bestimmt, bei welcher Mindestfläche an Grundbesitz die Befreiung eintritt. Beitragsfrei ist auch eine Beschäftigung, die der Ehegatte oder ein Abkömmling der genannten Personen, mit dem er in häuslicher Gemeinschaft lebt, während eines Teils des Jahres in der Land- und Forstwirtschaft oder in der Binnen- oder Küstenfischerei ausübt, gleichviel ob diese Personen selbst als Arbeitnehmer beschäftigt sind oder nicht (Art. 1). Bei der Binnen- und Küstenfischerei ist auch die Partenfischerei, auf Anteil am Fang, beitragsfrei, wobei wieder von der obersten Landesbehörde (im Einzelnen wie vorher) festgestellt wird, bei welchem Mindestfanganteil die Befreiung eintritt (Art. 4). Beitragsfrei ist die Beschäftigung auf Grund eines schriftlichen Lehrvertrages von mindestens 2 jähriger Dauer (Art. 5), die Beschäftigung mit Aufnahme in die häusliche Gemeinschaft als Hausgehilfe oder ländliches Gesinde (Art. 3). Bei der Land- und Forstwirtschaft ist auch Beschäftigung auf Grund schriftlichen Arbeitsvertrags von mindestens einjähriger Dauer oder auf unbestimmte Zeit bei Kündigungsfrist von mindestens sechs Monaten oder entsprechenden Tarifvertrages versicherungsfrei (Art. 2). Die Beitragsfreiheit ist in den Fällen des Art. 1, 3, 4 von einer gemeinsam vom Arbeitgeber und Arbeitnehmer unterzeichneten Anzeige bei der Krankenkasse abhängig. Verweigert ein Vertragsteil seine Unterschrift grundlos, so hat die Krankenkasse auf Antrag des andern Teils dessen Unterschrift für ausreichend zu erklären. In den Fällen der Art. 2, 5 genügt Anzeige des Arbeitgebers mit Vorlage des Arbeits- oder Lehrvertrags oder der gemeinschaftlichen Erklärung über den Tarifvertrag. Die Beitragsfreiheit beginnt mit dem Montag der Woche, in der die Anzeige eingeht (Art. 6 III S. 1). Die Beitragsfreiheit tritt nicht ein, wenn die Krankenkasse feststellt, daß die Voraussetzungen nicht gegeben sind; gegen ihre Entscheidung kann Versicherungsamt und Oberversicherungsamt angerufen werden (Art. 6 III). Die Krankenkasse hat alle Anzeigen, die sie nicht beanstandet, unverzüglich dem Vorsitzenden des öffentlichen Arbeitsnachweises vorzulegen, welcher in zweifelhaften Fällen Entscheidung des Versicherungsamts darüber herbeizuführen hat, ob die Voraussetzungen der Beitragsfreiheit gegeben sind (Art. 7). Die obersten Landesbehörden können mit den Aufgaben der Art. 6 und 7 andere Stellen als die Krankenkassen, den Vorsitzenden des öffentlichen Arbeitsnachweises und das Versicherungsamt beauftragen (Art. 8). Die Beitragsfreiheit erlischt mit dem Zeitpunkt, in dem die Voraussetzungen nicht mehr vollständig gegeben sind. Von dem nicht angezeigten Fortfall einer Voraussetzung hat der Arbeitgeber der Krankenkasse unverzüglich Mitteilung zu machen (Art. 6 IV). J ä g e r in der Arbeiterversorgung 1925 Heft 1 und L a u r i t z e n in „Arb. und Beruf" III, Nr. 24.

c) Die Beiträge sind als Z u s c h l ä g e z u d e n K r a n k e n k a s s e n b e i t r ä g e n und mit diesen zu entrichten (vgl. §§ 28, 29, 394—405 RVO.). Die Krankenkassen führen die Beiträge unverzüglich an die Verwaltungsgemeinde des öffentlichen Arbeitsnachweises ab, in deren Bezirk sie ihren Sitz haben. Für die Fälle des Reichsknappschaftsgesetzes, für Betriebskrankenkassen und Ersatzkassen kann der Reichsarbeitsminister Abweichendes bestimmen. Die oberste Landesbehörde oder die von ihr bezeichnete Stelle kann der Gemeinde vorschreiben oder gestatten, daß die Beiträge auf eine andere Art als durch die Krankenkassen erhoben werden, und in diesem Fall auch die Beitreibung anderweitig regeln. Hiebei kann angeordnet werden, daß die Beiträge ohne Rücksicht auf den Grundlohn nach Bruchteilen des wirklichen Arbeitsverdiensts festgesetzt werden (§ 35). Zweigstellen von Krankenkassen nach dem Reichsknappschaftsgesetze, Betriebskrankenkassen und Ersatzkassen führen die Beiträge an die für ihren Sitz empfangsberechtigte Stelle ab. Befindet sich die Kasse im Gebiet eines andern Landes, so bedarf die Regelung der Zustimmung der örtlich zuständigen obersten Landesbehörde; wird ein Einvernehmen nicht erzielt, so entscheidet der Reichsarbeitsminister. Zweigstellen im Sinne dieser Bestimmungen sind alle Stellen und Personen, denen für einen Unterbezirk die Einhebung der Krankenkassenbeiträge obliegt (Art. 12 der Ausf.Vorschriften vom 25. März).

Aus der Beitragssumme sind zunächst $^2/_3$ der notwendigen Kosten des öffentlichen Arbeitsnachweises zu decken. Außerdem ist durch die Beitragssumme der Fürsorgeaufwand zu decken, soweit er nicht gemäß § 37 durch Leistungen der Gemeinde zu decken ist. Aus der Beitragssumme, die im Bezirk eines Landesamts eingeht, werden $^2/_3$ der notwendigen Kosten des Landesamts gedeckt, den Rest trägt die Errichtungskörperschaft (§ 36). Hat ein öffentlicher Arbeitsnachweis mehrere Errichtungsgemeinden oder ist er bei einem weiteren Gemeindeverband errichtet, so sind die Lasten durch die obersten Landesbehörden auf die einzelnen Gemeinden unterzuverteilen (§ 38). Gemeinden, die Träger verschiedener öffentlicher Arbeitsnachweise sind, können durch übereinstimmenden Beschluß bestimmen, daß die Beiträge der Arbeitgeber und Arbeitnehmer nach dem Gesamtaufwande bemessen werden, der in den Bezirken ihrer Arbeitsnachweise entsteht; der Beschluß bedarf der Zustimmung der obersten Landesbehörde. Diese kann auch ohne Beschluß der Gemeinden anordnen, daß die Beiträge nach dem Gesamtaufwand eines größeren Bezirks bemessen werden, der regelmäßig derjenige eines Landesamts sein muß. In allen solchen Fällen muß bestimmt werden, welcher Verwaltungsausschuß die Beiträge festzusetzen hat. Der Reichsarbeitsminister kann mit Zustimmung des Reichsrats und nach Benehmen mit dem Verwaltungsrate des Reichsamts bestimmen, daß die Beiträge der Arbeitgeber und Arbeitnehmer nach dem Gesamtaufwande bemessen werden, der im ganzen Reichsgebiet, in mehreren Ländern oder in Bezirken, die zu mehreren Ländern gehören, entsteht (§ 39). In der Inflationszeit konnte die Höhe der Beiträge vom Verwaltungsausschusse des öffentlichen Arbeitsnachweises nur für seinen Bezirk nach seinem Aufwand festgestellt werden. Die VO. vom 16. Febr. 1924 übertrug die entscheidende Verantwortung für Bildung und Grenzsetzung größerer Gefahrengemeinschaften den obersten Landesbehörden, die alsbald in Bayern, Sachsen, Thüringen und Baden Gefahrengemeinschaften in dem Bezirk des Landesamts bildeten und diesem zum Teil (Bayern, Sachsen, Baden) nicht nur die Beitragsfestsetzung, sondern auch die Beitragsverwaltung übertrugen und damit vollen Ausgleich und zugleich Sparung und Zusammenfassung der öffentlichen Mittel ermöglichten. Vgl. Referat des ORR. Ziegler im RArbBl. 1925 S. 158*. Preußen vollzog den Ausgleich durch Provinzial- und Landesausgleichskassen.

Nunmehr ist durch VO. vom 18. Jan. 1926 (RGBl. I S. 92) unter Aufhebung widersprechender landesgesetzlicher Vorschriften eine Reichsausgleichkasse bei der Reichsarbeitsverwaltung (Reichsamt für Arbeitsvermittlung) mit Wirkung vom 1. Febr. 1926 ab gebildet worden (Art. 4), um Bezirke mit erhöhter Arbeitslosigkeit, aber ungenügendem Beitragsaufkommen mit den nötigen Mitteln zu versehen. Die Beiträge zur EF. bestehen deshalb von jetzt ab (Art. 1) aus:

1. einem Teile, der für den Bezirk eines Landesamts für Arbeitsvermittlung zu erheben ist (Bezirksanteil) und

2. einem Teile, der für Zwecke des Reichsausgleichs an die Reichsarbeitsverwaltung abzuführen ist (Reichsanteil).

Der Bezirksanteil kann wieder in der Weise geteilt werden, daß ein Teil zunächst zur Deckung des Bedarfs innerhalb der Bezirke der einzelnen öffentlichen Arbeitsnachweise, der andere Teil zum Ausgleich innerhalb des Bezirkes des Landesamts für Arbeitsvermittlung verwandt wird, allenfalls können, wenn mehrere Landesämter vorhanden sind, Teile des Bezirksanteils für Zwecke des Landesausgleichs verwendet werden (Art. 2[1]). Die Höhe des Reichsanteils setzt der Verwaltungsrat des Reichsamts, wieder in Bruchteilen des Grundlohns, fest, zunächst auf 1% des Grundlohns; wenn der Reichsanteil mehr als ½% des Grundlohns beträgt, bedarf die Festsetzung der Zustimmung des Reichsrats. Der Reichsanteil ist auch dort zu erheben, wo kein Bezirksanteil erhoben wird (Art. 3).

Deckt nun in einem Kalendermonat das Aufkommen aus den Bezirksanteilen nicht den Gesamtaufwand im Bezirke des Landesamts für Arbeitsvermittlung (Art. 6) und sind vorher mindestens ein Monat hindurch im ganzen Bezirke die höchsten zulässigen Beiträge (jetzt 3%) erhoben worden, so erstattet die Reichsarbeitsverwaltung den Fehlbetrag aus der Reichsausgleichkasse. Reicht der Bestand der Kasse nicht aus, um die gesamten Fehlbeträge eines Kalendermonats zu decken, so werden die Erstattungen nach dem Verhältnis der Fehlbeträge gekürzt (Art. 7). Um so eingreifen zu können, soll die Reichsausgleichkasse einen Bestand ausweisen, der zur Unterstützung von 300 000 Erwerbslosen für 3 Monate erforderlich ist. So lange dies nicht der Fall ist oder wenn die Reichsregierung mit Zustimmung des Reichsrats feststellt, daß der Bestand der Kasse unter diesen Betrag zu sinken droht, hat der Verwaltungsrat des Reichsamts einen einheitlichen Beitrag für das ganze Reichsgebiet festzusetzen. Geschieht dies, so darf nirgends unter diesen Beitrag heruntergegangen werden, die Teilung in Reichs- und Bezirksanteil bleibt jedoch unberührt. Ferner sind sämtliche Überschüsse aus den Bezirksanteilen monatlich an die Reichsausgleichkasse abzuführen; nur darf als Vorschuß ein Betrag zurückbehalten werden, der den Gesamtaufwand der letzten zwei Wochen nicht übersteigt. Der Präsident der Reichsarbeitsverwaltung kann den Betrag anderweit, aber nicht unter einem solchen für zwei Wochen, festsetzen (Art. 8). Die Beihilfepflicht des Reichs und der Länder nach § 40 der VO. über E.F. tritt im übrigen erst nach Erschöpfung der Reichsausgleichkasse ein, die insoweit einen Teil dieser Beihilfepflicht übernimmt. Vgl. Art. 9. Aus den schon jetzt bei den öffentlichen Arbeitsnachweisen, Landesämtern und Landesausgleichkassen etwa vorhandenen Rücklagen ist zunächst der eigene Bedarf des Bezirks zu decken, ehe nach der neuen VO. verfahren wird.

Ein zeitlicher Ausgleich kann durch die Möglichkeit erfolgen, die Zeitdauer der Unterstützungen zu verlängern und Rücklagen anzusammeln. Die Arbeitslosenversicherung bedarf der Zusammenfassung verschiedener Berufsgruppen. Zu der örtlichen Ausgleichung vgl. Böhm, Auswirkungen der bayerischen Landesgefahrengemeinschaft für die Erwerbslosenfürsorge im RArbBl. 1925 S. 159.* Für die zeitliche Ausgleichung RArbMinister im RArbBl. 1924 S. 222.

Schrifttum: Vgl. Weigert, RArbBl. 1924 S. 580*. Dr. Berger, Wozu größere Gefahrengemeinschaften in der E.F.? RArbBl. 1924 S. 234*, Marg.

Ehlert im RArbBl. 1925 S. 157* und Soz. Pr. 1924 S. 633, Böhm, Auswirkungen der bayerischen Landesgefahrengemeinschaft RArbBl. 1925 S. 159.* Dermietzel, Die bisherigen Erfahrungen mit dem System der Ausgleichskassen in Preußen, Arb. u. Beruf Bd. IV N. 2.

Soweit ein Arbeitsnachweisbezirk zur Deckung des Fürsorgeaufwands Beihilfen aus einer Ausgleichskasse gemäß § 39 der VO. über E.F. oder nach § 33 daselbst vom Reich oder Land erhält, bedarf die Bewilligung der Grundförderung der Zustimmung der obersten Landesbehörde oder der von ihr bestimmten Stelle. Soweit ein Arbeitsnachweisbezirk einer Beitragsgemeinschaft nach § 39 angeschlossen ist, kann die oberste Landesbehörde die Bewilligung der Grundförderung von ihrer Genehmigung abhängig machen oder dem Landesamt übertragen. In allen anderen Fällen hat der Vorsitzende des Arbeitsnachweises oder des Landesamts die Bewilligung der Grundförderung der obersten Landesbehörde oder der von ihr bestimmten Stelle unverzüglich anzuzeigen. Die Prüfung von dieser Seite muß zum Einspruch führen, insbesondere wenn die Vorschriften nicht beachtet wurden, wenn keine ernstliche Arbeitsleistung von den Erwerbslosen verlangt wurde oder wenn Arbeiter entlassen wurden, um eine Förderung ihrer Arbeit mit Mitteln der E.F. herbeizuführen. Gegen die Entscheidung einer von der obersten Landesbehörde eingesetzten Stelle kann die oberste Landesbehörde selbst angerufen werden (§ 14 der Bestimmungen vom 30. April 1925).

d) Die Arbeitgeber sind verpflichtet, gleichzeitig mit der Abführung der Beiträge den Krankenkassen mitzuteilen, welche Beiträge auf die Krankenversicherung und welche Beiträge auf die E.F. entfallen. Unterbleibt die Mitteilung, so gilt als Beitrag zur E.F. der Teil des abgeführten Betrags, der zu dem gesamten Betrag in dem Verhältnis steht, in dem die für die E.F. zu entrichtenden Zuschläge zu den Krankenkassenbeiträgen stehen. Soweit die Arbeitgeber zur Zahlung von Vorschüssen verpflichtet sind, haben sie auch Vorschüsse für die E.F. zu leisten. Die Krankenkassen überweisen die Einnahmen binnen 3 Tagen an die nach § 35 II oder 39 empfangsberechtigte Stelle bei Meidung von Verzugszinsen in Höhe des Reichsbanksatzes für wertbeständige Diskontkredite ev. eines höheren festgesetzten Satzes, bei Streit entscheidet das Versicherungsamt endgültig (Art. 16 der Ausf.Vorschriften vom 25. März).

e) Die Krankenkassen überwachen, verbuchen und verrechnen bis spätestens den 15. des kommenden Monats die Entrichtung der Beiträge und haben allenfalls Einsicht in die Bücher zu gewähren. Sie sind berechtigt, Beitragsrückstände niederzuschlagen, wenn sie selbst auf die Einziehung der Krankenversicherungsbeiträge verzichten. Bei Ersatzkassen finden die Vorschriften der RVO. über den Arbeitgeberanteil entsprechende Anwendung (Art. 16 VI).

Den Krankenkassen werden die durch die Durchführung entstandenen Kosten nach näherer Anweisung des Präsidenten der Reichsarbeitsverwaltung im Einvernehmen mit dem Präsidenten des Reichsversicherungsamts ersetzt. Vgl. jetzt die Anordnung vom 25. Jan. 1920 (RArbBl. S. 35 sowie Anordnung über Vergütungssätze vom 15. Dez. 1924 und 24. März 1925 RArbBl. 1925 S. 145).

f) Was nun die Beihilfen des Reichs und der Länder betrifft, so werden sie in der Weise gewährt, daß das Reich und das Land je die Hälfte des notwendigen Aufwands für die E.F. trägt, der durch die Beiträge nach § 36 und die Gemeindeleistungen nach § 37 nicht gedeckt wird. Diese Beihilfepflicht tritt aber erst dann ein, wenn mindestens 2 Wochen hindurch die höchsten nach § 34 III, IV zulässigen Beiträge erhoben worden sind. Soweit demgemäß Reichs- und Landesbeihilfen versagt bleiben, ist der Ausfall durch erhöhte Beiträge der Arbeitgeber und Arbeitnehmer zu decken (§ 40). Tritt die Beihilfepflicht ein, so reichen die obersten Landesbehörden mit der Versicherung, daß die Voraussetzungen vorliegen, einen Abrechnungsvordruck über die Ausgaben eines Monats ein. Die Reichsarbeitsverwaltung hat den Ländern auf Antrag Vorschüsse für einen angemessenen Zeitraum zu gewähren (Art. 14 der Ausf.-Vorschr.).

g) Gemeinden, welche die Höchstsätze der E.F. überschreiten (so schon in der 1. VO.) oder andere grobe Verstöße gegen die ordnungsmäßige Durchführung der Fürsorge begehen oder zulassen, kann die Reichsbeihilfe durch den Reichsminister der Finanzen, die Landesbeihilfe durch die oberste Verwaltungsbehörde entzogen werden. Als grober Verstoß gilt auch eine offenbar ungesetzliche Entscheidung des Vorsitzenden des öffentlichen Arbeitsnachweises sowie die Ausführung offenbar ungesetzlicher Beschlüsse des Verwaltungsausschusses eines Arbeitsnachweisamts. Die Entziehung kann auf einen Teil des Aufwands beschränkt werden. Auch die obersten Landesbehörden können bei der Nachprüfung der Durchführung der E.F. für bestimmungswidrige Aufwendungen die Landesbeihilfe versagen, was den Verlust der Reichsbeihilfe zur Folge hat. Den Ausfall, der auch nur einzelne Errichtungsgemeinden oder Einzelgemeinden eines weiteren Gemeindeverbands treffen kann, trägt die Gemeinde aus eigenen Mitteln (§ 41). Gemeinde im Sinne der VO. über die E.F. ist die Errichtungsgemeinde, soweit sich nicht aus einzelnen Bestimmungen etwas anderes ergibt (§ 42).

h) Der Reichsarbeitsminister, die obersten Landesbehörden und die Verwaltungsausschüsse des öffentlichen Arbeitsnachweises können in der angegebenen Reihenfolge und Priorität Ausführungsvorschriften erlassen (§ 43).

i) In den Bezirken der Stadt Berlin und des Freistaats Hamburg können die Verwaltungsausschüsse der Landesämter für Arbeitsvermittlung ganz oder teilweise die Aufgaben übernehmen, die den Verwaltungsausschüssen der öffentlichen Arbeitsnachweise obliegen. Die Beschwerde geht dann an den Verwaltungsrat des Reichsamts für Arbeitsvermittlung.

VI. Der Vorstand der Gemeinde ist befugt, bei Zuwiderhandlungen gegen die Vorschriften der VO., die zu ihr erlassenen Ausführungsvorschriften oder die Beschlüsse der Gemeinde, die zu ihrer Durchführung erlassen sind, Ordnungsstrafen zugunsten der Gemeindekasse bis zur Höhe von 150 Goldmark für jeden Fall festzusetzen. Die gleiche Befugnis haben die Stellen, die nach § 27 zur Entscheidung über ein Unterstützungsgesuch berufen sind, hinsichtlich ihrer Beschlüsse. Die Strafen werden wie Gemeindeabgaben beigetrieben (§ 44).

E. Umschulung.

Ein viel angewandtes Mittel zur Bekämpfung der Arbeitslosigkeit ist insbesondere die Umschulung, durch welche Arbeitslose, die in ihrem Berufe das notwendige Auskommen nicht finden, einem neuen aussichtsreicheren Berufe zugeführt werden. Dabei handelt es sich um Arbeitslose jeder Art, keineswegs nur um Arbeiter und Angestellte. Die Mittel zur Umschulung können auf alle mögliche Art, insbesondere auch durch die allgemeine Fürsorge gewonnen werden. Vgl. die „Grundsätze über die Förderung der Umschulung Erwerbsloser aus Mitteln der produktiven Erwerbslosenfürsorge" vom 9. April 1920 im RArbBl. 1920 S. 7. Aus den Gedankengängen heraus, die von Sidney und Beatrice Webb in den „Problemen der Armut" vertreten werden, nämlich auf die Wurzeln des Übels zurückzugreifen und deshalb diejenigen, die nicht genügend ausgebildet sind, besser zu unterrichten, diejenigen aber, die sich in ihrem Berufe nicht mehr ernähren können, für Berufe umzuschulen, nach denen Nachfrage ist, hat man in der Nachkriegszeit versucht, die Arbeitslosen für diejenigen Berufe anzulernen und umzuschulen, die durch den Krieg zum Stillstand gekommen waren oder hinter anderen zurücktraten. Zu diesem Zwecke konnte die Gemeinde nach § 9 der VO. über E.F. Abs. 6 und 7 dem Arbeiter, der zum vollen Verdienst erst nach Angewöhnung der erforderlichen Fertigkeit gelangen konnte, aus Mitteln der Erwerbslosenfürsorge einen Zuschuß auf die Dauer von 6 Wochen gewähren, sofern der verdiente Lohn den bisherigen Betrag der Erwerbslosenunterstützung einschließlich der Familienzuschläge nicht um 3 Mark werktäglich überstieg und der Zuschuß durfte dann den Unterschied zwischen dem Lohne und der um 3 Mark werktäglich vermehrten Unterstützung nicht überschreiten. Durch den Erlaß vom 15. Mai 1923 (RArbBl. S. 360) gestattete dann der Arbeitsminister die Anlernezuschüsse gemäß § 15 der VO. zu erhöhen, so daß sie bis zur Dauer von 8 Wochen und bis zu einem Betrag gewährt werden konnten, der mit dem Arbeitsentgelt weder die Höhe des vollen Verdienstes noch das anderthalbfache der Erwerbslosen-Unterstützung übersteigen durfte. Neben diesen Anlernzuschüssen, die hauptsächlich für die Anlernung im Betriebe bestimmt waren, sollten dann noch Umschulungszuschüsse aus Mitteln der produktiven Erwerbslosenfürsorge für Umschulungskurse in Frage kommen. Nach § 15 der VO. über Erwerbslosenfürsorge muß die Unterstützung, sofern geeignete Arbeiten nicht vorhanden sind, für Erwerbslose unter 18 Jahren von der Teilnahme an Veranstaltungen, die der beruflichen Fortbildung oder der Allgemeinbildung dienen, und kann für Erwerbslose über 18 Jahre von der Teilnahme an Veranstaltungen, die der beruflichen Fortbildung oder Umschulung oder der Allgemeinbildung dienen, abhängig gemacht werden. Nach Art. 3 Abs. 5 der Ausführungsvorschriften vom 25. März 1924 (RGBl. S. 376) kann der Vorstand der Gemeinde im Einvernehmen mit dem Verwaltungsausschusse des öffentlichen Arbeitsnachweises und mit Zustimmung der obersten Landesbehörde oder der von ihr bezeichneten Stelle aus Mitteln der Erwerbslosenfürsorge Maßnahmen fördern, durch die Erwerbslose dem Erwerbsleben wieder zugeführt werden sollen. Insbesondere können zu diesem Zwecke Maßnahmen zur beruflichen Fortbildung und Umschulung eingerichtet oder unterstützt oder das übliche Schulgeld für die Teilnehmer bezahlt werden, wobei aber die Aufwendung für den einzelnen Erwerbslosen das Zwölffache seines täglichen Unterstützungssatzes nicht übersteigen darf. Schon die Grundsätze des Reichsarbeitsministers vom 9. April 1920 legten, abgesehen von den Kursen, den Nachdruck auf die Ausbildung im Betriebe des Unternehmens, in dem der Erwerbslose endgültig beschäftigt werden soll, und stellten als Bedingung der Förderung nach § 15 der VO., daß als Träger der Maßnahmen ein von der Gemeindevertretung gewählter Ausschuß auftritt, der aus wenigstens je zwei unbeteiligten Arbeitgebern und Arbeitnehmern und einem Gemeindebeamten als Vorsitzenden besteht; seine Angliederung an den paritätischen Arbeitsnachweis wurde als erwünscht bezeichnet.

Schrifttum: Albrecht, Umschulung, im RArbBl. 1920 S. 938* und Käthe Gäbel, Umschulung und Fortbildung Erwerbsloser, ebenda 1923 S. 429*, Lüttgens, Umschulung, Soz. Praxis 1921 S. 861, vgl. auch daselbst S. 48, 129 und 146, Neuburger, Berufsumschulungen, in Arbeit und Beruf 1922 Nr. 10, Malachowski a. a. O. S. 80ff.

Durch solche Umschulung suchte man insbesondere dem Arbeitermangel im deutschen Bauhandwerk abzuhelfen. Vgl. Schr. des RArbM. im RArbBl. 1921 S. 804 und zuletzt RArbBl. 1925 S. 109, besonders aber Erlaß vom 26. April 1922 mit „Richtlinien für die mit Mitteln der produktiven Erwerbslosenfürsorge geförderte Umschulung von Arbeitskräften zu Baufacharbeitern" RArbBl. S. 202 und „Grundsätze" des bayerischen Ministeriums für soziale Fürsorge vom 7. Nov. 1921 (RArbBl. S. 67), die ebenfalls paritätische Ausschüsse empfehlen. Vgl. auch dazu noch Wilhelmi im RArbBl. 1922 S. 248, zuletzt RArbMinister im RArbBl. 1925 S. 109. Dr. Käthe Gäbel kommt aber am Schlusse ihrer eingehenden Darlegungen über Umschulung, die sich auf die bis Mitte 1923 gemachten Erfahrungen stützen, zum Schlusse: Die Umschulungs- und Fortbildungsmaßnahmen werden stets nur bescheiden und verhältnismäßig teuer erkaufte Erfolge haben, weil sie zu spät einsetzen. Das Studium der Erwerbslosigkeit zeigt aufs deutlichste die Bedeutung einer guten Berufsbildung und Berufsberatung.

F. Grundsätze im Auslande.

Diese Grundsätze der deutschen produktiven Erwerbslosenfürsorge treffen wir auch im Auslande, nicht nur, soweit sie, wie in Österreich, unmittelbar übernommen wurden, sondern auch, wo die Verhältnisse ohne die schweren Kriegswirkungen anders gelagert waren. So hat die Schweiz, die vor allem Belebung des Arbeitsmarktes durch Unterstützung der Ausfuhr erstrebte, doch z. B. auch Umschulungskurse unterstützt; Belgien, Holland, Italien haben Notstandsarbeiten herstellen lassen, England betreibt die Umschulung von Heeres- und Marine-Angehörigen, wobei es ebenfalls paritätische Ausschüsse kennt und auch die nordischen Staaten gehen aus ähnlichen Gründen ähnlich vor wie Deutschland. Auch auf den internationalen Arbeitskonferenzen, insbesondere der 3. und 4. Tagung, sind diese Bestrebungen hervorgetreten. In Genua wurde in der deutschen Denkschrift auf die produktive Erwerbslosenfürsorge als Mittel gegen die Arbeitslosigkeit hingewiesen und dieser Hinweis auch in die Entschließung der Konferenz übernommen. In Genf war aber schon in weitem Maße das System der Fürsorge durch das neue System produktiver Notstandsarbeiten abgelöst; wenn auch zeitweise wieder Unterstützungen an die Stelle der Notstandsarbeiten träten.

Schrifttum: Dr. Berger, „Das Vordringen des produktiven Gedankens in der E. F. des Auslandes", RArbBl. 1921 S. 729 und dann 1922 S. 701*, Revue internationale du travail von 1921 ab, insbesondere 1922 Bd. V S. 722, Internationale Rundschau der Arbeit 1923 S. 379.

Dritter Abschnitt.

Die Pflichten aus jedem Arbeitsvertrage.

§ 15. Die Pflichten jedes Arbeitnehmers.

A. Die Arbeitspflicht.

I. Aus der Verpflichtung zur Arbeit einem Dritten gegenüber folgt die Pflicht, wirklich zu arbeiten. Außerdem werden sowohl im Schrifttum wie im Entwurfe die Gehorsams- und die Treupflicht wenigstens für den Dienstvertrag hervorgehoben, die aber schon bisher (vgl. Hueck, ArbeitsvertragR. S. 103 f., Oertmann, ArbVertrR. S. 186/8) als Nebenpflichten behandelt wurden. Mit Recht weist Kreller (a. a. O. S. 236) darauf hin, daß

Gehorsam und Treue in der Hauptsache nicht als besondere Pflichten neben der Arbeit gefordert werden, sondern nur als die Art, wie die Arbeit geleistet werden soll, daß sie also nur zur Erfüllung der Arbeitspflicht hinzutreten sollen. Der Entwurf stellt aber die Dreiteilung der Pflichten auf und, wenn die Gehorsams- und Treupflicht auch nur Nebenpflichten sind, so können sie doch zu gesonderten Forderungen wie Schweigepflicht und Betriebserfindung führen und sind deshalb gesonderter Darstellung fähig und bedürftig. Innerhalb des Betriebes oder Dienstes besteht allerdings auch die weitere Pflicht, die gemeinschaftlichen Interessen oder die des Arbeitgebers „selbst außerhalb der eigentlichen Arbeitsleistung" zu fördern und jedenfalls nicht zu schädigen — Kaskel, Arbeitsrecht S. 73 —. Es ist daher die Dreiteilung der Pflichten in Arbeitspflicht, Gehorsams- und Treupflicht zu billigen, wobei aber die Arbeitspflicht als die überwiegende erscheint. Vgl. Molitor RArbBl. a. a. O. S. 201*, Richter ebenda S. 232*, Molitor im ArbVertr. S. 117.

II. Die Arbeitspflicht selbst ist die selbstverständliche, ganz allgemein gültige Folge aus der Begriffsbestimmung des Arbeitsvertrages und deshalb wohl im Entwurfe nicht noch einmal ausdrücklich ausgesprochen (Kreller a. a. O. S. 281 gegen Richter a. a. O. S. 232*). Diese privatrechtliche Arbeitspflicht ist verschieden von der ethischen Pflicht des Menschen zu arbeiten. Grundsätzlich am weitesten in der Aufstellung einer solchen sittlichen, zunächst persönlichen und dann gesellschaftlich solidarischen Pflicht gehen Cathrein, Moralphilosophie 1911 Bd. II S. 58, Dr. Karl Müller, Die Arbeit 1913 S. 94 und Noppel in „Recht und Wirtschaft" 1920 S. 66 und 1921 S. 24, wobei unter Arbeit „jede dem Arbeitenden selbst oder seinen Mitmenschen nützliche Beschäftigung, die nicht bloß der Erholung oder dem unmittelbaren Genusse dienen soll", verstanden wird. Je mehr aber die Entwickelung dahin geht, ein Recht des Arbeiters auf Arbeit oder doch wenigstens ein Recht auf Unterhalt bei unverschuldeter Arbeitslosigkeit (vgl. oben §§ 8 III, 14) anzuerkennen, in desto weiterem Umfange kommt man dazu, nicht nur eine ethische, sondern eine rechtliche Verpflichtung jedes Menschen zunächst gegenüber dem Staate zur Arbeit anzuerkennen. Vgl. Walther A. Malachowski, Recht auf Arbeit und Arbeitspflicht 1922, der diese Arbeitspflicht von der Arbeitsannahme-Pflicht bei der Erwerbslosenfürsorge abgrenzt (S. 183

insbesondere gegenüber v. Zwiedineck-Südenhorst, Sozialpolitik 1911 S. 333 f. und Erwin Barth in der Soz. Pr. Bd. 29 Nr. 15), aber in Soz. Pr. 1924 S. 46 ihre Zeit für Deutschland noch nicht für gekommen erachtet, so auch Biensfeld daselbst S. 265 f. Der Vergangenheit gehören an die Gedankengänge, die im RG. über den vaterländischen Hilfsdienst vom 5. Dez. 1916 (RGBl. S. 1333) zum Ausdrucke kamen und im § 1 dieses Gesetzes dahin zusammengefaßt waren: Jeder männliche Deutsche vom vollendeten 17. bis zum vollendeten 60. Lebensjahre ist, soweit er nicht zum Dienst in der bewaffneten Macht einberufen ist, zum vaterländischen Hilfsdienste während des Krieges verpflichtet. Und dann folgte in § 2 die Aufzählung jener Beschäftigungen, die als vaterländischer Hilfsdienst zu gelten hatten, mit dem besonderen Verbote, jemand, der vor dem 1. Aug. 1916 in der Land- und Forstwirtschaft beschäftigt war, dieser Beschäftigung zu entziehen. Jeder aber, dem eine besondere schriftliche Aufforderung zuging, mußte bei einer der in § 2 in Frage kommenden Stellen Arbeit suchen und, wenn dadurch innerhalb 14 Tagen eine Beschäftigung nicht herbeigeführt war, wurde er nach § 7 VII einer Beschäftigung im Zwangsweg überwiesen; wer der Überweisung nicht nachkam oder sich ohne dringenden Grund beharrlich weigerte, die ihm übertragene Arbeit zu verrichten, wurde nach § 18 des Gesetzes bestraft. Die Begründung erklärte, daß auch in der Heimat jeder deutsche Mann seine ganze Kraft da einsetzen müsse, wo das Vaterland sie am notwendigsten brauche. Wie im Heeresdienst durfte bei diesem gesamten Vorgehen keine Rücksicht auf soziale Unterschiede gelten. „Für den vaterländischen Hilfsdienst kann es nur Staatsbürger, nicht Schichten und Klassen geben.“ Vgl. die Begründung im D. Reichsanz. Nr. 276 und Güthe-Schlegelberger, Kriegsbuch Bd. 3 S. 815, ferner die Ausgaben des Gesetzes, besonders v. Schulz, ferner Baum, Vaterländischer Hilfsdienst und Arbeitsvertrag, JW. 1916 S. 1558 und Schiffer in der DJZ. 1917 S. 33.

Der vaterländische Hilfsdienst war zunächst nur für Männer vorgesehen, aber auch Frauen wurden in einem bis dahin nie gesehenen Umfange zur Arbeit für den Staat herangezogen. Mit der Aufhebung des Hilfsdienstgesetzes am 12. Nov. 1918 (RGBl. S. 333) und mit dem Ende des Krieges überhaupt war auch für Männer die äußere Notwendigkeit dieser außerordentlichen Tätigkeit entfallen. Aber für Männer und Frauen wirkten die ausgelösten Gedankengänge fort. Es sei notwendig, den Wirtschaftsdienst als Staatsdienst und Volksdienst zu betrachten und dem Staate Leistungen, nötigenfalls auch ohne Rücksicht auf Gewinn, zu machen. Freilich erhoben sich dagegen Zweifel, ob die Wirtschaft ihren Inhalt ändern könne und ob auch selbst die unentgeltlichen Lieferungen stets dem Staate frommen würden. Vgl. Eulenburg in Krieg und Wirtschaft, Kriegshefte des Arch. f. Sozialwissenschaft und Sozialpolitik Bd. 2 S. 313 zu Edgar Jaffé, Volkswirtschaft und Krieg 1915. Andererseits wurde der mehr kommunistische Gedanke vertreten, das Reich solle jedem Volksgenossen täglich ein Pfund Brot, Kartoffel usw. unentgeltlich gewähren und diese Leistungspflicht sei durch eine kurze landwirtschaftliche Arbeitspflicht aller zu ermöglichen.

Schrifttum: Köppen, Nährdienstpflicht und staatlicher Nährbeitrag in Potthoffs ArbR. 1919 S. 15 f.; Potthoff ebenda S. 89 und 1920 S. 65.

Der Gedanke der allgemeinen Arbeitsdienstpflicht und auch des Frauendienstjahres griff immer mehr um sich. An Stelle der allgemeinen Wehrpflicht müsse die allgemeine Arbeitspflicht als sittliche Forderung und als Erziehungsmittel treten, wobei sich wieder wie bei der Erwerbslosenfürsorge die Forderung erhob, daß produktive Arbeit geleistet werden müsse. Schumacher, „Allgemeine Arbeitspflicht" in „Technik und Wirtschaft" 1920 S. 213 schlägt eine Gliederung des zu schaffenden deutschen Arbeitsheeres in Fachgemeinschaften, Abteilungen usw. unter einem Heeresanwalte vor. Von anderer Seite wurden Heeresreste zu gemeinsamer Siedelung und Arbeit tatsächlich vereinigt (Schmude, Aumann). Ein Arbeitsjahr oder mehrere Arbeitsjahre für jeden werden von Ballod („Ein Blick in den Zukunftsstaat" 1919), von Fuchs (Staatsdienstpflicht 2. Aufl. 1920) und anderen gefordert. Im bulgarischen und im rumänischen Rechte sowie politisch verzerrt in der Sowjet-Verfassung wird der Gedanke praktisch ausgestaltet (Malachowski S. 240 f., Noppel a. a. O. S. 25). Die weibliche Dienstpflicht wird insbesondere in der Presse der Vereine für Fraueninteressen (Gertrud Bäumer, Käthe Schirrmacher, Helene Lang) vertreten und hat mit dem Urbilde die Gesichtspunkte gemeinsam: Erzeugung sittlicher Werte, Trieb zur Arbeit und Achtung vor der Arbeit, sowie Erzeugung materieller Werte für den Staat. Vgl. Malachowski a. a. O. S. 181 f., aber auch

Soz. Pr. 1924 S. 46, Biensfeld daselbst S. 265 f. und Schlederer in Arbeit und Beruf 1925 Nr. 5.

Für Deutschland stehen zunächst schon die Bestrebungen des Feindbundes einer solchen Arbeitspflicht entgegen. Aber den allgemeinen Satz, daß jeder Deutsche unbeschadet seiner persönlichen Freiheit die sittliche Pflicht hat, seine geistigen und körperlichen Kräfte so zu betätigen, wie es das Wohl der Gesamtheit erfordere, spricht doch Art. 163 der Reichsverfassung aus, wenn auch damit, wie häufig in der Reichsverfassung, nur ein ethischer Grundsatz, nicht eine Rechtspflicht aufgestellt wird. Vgl. Groh a. a. O. S. 77: „unmögliche Verquickung heteronomer Dinge".

III. Diese ethisch-staatsrechtliche Arbeitspflicht ist aber doch mit ein Ansporn zur Begründung der privatrechtlichen Verpflichtung, für andere zu arbeiten. Mit diesem Vertrage stellt jemand seine Arbeitskraft einem andern zur Verfügung. Kreller (im Arbeitsrecht Bd. 11 S. 873 f., 887 und Archiv N. F. Bd. 2 S. 22, Bd. 3 S. 282) unterscheidet dabei, gegen Molitor RArbBl. a. a. O. S. 146* A. 21b, den Einstellungsvertrag von der Einzelvereinbarung über den Vertragsinhalt; von dem hier vertretenen Standpunkt aus kann nur in seltensten Fällen die Eingehung des auf Dauer berechneten Schuldverhältnisses oder einer beabsichtigten Serie von Rechtsgeschäften an sich vereinbart werden, regelmäßig wird, da ein solcher Vertrag allein ohne nähere Bestimmung des Inhalts wesenlos und meist nichtig wäre, in dem Einstellungsvertrage zugleich die Vereinbarung der Bedingungen, allenfalls durch stillschweigende Unterwerfung unter bestehende oder künftige Bedingungen oder Übungen, erfolgen (Molitor in N. Z. f. ArbR. 1924 S. 327 und ArbVertr. S. 85 und 111) und schließlich sieht auch Kreller ein (a. a. O. S. 283), daß selbst die Verpflichtung, Arbeit zu leisten, einer Konkretisierung bedarf, wie sie sich insbesondere aus der Art der zu besetzenden und demgemäß bezeichneten Stelle (perfekte Köchin, Alleinmädchen usw.) ergeben wird. Der Arbeitsvertrag verpflichtet dann den Arbeitnehmer zur Leistung der zugesagten Arbeit, wie nach § 611 BGB. durch den Dienstvertrag derjenige, welcher die Arbeit zusagt, zur Leistung der versprochenen Dienste verpflichtet wird. Nun wird der Unternehmer des Werkvertrages nach § 631 BGB. ebenfalls verpflichtet, das versprochene Werk herzustellen und dann auch abzuliefern; ist das keine arbeitsrechtliche Verpflichtung? Nach der hier vertretenen Auffassung (vgl. oben S. 15 f.) ist auch der Werkvertrag regelmäßig Arbeitsvertrag und dauerndes Schuldverhältnis und die Rechtsentwickelung scheint jetzt mehr dieser Ansicht zuzuneigen. Ähnlich der schon oben S. 16 gekennzeichneten Ansicht von Gierkes erkennt auch Matthaei (S. 90) den Werkvertrag als einen Arbeitsvertrag i. w. S., aber nicht als Dienstvertrag und Arbeitsvertrag i. S. des Arbeitsrechts an, weil der Unternehmer selbständig sei. Auch Oertmann (ArbVertrR. S. 11) entzieht den Werkvertrag „in der ganz überwältigenden Mehrzahl der Fälle“ dem Arbeitsrecht i. e. S., weil nicht ein Tätigwerden, sondern ein Arbeitsergebnis versprochen wurde und der Unternehmer nicht in den Betriebsbereich des Bestellers eintrete. Melsbach S. 57 unterstellt der Arbeitspflicht entweder Arbeit auf Zeit, zu welcher im Zweifel auch die im Gedinge zu leistende Arbeit gehöre, oder die Herstellung von Werken oder die Besorgung von Geschäften in fortlaufender Beschäftigung oder die Herstellung eines einzelnen Werkes oder einer einzelnen Beschäftigung, geht dabei allerdings nur von der abhängigen Arbeit aus, läßt aber den Arbeitsvertrag bald die Merkmale des Dienstvertrages, bald des Werkvertrages, bald des Auftrages, bald der eine Tätigkeit zum Gegenstand habenden benannten (z. B. Mäklervertrag) und unbenannten Verträge umfassen, bald auch die Merkmale „des Arbeitsvertrages auf fortlaufende Beschäftigung mit Herstellung von Werken oder Besorgung von Geschäften“ wie des Vertrages des Heimarbeiters und des Handlungsagenten. Damit dehnt Melsbach den Begriff der unselbständigen Arbeit weit über den Begriff des Dienstvertrages aus, ja selbst in das Gebiet des Handelsrechts (vgl. oben S. 24) hinein, weil das Leben von jeher nicht im Dienstvertrage tätige Arbeitnehmer kenne. Zeitlohnvertrag, Gedingvertrag, Heimarbeitsvertrag, Vertrag der Arbeitnehmerähnlichen und Unternehmervertrag sollen eine klar erkennbare Reihe des Aufstiegs bedeuten, dessen wesentliches Kennzeichen die immer stärkere Betonung des werkvertraglichen Elements sei. Demgegenüber lehrt Kaskel im „Arbeitsrecht 1925“ S. 47, daß der Arbeitsvertrag i. S. des Arbeitsrechts als der Vertrag des unselbständigen, für fremde Rechnung tätigen Arbeitnehmers niemals die Leistung eines bestimmten Erfolges, sondern nur die Leistung einer bestimmten Tätigkeit zusagen, demnach niemals Werkvertrag sein könne. Damit widerspricht er der Erfahrung des Lebens, die Melsbach anruft, denn der Akkordvertrag des Arbeiters, den

Kaskel freilich auch ganz vom Werkvertrage trennen will, sagt jedenfalls einen Erfolg zu. Der Entwurf hat zu diesen Fragen ausdrücklich keine Stellung genommen und wollte sie auch nach Denkschrift S. 1 nicht nehmen. „Er regelt den Arbeitsvertrag als einen im wesentlichen schuldrechtlichen Vertrag, ohne an den Vorschriften des BGB. etwas zu ändern.“ „Als Ergänzungsrecht kommt in erster Linie das des Dienstvertrages in Frage, daneben aber auch das des Werkvertrages und des Werklieferungsvertrages“, im übrigen behalten die §§ 611—651 BGB. ihre volle Bedeutung für die Verträge zwischen Selbständigen“. Vgl. Rücker, Der Unterschied zwischen dem Dienstvertrag in Akkordform und dem Werkvertrag, Bresl. Dissert. 1919, Martius, Der Bergführervertrag, Heidelb. Dissert. 1906, Trachsel, Begriff und Abgrenzung des Werkvertrags, Abh. z. Schweizer R. 98. Das Verhältnis des Werkvertrags zum Arbeitsvertrag hat Molitor am meisten geklärt in seinen Aufsätzen im RArbBl., jetzt Molitor-Hueck-Riezler, Der Arbeitsvertrag 1925, und „Wesen des Arbeitsvertrages“, mit kleinen Abweichungen zwischen den einzelnen Werken. Molitor (a. a. O. S. 80*) hat die Frage, ob zu dem Arbeitsvertrag i. S. des Entwurfes auch der Werkvertrag gehören kann, bejaht, soweit und weil der Werkvertrag auf Herstellung des Arbeitsergebnisses gerichtet ist und damit auf Arbeit. Molitor nimmt aber auch an, daß der Verfasser der Denkschrift die Frage bejahen wollte. In sehr dankenswerter Weise hat er in einer Abhandlung „Zur Geschichte des Werkvertrags“ (ZHR. Bd. 87, 1924, S. 371 f.) die Frage geschichtlich erörtert, wobei er zum Schlusse (S. 395) die Schwierigkeiten hervorhebt, welche die Abgrenzung des selbständigen Arbeitsvertrags vom Werkvertrage bereiten, „Schwierigkeiten, die sich schon dadurch ankündigen, daß manche deutsche Schriftsteller den nicht abhängigen Dienstvertrag dem Werkvertrag gleichstellten“. In der Tat ist schon die Grenzziehung zwischen Dienstvertrag und Werkvertrag sehr schwierig und diese Schwierigkeit sollte mahnen, die Grenze nicht zu sehr trennend zu gestalten. Der vom Werkvertrage durch die Arbeitsleistung zu erzielende Erfolg kann z. B. in der Be- und Verarbeitung von Sachen liegen und da ist es oft sehr schwer, zwischen der Tätigkeit und dem Erfolge, den sie sofort herbeiführt, zu scheiden. Wie ferner der selbständige Unternehmer, z. B. der Handwerker, seine Tätigkeit durch Abschluß eines Dienstvertrages einem fremden Betriebe angliedern kann (v. Gierke S. 593 A. 7), so kann er in derselben Weise durch Übernahme der Be- und Verarbeitung von Sachen für den Betrieb Arbeitsverträge schließen und damit in diesen durch Abschluß von Werkverträgen eintreten, so daß der von Oertmann hervorgehobene Unterschied in allen jenen Fällen fehlt, in denen durch die Arbeit alsbald auch das Ergebnis hergestellt wird. Dies kann der Fall sein, wenn der Vertrag niedere Dienstleistungen, persönliche Dienste jeder Art, z. B. des Barbiers, Friseurs, Führers, Beförderers oder sonstige Dienste z. B. Steinklopfen, als wenn er Dienste höherer Art, z. B. des Erziehers, Lehrers, Übersetzers, insbesondere also auch wissenschaftliche, künstlerische Tätigkeit usw. umfaßt. In allen diesen Fällen muß der Verpflichtete die zugesagten Dienste leisten und damit den Erfolg herbeiführen. Das gleiche gilt, insoweit der Werkvertrag den Unternehmer zu einer Geschäftsbesorgung verpflichtet, die nicht unter das HGB. fällt (oben S. 24 und v. Gierke a. a. O. S. 961 zu A. 19), wobei auf den Werkvertrag wie auf den entsprechenden Dienstvertrag die meisten der für den Auftrag bestehenden Vorschriften Anwendung finden (BGB. §§ 675, 663, 665, 670, 672—74 bzw. 671 II). Nimmt man dabei an, wie dies etwa bei Achilles-Greiff Ziff. 1 zu § 675 BGB. geschieht, daß allen Dienst- und Werkverträgen eine Geschäftsbesorgung irgendwelcher Art zugrunde liegt (dagegen Oertmann ArbVertrR. S. 115/6), dann tritt der enge Zusammenhang zwischen Dienst- und Werkvertrag um so mehr hervor und bei Ausführung der Verpflichtung zur Geschäftsbesorgung wäre es regelmäßig gleichgültig, ob ein Dienst- oder Werkvertrag erfüllt wird. Richtiger wird man wohl den Begriff der Geschäftsbesorgung mit dem Kommentar von RGR. (Vorbem. 2 zu § 662 und Ziff. 1 zu § 675 BGB.) enger auffassen, als „eine selbständige Tätigkeit wirtschaftlicher Art, die für einen andern und in dessen Interesse vorgenommen wird, im Gegensatze zu Diensten, die keine selbständige Betätigung des Willens und der Überlegung fordern, ferner zu Diensten, denen eine Beziehung zu dem Vermögen des Geschäftsherrn fehlt, endlich zu Diensten und Tätigkeiten, die nur an einen andern und nicht für ihn geleistet werden“. Aber auch eine so gezeichnete Tätigkeit, z. B. die Anmeldung bei der Krankenkasse für einen andern wird meist den Erfolg in sich tragen und eben deshalb wieder als Ausführung eines Auftrags zwischen Dienst- und Werkvertrag liegen, z. B. äußerlich Werkvertrag sein, wenn man sich zur Anmeldung verpflichtet, Dienstvertrag, wenn man den Gang zur

Anmeldestelle übernimmt. Aber § 611 BGB. verpflichtet in beiden Fällen in gleicher Weise zur Leistung der versprochenen Dienste, die auch einen Erfolg enthalten und auch die Annahme einer Treupflicht des Ausführenden und eines Leitungsrechts des Geschäftsherrn führt zu keinem Gegensatze, ebensowenig, wie die Zuständigkeit der Gewerbegerichte. Lotmar Bd. 2 S. 855 f. Zu demselben Ergebnis gelangt man, wenn man mit Martius a. a. O. S. 15 f. den Werkvertrag als Unterart des Dienstvertrages behandelt, bei der vom Arbeitnehmer als Unternehmer die Gefahr übernommen wird. In allen diesen Fällen wird aber Arbeit versprochen. Von diesem weiten Begriffe der Arbeit geht auch das neue Buch Molitors, „Das Wesen des Arbeitsvertrages" aus, den Dienstvertrag als Tätigkeitsvertrag, den Werkvertrag als Erfolgsvertrag wertend. Auch der Werkvertrag zielt auf eine Tätigkeit, Überwindung eines Widerstandes (S. 7), etwa des Schlafes beim Wachevertrage. Die geistige Arbeit wird hier auf die körperliche zurückgeführt (S. 8), Arbeitsgegenstand sei stets der Körper der arbeitenden Menschen (S. 9). Vgl. dazu Göcke, „Der Arbeitsvorgang" in RArbBl. 1925 S. 397*. Molitor vergleicht je den Tätigkeits- und den Erfolgvertrag (S. 27), wobei die Tätigkeit ebenfalls einen Erfolg bildet, zu welchem aber beim Erfolgvertrage noch ein weiterer Erfolg kommen muß und zeigt die Verschiedenheiten hinsichtlich der Gefahr, Leitungsbefugnis und Lohnberechnung, während er auch hinsichtlich der Leistungsdauer (S. 48) annimmt, daß der Werkvertrag das Schuldverhältnis meist „auf einen bestimmten Erfüllungszeitpunkt konzentriert" (S. 49 u. oben S. 16), aber andrerseits den Sukzessivlieferungsvertrag im Arbeitsrecht als „Sukzessiverfolgsvertrag" betrachtet. Den Unterschied in der Behandlung des Tätigkeits- und des Erfolgsvertrages findet M. dann in der Schutzbedürftigkeit, der Unterordnung und wirtschaftlichen Unterlegenheit des Arbeitenden bei ersterem, wobei auch die längere Dauer von Einfluß sein soll (S. 73, aber auch im RArbBl. S. 81 *), begrifflich betrachtet aber M., wie bereits hervorgehoben wurde, beide Verträge als Arbeitsverträge, er erklärt nur, daß nach „dem in Deutschland gebräuchlichen Sinne" nur der Vertrag über abhängige Arbeit, den wir im zweiten Teile behandeln, Arbeitsvertrag sei (S. 111). Entscheidend ist aber, daß sowohl der Erfolg- wie der Tätigkeitsvertrag zum Gegenstand die Arbeit haben. Sie ist regelmäßig in Person zu leisten (§ 613 BGB.) und vor der Entgeltzahlung (§ 614

BGB.). Dagegen ist in den Fällen, in denen der Werkvertrag die Herstellung einer Sache enthält, Zug um Zug zu liefern und die Verpflichtung nähert sich der des Kaufes (§ 641 BGB.) — „Wesen des ArbVertr." S. 60 —, der sie im Werklieferungsvertrage des § 651 BGB. dann gleichgestellt wird. Freilich muß auch in diesen Fällen der Unternehmer das Werk herstellen oder herstellen lassen; eigene persönliche Tätigkeit des Unternehmers wird hier aber nicht vorausgesetzt, soweit das Gegenteil nicht vereinbart ist oder aus dem Inhalte des Vertrages sich ergibt. Letzteres wird sehr häufig dann der Fall sein, wenn es sich nicht darum handelt, daß ein genau bestimmtes Ergebnis, das auch von andern erzielt werden kann, vorliegt, sondern wenn das übernommene Werk gerade darin besteht, daß eine bestimmte Persönlichkeit (z. B. ein Künstler) eine Tätigkeit entfaltet. Der Arbeitgeber hat dann ein Recht auf diese Tätigkeit. Im übrigen geht der Anspruch des Arbeitgebers auf die Leistung der zugesagten Arbeit, nicht etwa auch regelmäßig dahin, daß der Pflichtige es unterläßt, in derselben Zeit einem andern Arbeit zu leisten RGZ. Bd. 72 S. 393 (Plenarentscheidung). Doch kann das Gegenstand einer besonderen Vereinbarung sein (Konkurrenzklausel in diesem Sinne).

Ist eine Arbeitsverschaffung zugesagt, so kann es sich um Arbeit handeln, die durch Gehilfen zu leisten ist oder um die Verpflichtung zur Stellung und Besoldung eines Bediensteten (Seuff. Arch. Bd. 68 Nr. 231 gegen RGZ. Bd. 82 S. 427; Seuff. Arch. Bd. 68 Nr. 124; dazu v. Gierke a. a. O. Bd. 3 S. 607 A. 56, RG. in LZ. Bd. 20 S. 643, Molitor in RArbBl. 1924 S. 144* sowie ArbV. S. 59 und oben § 8. Über Dienstvertrag und Werkvertrag im allgemeinen noch Staudinger Kommentar 7./8. Aufl. Vorbem. IV^a zu § 611 BGB. und Bem. 4 zu § 662 und Trachsel, Begriff und Abgrenzung des Werkvertrages.

Soweit der zur persönlichen Arbeitsleistung Verpflichtete sie verweigert und in allen Fällen, in denen über die Verpflichtung und Gegenleistung Streit entsteht, haben die Gerichte die Entscheidung zu treffen und im Falle der Verurteilung konnte nach § 888 I ZPO. in gewissen Fällen die geschuldete, ausschließlich vom Willen des Schuldners abhängige, Handlung durch Geldstrafen erzwungen werden. § 29 des Entwurfes läßt aber im Falle der Verurteilung zu einer Arbeitsleistung den § 888 I keine Anwendung finden, der nach § 888 II im Falle der Verurteilung zur Leistung von Diensten aus einem Dienstvertrage (anders bei Werkvertrag und Auftrag) auch nicht zur Anwendung kam, während bei vertretbaren Diensten ohnehin § 887 (Ermächtigung zur Vornahme), bei unvertretbaren § 893 (Interesse) galt. § 29 des Entwurfs („im Falle der Verurteilung zu einer Arbeitsleistung findet § 888 I ZPO. keine Anwendung") erweitert wohl mit Recht (vgl. Hueck, ArbVertr. S. 147 A. 23 gegen Bewer in LZ. 1924 S. 103 und Richter, RABl. 1924 S. 233*) § 888 II über den eigentlichen Dienstvertrag hinaus, nach der Denkschrift S. 16 zunächst auf die Heimwerker, tatsächlich auch auf Werkvertrag und Auftrag, zumal auch schon nach geltendem Rechte der Zwang entfiel, wenn die Leistung individuelle Fähigkeiten wie bei wissenschaftlicher und künstlerischer Tätigkeit voraussetzte (Stein I 2c zu § 888, Kohler im Arch. f. ziv. Pr. Bd. 80 S. 249 und Siber, Rechtszwang S. 162). Wohl aber finden nach § 46 IV des Entwurfes die Vorschriften über Schadensersatz nach §§ 842—847 BGB. insbesondere mit der Verfahrensvorschrift des § 51 I GGG. Anwendung. Aubele in D.R.Z. 1924 S. 454.

Führt schließlich auch der Werkvertrag wenigstens in zahlreichen Fällen zum Arbeitsverhältnis und zur Arbeitspflicht, so muß insoweit auch die Zuständigkeit der Arbeitsgerichte gehen. Soweit es sich hier um persönliche Leistungen handelt, die Arbeitskraft während des Rechtsstreits brach liegt und der Arbeitsverpflichtete nicht lange auf die Entscheidung warten kann, ist das Bedürfnis nach schleuniger und fachlicher Rechtsprechung gegeben, wenn nicht Kauf anzunehmen ist. Kann der arme Flickschneider länger auf seinen Lohn warten wie der Werkmeister eines großen Betriebes? Der Entwurf des Arbeitsrechtsausschusses hatte die Arbeitsgerichte nur für „angestellte oder unselbständige oder nur für fremde Rechnung beschäftigte Personen und Erwerbslose, die nachweislich in einer solchen (?) Beschäftigung standen", für zuständig erklärt, der Referenten-Entwurf für „im Dienste anderer gegen Entgelt und unselbständig beschäftigte Personen" einschließlich der Lehrlinge, ließ aber im § 4 auch Klagen gegen Arbeitgeber, Arbeitnehmer, von Dritten und gegen Dritte zu, wenn der Anspruch mit einem Arbeitsverhältnis im rechtlichem oder wirtschaftlichem Zusammenhange steht (vgl. Potthoffs Arbeitsrecht Bd. 9 S. 225 f.). Der jetzt vorliegende 3. Entwurf begründet die Zuständigkeit der Arbeitsgerichte für bürgerliche Rechtsstreitigkeiten zwischen Arbeitgebern und Arbeitnehmern aus dem Arbeits- oder Lehrverhältnis und aus Verhandlungen über Eingehung eines Arbeits- oder Lehrverhältnisses, sowie zwischen Arbeitnehmern aus gemeinsamer Arbeit und begreift unter Arbeitnehmern Arbeiter und Angestellte einschließlich der Lehrlinge und von „Personen, die, ohne angestellt zu sein, im Auftrag und für Rechnung bestimmter anderer Personen Arbeit leisten (Heimgewerbetreibende und sonstige arbeitnehmerähnliche Personen) und zwar auch dann, wenn sie die Roh- oder Hilfsstoffe selbst beschaffen". Damit würde der Werkvertrag vielfach unter die Zuständigkeit der Arbeitsgerichte fallen. Vgl. KG. im GKG. 1924 S. 290 auf die Berufung eines wegen Unzuständigkeit des Gerichts zuerst vom Arbeitsgericht und dann vom bürgerlichen Gericht abgewiesenen Stundenbuchhalters. Die gerade hier sehr geistvollen Ausführungen Molitors (vgl. z. B. RArbBl. 1924 S. 82*f.) legen dar, daß die Folgen, welche der Entwurf eines ArbVertrGes. gerade an die abhängige Arbeit knüpfen will, meist gar nicht aus dem Arbeitsvertrage sich ergeben, sondern mit der Tatsache der Leistung der Arbeit, mit der Arbeit im Erfüllungszustande, der Beschäftigung, zusammenhängen, an welche der Entwurf auch das Entgelt unmittelbar anknüpft.

IV. Art und Umfang der Arbeit richten sich in erster Linie ebenfalls nach der Vereinbarung, soweit nicht unabdingbare Vorschriften entgegenstehen, mangels solcher Vereinbarung nach Fach-, Orts- oder Betriebsüblichkeit und, wenn auch solche nicht besteht, ist angemessene Arbeit zu leisten. Der Entwurf § 18 läßt in der Fassung die überwiegende Bedeutung der Vereinbarung — vgl. auch Hueck, ArbeitsvertrR. S. 63 — nicht hervortreten, wenn er die Fach-, Orts- und Betriebsüblichkeit entscheiden läßt, „soweit Rechtsvorschrift oder Vereinbarung nichts anderes ergeben", in letzter Linie gilt auch hier „angemessene Arbeit als stillschweigend vereinbart", d. h. Art und Umfang müssen angemessen sein. Vgl. Molitor ArbV. S. 118. In der Erwerbslosenfürsorge (oben § 14 unter III 3) kann die Arbeit als „unangemessen" zurückgewiesen werden, wenn ein nicht entsprechender, insbesondere nicht ortsüblicher Lohn geboten wird, die Unterkunft sittlich bedenklich ist, Streikarbeit in Frage kommt usw. Während es sich dort um die Angemessenheit des Entgelts handelt und ob die Arbeit hienach oder aus anderen Gründen zumutbar ist, kommt hier die Angemessenheit der Arbeit für das Entgelt als Leistung mittlerer Art und Güte in Frage. Molitor a. a. O. S. 201* hält mit Recht ebenso wie Kreller a. a. O. S. 294 den Hinweis auf die Angemessenheit wie auf die Üblichkeit im Gesetze wegen der allgemeinen Vorschrift des § 242 BGB. für entbehrlich und letzterer schlägt die Fassung vor: Der Arbeitnehmer hat Arbeit zu leisten, die nach Art und Güte den mit Rücksicht auf die Art der Beschäftigung billigerweise zu stellenden Anforderungen entspricht. Tatsächlich hat für Art und Umfang der Arbeitsleistung — die Güte ist später zu erörtern — zunächst die Bestimmung des Arbeitgebers nach billigem Ermessen zu entscheiden, die ein Ausfluß seiner Leitungsbefugnis ist und in § 18 des Entwurfes mit Unrecht übergangen wurde. Dagegen ist dieser Leitungsbefugnis im § 19 Rechnung getragen, wenn dort ausgesprochen ist, daß der Arbeitgeber Anfang und Ende der Arbeitszeit und der Pausen regelt. Das kann ebensogut für die unabhängige Arbeit gelten z. B. wenn ein Handwerker für einen Betrieb arbeitet. Der Arbeitgeber hat in solchen Fällen neben seinen eigenen Bedürfnissen bzw. denen seines Betriebes auch die des Arbeitnehmers, dieser auch die des Arbeitgebers nach den Grundsätzen der Arbeitsgemeinschaft zu berücksichtigen, alles dies innerhalb der Grenzen des Arbeitsvertrages, nach Kreller S. 296 „im Rahmen der geltenden Sätze und Vereinbarungen". Aber auch über die Grenzen des Vertrages hinaus kann ausnahmsweise der Arbeitnehmer verpflichtet sein, bei dringendem Bedarfe vorübergehend (vgl. dagegen § 84 Z. 3 BGB.) mehr oder andere als die im Vertrag übernommene Arbeit zu leisten, wenn es ihm billigerweise zugemutet werden kann. Das spricht in der Tat § 20 des Entwurfes schlechthin aus, wobei mit Kreller S. 308 zu ergänzen sein wird: auf Verlangen des Arbeitgebers. Ob freilich die Anforderung auch an denjenigen gestellt werden kann, der sich zu einem zeitlich genau bestimmten „Tagwerk" oder auch zu einem vereinzelten Akkord verpflichtet hat, mag bezweifelt werden, sicher gilt der Satz für Serienakkorde (vgl. unten) und fortlaufende Dienstverträge, vgl. RG. in LZ. 1913 S. 475 n° 1, aber doch auch in einer gewissen Beschränkung auf die Art der zuzumutenden Arbeit. Im übrigen ist Mehrarbeit, falls sie nicht nach Rechtsvorschrift oder Abrede durch Freizeit ausgeglichen wird, angemessen, d. h. regelmäßig über den üblichen Lohn hinaus, zu vergüten. Vgl. § 20 Abs. 1 S. 2 des Entwurfes. Ein solcher Anspruch, der ein wichtiges Korrelat für die Überschreitung der Arbeitszeit bildet, ist so bedeutungsvoll, daß er zu denjenigen gehört, auf welche, um die Ausbeutung des Arbeiters zu hindern, durch diesen nicht im voraus verzichtet werden kann. Vgl. § 20 Abs. 1 S. 3 des Entwurfes. Eine besondere Frage bildet es dann, ob der „dringende Bedarf", der den Arbeiter zur Mehrarbeit verpflichtet, auch im Falle des Streikes als Grund für die Übernahme von Streikarbeit anzuerkennen ist. Diese Frage beantwortet § 21 des Entwurfes im ganzen zutreffend dahin, daß Arbeitskampf im eigenen oder fremden Betriebe die Zumutung im Vertrage nicht übernommener Arbeit nur soweit rechtfertigt, als es sich um eine Abwendung unmittelbarer Gefahr für den Betrieb oder die Allgemeinheit, insbesondere um die Erhaltung der Betriebsanlagen (vgl. oben § 14 II a. E.) oder um Fortführung gemeinnötiger Betriebe, handelt. Dabei ist aber doch noch weiter zu unterscheiden. Leistung gesetzlich verbotener oder sittenwidriger Arbeit kann überhaupt nicht verlangt werden. Lotmar Bd. 1 S. 110 f. Vom Standpunkte des Arbeiters aus wird ihm daher direkte Streik-Arbeit d. h. solche, die bisher von Streikenden geleistet wurde, nicht zugemutet werden können — vgl. Lotmar a. a. O. und Kaskel, ArbeitsR. S. 74 und Anm. 6 —, weil ihm das unsittlich erscheint. Wohl aber wird für sonstige, bisher von dem Betreffenden noch nicht geleistete, Arbeit das Obige gelten. Vgl. Denkschrift S. 16, die aber nicht, wie das Gesetz, von „im Vertrage nicht übernommenen Arbeit" als direkter Streik-Arbeit, sondern von der eigenen Arbeit spricht: Die Tätigkeit streikender oder ausgesperrter Berufsgenossen brauche der Arbeitnehmer überhaupt nicht zu leisten. Vgl. Hans. GZ. (ArbR.) 1925 S. 205 mit Besprechung von Hueck; Molitor S. 119 versteht auch das Gesetz so, obwohl es ausdrücklich vom Gegenteil spreche, während Groh S. 88 meint, der Entwurf billige offenbar nicht die Ansicht Lotmars und zwinge überdies den Arbeiter zur Übernahme nicht vertraglicher Arbeit, wenn es sich um Notarbeit handelt. Erdel, Individuelles Arbeitsrecht 1924: Der Entwurf läßt die Zumutung direkter Streikarbeit zu. Was aber für die eigene Arbeit im Streike zu gelten hat, ist bei den allgemeinen Grundsätzen für den Streik zu entwickeln.

Schrifttum: Lotmar im ArbeitsR. Bd. 2 S. 265 ff., Oertmann im GKG. Bd. 21 S. 193 ff., Schiedsspruch vom 23. Okt. 1920 im RArbBl. 1921 S. 213, Hueck, ArbVertrR. S. 65.

V. Das Maß von Sorgfalt, für das der Arbeitnehmer einzustehen hat, läßt sich nicht allgemein bestimmen, wohl aber mit § 15 S. 1 des Entwurfes (vgl. Art. 328 des Schweizer OblR. und v. Gierke a. a. O. Bd. 3 S. 609) dahin, abgesehen von § 242 BGB., feststellen, daß es sich nach den Besonderheiten des Arbeitsverhältnisses und den Fähigkeiten und Eigenschaften des Arbeitnehmers" richtet, so daß hienach ein objektiv-subjektiver Maßstab in Frage kommt, vgl. Molitor ArbVertr. S. 120 unter Hinweis auf diese Neuerung gegenüber dem übrigen Schuldrecht. Der Arbeitnehmer haftet hienach z. B. für selbstverschuldete oder arglistig sowie grobfahrlässig verschwiegene Mängel. Wenn der Entwurf nach dem Muster des schweizerischen Gesetzes dabei fortfährt: „die der Arbeitgeber kennt oder kennen muß", weiß man nicht, ob diese Kenntnis eine Einschränkung für die Sorgfaltspflicht des Arbeiters sein soll, was zu verneinen wäre, da der Arbeitnehmer schlechthin zur bestmöglichsten Verwendung seiner Fähigkeiten verpflichtet ist, oder ob der Satz nur die Selbstverständlichkeit feststellen soll, daß der Arbeitgeber diese Fähigkeiten regelmäßig kennt und die Forderung damit verbindet, daß dem Arbeitgeber diese Kenntnis zugemutet und entgegen gehalten werden kann, was vielleicht für handwerkliche, sicher aber nicht für großbetriebliche Verhältnisse in weiterem Umfange zuzugeben wäre; nur die Pflicht, gewisse Fähigkeiten des Arbeitnehmers beim Vertragsschlusse zu prüfen (vgl. dagegen Molitor S. 202* und Kreller S. 290) wird man dem Arbeitgeber auferlegen können. Jedenfalls aber wird man sagen dürfen, daß Eigenschaften und Fähigkeiten, deren Nichtvorhandensein der Arbeitgeber bei Abschluß des Arbeitsvertrages kannte oder nur infolge grober Fahrlässigkeit nicht kannte, nicht beansprucht werden dürfen. Über § 15 S. 2 des Entwurfes vgl. unten zu § 34 bei der Frage der Regelung des Akkordvertrages. Der Inhalt dieses Satzes, daß auch der Akkordarbeiter an die Arbeitszeit im Betriebe gebunden ist, wird sich regelmäßig aus den Betriebssatzungen ergeben. Noch in weiterem Umfang gilt das für § 16 des Entwurfes: „Bemerkt der Arbeitnehmer Störungen im Arbeitsvorgange, wie Materialmangel, Fehler an Stoffen, Maschinen oder Werkzeugen oder sieht er solche Störungen voraus, so ist er zur unverzüglichen Anzeige verpflichtet." Diese Vorschrift, die an sich auch für das Arbeitsrecht i. w. S. von Bedeutung ist, wird regelmäßig im Arbeitsvertrage, Tarifvertrage, der Arbeitsordnung oder den Betriebsvorschriften ihren Platz haben; ist das nicht der Fall, so wird eine solche Anzeigepflicht sich meist jetzt schon aus § 666 BGB. ergeben; es wird aber keine Veranlassung bestehen, sie im gesetzlichen Wege über die allgemeine Bestimmung des § 666 BGB. hinaus zu begründen. Auf keinen Fall ist dies angezeigt hinsichtlich der vom Arbeiter vorausgesehenen Störungen, da diese Voraussicht bei der Stellung des Arbeiters im Vergleiche zu der des Arbeitgebers niemals so sicher sein kann, daß eine solche gesetzliche Verpflichtung zu begründen wäre. Molitor (a. a. O. S. 202*) und Kreller (a. a. O. S. 286) ziehen aus den Bestimmungen des § 15 noch weitere Schlüsse, insbesondere Molitor unter Hinweis auf § 66 des Entwurfes für die Folgen der nicht genügenden Arbeitsweise. § 66 ist eine Sonderbestimmung für den Akkord und kann erst in Verbindung mit diesem besprochen werden. Die Frage aber, die sich aus dem Umstand ergibt, daß § 15 neben objektiven auch subjektive Maßstäbe verwendet, wieweit der Arbeitnehmer für seine Fähigkeiten und Eigenschaften, d. h. für Mängel seiner Arbeitskraft entsprechend der Mängelhaftung beim Kauf einsteht, ist nach dem Vorgange Krellers aus den allgemeinen Bestimmungen des BGB. zu lösen. Selbstverständlich kämen Handlungen, die sich nicht als die geschuldete Arbeit darstellen, überhaupt nicht als Erfüllung in Betracht. Aber wenn Kreller (S. 288) „jedes Zurückbleiben der zeitgebundenen Arbeit hinter dem Normalmaß auch beim Zeitlohnvertrag eine teilweise Unmöglichkeit" nennt, durch welche Schadensersatzansprüche ausgelöst würden, so verkennt er doch den Unterschied zwischen Zeitlohnvertrag und Akkord, indem bei letzterem, nicht aber bei ersterem für Unterwirkung gehaftet wird. Vgl. Lotmar Bd. 2 S. 40. Also nicht erst „durch den Ablauf der Arbeitszeit" wird hier der Arbeitnehmer frei. Beim Akkord schützen die Bestimmungen des § 633 BGB. hinsichtlich der Güte der Arbeit. Regelmäßig ist es beim Zeitlohnvertrag Sache des Arbeitgebers, in der Werkstatt usw. die Arbeit zu beaufsichtigen. Etwas anderes ist es freilich, wenn der Arbeitnehmer den Mangel für die Eingehung des Arbeitsvertrages bedeutsamer Eigenschaften fahrlässig oder vorsätzlich beim Vertragsschlusse verschwiegen hat. Vgl. Heldrich, Das Verschulden bei Vertragsabschluß 1924. Molitor gibt (S. 202*, ArbVertr. S. 124), abgesehen von der allenfalls außerordentlichen Kündigung, Klage auf Herabsetzung des Lohnes, die das Gesetz einführen soll (wenigstens dispositiv) und Schadensersatz. Kreller (S. 289) geht noch weiter und läßt den Arbeitnehmer schlechthin das Vorhandensein der vorausgesetzten Fähigkeiten vertreten („er hat dafür einzustehen, daß er zur Zeit der Einstellung die für eine solche Arbeitsleistung erforderlichen persönlichen Fähigkeiten und Eigenschaften besitzt, soweit nicht der Arbeitgeber zu dieser Zeit den Mangel kennt oder kennen muß" — S. 294/5 —). Leistet aber der Arbeitnehmer Arbeit, wenn auch schlechte, so hat er den Zeitlohn zu fordern und braucht nur für arglistige oder fahrlässige Täuschung beim Vertragsabschluß einzustehen, durch die Schadensersatz begründet wird, alles andere widerstreitet hier dem Grundsatze des Zeitlohnvertrages, so lange dieser besteht.

VI. Damit haben wir das Was? und Wie? der Arbeitspflicht erörtert. Dabei ist noch die Frage zu behandeln, wer als Verpflichteter und wer als Berechtigter der Arbeit in Betracht kommt bzw. inwieweit die Arbeit durch andere und für andere geleistet werden kann. Oben zu § 8 Ziff. X wurde schon die Möglichkeit der Stellvertretung erwähnt. Nach § 613 BGB. wie nach § 23 des Entwurfes ist die Arbeit im Zweifel vom Arbeitnehmer persönlich zu leisten. Es wird sich empfehlen, diesen Grundsatz beizubehalten, wenn auch eine Wiederholung neben § 613 nicht notwendig ist. Danach kann regelmäßig ein Stellvertreter vom Arbeitgeber zurückgewiesen werden und der verhinderte Arbeitnehmer ist zur Beibringung eines Stellvertreters nicht verpflichtet. Selbstverständlich gilt der Grundsatz nicht, wenn es sich nicht um einen Vertrag zur Leistung der Arbeit, sondern zur Verschaffung von Arbeitskräften handelt. Vgl. Molitor im RArbBl. a. a. O. S. 144*II, 205* ArbVertr. S. 79 und Kreller a. a. O. S. 302. Molitor weist darauf hin, daß, soweit der Arbeitnehmer sich an seiner Stelle einer Hilfsperson bedienen darf, Arbeitsvertrag mit Lösebefugnis durch Dienstverschaffung, und, soweit er sich der Hilfsperson bedienen muß, Arbeitsvertrag und Arbeitsbeschaffung vorliegt, meiner Ansicht nach vom Standpunkte des Arbeitgebers aus vorliegen kann; da letzterer nach § 110 des Entwurfes im Zweifel auch Arbeitgeber der Hilfsperson sein soll, so liegt, abgesehen von Gruppenakkord (unten § 34), entweder ein Arbeitsvertrag vor, bei dem der Arbeitnehmer sich eines Erfüllungsgehilfen, allenfalls Erfüllungsvertreters (Erdel Bd. 2 S. 100), bedient, oder ein doppelter Arbeitsvertrag. Vgl. auch Denkschrift S. 23, Janssen, Die Zeitcharter S. 31 und Schröder, Dienstverschaffungsvertrag,

Rostocker Diss. 1914. Die Leistung durch einen Dritten darf aber nur stattfinden, wenn der Schuldner nicht „in Person zu leisten hat" (§ 267 BGB.). Neben der Hilfsperson ist auch die Zwischenperson zu erwähnen, die als Zwischenmeister, Akkordant, Ferger usw. zwischen dem Unternehmer und dem Arbeitnehmer steht. Während der Gruppenführer der Eigenkolonne Geschäftsführer der Gesellschaft ist und der Gruppenführer der Arbeitskolonne den übrigen Mitgliedern Weisungen erteilen kann, ist der Zwischenmeister derjenige, der auf eigene Rechnung mit dem Unternehmer abschließt und zwischen ihm und dem Arbeitnehmer steht. Das Sozialrecht sucht den Zwischenmeister als solchen tunlichst zurückzudrängen und den Unternehmer als Arbeitgeber des Arbeitnehmers zu behandeln; jedenfalls haftet der Unternehmer gemäß § 111 des Entwurfes als selbstschuldnerischer Bürge für die Erfüllung der Arbeitgeberpflichten (vgl. auch die Denkschrift dazu).

Andrerseits ist nach § 613 S. 2 BGB. auch der Anspruch auf die Dienste im Zweifel nicht übertragbar, so daß der Arbeitgeber den Arbeiter nicht gegen dessen Willen an einen andern Arbeitgeber abgeben kann. S. 1 und S. 2 des § 613 sind gerade für das Arbeitsrecht i. w. S. von besonderer Bedeutung. Nun hat der Entwurf in den §§ 24—28 Auslegungsregeln gegeben, die nach der Denkschrift „den Bedürfnissen der Wirtschaft und dem tatsächlichen Brauch entsprechen", während schon im § 23 der Entwurf, sprachlich gewiß nicht schön und sachlich hinsichtlich der Vererblichkeit bedenklich (Kreller S. 363), ausspricht: „und ist der Anspruch auf die Arbeitsleistung unübertragbar und unvererblich", natürlich nur „im Zweifel", was vorausgestellt ist, aber zur größeren Sicherheit hinzuzusetzen wäre. Wenn der Anspruch auf die Dienste im Zweifel nicht übertragbar sein soll, muß unter allen Umständen geschieden werden zwischen einer einzelnen Arbeits- oder Dienstleistung und dem Eintritt in das ganze Arbeitsverhältnis als solches. Im ersten Falle wird es sich häufig um vertretbare Dienste handeln, bei denen in der Regel die Legitimation nicht näher geprüft wird, während allerdings z. B. der Arbeitgeber zweifellos das Recht hat, eine Stellvertretung abzulehnen, z. B. den Gesellen heimzuschicken und den Meister zu fordern; auch der Arbeitnehmer kann es hier ablehnen, für einen neuen Herrn, an den ihn der frühere abgibt, zu arbeiten, soweit nicht nur die Ausübung der Arbeitgeberstellung übertragen wird. Vgl. Hueck, ArbVertrR. S. 66,

Molitor ArbV. S. 180. Bei Übernahme der Arbeitspflicht durch einen anderen läßt Molitor ArbVertr. S. 180 den Arbeitsvertrag in einen Arbeitsverschaffungsvertrag übergehen, vgl. oben § 8 unter III und §§ 25 II und 111 des Entwurfes. Bei Eintritt eines andern in die ganze Arbeitgeberstellung handelt es sich um den Austritt des bisherigen Berechtigten aus dem Gläubigerverhältnis und Eintritt eines anderen Berechtigten wie im § 571 für den Mietvertrag, §§ 69 f. VVG. für den Versicherungsvertrag, § 28 VerlG. für den Verlagsvertrag. Vgl. Siber in Jherings Jahrb. Bd. 70 S. 227 f., 254 f., 294 und Demelius ebenda Bd. 72 S. 241 f., Molitor a. a. O. S. 205* und 144*, Kreller S. 302. Mit Recht wird geltend gemacht, daß dazu die Übereinstimmung aller Beteiligter zu fordern ist, mangels deren der Arbeitnehmer von der Verpflichtung zur Dienstleistung frei wird, ohne daß erst (RGZ. 58 S. 257) untersucht werden muß, ob die Übertragung notwendig war. Wenn das Reichsgericht die Unübertragbarkeit auf das Beamtenverhältnis nicht anwendet (Komm. v. RGR. Ziff. 2 zu § 613), so ist das keine beamtenrechtliche Abweichung von arbeitsrechtlichen Grundsätzen, sondern hängt mit den sofort zu besprechenden Grundsätzen hinsichtlich der Vererblichkeit zusammen, denen diejenigen über die Fusion, Verstaatlichung und die sonstigen Fälle der Universalsukzession gleichstehen: der Stadtbeamte geht von selbst in den Dienst der erweiterten Stadtgemeinde über, eben deshalb ist § 23 des Entwurfes bedenklich. Je unpersönlicher der Berechtigte ist, desto eher wird man die Möglichkeit zugeben können, den Anspruch auf die Dienste zugleich mit dem Unternehmen zu übertragen. Der § 24 läßt schlechthin und den § 23 damit ergänzend mit dem Unternehmen die Ansprüche auf die Arbeitsleistung im Zweifel auf die Erben übergehen. S. auch für das geltende Recht Oertmann im GKG. Bd. 29 S. 127. Der § 27 I des Entwurfes läßt aber (in den übrigen Fällen) die Möglichkeit zu, daß das Arbeitsverhältnis durch den Tod des Arbeitgebers erlischt und gibt für diesen Fall dem Arbeitnehmer gleichwohl Anspruch gegen den Erben auf das vertragsmäßige Entgelt bis zum nächsten gesetzlichen Kündigungszeitpunkte, während Hausgehilfen innerhalb dieser Zeit demjenigen, der den Haushalt fortführt, die vertragsmäßige Arbeit zu leisten haben, wenn sie ihnen billigerweise zuzumuten ist. Diese Bestimmung ist sowohl hinsichtlich der Regel wie hinsichtlich der Ausnahme bedenklich. Selbst Auftrag und Geschäftsbesorgung erlöschen nach §§ 672 und 675 BGB. im Zweifel nicht durch den Tod des Auftraggebers, für das Arbeitsverhältnis, das ein gesellschaftliches Zusammenwirken enthält, wird höchstens vom Gesellschaftsstandpunkt aus bei höchstpersönlichem Zusammenwirken (z. B. bei den Gehilfen eines Erfinders) ein Erlöschen durch den Tod in Frage kommen, sonst nach der herrschenden Ansicht nur bei Unmöglichwerden der Dienste, wobei Kreller (S. 304) wieder unterscheidet, ob die Dienstleistung durch den Tod von selbst unmöglich wird (z. B. Pflege eines Kranken) oder ob das Schuldverhältnis, wie etwa auch im Gesellschaftsverhältnis, durch die Parteivereinbarung auf die Lebenszeit überhaupt und nach jeder Richtung beschränkt wird. So wird also bei Übergang des Unternehmens auf die Erben, welchem Falle die Fortführung des Haushalts sicher durch den Erben, aber auch durch andere, gleichzustellen sein wird, und sonst auch regelmäßig das Arbeitsverhältnis fortdauern, soweit es nicht unmöglich wird oder auf die Lebenszeit beschränkt ist. Vgl. Molitor ArbVertrag S. 182/3 und das dort angeführte dänische Gesetz vom 6. Mai 1921, wo das Dienstverhältnis nach dem Tode des Arbeitgebers fortgesetzt wird. Selbstverständlich gehen auch die Verpflichtungen aus dem Arbeitsverhältnis auf den Erben über. Beiden Teilen muß aber das Recht der Kündigung zum nächstmöglichen Termine, bei wichtigem Grunde für sofort zustehen. Wird das Arbeitsverhältnis mit sofortiger Wirkung aufgelöst, dann wird die Bestimmung des § 27 I des Entwurfes und auch des Abs. 2 berechtigt: der Arbeitnehmer muß sich anrechnen lassen, was er durch die Befreiung von der Arbeit erspart oder anderweit verdient oder zu verdienen böswillig unterläßt, allenfalls auch dadurch, daß er nicht bei dem Geschäftsnachfolger im Dienste verbleibt. Auch die dem § 672 BGB. und dem § 137 HGB. nachgebildete Bestimmung des § 28 des Entwurfes erscheint berechtigt, daß, wenn das Arbeitsverhältnis durch den Tod des Arbeitgebers erlischt, der Arbeitnehmer übernommene Arbeit, mit deren Aufschub Gefahr verbunden ist, weiter zu leisten hat, bis der Erbe anderweitige Fürsorge treffen kann, jedoch nicht über die vertragsmäßige Dauer des Arbeitsverhältnisses hinaus und daß der Arbeitsvertrag zugunsten des Arbeitnehmers als fortbestehend gilt, so lange dieser nicht vom Tode des Arbeitgebers Kenntnis erlangt hat oder erlangen konnte.

Wie aber bei Vererbung des Unternehmens die Ansprüche auf Arbeitsleistung im Zweifel auf den Erben übergehen, so sind nach der zu billigenden Bestimmung des § 25 I im Entwurf diese Ansprüche im Zweifel übertragbar und übertragen, wenn ein Unternehmen veräußert oder aus einem anderen Rechtsgrunde (Pacht, Nießbrauch) von einem Dritten fortgeführt wird, worunter auch der Fall der Fortführung des ererbten Unternehmens fällt, so daß Kreller S. 306 f. den § 23 mit Rücksicht auf § 613 BGB. — bezüglich der Unvererblichkeit ist das Notwendige gesagt — und den § 24 des Entwurfes mit Recht für entbehrlich erachtet. Mit den Rechten aus dem Unternehmen gehen auch hier die Pflichten aus dem Arbeitsvertrage des früheren Arbeitgebers auf den neuen Arbeitgeber über. „Für ihre Erfüllung haftet der frühere Arbeitgeber bis zum 1. Zeitpunkte, zu dem der Arbeitgeber kündigen konnte, wie ein Bürge, der auf die Einrede der Vorausklage verzichtet hat" (§ 25 des Entwurfes). Ebenso ist es richtig, wie § 26 ausspricht, daß bei Veräußerung und Vererbung des Unternehmens der Arbeitsvertrag mit dem neuen Arbeitgeber zugunsten des Arbeitnehmers als auf unbestimmte Zeit abgeschlossen gilt, auch wenn mit dem alten Arbeitgeber eine bestimmte Vertragszeit vereinbart war. So auch Erdel Bd. 2 S. 100. Vgl. §§ 625, 568 BGB. Selbstverständlich muß dies für die beiden Teile des Vertragsverhältnisses gelten, nicht nur für den Arbeitnehmer, wie der Entwurf vorschlägt. Eine andere Frage ist es, ob dem Arbeitgeber die Fortsetzung des z. B. ererbten Betriebes mit Rücksicht auf das bestehende Vertragsverhältnis mit dem Arbeitnehmer stets zugemutet werden kann. Vgl. RG. in N. Z. f. ArbR. 1924 S. 491. Das ist zu verneinen. Es muß überhaupt im Einzelfalle festgestellt werden, ob das Unternehmen vom Erben tatsächlich fortgeführt oder ein Arbeitsverhältnis fortgesetzt wird. Königsberger in N. Z. f. ArbR. 1923 S. 299 f. Kaskel, Arbeitsrecht S. 74 weist auf die Möglichkeit hin, die Ankündigung des Arbeitgebers vom Geschäftsübergange zugleich als Kündigung und als etwaiges Anerbieten der Fortsetzung des Arbeitsverhältnisses zu gestalten. Die §§ 25 II, 26—28 sollen nach der Denkschrift „als Schutzvorschriften" unabdingbar sein, vgl. oben § 8 III und insbesondere § 13 I.

Schrifttum: Hueck, ArbVertr. S. 66 u. Anm. 11, insbesondere Titze a. a. O. S. 699, Oertmann, ArbVertrR. S. 120, RGZ. Bd. 58 S. 56.

B. Die Gehorsamspflicht.

I. Jede Arbeit, nicht nur die des Abhängigen, beugt den Willen des Arbeitenden unter den des Auftraggebers. Daraus folgt die erste Nebenpflicht jedes Arbeiters, sich bei Ausführung der Arbeit dem Willen des Arbeitgebers unterzuordnen oder, wie es der Entwurf (vgl. Richter im RArbBl. S. 232*) von Seite des Arbeitgebers aus betrachtet, dessen Recht, die Arbeit zu leiten. Nach § 20 S. 1 des Entwurfes ist der Arbeitnehmer zur Befolgung der Anweisungen verpflichtet, die der Arbeitgeber oder sein Vertreter hinsichtlich der Ausführung der Arbeit erteilt. Das ist wieder eine ganz allgemeine Bestimmung, die für das Recht der Arbeit i. w. S. volle Geltung beansprucht, ja das Dasein dieses weiteren Arbeitsrechts begründet. Das Leitungsrecht geht auf den Willen der Vertragsparteien zurück und „ist für jeden Vertrag notwendig, durch den der Arbeitnehmer dem Arbeitgeber zur mehr oder minder bestimmten Verwendung seine Arbeitskraft zur Verfügung stellt und ihm nicht nur ein bestimmtes Arbeitsergebnis herbeizuführen verspricht" — Molitor in N. Z. f. ArbZ. 1924 S. 328. Vgl. auch Kreller im ArbR. Bd. 11 S. 886. Dabei ergibt sich aus § 665 BGB. auch als selbstverständlich, daß unsittliche, strafbare, gesundheitsschädigende Befehle nicht ausgeführt werden müssen und von den Anordnungen abgewichen werden darf, wenn der Arbeiter nach den Umständen annehmen darf, daß der Arbeitgeber, dessen Entscheidung bei hinreichender Zeit einzuholen ist, die Abweichung billigen werde. Ist der Arbeiter, auch etwa als selbständiger Handwerker, in einen Betrieb eingefügt, so hat er nach S. 2 des § 30 den Anweisungen zur Erhaltung der Ordnung im Betriebe Folge zu leisten. Dabei bleiben nach S. 3 ebenda die für das Recht der abhängigen Arbeit auf Rechtsvorschrift beruhenden, nach dem Vorschlage Krellers: „im Rahmen der geltenden Gesetze und Vereinbarungen" entstandenen, Befugnisse der Arbeitnehmer zur Mitwirkung bei der Regelung der Betriebs- und Arbeitsverhältnisse vorbehalten. Die Leitungsbefugnis findet regelmäßig ihre Grenze, wo die Arbeit bzw. der Betrieb endet. Anweisungen über das Verhalten des Arbeitnehmers außerhalb des Betriebes kann für Volljährige (vgl. GO. § 134 b III) nach § 36 II des Entwurfes der Arbeitgeber nicht wirksam erteilen, es sei denn, daß sie durch Rücksicht auf die Arbeitsleistung oder bei Aufnahme in den Haushalt durch Rücksicht auf den geordneten

Haushalt geboten sind. Als Beispiel des ersteren Falls führt die Denkschrift die dem Chauffeur des Kraftwagens auferlegte Abstinenz und die Repräsentation des Reisenden oder Agenten an, Beispiele, die nicht notwendig dem Rechte des Abhängigen angehören. Kreller S. 294 schränkt, wohl nicht ganz berechtigt, die Ausnahme dahin ein, daß die Maßnahme durch ein besonderes Betriebsinteresse gerechtfertigt sein muß, womit die normalen Betriebsinteressen und die des Inhabers ausgeschlossen sein sollen. Es darf also danach z. B. die Rücksicht auf den Ruf des Unternehmens wie zu Vorschriften über den Aufwand des Reisenden zu solchen über Nichtspielen einer Künstlerkapelle zum Tanz führen, nicht aber die Sorge auf Erhöhung der Gütererzeugung zu Vorschriften über Enthaltung von Sonntagsvergnügungen. Erdel beschränkt mit Unrecht die Gehorsamspflicht auf das dienstliche Verhalten. Selbstverständlich brauchen rechts- und sittenwidrige Anweisungen, sowie solche, welche die Kraft des Arbeitnehmers übersteigen, auch hier nicht befolgt zu werden. Molitor, ArbVertr. S. 127. Die Leitungsbefugnis hinsichtlich des Akkords ist weiter unten zu besprechen. Vgl. auch oben § 15 unter IV. Molitor S. 203* und ArbVertr. S. 129 folgert mit Recht, daß die Leitungsbefugnis zur Beaufsichtigung führt, ob denn die Leitungsanordnungen befolgt werden, und wenn diese Beaufsichtigung nicht genügend ausgeübt wird, zu Meldungspflichten der Arbeiter, wie sie in dem vom Entwurfe nicht übernommenen § 666 BGB. und insbesondere in § 16 des Entwurfes aufgeführt sind. Vgl. § 15 V oben. Die Pflicht zum Tätigkeitsbericht und dann zur Rechnungslegung führt allenfalls zu Herausgabepflichten des Arbeiters (§ 667 BGB.). Endlich weist Molitor noch auf die Meldungspflicht bei Arbeitsverhinderung und auf die Glaubhaftmachungspflicht hinsichtlich der letzteren zur etwaigen gesetzlichen Regelung hin (vgl. Entwurf § 80 und Kreller S. 310), während ich oben in § 15 V schon diese Einzelfragen der autonomen Regelung vorbehalten wollte; eine zu große Spezialisierung im Gesetz empfiehlt sich nicht. Wenn aus der Arbeitsverhinderung dabei von Molitor a. a. O. S. 203* noch die Pflicht zur Bestellung eines Vertreters wie nach § 9 des österreichischen Güterbeamtengesetzes vom 13. Jan. 1914 und hinsichtlich der Möglichkeit der Bestellung nach Art. 10 des belgischen Gesetzes über den Arbeitsvertrag vom 14. März 1900 allenfalls abgeleitet wird, so wurde oben § 15 V bereits hervorgehoben, daß die Arbeit im Zweifel persönlich zu leisten ist und daß deshalb regelmäßig der Arbeiter keinen Stellvertreter bei Verhinderung zu stellen braucht, was ihm auch meist unmöglich sein wird; eine solche Pflicht zur Stellvertretung wird deshalb nur in seltenen Fällen begründet werden können. Verletzung der Gehorsamspflicht und des zwischen Arbeitgeber und Arbeitnehmer gebührenden Verhaltens kann beiderseits zur fristlosen Kündigung führen (§§ 123 Ziff. 5, 133c Ziff. 5 GO., § 72 Ziff. 4 HGB.).

Schrifttum: Hueck, ArbVertragsR., S. 26 und 104, Oertmann, ArbVertragsR. S. 32, Groh, Deutsches Arbeitsrecht S. 86.

II. In engem Zusammenhange mit dem Leitungsrechte des Arbeitgebers steht seine Disziplinar- und Strafgewalt. In der Hauptsache gehört sie dem Arbeitsrechte der Abhängigen an und ist dort zu besprechen, soweit dadurch Ordnung im Betriebe gesichert werden soll. Vgl. besonders Oertmann, ArbVertrR. S. 28. Es kann sich aber sehr wohl im Arbeitsrecht auch um Vertragsstrafen handeln, die durch Vertrag begründet vor allem einen nicht meßbaren, dem Arbeitgeber vom Arbeitnehmer verursachten Schaden gutmachen sollen und auch im weiteren Arbeitsrechte vorkommen. Sie unterliegen dem richterlichen Ermäßigungsrechte des § 343 BGB. Übrigens wird auch die Strafe im Betriebsrechte von manchen Seiten (vgl. Landmann-Rohmer, GO., Anm. 2i zu § 115 und Kaskel, Arbeitsrecht S. 107) als Vertragsstrafe behandelt oder doch, wie von Kreller S. 318, auf den gleichen Zweck mit der Folge zurückgeführt, daß jede Privatbuße ebenso durch Einzelvereinbarung oder Gesetz wie durch Tarifvertrag oder Betriebssatzung angedroht werden kann. In der Tat erklärt die Denkschrift zum Entwurfe S. 16 II, daß die bisherige strenge Trennung zwischen Privatstrafe und Ordnungsstrafe fallen gelassen werde. Tatsächlich bestehe ein scharfer Unterschied nicht. Auch die Ordnungsstrafe diene in der Regel zur Hinderung eines Schadens und zum Ausgleich eines Verlustes und Vertragsstrafen würden vereinbart ohne Rücksicht darauf, ob das vertragswidrige Verhalten einen Schaden hervorruft. Alle Strafen, die dem Arbeitnehmer angedroht werden, sind vielmehr mit Recht im § 31 des Entwurfes an 2 Voraussetzungen gebunden:

1. sie müssen sich auf bestimmt bezeichnete Pflichtverletzungen beziehen,

2. sie sind nur zulässig, wenn sie vom Arbeitnehmer schriftlich versprochen oder wenn sie durch Tarif- oder Betriebssatzung vorgesehen sind. Zurzeit gilt aber noch mündliche Vereinbarung. Erdel S. 103.

Die Hauptbedeutung der Frage liegt im Rechte der Abhängigen und ist dort zu behandeln. Auch ob die Betriebsstrafen, wie Oertmann a. a. O. S. 28 (dagegen Denkschrift) und Molitor S. 205*, ArbVertr. S. 137, annehmen, Ordnungsstrafen sind, die nicht dem richterlichen Herabsetzungsrecht unterliegen (so Denecke in N. Z. f. AR. 1923 S. 514), ist im Arbeitsrechte der Abhängigen zu entscheiden. Nach ausdrücklicher Vorschrift des § 41 des Entwurfes haftet der Arbeitnehmer, der für den Fall der Zuwiderhandlung gegen ein Wettbewerbsverbot eine Strafe versprochen hat, nur nach § 340 BGB. und es findet § 343 Anwendung. Zu Unrecht will Molitor S. 205*, ArbVertr. S. 135 bezweifeln, ob auf diese Bestimmung das Recht des § 31 Anwendung zu finden habe, weil das im bisherigen Rechte nicht der Fall sei und es zweifelhaft sei, ob eine Änderung beabsichtigt sei. Aber die Bestimmung des § 31 ist ganz allgemein und in §§ 75c, 74 HGB. ist Schriftlichkeit schon verlangt sowie auf §§ 340, 343 BGB. verwiesen. Kreller S. 320 will sogar alle Strafmaßnahmen, einschließlich der lex commissoria im Sinne der §§ 360, 1149, 1229 BGB. und §§ 134^{I}, $134b^{I}$ Nr. 5 der GO., unter § 31 begriffen haben. Wenn er vorschlägt, daß in der Androhung stets Art und Höchstmaß der Strafe bestimmt sein soll, so wird das auf die „Androhung im Wege der Einzelvereinbarung, die vom Arbeitnehmer eigenhändig unterschrieben ist", nicht recht passen. Man kann freilich auch im Wege der Einzelvereinbarung einen Strafrahmen festsetzen (Kreller S. 323 A. 117), aber das setzt doch Verhältnisse voraus, die selten vorhanden sein werden, zumal auch über die Bestimmung der im Einzelfalle verwirkten Norm Anordnungen getroffen werden müssen. Alle Strafen, die nur zum Schutze des Arbeitgebers vereinbart sind, stellen Ansprüche desselben gegen den Arbeitnehmer dar.

Die Gehorsamspflicht bleibt aber stets eine vertragsmäßige und deshalb privatrechtliche, sie beruht auf dem Zwecke des Arbeitsvertrages und dient zu dessen Durchführung; eine öffentlichrechtliche Gewalt kommt dem Arbeitgeber nie zu, vgl. Molitor a. a. O. S. 205*, ArbVertr. S. 133.

C. Die Treupflicht.

Mit der Gehorsamspflicht im engen Zusammenhange steht die Treupflicht, die dem Treuverhältnis entspricht, das zwischen Arbeitgeber und Arbeitnehmer seit alten Zeiten im Dienstvertrage, das aber begrifflich auch in jedem Arbeitsvertrage besteht. Dieses Treuverhältnis ist zweiseitig, die überwiegenden Treupflichten entstehen aber auf Seite des Arbeitnehmers. Richtig umschreibt Molitor S. 203*, ArbVertr. S. 129 die allgemeine Treupflicht des Arbeitnehmers dahin, daß dieser die Belange des Arbeitgebers, dem er seine Arbeitskraft zur Verfügung stellt, in einem dem Zweck entsprechenden Maße fördern soll, allenfalls auf Kosten fremder und eigener Belange, welch letztere dann durch den Arbeitgeber auszugleichen sind. Die Treupflicht wird häufig das Arbeitsverhältnis überdauern, andererseits kann sie durch das öffentliche Recht beschränkt und aufgehoben werden. Sie bezieht sich heute in der Hauptsache auf die wirtschaftlichen Verhältnisse des Arbeitgebers und steigt mit dem Grade der Verbundenheit zwischen den Parteien. Vgl. Kaskel, ArbR. S. 78. Die Pflicht zu achtungsvollem Verhalten kann man aus der Unterordnungspflicht oder der Treupflicht ableiten. Die Pflicht, den Arbeitgeber durch Handlungen und Unterlassungen zu fördern, kann ebenfalls zu der weiteren Pflicht führen, von gewissen Verhältnissen und Zuständen dem Arbeitgeber Nachricht zu geben, Anzeigen zu erstatten, gewisse Tätigkeiten zu unterlassen. Im einzelnen wird es oft schwer sein zu sagen, ob eine Anzeige über Betriebsvorgänge oder eine Zeugenaussage die Treupflicht verletzt oder nicht. Sie dauert über das Arbeitsverhältnis weit hinaus, wobei aber Vereinbarungen möglich sind.

Schrifttum: Molitor, ArbVertr. S. 129. Vgl. auch Oertmann, ArbVertrR. S. 20, Hueck ebenda S. 104 und oben § 15 V; vor allem Kreller S. 309, Molitor S. 203*, ArbVertr. S. 129.

Der Entwurf leitet besondere Einzelpflichten ab, die zum Teil dem Arbeitsrecht i. e. S. angehören, aber doch hier gemeinsam zu besprechen sind: Enthaltung von Nebentätigkeiten, Wettbewerbsverbot, Schweigepflicht und Pflicht zur Nichtannahme von Schmiergeldern, wozu noch die pflegliche Behandlung anvertrauter Gegenstände, gewisse Pflichten im Erfinderrecht (§§ 18 f. unten) usw. kommen.

I. Die Enthaltung von Nebentätigkeiten wird im Entwurfe (§ 34) grundsätzlich nicht gefordert, vielmehr im Zweifel dem Arbeitnehmer das Recht auch zur entgeltlichen Nebentätigkeit eingeräumt, falls sie nicht in den Erwerbszweig des Arbeitgebers einschlägt und die Leistung für ihn nicht beeinträchtigt. Dieser Standpunkt ist der des Arbeitsrechts i. w. S., wo ja grundsätzlich jeder die Freiheit hat, mit jedem anderen abzuschließen. Aber wenn die Denkschrift die Bestimmung damit begründet, daß die meisten Arbeitnehmer sich nur noch für eine beschränkte tägliche Dauer zur Tätigkeit für den Arbeitgeber verpflichten können (Arbeitszeitgesetze) und ihnen deshalb die Möglichkeit zu anderer Tätigkeit offengehalten werden müsse, so widerstreitet das der Begründung, mit der diese Arbeitszeitgesetze gefordert werden, daß eine Arbeit über die zugelassene Zeit ungesund sei, die Familien- und Staatsbürger-Rechte des Arbeiters beeinträchtige und daß durch die Zeitgrenze die Arbeit wertvoller und ergiebiger für den Arbeitgeber werde. Während des gesetzlichen Urlaubs darf auch der Arbeiter wohl aus gleichem Grunde keine dem Urlaubszwecke widersprechende Erwerbsarbeit nach § 98 des Entwurfes leisten. Der Buchdruckertarif verbietet entgeltliche Arbeit während des Urlaubs, vgl. HansGZeit. (ArbR.) 1925 S. 189 und Besprechung von Siemsen. So greift eine weitere Beschäftigung bei andern auch hier unmittelbar in die Rechte des Arbeitgebers ein, abgesehen davon, daß nur der Arbeitgeber bestraft wird, wenn er den Arbeitnehmer über die Höchstzeit beschäftigt, daß diesem aber die Tätigkeit bei anderen „offengehalten" wird. Dieser Widerspruch ist unerträglich und es sollte dem Arbeiter jede Tätigkeit in seinem Arbeitsbereiche verboten werden — eine anderweite Tätigkeit mag anregend wirken —, womit das Verbot der sog. Pfuscharbeit von selbst gegeben wäre, während der Nachweis sehr schwierig sein wird, ob die Tätigkeit des Arbeiters „in den Erwerbszweig des Arbeitgebers einschlägt und seine Leistung für ihn nicht beeinträchtigt", wie auf der anderen Seite vorgeschlagen wird. Vgl. auch Silberschmidt, Die Arbeitszeit im Entwurf eines A. ArbVG., im Arbeitgeber 1925 S. 463 und Potthoff, Straflose Überarbeit in N. Z. f. ArbR. 1925 S. 579.

II. Das Wettbewerbsverbot für die Zeit während und nach der Dienstzeit ist dem HGB. nachgebildet und hat sich dort bewährt. Der Reichstag hat Ausdehnung des Verbots auf alle

Angestellten gewünscht und eine dahingehende Vorlage ist gemacht worden (RArbBl. 1922 S. 346). Das Verbot geht einmal dahin, sich während der Dienstzeit ohne Einwilligung des Arbeitgebers nicht an Erwerbsgeschäften zu beteiligen, die diesen durch Wettbewerb zu schädigen geeignet sind (§ 35 gegenüber §§ 60 und 61 HGB.). Dieses Verbot würde an sich auch schon die Pfuscharbeit nach I umfassen. S. Hanseat. GZ. (ArbR.) 1924 S. 820, ebenda S. 51 und 113. Die vertraglichen Wettbewerbsbeschränkungen sodann sind denjenigen in §§ 74 f. HGB. nachgebildet (vgl. oben § 7). Auch hier bestehen aber, wie gegenüber dem BGB., technische Änderungen, nach der Denkschrift „eine knappere, übersichtliche Formung". Zunächst sind in § 37 als „nichtig" acht Fälle zusammengefaßt, von denen Ziff. 6 und 8 in § 74 a I (vgl. §§ 71, 75) HGB. als „unverbindlich", Ziff. 5 dort unter der Form „das Verbot kann nicht ... erstreckt werden" behandelt ist, während für Ziff. 4, 1, 3 und einen weiteren Fall in § 74 a II gleichfalls Nichtigkeit angedroht ist. Unwirksamkeit und Nichtigkeit sind aber keineswegs gleichbedeutend, vgl. Silberschmidt, „Unwirksamkeit und Nichtigkeit des Rechtsgeschäfts" in Bayr. RPflZ. 1914 S. 133. Materiell hat man sich nicht mit der Regelung der GO. §§ 133 f. begnügt, daß das Wettbewerbsverbot nach Ort, Zeit und Gegenstand beschränkt sein müsse, sondern die Bestimmungen des HGB. zugrunde gelegt. Das Verbot ist „nichtig", wenn es nicht schriftlich vereinbart und dem Arbeitnehmer die Urkunde ausgehändigt ist, wenn dieser minderjährig z. Zt. des Abschlusses war, die Erfüllung auf Ehrenwort oder in ähnlicher Form versprechen mußte, wenn sein jährliches Entgelt einen bestimmten Betrag nicht überstieg, das Verbot sich bei Arbeitern über zwei, bei Angestellten über fünf Jahre (neu!) erstreckt, wenn die Karenz nicht in bestimmter Weise bezahlt, die Begrenzung wie nach der GO. nicht vorgenommen wurde. § 39 des Entwurfes entspricht sonst dem § 75 HGB., § 40 dem § 74 c HGB., § 41 dem § 75 c HGB., § 42 dem § 75 a, § 43 dem § 74 a II S. 3, § 44 dem § 75 d HGB., § 45 endlich spricht die Pflicht des verleitenden Arbeitgebers zum Schadensersatz aus. Die einfache Bezugnahme auf die zu belassenden Bestimmungen des HGB. wäre der jetzigen Regelung vorzuziehen.

Schrifttum: Titze a. a. O. S. 799 f. und die Kommentare z. HGB., Bl. f. RA. Bd. 65 S. 454, JW. 1907 S. 252, GG. Bd. 4 S. 34, 11 S. 201, KG. Bd. 16 S. 433; Potthoff, Das vertragliche Wettbewerbsverbot 1914,

Baum, desgl. 1914, Potthoff, Das Wettbewerbverbot nach heutigem Recht im ArbR. 1924 S. 515.

III. Was die Schweigepflicht betrifft, so ist der Verrat von Geschäfts- oder Betriebsgeheimnissen und ebenso

IV. die Annahme von Schmier-(Bestechungs-)Geldern bisher in §§ 17 sowie 12 und 13 Unlaut. WettbewG. geregelt. Nach RGZ. Bd. 107 S. 208 kann eine solche Annahme zur Anfechtung der als Folge derselben von den Angestellten abgeschlossenen Kaufvertrage führen. Wenn jetzt der Entwurf § 33 zu III die Pflicht ausspricht, über Betriebs- wie Geschäftsgeheimnisse Stillschweigen zu bewahren und zwar während wie nach Ablauf des Arbeitsverhältnisses, so entspricht das dem geltenden Rechte (vgl. § 72 I Nr. 1 HGB. und § 133 c I Nr. 2 GO.). Eine Ausdehnung auf Privatgeheimnisse ist gesetzlich nicht erforderlich, ebensowenig eine Begrenzung nach der Richtung, wie die Kenntnis erworben wurde (vgl. § 17 UWG.), während Kreller a. a. O. S. 313 (vgl. auch Molitor h. l.) mit Recht nur unbefugte Mitteilungen verboten haben will. Dagegen scheint es mir zu weit zu gehen, wenn der Entwurf in Abs. 2 dem Arbeitnehmer gestattet, „Betriebs- und Geschäftsgeheimnisse, die er durch die zugewiesene Beschäftigung erlangt hat, nach Ablauf des Arbeitsverhältnisses für sich zu verwerten, soweit es das berechtigte Interesse an der Verwertung seiner Arbeitskraft verlangt". Danach könnte der Arbeitnehmer z. B. die Geheimnisse verkaufen, wenn er dadurch eine Stellung erlangt, was nicht zu billigen wäre. Zuzulassen wäre nur eine „Nachbenutzung", entsprechend etwa der Vorbenutzung im Markenrechte, d. h. eine Verwertung der Erfahrungen bei der Arbeit im eigenen oder fremden Interesse (vgl. RGZ. Bd. 65 S. 333), nicht, wie Molitor a. a. O. S. 203* vorschlägt, auch eine „Nebenbenutzung" bei einem gestatteten Nebenbetriebe. Die Strafbestimmung im UWG. bleibt unberührt, ebenso die noch weitergehende allgemeine Pflicht, jede unberechtigte Schädigung des Arbeitgebers zu verhüten.

Schrifttum außerdem: Rosenthal 5. Aufl. zum UWG., Oertmann, ArbVertrV. S. 188, Hueck, S. 105, Kaskel, ArbR. S. 79.

Zu IV soll, ebenfalls aus dem UWG., das Verbot an den Arbeitnehmer, Geschenke oder andere Vorteile dafür anzunehmen, daß er seine Pflichten aus dem Arbeitsvertrage verletzt, insbesondere auch z. B. durch Verleitung von Mitarbeitern (Hueck a. a. O. S. 104 A. 3, RGZ. Bd. 75 S. 251), als bürgerlich-rechtliches und weiter gefaßtes Verbot in § 32 des Entwurfes mit der Folge übernommen werden, daß der Arbeitgeber unbeschadet weiterer Schadensersatzansprüche (nach dem UWG.) die Herausgabe des Empfangenen oder seines Wertes fordern kann, während die Bestimmung in § 12 III UWG., daß das Empfangene dem Staate verfällt, in Wegfall kommen soll. Die „Ersatzherausgabe" ist bei der hier den A.G. regelmäßig gegebenen Unmöglichkeit, Schadensersatz zu verlangen, wichtig und drängt den Staatsanspruch mit Recht zurück. Die Ersatzherausgabe kommt auch in § 57 des Entwurfes nach dem Muster des österreichischen Angestelltengesetzes vom 11. Mai 1921 dahin in Frage, daß ein mit Abschluß oder Vermittlung von Geschäften betrauter Arbeitnehmer ohne Einwilligung des Arbeitgebers vom Geschäftsgegner keine Vergütungen annehmen darf und daß der Arbeitgeber auch hier unbeschadet weiterer Schadensersatzansprüche die Herausgabe des trotzdem Empfangenen verlangen kann. Die Bestimmung dürfte zu billigen sein; sie ist, entgegen der Annahme Krellers S. 330, nicht in ihrem wesentlichen Teile, bei Pflichtwidrigkeit, durch § 32 (dafür, daß „er seine Pflicht verletzt") gedeckt, es ist auch zu billigen, daß generell der Arbeitnehmer ohne Einwilligung des Arbeitgebers keine Provision vom Gegner annehmen darf. All das gilt auch von Selbständigen.

Schrifttum: Molitor S. 304, Rosenthal a. a. O. zu § 12, Kaskel a. a. O. S. 79.

Dazu kommt nun noch

V. die Pflicht des Arbeitnehmers, auch die ihm vom Arbeitgeber überlassenen Gegenstände mit der gleichen Treue d. h. pfleglich zu behandeln.

D. Die Haftpflicht bei Verletzung dieser Pflichten.

Die Verletzung dieser Pflichten begründet kraft Gesetzes wieder Folgen, die Kreller S. 315 als Haftungsnormen, Kaskel, Arbeitsrecht S. 79 als Haftpflicht bezeichnet und Molitor S. 204* als sekundäre Folgen zusammenfaßt.

1. Die schuldhafte Verletzung aller einzelnen Pflichten begründet die Pflicht zum Ersatze des Schadens, einschließlich

des entgangenen Gewinns. Der Entwurf sieht in § 17 nur zur Arbeitspflicht vor, daß der Arbeitnehmer den Schaden zu ersetzen hat, den er an Stoffen, Maschinen oder Werkzeugen schuldhaft verursacht und sieht dabei, wieder zugunsten des Arbeiters, in zu billigender Weise vor, daß ihm der Arbeitgeber gestattet, den Schaden (im Gegensatze zu § 249 S. 2 BGB.) selbst zu beseitigen, soweit er dazu imstande und eine erhebliche Störung des Betriebes nicht zu besorgen ist. Molitor S. 204*, ArbVertr. S. 131 schlägt dazu vor, nach dem Muster des belgischen Gesetzes über den Arbeitsvertrag vom 14. März 1900 die Haftung des Arbeitnehmers durch die vorbehaltlose Abnahme erlöschen zu lassen, allenfalls auch für verborgene Mängel; dem wäre zuzustimmen, soweit nicht Vorsatz in Frage kommt, wie auch Kreller den § 17 S. 2 auf fahrlässige Sachbeschädigung beschränken möchte. Natürlich kommen auch hier die Werkvertragsgrundsätze der §§ 633 f. BGB. zur Anwendung. Selbstverständlich besteht auch die Haftung aus unerlaubter Handlung, insbesondere aus unerlaubtem Wettbewerb und qualifiziertem Vertragsbruch (§§ 823, 826 BGB.).

2. Der Erfüllungszwang (vgl. oben § 15 unter A III) wird wegen der höchstpersönlichen Natur der Arbeit und des § 888 II ZPO. bzw. § 29 des Entwurfes, der den § 888 I ZPO. bei jeder Verurteilung zu einer Arbeitsleistung ausschließt, sehr selten in Frage kommen, auch nicht in dem von Nipperdey (Kontrahierungszwang S. 53, dagegen Beiträge zum TarifR. S. 100) berührten Falle des § 826 BGB. durch Nichtabschluß eines Arbeitsvertrages, vgl. Molitor, ArbVertr. S. 113. Kreller S. 316 und Bewer in LZ. 1924 S. 106 f. Wichtiger ist

3. die Unterlassungsklage, allenfalls auch als vorbeugende, bei Gefahr der Wiederholung. Vgl. zuletzt Flad, Von der Unterlassungsklage in Iher. J. Bd. 76 S. 358 f. Endlich kommt

4. die zu C III vorher erwähnte, nach § 61 HGB. und § 281 BGB. gebildete „Ersatzherausgabe", gerade weil der Arbeiter meist Schadensersatz nicht wird leisten können, in Verbindung mit der Gesamthaftung des Anstifters (§ 10 des Entwurfes) ganz allgemein in Betracht. Vgl. Molitor S. 204* II und Kreller S. 333. Nach § 10 hat ein Arbeitgeber, der einen Arbeitnehmer verleitet, vor rechtmäßiger Beendigung des Arbeitsverhältnisses die Arbeit zu verlassen, oder ihn anstellt, obwohl er weiß, daß er einem andern

Arbeitgeber noch zur Arbeit verpflichtet ist, dem früheren Arbeitgeber den Schaden zu ersetzen. Für den Fall der Verleitung zur Übertretung des Wettbewerbsverbotes läßt § 45 den § 10 ausdrücklich anwenden. Molitor, ArbVertr. S. 112 schlägt, weil ein Schuldverhältnis durch einen Dritten nicht verletzt werden könne, Mithaftung des früheren Arbeitgebers mit dem Arbeitnehmer vor. Das dürfte zu begutachten sein, wenn ich auch den § 10 des Entwurfes als Sonderfall des § 826 BGB. ansehe.

§ 16. 2. Die Pflichten jedes Arbeitgebers.

Der Arbeitgeber hat regelmäßig die Pflicht, Arbeit zu geben d. h. die Arbeitsleistung zuzulassen, und neben der Erfüllung gewisser Fürsorgepflichten, das Entgelt für die Arbeit zu entrichten, von dem in § 9 die Rede war.

I. Die Verpflichtung, die Arbeitsleistung zuzulassen, geht insbesondere beim Zeitlohnvertrage sehr häufig in der auf, das Entgelt zu bezahlen, da ja häufig das Interesse des Arbeitnehmers sich darin erschöpft und keineswegs noch dahin geht, eine nicht gewünschte Arbeit zu leisten. In einzelnen Fällen kann aber der Arbeitnehmer einen Anspruch auf wirkliche Leistung der Arbeit haben, der ein besonderes Interesse an dieser Leistung voraussetzt. Es kann dem Arbeitnehmer ausdrücklich die tatsächliche Leistung der Arbeit zugesagt sein, insbesondere auch in der Form des Versprechens fortdauernder Beschäftigung, die bloße Lohnzahlung ist ja doch die Lösung des Arbeitsverhältnisses für die Zukunft der Regel nach. Daneben erhebt sich die Frage, ob der Arbeitgeber auch ohne („ausdrückliche" wäre als irreführend zu streichen nach Bewer, LZ. 1924 S. 99 und Hueck, ArbVertr. S. 145) Vereinbarung verpflichtet ist, den Arbeitnehmer angemessen zu beschäftigen. Der Entwurf bejaht in § 46 mit Recht die Frage, wenn der Arbeitnehmer ein besonderes Interesse an dieser Beschäftigung hat, und bejaht das Interesse allgemein, wenn die Nichtbeschäftigung geeignet ist, die Entwicklung der Leistungsfähigkeit des Arbeitnehmers in erheblichem Maße zu beeinträchtigen oder sein Fortkommen wesentlich zu erschweren. Bisher schon hatte die Rechtsprechung diese Grundsätze namentlich bei Bühnenkünstlern und Erfindern angewendet, die Frage gehört dem Arbeitsrecht i. w. S. an. Nichtbeschäftigung hat dann Annahmeverzug des Arbeitgebers zur Folge, d. h. sie läßt den Entgeltanspruch des Arbeitnehmers unberührt, ohne den Arbeitnehmer zur Nachleistung zu verpflichten, womit freilich das Recht auf Beschäftigung noch nicht durchgesetzt ist. Nach § 46 IV sind die §§ 842—847 BGB. (dazu Hueck im Arb.-Vertr. S. 146) entsprechend anzuwenden, dann kann nach § 51 GGG. mit der Verurteilung zugleich auf eine Entschädigung nach bestimmter Frist erkannt werden, Aubele in D.R.Z. 1924 S. 489. Auf der anderen Seite soll die Pflicht zur Beschäftigung, auch wenn sie vereinbart ist, entfallen, soweit der Arbeitgeber einen wichtigen Grund hat (z. B. Rücksicht auf den Betrieb), die Beschäftigung abzulehnen. Da die tatsächliche Ausübung der Tätigkeit jetzt auch für andere Arbeitnehmer insbesondere als Folge der „zunehmenden Spezialisierung und der raschen Veränderung in Technik, Wissenschaft und Organisation von wachsender Bedeutung ist" — Denkschrift S. 17 —, so ist der Standpunkt des Entwurfes, auch mit der erwähnten Ausnahme, berechtigt. Das Arbeitsgericht hat zwischen den beiderseitigen Interessen zu vermitteln. Ist aber der Arbeitgeber nicht nur zur Zahlung des Entgelts, sondern auch zur Annahme der Dienste verpflichtet, dann hat der Arbeitnehmer auch den qualifizierten Anspruch auf „fürsorgemäßige Beschäftigung" gemäß § 618 BGB. oder § 62 HGB., soweit die Fürsorgepflicht, wie notwendig, in den Entwurf aufgenommen ist, vgl. unten unter IV 1 und Hueck ArbVertr. S. 175.

Schrifttum: RG. in JW. 1903 Beil. 2 S. 17, Lotmar Bd. 2 S. 278 A. 1, Titze, Zur Risikofrage im Arbeitsverhältnisse in JW. 1922 S. 548, dagegen Bewer im RArbBl. 1922 S. 702, derselbe, Recht auf Beschäftigung in NZ. f. ArbR. Bd. 1 S. 30 f., 36, dagegen Järisch im GKG. Bd. 26 S. 132, für das Bühnenrecht Hoppe in DJZ. 1909 S. 458, Mumm im Recht 1909 S. 357, dagegen Felisch in DJZ. 1909 S. 627 und Recht 1909 S. 439, Marwitz, Bühnenengag. V. 1895, Kohler in DJZ. 1911, S. 54, dazu Oertmann in NZ. f. ArbR. Bd. 2 S. 467, die Kommentare der HGB. zu § 62, Kaskel, NZ. f. ArbR. Bd. 2 S. 8 A. 12 und ArbR. S. 116 Anm. 1, Franke in Schlichtungsw. 1924 S. 191 und in NZ. f. AR. Bd. 24 S. 547, RG. daselbst 1922 S. 575, KfmG. Dortmund in Jahrb. d. ArbR. Bd. 5 S. 59, RGZ. Bd. 108 S. 48. Jetzt Kreller im Arch. N. F. Bd. 5 S. 84.

Beschäftigungszwang und Beschäftigungsverbote werden wir im Gebiete des Arbeitsrechts der Abhängigen zu besprechen haben.

II. Die Hauptpflicht des Arbeitgebers ist es, das Entgelt für die Arbeit zu leisten, wobei zunächst auf §§ 9 und 10 oben Bezug zu nehmen ist. Über das sog. Trucksystem ist im Arbeitsrecht der Abhängigen zugleich mit § 86 des Entwurfes zu handeln. Der allerdings sehr seltene unentgeltliche Arbeitsvertrag ist im Entwurfe nicht berücksichtigt, was Molitor ArbVertr. S. 67 aus beachtlichen Gründen beanstandet und vorschlägt, das Merkmal der Entgeltlichkeit ganz fallen zu lassen, während auch Kreller Arch. f. z. Praxis Bd. 122 S. 7 an dessen Stelle das Merkmal der Berufsmäßigkeit in Vorschlag bringt, das enge mit dem Lotmarschen Merkmal für den Dienstvertragsakkord zusammenhängt. Vgl. unten § 37. Hueck in ArbVertr. S. 140 behandelt die Entgeltpflicht als Hauptpflicht und nimmt an, daß der unentgeltliche Vertrag dem BGB. überlassen, der entgeltliche nach dem Entwurfe zu behandeln ist, was keinesfalls zu empfehlen wäre; ist stillschweigende Entgeltzusage nach § 612 I BGB. dann anzunehmen, so soll wieder der Entwurf Maß geben (S. 148). Von der Pflicht der Entgeltzahlung verschieden ist diejenige, die Auslagen des Arbeitnehmers zu ersetzen. Vgl. oben § 9 unter III und Kreller Bd. 5 S. 7.

1. Das Entgelt ist bei Fälligkeit zu bezahlen, die durch Vertrag oder Gesetz bestimmt wird (vgl. Zahlungszeit § 11 oben unter I 4). Dabei hat der Arbeitnehmer nach dem zu billigenden § 74 des Entwurfes einen unverzüglich geltend zu machenden Anspruch auf eine Aufzeichnung über Betrag, Zusammensetzung und Abzüge des Lohnes, vgl. § 9 oben unter II 1 d. Bei der Zusammensetzung des Lohnes spielen die Frauen- und Kinderzuschläge sowie Teuerungs- und Ortszuschläge eine Rolle, während es bei der Bildung des eigentlichen Lohnes darauf ankommt, ob Zeit- oder Akkordlohn, Prämiensystem usw. in Frage kommt; die Abzüge betreffen regelmäßig Vorauszahlungen des Arbeitgebers an Steuern und Versicherungsbeiträgen. Die Vergütung wird beim Dienstvertrage gemäß § 614 BGB. nach Leistung der Arbeiter fällig, beim Werkvertrage nach § 641 BGB. mit der Abnahme des Werkes, in beiden Fällen hat der Arbeiter vorzuleisten. Wird trotz Fälligkeit nicht bezahlt, tritt Verzug ein. Soweit die Arbeit vorzuleisten ist, kann der Arbeiter sich nicht auf § 320 I berufen. Hienach muß im Arbeitsvertrage der Arbeitnehmer von Gesetzes wegen den Lohn einschließlich der in ihm enthaltenen Vergütung für Zutaten, Auslagen usw. stunden und nur nach § 321 BGB. kann diese Vorleistung in Wegfall kommen, wenn der Arbeitgeber in Vermögensfall geraten ist, so daß die Gegenleistung gefährdet ist. Eine wirkliche Stundung

derselben ist in § 641 II BGB. beim Werkvertrag als möglich vorgesehen und zwar tritt sie nach Abnahme des Werkes ein, wobei die gesetzliche (§§ 246—248 BGB.) Verzinsungspflicht gegeben ist. Ist die Vergütung nach Zeitabschnitten bemessen, so ist sie nach dem Ablaufe der einzelnen Abschnitte zu entrichten (§ 614 S. 2 BGB.), soweit nicht eben durch ausdrückliche oder stillschweigende Vereinbarung, wenn eine solche gesetzlich zulässig ist (HGB. § 64, vorläufige Landarbeitsordnung §§ 6 und 9), die Zahlungszeit noch weiter hinausgerückt ist. Der Arbeitnehmer hat, sobald die Lohnforderung fällig ist, ihretwegen ein gesetzliches Zurückbehaltungsrecht (§ 273 I BGB.) und zwar nicht nur an den Sachen (Werkzeugen, Plänen, Mustern) des Arbeitnehmers, sondern auch an jeder Leistung, zu der der Arbeiter aus demselben Rechtsverhältnis verpflichtet ist. Und der Arbeitgeber kann dann wegen unbegründeter Arbeitsverweigerung nicht von der sofortigen Kündigung und von der Entschädigungsforderung Gebrauch machen, die ihm sonst zusteht (GewO. §§ 123 3, 124 b, 127 b II, 134 I, 133 c 3, HGB. §§ 72 2, 77 III). Über Vorschuß und Abschlagszahlung vgl. § 11 I Ziff. 4.

Schrifttum: Lotmar Bd. I S. 371 f., v. Gierke, Deutsches Privatrecht Bd. 3 S. 612, Oertmann, Arbeitslohn S. 91.

III. Was die Aufrechnung betrifft, so kann

1. der Arbeitgeber nach § 394 BGB. gegen die Vergütungsforderung nicht aufrechnen, soweit diese Forderung der Pfändung nicht unterworfen ist.

Schrifttum: Sinzheimer, Lohn u. Aufrechnung 1902, Ulrichs, R. der Zurückbehaltung u. Aufrechnung 1910, Wendler, Zum Aufrechnungsverbot DJZ. 1922 S. 159, Lindig in GKG. Bd. 28 S. 60.

2. Über die Einschränkung der Pfändung von Lohn und Gehalt vgl. § 550 Ziff. 1 und Abs. II ZPO. und das Gesetz vom 21. Juni 1869 betr. die Beschlagnahme des Arbeits- oder Dienstlohns GBl. S. 242 und die VO. über Lohnpfändung vom 25. Juni 1919 (RGBl. S. 589) in der Fassung der Gesetze vom 23. Dez. 1921 (RGBl. S. 1657), vom 26. Okt. 1922 (RGBl. I S. 806), vom 23. Febr. 1923 (RGBl. I S. 153) und vom 7. Juni 1924 (RGBl. I S. 25). Danach ist ein gewisser Mindestsatz des Arbeits-, Dienst-Lohns oder Gehalts in jeder Art als für den Arbeitenden und seine Familie unentbehrlich der Pfändung entzogen. Es ist dabei gleichgültig, ob der Lohn aus Dienst- oder Werk-

vertrag geschuldet wird, sofern es sich nur um wirkliche Arbeitsverhältnisse handelt, bei denen die Arbeit nach den Weisungen und Anordnungen des Arbeitgebers auszuführen ist. Die Provision eines Agenten als eines selbständigen Kaufmannes fällt daher nicht unter die Beschränkungen, wohl aber unter Umständen die Arbeitsleistung eines Ziegelmeisters. Es muß sich eben um „Vergütung (Lohn, Gehalt, Honorar usw.) für Arbeiten oder Dienste handeln, welche auf Grund eines Arbeits- oedr Dienstverhältnisses geleistet werden, soferne dieses Verhältnis die Erwerbstätigkeit des Verfügungsberechtigten vollständig oder hauptsächlich in Anspruch nimmt". Die im Erwerbe begriffene Arbeitskraft schlechthin soll geschützt werden, indem ihrem Inhaber der Ertrag seiner Tätigkeit bis zu einer gewissen Summe zur Erhaltung seiner Arbeitslust und Arbeitskraft und zur Bestreitung seiner und der Seinigen Lebensbedürfnisse gesichert wird. Mandry, Der zivilrechtliche Inhalt der Reichsgesetze, 4. Aufl. S. 246, RGZ. Bd. 85 S. 111. Auch hier hat die Frage der abhängigen oder unabhängigen Arbeit eine entscheidende Rolle gespielt, aber ebenfalls zu Unrecht: sobald nur überhaupt ein Arbeitsverhältnis vorliegt, genügt es und enthält dann auch die begrifflich notwendige Abhängigkeit vom Arbeitgeber. Der Schreiner, der Schlosser, die, ohne Kaufmann zu sein, nur an einem fremden Stoffe Arbeit leisten, fallen unter das Gesetz.

Schrifttum: Meyer, Das Recht der Beschlagnahme vom Lohn und Gehaltsforderungen, 5. Aufl. mit Nachtrag, Meyer im Recht 1911 S. 321, Conrad, Die Pfändungsbeschränkungen zugunsten des schwachen Schuldners, 1906, Pick, Die Lohnbeschlagnahme nach österreichischem und deutschem Recht in Grünhuts Zeitschr. Bd. 28 S. 1 f., Oertmann, Die Gesetzgebung über Lohn- und Gehaltsbeschlagnahme, 1922, Schüler, Pfändung von Lohn und Gehalt, 1922, Stein, Die ZPO., 10. Aufl. 2. Bd. S. 688 f., Langenbach, Recht und Wirtschaft, 1919, S. 183 und LZ. 1919 S. 847 sowie Lohnpfändung 1922 und JW. 1923 S. 224, Mantey, LZ. 1919 S. 1004, Jonas in NZ. f. AR. 1922 S. 90, 705, Quassowski ebenda 1924 S. 523, Kallen und Klöpfer in der Kartenauskunftei.

In dieser Frage ist aber die hier vertretene Ansicht schon im Schrifttum vielfach zum Durchbruch gekommen. Vgl. Schüler S. 35: „Ein gewisses Maß von Abhängigkeit, vermöge dessen der Verpflichtete sich nach den Weisungen und Anordnungen des Dienstherrn zu richten hat, ist Inhalt eines jeden Dienstvertrags. Der Arbeitnehmer hat seine Dienste so zu verwenden, wie es der Arbeitgeber wünscht. Ein gewisses Maß von Abhängigkeit, wie es hier verstanden wird, d. h. die Befolgung der Richtlinien des Arbeitgebers ist insbesondere noch vorhanden bei den äußerlich scheinbar selbständigen Arbeitnehmern, die eigene selbständige Arbeitsstätte oder gar Unterarbeiter besitzen. . . Vor allem jedoch sind sie ebenfalls auf feste Vergütung angewiesen, arbeiten ohne das Risiko der Produktion, aber auch ohne die Möglichkeit ihrer wirtschaftlichen Ausnützung, im Auftrag und für Rechnung ihres Arbeitgebers, dem der Ertrag ihrer Arbeit zufließt. Ihre Vergütung ist nichts anderes wie Arbeitslohn". Darunter begreift Schüler Heimarbeiter, Zwischenmeister, Agenten, vgl. auch Oertmann, Lohn- und Gehaltsbeschlagn. S. 10. Bei der Ausnahme des Agenten und Generalagenten ist auch hier bisher der handelsrechtliche Gesichtspunkt nicht beachtet worden. (Vgl. oben S. 24). Kaskel fordert Verträge von gewisser Dauer und führt dazu RGZ. Bd. 71 S. 335 an, wo es sich um einen Gendarmerie-Wachtmeister a. D. als Hausverwalter handelt.

Was nun die Vorschriften im einzelnen betrifft, so ist zunächst eine dreifache Unterscheidung zu machen: der Lohn ist bis zu einem gewissen Betrag und zwar jetzt

a) bis 30 Mark die Woche unpfändbar,

b) der Mehrbetrag ist bis zu einem Drittel gleichfalls unpfändbar.

Dabei erhöht sich der unpfändbare Teil des Mehrbetrages, wenn der Schuldner seinem jetzigen oder früheren Ehegatten, einem Verwandten oder einem unehelichen Kind Unterhalt zu gewähren hat (und gewährt, so Langenbach in JW. 1924 S. 163 gegen Schultz das. 1923 S. 219) für jede Person um $^1/_6$, höchstens jedoch auf $^2/_3$, so daß schon bei 2 Unterhaltspflichtigen die Höchstgrenze erreicht ist. Wenn aber der Arbeits- oder Dienstlohn die Summe von 100 GMk. die Woche überschreitet, findet letztere Bestimmung keine Anwendung.

Daß die Pfändung nur dann verboten ist, wenn das fragliche Arbeits- oder Dienstverhältnis die Erwerbstätigkeit des Berechtigten vollständig oder hauptsächlich in Anspruch nimmt, wurde bereits gesagt. Weitere Bedingungen der Beschränkung sind nach § 1 LBG. und § 1 Abs. 4 LPfVO., daß die Leistung der Arbeiten oder Dienste noch nicht beendigt, der Tag, an dem die Vergütung zu entrichten, noch nicht abgelaufen ist und der Vergütungsberechtigte sie angefordert hat. Auf den ausbezahlten Lohn bezieht die Beschränkung sich nicht. Um die Umgehung des Verbots zu verhüten, ist nach § 2^{I} LBG. und § 1^{IV} LPfVO. jede Vereinbarung dessen, was das Gesetz verbietet, für unzulässig erklärt und nach § 2^{II} LBG. und § 1^{IV} LPfG. jede Verfügung des Schuldners verboten, durch die er sich seines geschützten Lohnes entäußern würde, Abtretung, Anweisung, Verpfändung, kurz jede Einwirkung auf diesen durch Willenserklärung (RGZ. Bd. 90 S. 399), ebenso, wie schon in Ziff. 1 erklärt wurde, die Aufrechnung gegen die geschützte Forderung. Aber auch der Vertrag, durch welchen der Arbeitnehmer mit dem Arbeitgeber vereinbart, daß der pfändungsfreie Teil des Lohnes an die Ehefrau oder die Kinder des Arbeitnehmers bezahlt werden sollen, muß gegen die beschenkten Empfänger angefochten werden können, wenn auch das Reichsgericht (RGZ. Bd. 69 S. 59, Bd. 81 S. 41, LZ. 1912 S. 560 und 686, 1914 S. 391, vgl. auch JW. 1924 S. 108^{4} und dazu Titze) diese Verträge, die nun seit Veränderung der Pfändungsgrenze seltener werden, zu halten sucht. Vgl. Oertmann, Arbeitslohn S. 110, ArbeitsvertragsR. S. 175, Schultz im Rechtsgang 1922 S. 416 und JW. 1923 S. 219, Hueck, Arbeitsvertragsrecht S. 143 f., dagegen Kaskel ArbR. S. 411 und v. Karger in Arbeitgeber 1922 S. 403, Jäger in LZ. 1924 S. 1065 und Konkursrecht 1924 S. 99. Wirkungslos ist auch der Aufrechnungsvertrag innerhalb der Unpfändbarkeitsgrenze, da er eine nach § 2^{II} LBG. unzulässige Verfügung des Arbeitnehmers über den Lohnanspruch darstellt. Vgl. Hueck ArbVertrR. S. 147. Andererseits ist das Pfändungsverbot durchbrochen gemäß § 4 Ziff. 2 LBG. für die direkten persönlichen Staatssteuern und Gemeindeabgaben, sofern sie nicht länger als 3 Monate rückständig sind, und gemäß §§ 4 Ziff. 3 und 4a LBG. für die gesetzlichen Unterhaltsforderungen der Verwandten und des Ehegatten sowie des unehelichen Kindes, soweit sie nicht lediglich auf Vertrag, unerlaubter Handlung und letztwilligen Verfügung beruhen und es sich um Unterhaltsansprüche für die Zeit nach Erhebung der Klage und das diesem Zeitpunkte vorausgehende letzte Vierteljahr handelt, wobei aber der Schuldner gegenüber der Beitreibung zugunsten des unehelichen Kindes sich darauf berufen kann, daß er der Arbeitsvergütung zur Bestreitung seines notdürftigen Unterhalts und zur Erfüllung der ihm seinen Verwandten, seiner Ehefrau oder seiner früheren Ehefrau gegenüber gesetzlich obliegenden Unterhaltspflicht bedarf. Bei Änderung der Verhältnisse erweitert oder beschränkt sich die Möglichkeit der Pfändung und die pfändende Behörde hat den Pfändungsbeschluß zu berichtigen. § 2 LPfVO.

Auf die Pfändung des Ruhegeldes der Personen, die in einem privaten Arbeits- oder Dienstverhältnisse beschäftigt gewesen sind und auf die Bezüge der Handlungsgehilfen, die auf Grund der Vorschriften der §§ 74—75a HGB. für die Zeit nach der Beendigung des Dienstverhältnisses mit Rücksicht auf ein fortdauerndes Wettbewerbsverbot eine Entschädigung beanspruchen können, sowie auf die wegen Verletzung des Körpers oder der Gesundheit gemäß § 843 I BGB. zu zahlende Rente finden die Vorschriften der §§ 1 und 2 LPfVO. nach § 3 daselbst entsprechende Anwendung, ebenso sind in § 850 Abs. 2 und 4 ZPO. für die Gehaltspfändung der Beamten entsprechende Vorschriften gegeben.

3. So ist nun verständlich, daß der Lohn, der auf dem unmittelbaren Wege der Pfändung dem Arbeitnehmer nicht entzogen werden darf, auch nicht mittelbar ergriffen werden kann, indem der Arbeitgeber mit der Forderung des vollstreckbaren Titels gegen die Lohnforderung aufrechnet. Der Aufrechnung steht die Zurückbehaltung, Einbehaltung und Verwirkung des Lohnes gleich. § 87 des Entwurfes entgegen der herrschenden Lehre. Hueck ArbVertrag S. 164. Nur hat das Reichsgericht (RGZ. Bd. 85 S. 116, dazu Hueck ArbVertrR. S. 147 und Anm. 35, ArbVertr. S. 162, ferner Oertmann, Arbeitslohn S. 126, 249, Wendler in D.J.Z. 1922 S. 159, aber auch Kaskel ArbR. S. 101) gegenüber der Einrede aus § 394 BGB. die Replik der Arglist im weiteren Sinne insbesondere dann zugelassen, wenn dem Arbeitgeber eine Schadensersatzforderung zusteht aus einer vorsätzlichen und unerlaubten (ebenso § 87 II des Entwurfes), allenfalls sogar strafbaren, im Rahmen des gleichen Arbeits- und Dienstverhältnisses begangenen Handlung, weil unter solchen Umständen die Berufung auf eine nicht mehr gerechtfertigte Lohnforderung gegen Treu und Glauben verstoßen würde. Die Aufrechnung entfällt überhaupt, sobald die Lohnforderung nicht mehr besteht. Vgl. auch § 273 Abs. 2 Fall 2 und § 393 BGB.

4. Wenn der Anspruch des Arbeitgebers auf eine Geldsumme gerichtet ist, darf der Lohn vom Arbeitgeber regelmäßig auch nicht nach § 273 BGB. zurückbehalten werden, da damit in Wahr-

heit nur die Aufrechnung geltend gemacht wird. Vgl. RG. bei Warneyer 1908 Nr. 550 und RGZ. Bd. 83 S. 138, 85 S. 108 und Hueck a. a. O. S. 148, Kaskel a. a. O. S. 102. Wohl aber ist die Zurückbehaltung des Lohnes dann angängig, wenn sie zur Sicherung eines Anspruchs, der nicht auf Geld geht, erfolgt, z. B. Herausgabe von zur Arbeit überlassenen Zeichnungen, Plänen usw. Im Gegensatze zu dieser Zurückbehaltung beruht

5. die Einbehaltung des Lohnes teils auf dem Gesetz, z. B. in den Fällen der §§ 393, 1432 RVO., § 178 AVG., der Lohnsteuer nach Art. I §§ 16—26 der 2. SteuernotVO. vom 19. Dez. 1923 RGBl. I S. 1205 (Kommentare von Pissel, Erdmann, Zimmermann, Paetel, sodann Kuhn in N. Z. f. AR. 1921 S. 461 f. und 513 f., Zimmermann im ArbR. 1924 S. 91, Strutz, Steuerabzug 1924, Koppe, Neuregelung des Lohnabzugs 1924) teils auf Vertrag und zwar entweder zugunsten des Arbeitnehmers, z. B. um ihn zum Sparen anzuhalten, oder zugunsten des Arbeitgebers, um ihm eine bequemere Berechnung des Lohnes, meist aber größere Sicherung gegen Vertragsbruch oder Schädigungen durch den Arbeitnehmer in der Zukunft zu gewähren. Soweit der Arbeitgeber den Arbeitnehmer einseitig zur Duldung von Lohneinbehaltungen zwingt, kommen die Vorschriften über Aufrechnung und Zurückbehaltung zur Anwendung, möglicherweise auch in Fällen des Vertrages. Die Einbehaltung einer fälligen Lohnforderung enthält immer eine Kreditgewährung des Arbeiters, wenn auch meist nur vorläufig und auf kürzere Zeit. Das wird nicht bedeutungslos, weil die Kreditgewährung zu besonderem Zweck erfolgt. Vgl. z. B. § 64 HGB. S. 2. Die Zustimmung des Arbeitnehmers rechtfertigt aber die Befristung der Lohnzahlung, so lange nicht gesetzliche Bestimmungen dem Vertrag entgegenstehen. Das wird praktisch beim abhängigen Arbeiter. Und ob die Einbehaltung zum Ziele führt, entscheiden wieder die Vorschriften über die Möglichkeit der Aufrechnung.

Schrifttum: Lotmar Bd. 1 S. 432 f., Fuchs, Lohneinhaltung und Sparzwang in Soz. Praxis Bd. 8 S. 5 f., Oertmann in der Kartei, Arbeitslohn S. 127, Arbeitsvertragsrecht S. 181, Hueck desgl. S. 149 f., Matthäi S. 139.

6. In gewissen Fällen ist eine Anrechnung von Forderungen auf die Lohnforderung zulässig; Spareinlagen, Beiträge für Pensionskassen usw. (§ 87 III des Entwurfes).

7. Endgültig wirkt die Lohnverwirkung, indem sie für den Fall des Eintritts eines bestimmten Ereignisses die Lohnforderung ohne weitere Tätigkeit des Arbeitgebers und ohne den Willen des Arbeitnehmers vernichtet. Sie kann auf Gesetz (SeemannsO. §§ 82, 105) oder auf Vertrag (§ 342 BGB.) beruhen, welchem Tarifvertrag und Arbeitsordnung gleichstehen. Im Falle des Vertrages ist die Lohnverwirkung Vertragsstrafe. Der Lohn kann, soweit in der Bedingung eine Schadensdeckung in Frage kommt, zu diesem Zweck, aber auch z. B. zu Wohlfahrtszwecken verwendet werden. Die Zulässigkeit der Vereinbarung bestimmt sich nach § 138 BGB. und den sonstigen gesetzlichen Bestimmungen. Man kann die Vereinbarung als eine Verbindung von zwei Vergütungsanträgen betrachten, von denen derjenige zugunsten des Arbeitnehmers durch das Auftreten eines bestimmten, die Verwirkung begründenden, Tatbestandes auflösend bedingt ist, wobei aber die dann verbleibende Lohnforderung immer noch eine solche d. h. der Arbeitsleistung entsprechend sein muß. Verwirkt werden kann nur der noch nicht fällige Lohn, deshalb kann Einbehaltung und Zurückbehaltung erfolgen, damit die Verwirkung eintreten kann, weshalb in solchen Fällen einheitliche Beurteilung erforderlich ist; es ist aber auch Verwirkung möglich, wenn Einbehaltung, Zurückbehaltung und Aufrechnung nicht in Frage kommt. Der verwirkte Lohnbetrag kann nach § 343 BGB. herabgesetzt werden. Die Verabredung der Lohnverwirkung ist unzulässig, soweit der Lohn unpfändbar ist, weil sie insoweit eine Verfügung über den Lohn oder Aufrechnung gegen den Lohn enthält; die exceptio doli genalis kann auch hier zur Gültigkeit führen d. h. die Verwirkung kann sich aus anderen Gründen rechtfertigen. Vgl. GG. Berlin im Schlichtungswesen 1924 S. 61.

Schrifttum: Lotmar, S. 452 f., Oertmann in der Kartei, Arbeitslohn S. 130, Arbeitsvertragsrecht S. 182, Hueck, Hdb. S. 151 und ArbVertrag S. 164, Matthäi, S. 140, Landmann-Rohmer Anm. 2 i zu § 115 GO., Kaskel, ArbR. S. 197, Ditges, Die Lohnverwirkung im ArbR. 1925 S. 539.

8. Verschieden von der Lohnverwirkung ist die Vereinbarung einer wirklichen Vertragsstrafe, die der Arbeitnehmer dem Arbeitgeber für gewisse Fälle zu leisten hat, z. B. GO. §§ 124 b und 133 e. Vgl. oben § 15 unter B II. Der Entwurf faßt in § 87 diese Vorschriften dahin zusammen: Soweit der Entgeltsanspruch unpfändbar ist, kann er nicht abgetreten, nicht einbehalten, nicht verwirkt, über ihn nicht verfügt, gegen ihn nicht aufgerechnet und ihm gegen-

über weder ein Zurückbehaltungsrecht noch die Einrede des unerfüllten Vertrages geltend gemacht werden. In gleichem Umfang sind Erteilung einer Anweisung und Ausschluß des Widerrufs einer Vollmacht unwirksam (§ 87 I).

Aufrechnung und Zurückbehaltung sind gegenüber dem Entgeltsanspruch unbeschränkt zulässig, wenn dadurch Strafen, die lediglich Ordnungszwecken dienen, eingezogen werden oder Ersatz von Schaden geltend gemacht wird, den der AN. dem AG. durch vorsätzliche unerlaubte Handlung zugefügt hat (§ 87 II).

Zulässig sind auch Vereinbarungen, daß Spareinlagen, Beiträge für Pensionskassen und andere Wohlfahrtseinrichtungen zum Besten der Arbeitnehmer oder ihrer Familien vom Entgelt abgezogen werden (§ 87 III).

IV. Auch auf seiten des Arbeitgebers bestehen Nebenpflichten.

1. Für jedes Arbeitsverhältnis die ausnahmsweise in den Entwurf nicht aufgenommene, aber nach den Vorschlägen von Richter (S. 231*) und Hueck, ArbVertr. S. 172 noch aufzunehmende (vgl. oben § 7), an sich schon bestehende, Pflicht des § 618 BGB. bzw. des § 62 HGB. dahin, daß der Arbeitsberechtigte Räume, Vorrichtungen oder Gerätschaften, die er zur Verrichtung der Dienste zu beschaffen hat, so einzurichten und zu unterhalten, und Dienstleistungen, die unter seiner Anordnung oder Leitung vorzunehmen sind, so zu regeln hat, daß der Verpflichtete gegen Gefahr für Leben und Gesundheit soweit geschützt ist, als die Natur der Dienstleistung es gestattet. Die Pflicht zur Beschaffung der Räume usw. und zur Anordnung oder Leitung der Dienste kann ausdrücklich oder stillschweigend im Vertrag übernommen sein, regelmäßig ergibt sich aber diese Beschaffung und Anordnung als Voraussetzung und Recht aus der Unternehmerstellung, meist auch bei der notwendigen Regelung im Sinne des § 618 als selbständige oder Nebenpflicht des anstellenden Arbeitgebers. Vgl. Titze in JW. 1922 S. 548 und Potthoff das. S. 551, dagegen Kaskel, ArbR. S. 89 und A. 4, sowie Hueck, ArbVertr. S. 172. Der Arbeitgeber gerät daher meist bei Betriebsstockung in Annahmeverzug. Vgl. unten § 17 II 2.

2. Bei der Aufnahme in die häusliche Gemeinschaft, wie sie bei der abhängigen Arbeit vorkommt, vgl. die dort zu besprechenden Pflichten

a) des § 618 II BGB. bzw. § 62 II HGB. und b) bei dauernden Dienstverhältnissen die Pflicht des § 617 BGB. für den Fall der Erkrankung des Arbeiters.

3. Verletzt der Arbeitgeber diese Pflichten unter 1 und 2 schuldhaft, so entsteht die sekundäre Schadensersatzpflicht nach §§ 842 bis 846 BGB. gemäß §§ 618 III BGB. und 62 III HGB. und zwar sind diese Bestimmungen gemäß §§ 619 BGB. und 62 IV HGB. unabdingbar. Vgl. auch einstweilen §§ 105—109 des Entwurfes.

4. Der Arbeitgeber hat jedem Angestellten oder Arbeiter im weitesten Sinne nach Art. 160 RV. Urlaub, d. h. Arbeitspause, zur Ausübung staatsbürgerlicher Rechte zu gewähren; weiterer Urlaub ist beim Rechte der Abhängigen zu behandeln, insbesondere Erholungsurlaub und Urlaub zur Ausübung von Ehrenämtern sowie Werkbeurlaubung.

5. Hat der Arbeitnehmer anläßlich des Arbeitsverhältnisses dem Arbeitgeber Schriftstücke, Geräte oder Stoffe übergeben, so kann er die Rückgabe verlangen, sobald sie zum Zwecke des Vertrages nicht mehr benötigt werden. Vgl. § 91 I des Entw. Der Arbeitgeber haftet, soweit die Gegenstände auf Grund des Arbeitsvertrages im Gewahrsam des Arbeitgebers zu belassen sind, für sorgsame Verwahrung. § 90 I ebenda. Ebenso hat er Vorkehrungen für sichere Aufbewahrung zu treffen, wenn Arbeitsleistung oder Betriebsverhältnisse die Ablage von Kleidern oder andern Gebrauchsgegenständen des Arbeitnehmers erfordern. § 90 II ebenda und GKG. Bd. 30 S. 15 sowie Feldmann in BRZMetIndustr. 1924 S. 388 nach Jahrb. d. ArbR. Bd. 5 S. 57, dagegen GKG. Bd. 29 S. 89. Soweit es die Verkehrssitte erfordert, hat der Arbeitgeber die Gegenstände auch zu versichern. Hueck, ArbVertr. S. 166. Endlich sind Zeugnisse oder andere Ausweise des Arbeitnehmers über Fähigkeiten, Leistungen oder Führung, die sich in Verwahrung des Arbeitgebers befinden, jederzeit auf Verlangen zurückzugeben, ohne daß dem Arbeitgeber ein Zurückbehaltungsrecht zustände. Alle diese unter 5 zusammengestellten Vorschriften sind, auch wohl jetzt schon, unabdingbar (§ 92 des Entwurfes) und gelten für jedes Arbeitsverhältnis.

6. Gleiches gilt für die Vorschriften hinsichtlich der allenfalls vom Arbeitnehmer zu stellenden Sicherheit. Der Arbeitnehmer soll bei gewisser Höhe (vorgeschlagen in § 89 des Entwurfes, wenn

der Wert den halben Monatsentgelt übersteigt) dadurch vor Unterschlagung geschützt werden, daß unabdingbar Hinterlegung bei einer öffentlichen Bank oder Sparkasse für Arbeitgeber und Arbeitnehmer gemeinsam zu erfolgen hat und zwar auf Kosten des Arbeitgebers. Wenn Hueck, ArbVertr. S. 165 dagegen vorbringt, es liege manchmal im Interesse beider Teile, daß das Geld zu höheren Zinsen im Geschäfte des Arbeitgebers arbeite, so ist doch der Vorschlag des Entwurfes berechtigt, sobald der Arbeitnehmer zu seiner Sicherheit auf die höhere Verzinsung verzichtet und den Antrag stellt. Als unabdingbare Vorschrift ist § 89 nicht berechtigt. Die Stellung der Sicherheit beruht auf einer, an sich mit dem Arbeitsrechte nicht zusammenhängenden Forderung des Arbeitgebers. Vgl. Hanseat. GZ. ArbR. 1924 S. 110 und 1925 S. 283 sowie meine Besprechung dazu.

7. Das Vorrecht in § 61 Nr. 1 KO. für rückständige Forderungen an Lohn oder anderen Dienstbezügen (LZ. Bd. 2 S. 714) der Personen, welche sich dem Gemeinschuldner für dessen Haushaltung, Wirtschaftsbetrieb oder Erwerbsgeschäft zur Leistung von Diensten verdungen haben, gilt für Entgelte jeder Art. § 85 des Entwurfes.

Alle diese Vorschriften zugunsten des Arbeitnehmers sind zu billigen. Schließlich

8. wird man es als allgemeine Pflicht jedes Arbeitgebers bezeichnen können, die Tatsache der geleisteten Arbeit zu bestätigen und sich über den Wert derselben auszusprechen, soweit der Arbeitnehmer ein Interesse an einer solchen Äußerung hat und sie beantragt oder sonst eine solche Äußerung gesetzlich oder in autonomen Rechtsquellen vorgeschrieben oder üblich ist. Vgl. Warncke, Auskunftserteilung und Meldungspflicht des Arbeitgebers in N. Z. f. ArbR. 1925 S. 345, Kallee, Abgangsbescheinigung in der Kartenauskunftei. Aus dieser allgemeinen Pflicht entsteht die Pflicht zur Ausstellung des Zeugnisses, die im Rechte der Abhängigen weiter auszuführen ist.

§ 17. 3. Die Gefahrtragung im Arbeitsrechte.

I. Da der Arbeiter vorzuleisten hat, so verliert er den Lohnanspruch, wenn es ihm, auch infolge von Zufall, unmöglich ist zu arbeiten. Dagegen besteht der Lohnanspruch, solange der Arbeiter seine Arbeitskraft dem Arbeitgeber zur Verfügung stellt. „Nur wirklich geleistete Arbeit wird bezahlt“ ist ein, auch von Tarifverträgen heute anerkannter, Rechtssatz. Vgl. Potthoff, Das Tragen der Gefahr im Arbeitsverhältnis, JW. 1922 S. 551 f. und A 3. Tarifverträge, in denen für einzelne Fälle zufälliger Behinderung des Betriebes den Arbeitnehmern eine bescheidene Entschädigung zugebilligt wird (ebenda Anm. 4 und 5), bestätigen nur die Regel, daß der Arbeitnehmer die Gefahr seiner Arbeitskraft trägt, vgl. Denkschrift z. Entw. S. 20. Wenn aber Potthoff in dem fraglichen Aufsatz und die von P. verfaßte Denkschrift S. 19 den Rechtssatz auf den alten Grundsatz „casum sentit dominus“ zurückführt und wenn gerade aus ihm die Forderung abgeleitet wird, daß die Gefahr zufälliger Arbeitsbehinderung nur beim Arbeitsvertrage des Abhängigen den Arbeitgeber trifft, so kann nicht gefolgt werden. Insbesondere ist auch hier die Beweisführung zurückzuweisen, die dahin geht, daß auch heute noch bei der abhängigen Arbeit der Arbeitgeber über die Arbeitskraft und damit über die Person des Abhängigen verfügt, ihn für sich arbeiten läßt, Herr der Leistung ist und daß deshalb die Gefahr des Zufalls ihn trifft, während beim selbständigen Arbeitnehmer die Dienste als unkörperliche Sachen, wie beim Kaufvertrage die körperlichen Sachen, erst mit der Leistung übergehen und deshalb hier die Gefahr des Zufalls den Arbeiter trifft. Vielmehr ist im Anschluß an die früheren Ausführungen (vgl. oben S. 18), daß jede Arbeit den Willen und damit die Person unter die Herrschaft des Arbeitgebers stellt, folgendes zu sagen. Von diesem Standpunkte aus müßte der Satz „casum sentit dominus“ auf jede Arbeit angewandt werden. Tatsächlich ist er aber nur auf das Sachenrecht und deshalb im Arbeitsrecht nur auf das Sklavenrecht zu beziehen, wonach allerdings der Tod des Sklaven den Herrn trifft, ein Satz, den niemand auf den abhängigen Arbeiter ausdehnen wird. Während beim Sachenrechte die Sache vor ihrer Veränderung (Übertragung, Wegfall) vorhanden ist, hat die Leistung der Arbeit die Eigentümlichkeit, daß vorher nichts vorhanden ist und daß daher eine Beurteilung und Vergeltung dieser Arbeit vor ihrer Leistung schwer und oft gar nicht möglich ist, so daß die Vorleistung des Arbeitgebers, der bei Nichtleistung oder Schlechtleistung der Arbeit Rückforderungsansprüche geltend machen müßte, als Regel nicht durchführbar ist. Deshalb muß es bei der Vorleistung des Arbeiters sein Bewenden haben.

Das hat aber zur Folge, daß, wenn die Vergütung der Arbeit nach dem Ergebnis zu erfolgen hat, bei Ausbleiben des Ergebnisses ein Entgelt nicht fällig wird, wie denn auch nach § 644 BGB. beim Werkvertrage die Gefahr des Werkes der Unternehmer bis zur Abnahme trägt. Vgl. Art. 1155 österr. a. BGB. (Adler im Arbeitsrecht 1917 S. 102). Beim Dienstvertrag ist zwar eine solche Vorschrift ausdrücklich nicht gegeben. Aber nach § 276 BGB. braucht der Arbeitnehmer den Zufall „weder handelnd (durch Zahlung) noch leidend (durch Einbuße der Entgeltforderung) zu vertreten, er kann vielmehr Vergütung verlangen nach Maßgabe der vollbrachten Leistung" — Lotmar Bd. 2 S. 847/8 — und auch beim Dienstvertragsakkord wird die Vergütung nur geschuldet, wenn die Arbeit einen gewissen Erfolg gehabt hat — Neumann zu § 642 BGB. und Lotmar Bd. 2 S. 889 A. 2. Potthoff selbst gibt zu, daß der Satz von der Bezahlung nur tatsächlich geleisteter Arbeit nicht dem allgemeinen Rechtsgefühle der Arbeiter widerspricht. Wenn er trotzdem auf Grund des Sklavenrechts zur gegenteiligen Entscheidung gelangt, so wurde gezeigt, daß dieser Ausgangspunkt falsch ist. Nicht zu billigen ist auch die, allerdings ähnlich jetzt auch von Richter, Arbeitsrecht als Rechtsbegriff, 1923 S. 14f. vertretene, Ansicht, daß der Arbeiter überhaupt nicht bestimmte einzelne Arbeiten liefere, sondern seine Arbeitskraft zur Verfügung stelle; im Gegenteil ist eine solch allgemeine Zurverfügungstellung der Arbeitskraft (etwa beim „Mädchen für alles") nur seltene Ausnahme und auch da natürlich inhaltlich begrenzt, regelmäßig übernimmt der Arbeiter nur ganz bestimmte und bei der bestehenden großen Arbeitsteilung sorgfältig gesonderte Arbeitsaufgaben — vgl. Oertmann, Arbeitsvertragsrecht S. 116, Hueck desgl. S. 64 —, die nicht vom Arbeitgeber willkürlich geändert werden können. Freilich sieht auch Potthoff ein, daß es nicht möglich ist, den Satz von der Tragung der Betriebsgefahr durch den Arbeitgeber als zwingenden Rechtssatz aufzustellen, aber er will, daß das künftige Arbeitsrecht ihn ausspreche und seine Abdingbarkeit an Sicherungen knüpfe. Das ist in dieser Allgemeinheit aus den angegebenen Gründen nicht möglich, aber auch daß „nur Tarifverträge einen Teil des Arbeitsrisikos vom Arbeitgeber auf den Arbeitnehmer übertragen können", kann nicht zugegeben werden. Ob und inwieweit das Unternehmen einen Teil der Betriebsgefahr übernimmt, ist im 2. Teile zu untersuchen; vgl. einstweilen oben § 16 unter IV Ziff. 1.

II. Bleibt es daher bei dem allgemeinen Rechtssatze von der Bezahlung nur tatsächlich geleisteter Arbeit, so kann sich doch die Gefahrtragung auch allgemein dadurch verschieben, daß die Leistung der Arbeit unterbleiben muß, weil die nach dem Arbeitsvertrage notwendige Mitwirkung des Arbeitgebers unterbleibt oder weil die Arbeit aus sonstigen Gründen unmöglich oder das Schuldverhältnis erloschen ist. Vgl. Titze, Zur Risikofrage im Arbeitsverhältnis, JW. 1922 S. 548 f. u. Zit. Je nachdem infolgedessen Annahmeverzug des Arbeitgebers oder von ihm zu vertretende Unmöglichkeit der Arbeit nach § 323 BGB. vorliegt, hat er die Gefahr zu tragen, während bei Unmöglichkeit, die der Arbeitnehmer zu vertreten hat, und bei dessen Leistungsverzug wieder ihn die Gefahr trifft, soweit nicht auch hier Gesetz oder Vertrag die Verhältnisse anders regeln. Nach der zu begrüßenden Regelung des Entwurfes (Hueck im ArbVertr. S. 156) gilt folgendes:

1. Nach dem Gesetze wird der Dienstverpflichtete einmal allgemein (§ 616 BGB.) seines Anspruchs auf die Vergütung nicht dadurch verlustig, daß er für eine verhältnismäßig nicht erhebliche Zeit ohne sein Verschulden durch einen in seiner Person liegenden Grund, also z. B. Krankheit, Dienstleistung als Schöffe, Geschworener usw., an der Dienstleistung verhindert wird. Vgl. Wassermann im Schlichtungswesen 1924 S. 162. So auch nach § 79 I des Entwurfes, wobei Wahrnehmung eines öffentlichen Ehrenamts nach Art. 160 RV. stets unverschuldete Verhinderung ist. Und in ähnlicher Weise behalten die Handlungsgehilfen nach § 63 HGB. und die Techniker und andere höhere gewerbliche Angestellte nach § 133c GO. den Anspruch auf das Entgelt für die Dauer von sechs Wochen, nach § 79 II des Entwurfes Angestellte überhaupt für mindestens sechs Wochen, wenn die Verrichtung der Dienste durch unverschuldetes Unglück verhindert worden ist. Im ersten und dritten Falle sind nach dem geltenden Rechte die Kranken- und Unfallgelder vom Lohn abzuziehen, im 2. Fall ist dies unabdingbar verboten. Der Entwurf geht in § 82 II, III (vgl. auch § 83 II) einen „gerechten und verständigen Mittelweg", in dem er die Anrechnung soweit ausschließt, als die Bezüge selbstgeleisteten Beiträgen des Arbeitnehmers entsprechen, während Ersatzansprüche des Arbeitnehmers aus der Verhinderung gegen Dritte auf den Arbeitgeber übergehen. „Auf Ersatz von Kost, Wohnung und anderen zum Entgelte gehörigen Sachbezügen, die er infolge der Verhinderung

nicht genießt, hat der Arbeitnehmer keinen Anspruch, Entschädigung für entgangene Provision oder anderen versäumten Verdienst kann er nicht verlangen. Die Vorschrift des § 324 I S. 1 BGB. bleibt unberührt." So § 79 III, IV des Entwurfes in Übereinstimmung mit dem geltenden Rechte. Die Ansprüche aus § 79 sollen im Falle des Todes auf den Ehegatten und die unterhaltenen Kinder unter 18 Jahren übergehen. § 83 I.

2. Hat der Arbeitnehmer aber die Nichtleistung der Dienste als Vertragsschuld zu vertreten, z. B. bei Streik, oder ist er in Leistungsverzug geraten, wobei vorausgesetzt wird, daß die Arbeit nicht unmöglich geworden ist (§§ 284/5 BGB.), so verliert er den Lohnanspruch.

3. Hat der Arbeitgeber durch mangelnde Mitwirkung oder auf sonstige Weise die Arbeit unmöglich gemacht, z. B. durch Verletzung, unberechtigte Aussperrung des Arbeiters, Hinderungen durch die Art der gewählten Arbeitsstätte, Hilfsstoffe, Geräte, Maschinen usw., so behält der Arbeiter trotz Nichtleistung der Arbeit den Lohnanspruch, muß sich aber den Betrag anderweiten Arbeitsverdienstes oder ersparter Aufwendungen anrechnen lassen (§ 324 BGB.). S. auch Schlichtungsw. 1924 S. 42, N. Z. f. AR. 1924 S. 173, Hans. GZ. ArbR. 1925 S. 145 (§ 615 BGB. und § 76 S. 1 des Entwurfes), § 76 I S. 1 und 82 des Entwurfes. Ganz allgemein gilt dies,

4. wenn der Arbeitgeber in Annahmeverzug gerät. Wenn aber die Nichtannahme der Arbeit oder auch die Nichtmitwirkung (zu 3 und 4) auf allgemeinen Gründen beruht, auf feindlichem Einbruch (GKG. Bd. 29 S. 72), Generalstreik usw., tritt Annahmeverzug nicht ein, ebensowenig, wenn bei Teilstreik der arbeitswillige Teil der Arbeiter in Folge der Einheitlichkeit des Arbeitnehmerverhältnisses es hinnehmen muß, daß die Grundlage der Lohnzahlungen für den Arbeitgeber entfallen ist. RGZ. Bd. 106 S. 272 f. „Der Arbeitnehmer hat keinen Entgeltsanspruch, soweit Kampfmaßnahmen von Arbeitnehmern das Arbeitshindernis verursachen." Vgl. Järisch in Hans. RZ. ArbR. 1924 S. 53, Sinzheimer im ArbR. 1924 S. 473 und Königsberger in JW. 1924 S. 245. § 76 II des Entwurfes. Aus Billigkeitsgründen wird in § 76 III des Entwurfes dem Arbeitnehmer Anspruch auf das halbe Entgelt gewährt, wenn es sich um Betriebsstockungen in einem ganzen Berufszweige oder Landstriche handelt und sie

nicht durch Kampfmaßnahmen von Arbeitgebern verursacht sind. Es ist aber recht zweifelhaft, ob das auch der Billigkeit gegenüber dem anderen Teil entspricht. Regelmäßig wird allerdings die Stockung im Einzelbetrieb schon gemäß § 16IV Ziff. 1 oben vom Arbeitgeber zu vertreten sein. Vgl. Entscheidungen in JW. 1923 S. 247, N. Z. f. ArbR. 1923 S. 190, 255 und 317, GKG. Bd. 28 S. 75 und 25, 29 S. 13, Hans.GZ. AR. 1925 Nr. 29, Kreller im Arch. Bd. 5 S. 53.

Schrifttum noch: Oertmann, Arbeitvertragsrecht S. 165, Hueck desgl. S. 75f., 79f. und das dort angegebene weitere Schrifttum: Kaskel in NZ. f. ArbR. Bd. 2 S. 1f. und ArbR. S. 87f., RG. im RArbBl. 1923, 377, Titze in JW. 1922 S. 548 und Riezler im ArbVertr. S. 229, Herschel im Arbeitsrecht 1923 S. 682, Potthoff daselbst S. 674, Hedemann in der Festschrift f. Rosenthal S. 32, Simson, Teilstreik 1925, Harmsen, Lohnzahlungen bei Betriebsstockungen 1925.

Vierter Abschnitt.

Das Recht am Arbeitsergebnis.

§ 18. 1. Urheberrecht oder Arbeitsrecht.

Wenn man die Frage stellt, wem das vom Arbeiter hergestellte Arbeitsergebnis, die von ihm gemachte Erfindung, das von ihm herrührende urheberliche Erzeugnis zustehe, so gelangt man in ein erst neu bearbeitetes und gerade in Deutschland noch ziemlich bestrittenes Gebiet, vgl. Silberschmidt, Il diritto industriale ed il diritto di lavoro, in Studi di diritto industriale anno III (1924) p. 77 s.

I. Zunächst wurde die Frage vom Steuerrecht aufgerollt, nicht für das einzelne Arbeitsergebnis oder die einzelne Erfindung, sondern für das Arbeitsergebnis überhaupt, das Einkommen aus Arbeit. Vgl. Potthoff, Arbeitsrechte und Vermögensrechte in der Steuergesetzgebung, ArbR. 1922 S. 650 sowie Sonderheft dieser Zeitschrift „Zivilrecht, Arbeitsrecht und Steuerrecht“, Nov. 1925. Während der Staat das Vermögen in der Form der Vermögenssteuer, Vermögenszuwachssteuer und ähnlicher Steuern (Vermögenssteuer-Gesetz, jetzt vom 10. August 1925, RGBl. I S. 233), des Notopfers (RG. vom 31. Dezember 1919, RGBl. S. 2189) und der ihm verwandten Auflagen besteuerte, wird das Einkommen nach dem Einkommen-Steuer-Gesetz, jetzt vom 10. Aug. 1925, RGBl. I S. 189, getroffen, und zwar Einkommen je aus

Land- und Forstwirtschaft, Gewerbebetrieb, sonstiger selbständiger Berufstätigkeit, nicht selbständiger Arbeit (Arbeitslohn), Kapitalvermögen, Vermietung und Verpachtung, anderen wiederkehrenden Bezügen und sonstigen Leistungsgewinnen (§ 6). Während zum Einkommen aus Arbeit nach § 9 des früheren Einkommen-Steuer-Gesetzes vom 29. März 1920/20. Dez. 1921 der Erwerb aus wissenschaftlicher, künstlerischer, schriftstellerischer, unterrichtender oder erziehender Tätigkeit, aus der Berufstätigkeit der Ärzte, Rechtsanwälte, Architekten und Ingenieure gerechnet wurde, Tätigkeiten, die wir nach § 8 unter VII oben nicht schlechthin zum Arbeitsrecht einbeziehen konnten, werden jetzt diese Tätigkeiten richtig als „sonstige selbständige Berufstätigkeit" (§ 35) besteuert. Dagegen gehören gemäß § 36 zu den Einkünften aus nichtselbständiger Arbeit (Arbeitslohn), ohne Rücksicht darauf, ob es sich um eine nachhaltige Tätigkeit handelt, insbesondere

1. Gehälter, Besoldungen, Löhne, Tantiemen, Gratifikationen oder unter sonstiger Benennung gewährte Bezüge, geldwerte Vorteile und Entschädigungen der in öffentlichem oder privatem Dienst angestellten oder beschäftigten Personen,

2. Wartegelder, Ruhegehälter, Witwen- und Waisenpensionen und andere Bezüge oder geldwerte Vorteile für frühere Dienstleistung, im wesentlichen dem § 9 des früheren Gesetzes entsprechend. Zu den „anderen wiederkehrenden Bezügen" gehören nach § 40 vererbliche Renten (früher nach § 8 Ziff. 6 zum Einkommen aus Kapitalvermögen gerechnet), Leibrenten, Leibgedinge, Zeitrenten und andere unvererbliche Renten, Zuschüsse und sonstige Vorteile, die als wiederkehrende Bezüge gewährt werden (früher „sonstige Einnahmen" nach § 11 des Gesetzes), zu den „sonstigen Leistungsgewinnen" nach § 41 des Gesetzes Einkünfte aus Spekulationsgeschäften, gelegentlichen Vermittlungen usw., endlich zu den Einkünften der im § 6 bezeichneten Art Entschädigungen, die als Ersatz für entgehende Einnahmen oder für die Aufgabe einer Tätigkeit, einer Gewinnbeteiligung oder einer Anwartschaft auf eine solche gewährt werden, sowie Einkünfte, die einem Steuerpflichtigen aus einer ehemaligen Tätigkeit im Sinne des § 26 Ziff. 1—4 oder aus einem erloschenen Rechtsverhältnis im Sinne des § 6 Ziff. 5—8 zufließen, allenfalls auch dem Rechtsnachfolger. So lassen sich sämtliche Einkommensbeträge auf Einkommen aus Kapital und aus Arbeit verteilen, wenn auch diese Verteilung im

früheren Gesetze deutlicher hervortrat wie im jetzigen. Zum Einkommen aus Arbeit im weitesten Sinne gehören hienach die Ergebnisse aus nichtselbständiger Arbeit einschließlich aller Bezüge für frühere Dienstleistung, aus selbständiger Berufstätigkeit, entsprechend der hier getroffenen Einteilung, aus einzelnen Tätigkeiten, Ersatz für Aufgabe einer solchen usw. Stellt man nun die Frage, welcher Steuer die Einnahmen aus dem Urheber-, Erfinder-, überhaupt dem immateriellen Güterrecht unterliegen, ob und inwieweit sie als Einnahme aus Arbeit oder Kapital zu betrachten sind, so gelangt man zu Ergebnissen, die den Zusammenhang zwischen Industrie- und Arbeitsrecht und in letzter Linie zwischen Warenpreis und Arbeitslohn aufklären. Warenpreis und Arbeitslohn sind in der Hauptsache nichts anderes als der Ersatz der von Menschen für die Leistung der Arbeit aufgewendeten und notwendigerweise wieder zur Ermöglichung der Weiterarbeit zu ersetzenden Energie (vgl. oben Einleit. S. 8), der Selbstkosten der Arbeit, wobei der Lohn sich auf diesen Selbstkosten selbst aufbaut, während auch das Kapital sich aus Ansammlung und Aufspeicherung solchen Lohnes oder von Arbeit selbst, allein oder in Verbindung mit Entnahmen aus der Natur, zusammensetzt und daher mittelbar mit dem Lohne zusammenhängt. So entsteht eine Stufenleiter des Einkommens, rein aus Arbeit oder gemischt in letzter Linie aus Natur und Arbeit. Auch z. B. Einkommen aus vererblichen und unvererblichen Renten ist unter Umständen nichts anderes wie Einkommen aus Arbeit, wenn die Rente als Entschädigung für Arbeit gewährt wurde. Wie verhält es sich nun, wenn der Arbeiter im Betrieb eine Erfindung gemacht hat und wenn er dafür eine fortlaufende Entschädigung vom Betriebsinhaber bezieht? Die Erfindung ist zwar Gedankenschöpfung mit eigenartiger technischer Wirkung, beruht auf freier, ungebundener Phantasieleistung, aber auch sie wird zur Bestimmung ihres Wertes gemessen durch den Grad von Energie, das Maß geistigen Aufwands, die erforderlich waren, um auf Grund des Standes der bisherigen Technik das neue Mittel hervorzubringen. Vgl. Osterrieth in Holtzendorff-Kohlers Enzyklopädie der Rechtswissenschaft Bd. 2⁷ S. 390. Die Erfindung ist Lösung einer technischen Aufgabe, die unter Benützung der zur Verfügung stehenden Naturkräfte durch den menschlichen Willen vollbracht wird. Vgl. Kisch, Handbuch des deutschen Patentrechts 1923 S. 28 f. Die Erfindung kann im einzelnen Fall ein Gedankenblitz sein, irgendeine Energieleistung muß aber doch vorausgegangen sein, die zu dem Ergebnis geführt hat. Für diese Energieleistung und ihren Erfolg wird eine Entschädigung gewährt, sie tritt zu den Entschädigungen für die sonstigen Energieleistungen hinzu, bildet nicht etwas von ihnen dem Wesen nach Verschiedenes und ist daher Einkommen aus Arbeit, auch wenn etwa die Entschädigung in der Form einer lebenslänglichen Rente oder einer vererblichen Rente auf bestimmte Zeit gewährt wird, ebenso wie Wartegelder, Ruhegelder, Pensionen oder andere Bezüge für frühere Dienstleistung oder Berufstätigkeit nach Obigem zum Einkommen aus Arbeit gehören oder wie § 10 des Notopfergesetzes von den als Vermögen dem Notopfer unterliegenden Rentenansprüchen diejenigen ausnahm, die mit Rücksicht auf ein früheres Arbeits- oder Dienstverhältnis gewährt wurden oder wie die Ansprüche an Witwen-, Waisen- und Pensionskassen auf ähnlichem Rechtsgrunde, nämlich in der Hauptsache auf Arbeit, beruhten. Vgl. auch § 10 Ziff. 1, 3, 4 des früheren Vermögens-StG. und § 39 Ziff. 1—4 des Reichsbewertungsgesetzes vom 10. August 1925, RGBl. S. 214, wo in gleicher Weise als nicht zum Vermögen gehörig ausgeschieden werden die Ansprüche auf Renten und ähnliche Bezüge, die mit Rücksicht auf ein ehemaliges Arbeits- oder Dienstverhältnis gewährt werden, die Ansprüche an Witwen-, Waisen- und Pensionskassen, die Ansprüche auf Renten und Pensionen nach den Versorgungsgesetzen, Offiziers- und Beamtenpensionsgesetzen usw., weil es sich dabei auch um zurückgehaltene Entschädigungen für Arbeit handelt. Und während nach § 38 Z. 1 des Bewertungsgesetzes selbständige Rechte und Gerechtigkeiten wie Kapitalforderungen jeder Art zum Vermögen gerechnet werden, gehören nicht zum Vermögen im Sinne des Bewertungsgesetzes Werke der bildenden Kunst, des Schrifttums und der Tonkunst, sofern sie im Eigentum des Urhebers selbst oder im Falle des Todes des Urhebers im Eigentume seiner Ehefrau oder seiner Kinder stehen, ebenso die Urheberrechte an solchen Werken und für nichtpatentierte Erfindungen, es sei denn, daß die Urheberrechte oder Erfindungen einem Dritten gegen die Verpflichtung zur einmaligen oder wiederholten Bezahlung fester Beträge auf bestimmte oder unbestimmte Zeit zur Ausnutzung übertragen sind. Zu dem gleichen Ergebnis kam ich in dem oben angeführten Aufsatz aus dem Jahre 1924 in den Studi di diritto industriale, indem ich davon ausging, daß der Erwerb aus wissenschaftlicher, künstlerischer und schriftstellerischer Tätigkeit Arbeitseinkommen ist, so daß auch das Ergebnis und Einkommen aus dem literarischen und künstlerischen Urheberrecht darunter begriffen werden muß. Damit ist das Arbeitsergebnis des Künstlers und Schriftstellers, das Werk der bildenden und Ton-Kunst sowie des Schrifttums dem Vermögensbegriff entzogen und verbleibt als nicht steuerpflichtiges Arbeitsergebnis ohne Rücksicht auf seinen Wert dem Urheber oder nach seinem Tode seiner Ehefrau oder seinen Kindern, wenn ein Eigentumsrecht anderer daran nicht begründet wurde. (Vgl. auch RFH. Urteil vom 14. Mai 1924, Steuer und Wirtschaft Nr. 338.) Wäre letzteres der Fall, dann nimmt das Werk sofort den Charakter des Vermögensstückes an und gleiches gilt für die Urheberrechte an solchen Werken und nichtpatentierten Erfindungen, wenn sie einem Dritten gegen bestimmte Entschädigung zur Ausnützung überlassen sind, insbesondere für Lizenzen. Wenn dem Urheber nur eine Beteiligung als Gegenleistung gegeben wird, liegt kein Anlaß zur Vermögenssteuer vor, wohl aber stets, wenn es sich um selbständige Rechte und Gerechtigkeiten, z. B. erworbene Patentrechte, handelt. Aber der Gedanke des Festhaltens am Arbeitseinkommen ist so sehr durchgedrungen, daß nach § 38 Ziff. 6b RBewG. auch Rentenversicherungen, die mit Rücksicht auf ein Arbeits- oder Dienstverhältnis abgeschlossen werden, vom „sonstigen Vermögen" ausgenommen werden. Dadurch mag die Abnützung der Arbeitskraft steuerlich berücksichtigt werden wie in anderem Zusammenhange Zimmermann im ArbR. 1925 S. 287 ausführt.

Ist hienach das Arbeitsergebnis des Urhebers, das Urheberrecht wie das Werk, vermögenssteuerfrei, dagegen Einkommen aus wissenschaftlicher, künstlerischer usw. Arbeit, wobei gewisse Absetzungen für Abnützung nach § 10 III EinkStG. bei gewerblichen, literarischen, künstlerischen Urheberrechten zulässig sind, so besteht hier der urheberrechtliche Schutz neben dem Eigentumsschutze, den das Kunstwerk wie die handschriftlichen Blätter des Schriftstellers, Musikers usw. genießen. Der Schutz insbesondere nach § 11 des RG. vom 19. Juni 1902 betr. das Urheberrecht von Werken der Literatur und Tonkunst sowie nach § 15 des RG. vom 9. Juni 1907 betr. das Urheberrecht an Werken der bildenden Künste und der Photographie besteht darin, daß nicht ein anderer den Inhalt des Werkes zum Schaden des Urhebers durch unberechtigte Wiedergabe ausnütze. Hierin liegt also ein besonderer Schutz des Ergebnisses der wissenschaftlichen, schriftstellerischen, künstlerischen Tätigkeit, der insbesondere die ausschließliche Befugnis verleiht, das Werk zu vervielfältigen und gewerbsmäßig zu vertreiben sowie gewerbsmäßig vorzuführen, bei Werken der Literatur und Tonkunst öffentlich mitzuteilen. Damit allein schon, von anderen Befugnissen abgesehen, ist dem Urheber für die Dauer seines Rechtes die ausschließliche Ausnützung des von ihm geschaffenen Werkes gewährleistet und insoweit seine eigene Arbeitsleistung in ähnlicher Weise geschützt wie die des Kaufmanns, Industriellen usw. durch Patent-, Muster-, Warenzeichenschutz oder durch Schutzzölle. In allen diesen Fällen handelt es sich um einen mittelbaren Schutz der Arbeit.

Nun will Potthoff in einer Reihe von Aufsätzen (in seinem ArbR. 1922 S. 5, 1922 S. 76, 650 usw.) den Anspruch des Urhebers unmittelbar als Lohnschutz betrachten und erklären. Von seinem Gedanken ausgehend, daß das Arbeitsrecht nur den Abhängigen schütze, betrachtet er den geistigen Arbeiter nur im unmittelbaren Verkehre mit der Allgemeinheit, wenn er z. B. gegen Entgelt seine Werke vorliest, vorträgt, als selbständig, im Verkehre mit dem Verleger, der Bühne, dem Konzertagenten usw. soll er sich in der sozialen Stellung des Heimarbeiters befinden, des Hausgewerbetreibenden, der zu Hause bei formeller Selbständigkeit für einen Unternehmer arbeitet. Insoweit soll auch der geistige Arbeiter als Abhängiger dem Arbeitsrecht unterstehen und auch das Urheberrecht soll nur deshalb ihm den Bezug von Lohn ermöglichen, weil nur infolge des urheberrechtlichen Schutzes ein Entgelt für die geistige Arbeit vom Verleger, der Bühne usw. bezahlt werden kann. Diese Auffassung ist für einen Teil der geistigen Arbeiter, die angestellten oder durch ungünstige Monopolverträge an einen Verleger gebundenen Schriftsteller oder Künstler, die in ähnlicher Lage befindlichen Komponisten und Schauspieler usw. gewiß zutreffend, keineswegs aber für alle Träger von Urheberrechten, insbesondere nicht für diejenigen, die, selbst umworben, die freie Wahl ihrer Abnehmer haben. Sie sind durchweg selbständig, ihre Einnahme ist auch keineswegs nur Lohn, wie überhaupt das Urheberrecht bestrebt ist, dem Urheber regelmäßig nicht nur Lohn, sondern Unternehmergewinne zu sichern. Das Urheberrecht will schlechthin dem Urheber den Ertrag seiner Arbeit und damit auch dem angestellten Urheber den Lohn sichern, diese Lohnsicherung ist nicht alleinige Aufgabe, sondern Nebenwirkung des

Urheberrechtes. Das sieht Potthoff auch gelegentlich ein. „Wer etwa als Beamter oder Gelehrter einmal in diesem, dann in einem anderen Verlag ein Buch erscheinen läßt, kann nicht dem Arbeitnehmer gleichgestellt werden.“ Der vom Arbeitsausschuß für einheitliches Arbeitsrecht unter Mitwirkung von Potthoff aufgestellte Entwurf eines Arbeitstarifgesetzes (ArbR. 1921 S. 106) stellt aber in § 3 II den Hausgewerbetreibenden Angehörige freier Berufe gleich, „deren Arbeit von anderen zu geschäftlichen oder gemeinnützigen Zwecken verwertet wird, ohne daß sie in ihrem Dienste stehen“. Diese Bestimmung geht also viel zu weit, abgesehen davon, daß die Verwertung der Arbeit allein überhaupt keine Abhängigkeit begründet. Potthoff selbst will zwar die arbeitsrechtliche Regelung auf diejenigen geistigen Arbeiter beschränken, die in dauernden Beziehungen zu einem oder zu mehreren einzelnen Verlegern stehen (damit wäre schon ein großer Unterschied gegeben), überwälzt aber dann doch dem Urheberrecht die Aufgabe, die Rechtsverhältnisse gerade des „geistigen Heimwerkes“ zu regeln und das Urheberrecht selbst zum Lohnschutze der geistigen Arbeiter umzugestalten. In dem Augenblick aber, in dem das Arbeitsrecht seine Zuständigkeit nur für ein Teilgebiet erklärt, kann es nicht vom Urheberrechte die Wahrung seiner gesamten Belange beanspruchen und die Bedeutung des Urheberrechts nicht im Lohnschutz aufgehen lassen, da das Urheberrecht die Interessen aller Urheber, nicht nur der abhängigen, zu vertreten hat und dem Urheber schlechthin den Wettbewerb anderer verscheuchen muß. Der Entwurf eines „Allgemeinen Arbeitsvertragsgesetzes“ sieht denn auch im 5. Abschnitte „Rechte am Arbeitsergebnisse“ unter 3. Urheberrecht in § 132 nur die eine Bestimmung vor, daß Vereinbarungen der Schriftform bedürfen, durch die das Urheberrecht des Arbeitnehmers an Werken der Literatur, der Tonkunst, der bildenden Künste und der Photographie im voraus auf den Arbeitgeber oder einem Dritten übertragen wird.

Weitergehende Vorschläge Potthoffs (Arbeitsrecht 1922 S. 78) wurden in das Gesetz nicht aufgenommen. Dieser erkannte in diesen Vorschlägen an, daß nicht die grundsätzliche Regelung des Urheber- oder Verlagsrechts in das Arbeitsgesetzbuch hineingezogen werden könne, wohl aber könnten drei Punkte geregelt werden. Es könnte die Übertragung des vollen Urheberrechts eines künftigen Werks auf den Arbeitgeber verboten werden, soweit nicht durch Tarifverträge Ausnahmen zugelassen werden. Aber auch diese seien zu beschränken. Wucherlöhne dürften die Verleger nicht zahlen und deshalb müßten Vereinbarungen, die das Urheberrecht ohne angemessene Vergütung übertragen, für nichtig erklärt werden. Und nichtig solle auch die Vereinbarung sein, durch die der abhängige Urheber seine Urheberehre, die Nennung seines Namens, verkaufte. Den Wettbewerbsverboten seien endlich Vereinbarungen anzureihen, nach denen „Heimgeistige" im voraus das volle Urheberrecht an einem künftigen Werke dem Verleger abtreten; diese Abtretungen sollten nur unter den gleichen Bedingungen zulässig sein wie die Vereinbarung eines Wettbewerbsverbotes. Bei diesen Vorschlägen ist, wie häufig, übersehen, daß Nichtigkeit wegen Wuchers erst eintritt, wenn auch ein Mißbrauch der Notlage, der Unerfahrenheit oder des Leichtsinns gegeben ist. Der Handlungsfähige, der die Sachlage frei überschauen kann, muß seine Rechte selbst wahren. So ist im Entwurfe nur die Formvorschrift des § 132 I geblieben, die nach Abs. II auf Werbeschriften, Verzeichnisse und ähnliche geschäftliche Hilfsmittel keine Anwendung finden soll. Die Denkschrift findet selbst, „daß die Formvorschrift nur in seltenen Fällen praktisch wird und keine soziale Bedeutung hat, weil sie der Vertragsfreiheit keine Schranke setzt". Riezler im ArbVertrag S. 270 f. weist auf § 138 BGB. als das allenfalls schärfere Mittel hin und darauf, daß solche Bestimmungen, wie sie § 132 vorsieht, regelmäßig in Verlags- oder Arbeitsverträgen vorkommen, daß dabei § 139 BGB. in Frage käme und daß es sich deshalb empfehlen würde, die Gültigkeit des verbleibenden Vertragsteils bei Anwendung des § 132 auszusprechen, „wenn man es überhaupt für nötig hält, die eigentlich ins Urheberrecht gehörige und nicht besonders wichtige Bestimmung des § 132 ins Arbeitsvertragsgesetz aufzunehmen". Das ist vollständig zutreffend, zumal die Schriftlichkeit auch kaum etwas nützen würde und es unklar ist, wann Arbeitgeber und Arbeitnehmer im Sinne des Gesetzes vorliegen würden, denn die Bestimmung müßte auf Fälle wirklicher Abhängigkeit eingeschränkt werden, für die allein „Lohnschutz" in Frage käme. Das Urheberrecht des Arbeitsvertrags i. w. S. bedarf keiner Beschränkung, noch weniger aber ist dieses allgemeine Urheberrecht Lohnschutz.

II. Die Frage, ob Urheberrecht oder Arbeitsrecht entscheiden soll, wird besonders strittig beim Erfinderrecht der Angestellten, das in Deutschland zunächst im Patentgesetzentwurfe von 1913 und jetzt im Arbeitsvertragsentwurfe geregelt werden sollte. Beides ist zweifellos möglich, systematisch wünschenswerter wäre wohl eine allgemeine Neuordnung des Erfinderrechts, dringend ist aber jedenfalls die Regelung des Erfinderrechts der Angestellten und sie kann ohne Schaden auch allein erfolgen.

Ohne also die Frage entscheiden zu wollen, welches Gebiet eigentlich sedes materiae sei, können wir jedenfalls die arbeitsrechtlichen Seiten des Gegenstandes in einem Allgemeinen Arbeitsvertragsgesetze regeln und im weiteren Arbeitsrecht erörtern. Denn hier handelt es sich um Dinge, die den Abhängigen und den Unabhängigen angehen, um das Urheberrecht im Vertragsverhältnis.

Schrifttum: Denkschrift Osterrieths für den Stettiner Kongreß 1909 des Deutschen Vereins für den Schutz des gewerblichen Eigentums und sein Gutachten für den 29. Deutschen Juristentag, Verhandlungen Bd. 3 S. 253 f., Riezler im ArbVertr. S. 229.

Wie die Urheberschaft auf dem Gebiete des literarischen, künstlerischen und musikalischen Urheberrechts schon lange als Quelle des Rechtsschutzes und des Schutzrechtes anerkannt war, so ist das jetzt auch der Fall auf dem Gebiete des technischen Urheberrechtes, des Patentrechtes und des Gebrauchsmusterschutzes. Und zwar entsteht in allen diesen Fällen das Recht für den Urheber, auch wenn er selbst vertraglich gebunden ist, und es kann sich nur fragen, wer im einzelnen Fall Urheber ist und ob er vertraglich oder gesetzlich seine Rechte auf andere überträgt und übertragen kann, wie weit er insbesondere durch die Anstellung auf die Urheberrechte verzichtet und verzichten kann, und ob es möglich ist, diesem Angestellten Urheberrecht, auf alle Fälle einen angemessenen Lohn für seine schöpferische Leistung, zu sichern.

So reiht diese Frage sich ein in die allgemeine Betrachtung, wem das Recht am Arbeitsergebnis im Arbeitsrecht im allgemeinen zusteht.

§ 19. 2. Das Recht am Arbeitsergebnis.

Wer durch Verarbeitung oder Umbildung eines oder mehrerer Stoffe eine neue bewegliche Sache herstellt, erwirbt daran regelmäßig nach § 950 BGB. das Eigentum. Erfolgt die Verarbeitung oder Umbildung auf Grund eines Werkvertrages, so wird nicht der Unternehmer, sondern der Besteller Eigentümer, sicher, wenn er den Stoff liefert, denn wenn die Herstellung auf Grund Vertrages erfolgt, so entscheidet der Inhalt des Vertrages und wenn jemand die Sache für einen anderen herstellt, so wird der andere der Eigentümer. Deshalb wird auch beim Zeitlohnvertrage nicht der Arbeitnehmer, sondern der Auftraggeber Eigentümer. Wenn der Hersteller selbst den Stoff liefert, so entscheidet wiederum der Vertrag, ob der Besteller Eigentümer werden soll.

Auch der Entwurf eines Allgem. Arbeits-Vertrags-G. schickt in seinem Abschnitt über das Recht am Arbeitsergebnis im § 121 eine allgemeine Betrachtung voraus:

Das Ergebnis der vertraglichen Arbeitsleistung steht dem Arbeitgeber zu. Soweit Rechte nicht unmittelbar in seiner Person entstehen, hat der Arbeitnehmer sie auf ihn zu übertragen.

I. Der erste Satz steht im Widerspruche zu dem Rechte des Urhebers und auch zur Regelung des Entwurfes hinsichtlich der Erfindungen insbesondere in § 122 III, 125, 126. Die Denkschrift begründet die Stellungnahme damit, daß der Arbeitnehmer für den Arbeitgeber arbeite und daß deshalb, in Abweichung von § 950 BGB., das Eigentum in der Person des Arbeitgebers entstehe.

Tatsächlich dürfte die Stellungnahme des sonst so arbeiterfreundlichen Entwurfes in der Formelung, wenn auch der Hauptsache nach nicht im Enderfolge, zu beanstanden sein. Wie im österreichischen Rechte und zwar sowohl im § 5 des alten wie im § 5a des neuen Patentgesetzes Arbeiter und Angestellte als Urheber der von ihnen gemachten Erfindungen gelten, wenn nicht durch Vertrag etwas anderes bestimmt ist (Heindl im ArbR. 1925 S. 909 f. und Grünberg ebenda S. 971 f.), so muß das gleiche für das Arbeitsergebnis überhaupt gelten. Riezler hält den § 121 für unklar und überflüssig; da § 122 S. 1 offenbar urheberrechtliche und erfinderrechtliche Arbeitsergebnisse nicht im Auge hat, die später gesondert geordnet werden, glaube ich auch nicht, daß § 121 die Fälle im Auge hat, bei denen der Angestellte von vorneherein im Auftrage des Arbeitgebers als Urheber und Erfinder Geisteserzeugnisse herstellt. Es bleiben also die Fälle, in denen an einer fremden Sache auftragsgemäß eine Bearbeitung vorgenommen wird, wobei die Sache stets im fremden Eigentum bleiben muß, ohne daß eine Regelung notwendig wäre, und die sonstigen Fälle des § 950 BGB., die dort geregelt und zu regeln sind.

Wenn Sinzheimer, Grundzüge des Arbeitsrechts S. 23 und Potthoff, Das Recht am Arbeitsergebnis in seiner Zeitschrift Bd. 9 S. 30 f. und JW. 1922 S. 552 die Tatsache, daß der Arbeiter durch Spezifikation nicht Eigentum für sich erwirbt, wieder auf das fortwirkende Sklaventum zurückführen, so kann auch hier davon keine Rede sein. Die beiden Schriftsteller übersehen, daß das heutige Arbeitsverhältnis im deutschrechtlichen Treuverhältnis wurzelt und daß gerade nach diesem der Arbeiter nicht für sich selbst dabei Eigentum erwerben will und kann. Vgl. Silberschmidt im Arch. f. R. und WPhil. Bd. 15 S. 420.

Kraft des Treuverhältnisses aber ist dem Arbeiter der Stoff des Auftraggebers übergeben und kraft dieses Treuverhältnisses will er den selbst angeschafften Stoff für den Auftraggeber verarbeiten; ohne untreu zu sein, kann er in beiden Fällen nicht den Gedanken fassen, für sich zu erwerben. Im § 950 ist überhaupt nichts darüber enthalten, für wen der Spezifikant das Eigentum erwirbt, vielmehr besteht Übereinstimmung für jedes Vertragsverhältnis, auf Grund dessen die Spezifikation stattfindet, daß darüber der Inhalt des Vertrages entscheidet und daß Spezifikation auf Grund Werkvertrages zwischen Unabhängigen ebenfalls den Besteller zum Eigentümer macht. Das wäre freilich nicht richtig, wenn der Arbeiter, ob er will oder nicht, ja selbst gegen seinen Willen, Eigentum für den Arbeitgeber erwerben muß (Herz in Iher. Jahrb. Bd. 74 S. 6, 12, vgl. mit Engländer, Angestelltenerfindung 1925 S. 53 und Achilles-Greiff Ziff. 2 zu § 950). So läßt auch Riezler im Arb.-Vertr. S. 234 durch die Spezifikation unmittelbar das Eigentum auf den Arbeitgeber, kraft „irgend welchen Rechtsverhältnisses" übergehen und bezeichnet es als naheliegend, die Einigung über den Eigentumserwerb schon in den Vertragsschluß zu verlegen, wobei nur der Eigentumserwerb des Irrsinnigen Schwierigkeiten mache. Es ist natürlich richtig, wenn Müller-Erzbach, Rechtsbildung durch Wertschöpfung, in ZHR. Bd. 88 S. 220 f., ausführt, der innere Grund des § 950 sei die Wertschöpfung, aber für die Frage, wer nun der Wertschöpfer, der Hersteller, sei, muß auf den Vertrag zurückgegangen werden, die Lebensanschauung allein, von der manche ausgehen wollen, kann nicht ausschlaggebend sein und bedarf des Tatbestands im Vertrage, eben des Treuverhältnisses, und gegen seinen Willen erwirbt hier niemand Eigentum. Vgl. JW. 14, 34; RGSt. 37, 329 vgl. unt. ObLGSt. in JW. 1924 S. 1612; OLG. 4, 312; 26, 60; 34, 184, Seuff. Arch. 71 n 255; Cosack-Mitteis S. 175. Die Vertragsgrundsätze versagen natürlich für den geisteskranken Spezifikanten, aber hier ist die Entscheidung auch unklar und der Arbeitgeber muß im einzelnen Falle den Erwerb des Eigentums nachweisen, insbesondere nach § 929

BGB. Mit Riezler ist anzunehmen, daß, so wenig für das BGB. ein Bedürfnis bestand, die Spezifikation des Arbeiters besonders zu regeln, so wenig für das ArbVG. Aber der Ausspruch, daß unter allen Umständen das Arbeitsergebnis dem Arbeitgeber zusteht, ist auch unrichtig, weil es eben auf den Vertrag ankommt.

II. Ist die Regel überflüssig, dann erst recht die Ausnahme. Aber auch sie ist unrichtig. Die Begründung der Denkschrift geht dahin, daß dem Arbeitsrecht auch verlegte Heimwerker unterstehen, daß bei ihnen bestritten ist, ob sie nicht bei Verarbeitung fremder Stoffe zunächst Eigentümer werden und daß deshalb ihre Verpflichtung zur Übertragung des Eigentums habe festgestellt werden müssen. Ist aber ganz allgemein der Vertrag die Grundlage und wird insbesondere durchweg bei Werkvertrag und werkvertrag-ähnlichen Beredungen der Besteller Eigentümer (Achilles-Greiff a. a. O. und die dort angegebene Rechtsprechung), so bedarf es keiner Ausnahme und gerade, wenn nach dem Inhalte des Vertrages der Arbeitnehmer Eigentümer wird, wenn z. B. der Heimwerker aus selbst angeschafftem Stoffe Sachen herstellt, die er nicht nur einem Arbeitgeber anbietet, dann geht das Eigentum erst mit dem Kauf über und eine allgemeine Verpflichtung zur Übertragung des Eigentums besteht nicht. Wenn endlich die Denkschrift damit im Zusammenhang erklärt, aus dem Wesen des Arbeitsverhältnisses könne auch ohne besondere Bestimmung die Ausschließung des § 644 BGB. angenommen werden, so daß der Arbeitgeber die Gefahr des Arbeitsergebnisses von Anfang an trage, so entscheidet zwar auch hier der Vertrag, im übrigen ist die Frage der Gefahrtragung verschieden von der Frage der Spezifikation. Riezler S. 237 wäre zur ausdrücklichen Regelung der ersteren Frage geneigt.

Daher lassen sich auch keine Schlüsse aus dem „geistigen Urheberrecht" auf das körperliche ziehen, weil und soweit dort der geistige Arbeiter eben nicht für andere, sondern für sich das Urheberrecht erstrebt und erstreben darf gerade als Mitentgelt für die geistige Arbeit, vgl. Silberschmidt, in den Studi di diritto industriale 1924 p. 77.

Schrifttum: Dr. Tasche, Fremdwirkende Spezifikation, ihr Umfang und Wesen, Göttinger Dissertation 1920, Rümelin, Das Handeln in fremdem Namen, im Arch. f. z. Pr. Bd. 93 S. 282, v. Bonin, Über den Eigentumserwerb des Herstellers, im Arch. f. b. R. Bd. 38 S. 116 und Herz, Rechtsgrund für den Eigentumserwerb am Arbeitsprodukt im Arbeitsvertrag in Iher. Jahrb. 1924,

2. Folge 38. Bd. S. 1f, dagegen Müller-Erzbach in ZHR. Bd. 48 (1925) S. 235 und schon Iher. Jahrb. Bd. 53 S. 370f.; Planck-Brodmann, Ziff. 1c zu § 950, Manigk, Willenserklärung und Willensgeschäft 1907 S. 668, v. Gierke, Wurzeln des Dienstvertrages, Festschrift für Brunner, 1914, Emge, Das Moment der Neuheit in § 950, Arch. f. z. Pr. Bd. 114 S. 69, Riezler im ArbVertr. S. 335.

§ 20. 3. Die Angestelltenerfindung.

1. Im geltenden Rechte steht dem Arbeitnehmer wie jedem andern das Recht an der von ihm gemachten Erfindung zu, soweit sie auf seiner Geistestätigkeit beruht, und damit das Recht, diese seine Erfindung auszubeuten und Dritte davon auszuschließen. Vgl. zuletzt Kisch, Handbuch des deutschen Patentrechts 1923 S. 49f., 66f. und das in Anm. 1 S. 66 angegebene Schrifttum, Silberschmidt in den Studi di diritto industriale 1924 p. 77, Engländer, Die Angestelltenerfindung nach geltendem Recht (Schriften des Instituts f. ArbR. an der Universität Leipzig, 6. Heft) 1925 S. 6f., und vorher Engländer zur Theorie des Patentrechts in Iher. Jahrb. Bd. 71 S. 1f., insbesondere RGZ. Bd. 105 S. 315. Auch hier ist das erworbene subjektive Recht des Erfinders der Lohn für die zum Nutzen der Allgemeinheit aufgewendete Arbeit, es entsteht aber nur, wenn der Erfinder seine Erfindung als erster zum Patent anmeldet und wenn das Patentamt, welches z. Zt. die subjektive Berechtigung des Anmelders nicht prüft, die Eintragung in die Rolle vollzieht. Das Recht in diesem vollen Umfang (freie Erfindung) steht aber dem Erfinder nach dem Entwurfe nur dann zu, wenn weder der Fall der Betriebserfindung noch der Diensterfindung gegeben ist, wohl aber kann eine freie Erfindung auch dann vorliegen, wenn ihre Verwertung in den Tätigkeitsbereich des Betriebes fällt (betriebsverwandte freie Erfindung). Bei der Regelung des Rechtes am Arbeitsergebnis stellt der Entwurf der Bestimmung des § 121 mit „1. Im Allgemeinen" gegenüber „2. Erfindungen" und „3. Urheberrecht", je in den §§ 122—131 und 132. Die Angestelltenerfindung stellt sich damit als Anwendungsfall des Rechts am Arbeitsergebnis dar und tatsächlich haben sich hier die Kämpfe über das Recht des Angestellten oder des Arbeitgebers in verstärktem Maß erhoben. Vgl. jetzt Engländer, die Angestelltenerfindung S. 1f., Riezler im ArbVertr. S. 240f. und die Sondernummer Nov. mit Dez. 1925 von Potthoffs Arbeitsrecht. Nachdem insbesondere der Deutsche Juristentag und der Deutsche Verein für den Schutz des ge-

werblichen Eigentums je in zwei Tagungen die Frage behandelt haben und der Entwurf des Patentgesetzes von 1913 eine eingehende Besprechung gezeitigt hat, ist jetzt eine vorläufige Klärung im Sinne obiger Einteilung eingetreten. Im allgemeinen regelt der Entwurf alle patentfähigen Erfindungen von Angestellten, die eine gewerbliche Verwertung gestatten und stellt ihnen Modelle von Arbeitsgerätschaften oder Verbrauchsgegenständen oder Teile von solchen, die als Gebrauchsmuster geschützt sind, gleich (§ 123 II), soweit sie von Angestellten erdacht sind, nur daß hier an Stelle der nicht bestehenden „Schutzfähigkeit" der tatsächliche Schutz tritt und der Arbeitgeber allein zu entscheiden hat, ob für Modelle der Schutz für Gebrauchsmuster verlangt und wie lang er aufrechterhalten werden soll (§ 123 II S. 2). Damit wird die Bestimmung für Arbeitnehmer ziemlich wertlos, wohl aber von Bedeutung für den Arbeitgeber zur Verhütung der Umgehung von Erfindungsvorschriften. Nicht patentfähige Erfindungen von Angestellten sind im Entwurfe nicht berührt, soweit sie nicht die Treupflicht verletzen und dann dem Arbeitgeber mitzuteilen sind, wie denn auch für nichtpatentfähige Diensterfindungen eine entsprechende Belohnung angemessen wäre, vgl. Riezler S. 274. § 122 I stellt aber klar, daß jede Erfindung unter gewissen Bedingungen Betriebserfindung werden kann.

Dabei weist die Denkschrift darauf hin, daß die Regelung im ArbVertrG. sich auf die Verteilung der Rechte zwischen Arbeitgeber und Arbeitnehmer zu beschränken hat, und daß diese Verteilung nach den beiden Gesichtspunkten: Förderung des Gewerbes und Belohnung des Erfinders zu erfolgen hat, wobei der Ausgleich dahin zu erfolgen habe, daß „das Ergebnis erfinderischer Tätigkeit dem Arbeitgeber, angemessenes Entgelt dafür dem Arbeitnehmer zusteht", diese Formelung ist, im Anschluß an den § 121, der ja auch beanstandet werden müßte, ebenfalls als zu ungünstig für den Arbeitnehmer zu erachten. Dies wird sich am besten ergeben, wenn wir die getroffene Einteilung in umgekehrter Reihenfolge besprechen.

Schrifttum: Kisch, Handbuch des deutschen PatentR. 1923 S. 66 f. und das dort angegebene Schrifttum, Osterrieth, Die Angestelltenerfindung in NZfAR. 1923 S. 401 f., Oelenheinz im ArbR. 1923 S. 31, Potthoff im ArbR. 1923 S. 105, 166, 233; 1925 S. 849 ff., Engländer, Die Angestelltenerfindung 1925, Riezler im ArbVertr. S. 240.

§ 21. 4. Die betriebsfreie Erfindung.

Die nicht betriebsverwandte, nach der Denkschrift „betriebsfremde“, freie Erfindung liegt außerhalb des Arbeitsverhältnisses und steht unbeschränkt dem Arbeitnehmer zu.

Macht der Arbeitnehmer eine Erfindung, die entweder mit dem Betriebe gar keinen Zusammenhang hat, oder zwar einen Zusammenhang, aber weder den der Betriebs- oder Diensterfindung, noch den der betriebsverwandten freien Erfindung, so steht diese Erfindung ganz dem Arbeitnehmer zu, der Arbeitgeber hat daran keine Rechte. Zugunsten dieser ganz freien Erfindungen ist die Vertragsfreiheit dahin eingeschränkt, daß nichtig sind Vereinbarungen, nach welchen im voraus Vermögensrechte daran dem Arbeitgeber oder einem Dritten zustehen sollen oder von ihnen benützt werden können oder nach welchen der Arbeitnehmer in der Anmeldung solcher betriebsfremder freier Erfindungen zum Patent oder in ihrer Verwertung beschränkt sein soll (§ 124 I, II des Entwurfes). Diese Bestimmung ist berechtigt, weil hier dem Arbeitgeber keinerlei Anspruch zusteht und eine trotzdem vorgenommene Bindung des Arbeitnehmers wohl an sich schon unter das Verbot des § 138 BGB. fallen würde. Dagegen besteht für Vereinbarungen über schon gemachte Erfindungen keinerlei Hindernis. Hier herrscht der allgemeine Grundsatz der Vertragsfreiheit, wie denn die betriebsfremde Erfindung nicht unter dem Einfluß irgend welcher Abhängigkeit steht und deshalb auch damit die ganze Frage der Erfindung Angestellter als Teil des Rechts am Arbeitsergebnis dem Arbeitsrecht i. w. S. zuzuweisen ist.

§ 22. 5. Die betriebsverwandte freie Erfindung.

Sie ist nach § 122 III des Entwurfes dann gegeben, wenn die Verwertung der Erfindung in den Tätigkeitsbereich des Betriebes fällt. Sie ist also freie Erfindung und nur wegen des äußerlichen Umstands, daß die Verwertung der Erfindung entweder ausschließlich oder doch auch durch den Betrieb erfolgen kann, sind besondere Vorschriften in dieser Richtung gegeben. Sonst aber steht die Erfindung ausschließlich dem Arbeitnehmer zu, aber die Tatsache, daß ihre Verwertung in den Tätigkeitsbereich des Betriebs fällt, hat gewisse Folgen für das Verhältnis zum Arbeitnehmer, und zwar

1. muß diesem der Arbeitnehmer mangels anderer Vereinbarungen diese betriebsverwandten Erfindungen unverzüglich mitteilen (§ 126 I), vor allem auch behufs Prüfung, ob Betriebs- oder Diensterfindung vorliegt, und

2. so lange streitig ist, wem die Erfindung zusteht, ist sie von beiden Seiten geheim zu halten, es kann aber einer der Parteien durch einstweilige Verfügung die Verwertung der Erfindung gestattet werden (§ 126II). Hier zeigt sich der zweite außerordentliche Umstand, der Bedeutung gewinnt, daß eben in den Fällen, in denen die Verwertung der Erfindung in den Tätigkeitsbereich des Betriebes fällt, leicht eine Dienst- oder Betriebserfindung vorliegen kann, so daß bis zur Entscheidung dieser Frage nichts geschehen darf, was den Rechten des Betriebes Abbruch tut (§ 126).

3. Der Arbeitgeber kann über die Erfindung mit dem Arbeitnehmer eine Vereinbarung schließen, er kann aber auch ohne solche innerhalb entsprechender Frist gegen Zahlung angemessenen, besonderen Entgeltes die Überlassung der Vermögensrechte, nicht aber der Erfinderehre, an der betriebsverwandten Erfindung oder ihre Nichtverwertung durch den Arbeitnehmer verlangen oder sie in seinem Betrieb ohne Beeinträchtigung des Anspruches des Erfinders auf ein Patent verwenden (§ 127II). Soweit aber gerade bei betriebsverwandten Erfindungen der Erfinder solche Vereinbarungen eingeht und dadurch in der Verwertung einer von ihm gemachten, betriebsverwandten freien Erfindung beschränkt wird, hat er einen unbedingten Anspruch auf angemessenes besonderes Entgelt dafür und dieses Entgelt ist nachträglich wieder in unabdingbarer Weise zu erhöhen, wenn es in auffälligem Mißverhältnis zu dem Gewinne steht, den der Arbeitgeber macht oder der dem Arbeitnehmer entgeht (§ 127I).

Das angemessene besondere Entgelt ist zu bezahlen, auch wenn der Arbeitgeber die Erfindung tatsächlich nicht im Betriebe benutzt (§ 129 S. 1). Bei der Höhe der Vergütung ist auch der, nicht in Vermögensschaden bestehende, Nachteil zu berücksichtigen, den der Arbeitnehmer dadurch erleidet, daß er von der Benutzung seiner Erfindung (im ausschließlichen Interesse des Arbeitgebers) ausgeschlossen wird (§ 129 S. 2). Gerade durch diese Vorschriften für betriebsverwandte freie Erfindungen werden die Belange des Arbeitgebers in sehr weitgehender Weise, aber gegen Entschädigung des Arbeitnehmers, gewahrt, ähnlich wie bei der bezahlten Karenz in Wettbewerbsklauseln der Handlungsgehilfen. Direkt darunter gehört die Vereinbarung, daß der Arbeitnehmer betriebsverwandte Erfindungen, die er nach Beendigung des Arbeitsverhältnisses machen würde, auf den Arbeitgeber übertragen soll.

4. Es kann aber auch eine Vereinbarung im voraus geschlossen werden, daß Vermögensrechte an freien betriebsverwandten, nicht betriebsfremden, Erfindungen, die der Arbeitnehmer machen wird, dem Arbeitgeber oder einem Dritten zustehen sollen oder daß sie von ihnen benutzt werden können. Der Entwurf unterwirft diese Vereinbarung und jede andere, durch welche der Arbeitnehmer in der Anmeldung freier Erfindungen zum Patent oder in ihrer Verwertung beschränkt wird, der Schriftform, welcher Betriebssatzung und Tarifvertrag gleichsteht (§ 124). In einem solchen Vertrage kann freilich manchmal ein unsittlicher Zwang gegenüber dem Arbeitnehmer liegen. Soweit es sich um künftige betriebsfremde Erfindungen handelt, besteht für den Arbeitgeber überhaupt keine Veranlassung, den Erfinder an der Ausnutzung der Erfindung zu behindern. Riezler S. 278 erstreckt mit Recht die Anwendung der Wettbewerbsverbote nach § 237/8 des Entwurfes nicht nur, wie nach § 131 II, auf Vereinbarungen, nach welchen der Arbeitnehmer Erfindungen, die er nach Beendigung des Arbeitsverhältnisses machen wird, auf den Arbeitgeber übertragen soll, sondern erst recht auch auf solche, durch welche die künftige betriebsverwandte Erfindung unmittelbar auf den Arbeitgeber übergehen soll. Die Denkschrift „nimmt an", daß auch in diesem Falle das Urhebervermögensrecht, soweit es durch die Vereinbarung dem Arbeitnehmer zuerkannt ist, unmittelbar bei diesem entsteht, (auch wenn es dem Arbeitgeber „zusteht"?), hält aber jedenfalls dafür, daß ein nur schuldrechtlicher Anspruch auf Übertragung von Erfinderrechten zu § 127 II den Betrieb nicht genügend sichern würde. Das Bedenken ungenügender Bestimmtheit des abzutretenden Gegenstandes (RGZ. Bd. 67 S. 168 und Bd. 75 S. 225) überwindet Riezler S. 267 A. 45, weil Bestimmbarkeit vorliege. Hier sind eben alle Vermögensrechte an betriebsverwandten freien Erfindungen des Angestellten übertragen, so daß es nur auf den Begriff der Erfindung, nicht auf deren Inhalt ankommen wird. Bezüglich der Bestimmung des § 127 II hat Riezler S. 268 sehr beachtenswerte rechtspolitische Bedenken, die aber auch in das Gebiet des § 138 BGB. fallen, geäußert. Der Arbeitnehmer wird an der Verwertung seiner Erfindung gehindert, die durch das „angemessene Entgelt" unter Umständen nicht gutgemacht wird; Riezler schlägt an Stelle der Rechte des § 127 II ein Vorkaufsrecht vor, das zweifellos weniger einschneidend wirkt. Vgl. auch über die bezüglichen Klagen der Angestellten Knorr im ArbR. 1925 S. 874 f. Soweit in § 124

für die Vereinbarungen Schriftlichkeit gefordert wird, ist dieser Forderung durch die schriftliche Tarifsatzung genügt, ob auch durch eine Tarifsatzung, die nicht Betriebsvereinbarung nach Art des BRG. ist, kann zweifelhaft sein, weshalb auch hier dem Vorschlage Riezlers S. 270 gegenüber Denkschrift S. 25I beizutreten wäre, dies ausdrücklich auszusprechen. Davon abgesehen ist die Regelung des Entwurfes hinsichtlich der freien Erfindung zu billigen, sie geht von dem richtigen Standpunkt aus, daß der Erwerb des Erfinderrechts vom Arbeitnehmerverhältnis unabhängig ist und daß dieses Erfinderrecht nur kraft ausdrücklichen oder stillschweigenden Vertrages oder Gesetzes auf ein anderes Rechtssubjekt übergehen kann. Vgl. Engländer, Angestelltenerfindung S. 13 und A. 36. Möglich ist übrigens auch noch eine Erfindungsgemeinschaft auf gleichheitlichem Fuße zwischen Unternehmer und Angestellten, die Miterfindung, vgl. RG. in JW. 1924 S. 1430, dazu Silberschmidt in ZHR. Bd. 79 S. 474, Riezler, Arb.-Vertr. S. 243, Zeller, Mitberechtig. an d. Erfindung, 1925.

§ 23. 6. Die Diensterfindung.

Macht sich bereits bei der betriebsverwandten freien Erfindung, die schon vor der Zugehörigkeit des Erfinders zum Betriebe gemacht sein kann, die Tatsache geltend, daß die Verwertung der Erfindung in den Tätigkeitsbereich des Betriebs fällt, so kann ein Einfluß des Betriebes schon auf die Entstehung der Erfindung vorhanden sein. Hat der Arbeitnehmer nur in Erfüllung seiner Betriebspflichten die Erfindung gemacht, dann liegt Diensterfindung vor, die immer noch Erfindung des Angestellten ist; steigert sich aber der Einfluß des Betriebes auf die Erfindung so, daß überhaupt nicht mehr eine bestimmte Person als Erfinder in ausschlaggebender Weise hervortritt, so ist die Betriebserfindung gegeben (§ 36).

Diensterfindung liegt nach § 122II des Entwurfes vor, „wenn der Arbeitnehmer zu erfinderischer Tätigkeit angestellt oder eine solche nach den Umständen von ihm zu erwarten ist und er in Erfüllung seiner Leistungspflicht die Erfindung macht". Vgl. z. B. OLG. Stuttgart in JW. 1924 S. 208 mit Anm. von Seligsohn, ferner Elster, Die Diensterfindung, ArbR. 1924 S. 249 f., Riezler, ArbVertrag S. 245, RArbBl. 1924 S. 496*. In diesem Falle steht sie nach dem Entwurfe § 122II infolge des Anstellungsvertrages dem Arbeitgeber zu, vgl. auch Kisch a. a. O.

S. 67 und Engländer a. a. O. S. 15, der aber vor zu weiter Ausdehnung warnt, wie auch ich die 2. Alternative des § 122 II nicht für unbedenklich und für überflüssig halte, da in der ersten auch eine stillschweigende Vereinbarung enthalten ist. Wesentlich ist nur, daß der Erfinder in Erfüllung einer Leistungspflicht handelte, die in der (ausdrücklich oder stillschweigend) vereinbarten Verpflichtung zur Erfindungstätigkeit wurzelte, so daß an sich die Erfindung nur mit eine Gegenleistung für das ihm gezahlte Entgelt wäre. Ob die Verwertung der Erfindung in den Tätigkeitsbereich des Unternehmens fällt, ist hier, im Gegensatze zur betriebsverwandten freien Erfindung, gleichgültig, weil hier ein viel weitergehendes Element, die Betriebsverpflichtung, vorliegt. Vgl. auch Kisch S. 28. Deshalb liegt, entgegen Riezler S. 248, auch bei dem Heizer einer Sektfabrik und dem Hausmeister einer Porzellanfabrik bei Erfindungen in ihrem Bereiche (Heizkessel, Läutewerk), eine Diensterfindung dann vor, wenn sie vereinbarungsgemäß auch zu Erfindungen in diesem beschränkten Bereiche verpflichtet sind. Etwas anderes ist es natürlich, ob auch stillschweigend hier eine solche Verpflichtung anzunehmen wäre, was mit Engländer S. 33 und dem Reichsgerichte in SeuffArch. 60 S. 196 zu verneinen wäre. Wenn der § 10 des Patentgesetzentwurfs (vgl. jetzt auch in Potthoffs Arbeitsrecht 1925 S. 933) verlangt, daß die Erfindung ihrer Art nach im Bereiche der Aufgaben des Unternehmens und daß sie im Rahmen der Obliegenheiten des Angestellten liegt, so darf nicht vergessen werden, daß hier Elemente der dort nicht unterschiedenen betriebsverwandten freien Erfindung mit der Diensterfindung verbunden sind. Gleiches gilt hinsichtlich des „Reichstarifvertrages für die akademisch gebildeten Angestellten der chemischen Industrie" (Arbeitsrecht 1925 S. 937), der Diensterfindung annimmt, wenn die erfinderische Tätigkeit zu den dienstlichen Obliegenheiten des Angestellten gehört oder wenn die Verwertung oder Verwendung dieser Erfindungen in den Rahmen der wirtschaftlichen Betätigung des Unternehmens fällt. Riezler S. 246 A. 24 hat das zu wenig beachtet. Man sieht aber gerade hieraus, wie die Begriffsbestimmungen des Entwurfes zur Klärung beitragen. Auch die der Diensterfindung scheint mir in der Hauptsache gelungen. Mit Schärfe wendet sich Riezler S. 247 gegen den Bund angestellter Chemiker und Ingenieure, wenn dieser in seinem Gegenentwurfe (ArbR. 1925 S. 439) die Diensterfindung nur bei schriftlicher Erfindungsklausel anerkennen will. Es wird sich unter allen Umständen empfehlen, insbesondere in den Tarifverträgen auf eine solche Klausel zu dringen, um die Verhältnisse klarzustellen. Es ist aber auch gewiß von Vorteil, wenn die schriftliche Beauftragung zur Erfindertätigkeit zur Bedingung der Diensterfindung gemacht wird, damit zu rechter Zeit der Anspruch erhoben wird, nicht hinterher; die Erfindungsklausel wird dann vielleicht sehr häufig werden, Schaden des Arbeitgebers aus Unachtsamkeit usw. wird kaum zu befürchten sein, die Gefahr der Nichtigkeit wird von Engländer S. 77 wohl zunächst überschätzt und dann stark abgemindert.

Österreich hat in seiner zwischen Arbeitgebern und Arbeitnehmern vereinbarten Patentgesetznovelle auf den Begriff der Betriebserfindung überhaupt verzichtet und den der Diensterfindung noch etwas ausgedehnt, „wenn sie nämlich ihrem Gegenstande nach in das Arbeitsgebiet desjenigen Unternehmens, in dem der Dienstnehmer tätig ist, fällt und wenn a) entweder die Tätigkeit, die zu der Erfindung geführt hat, zu den dienstlichen Obliegenheiten des Dienstnehmers gehört oder

b) wenn der Dienstnehmer die Anregung zu der Erfindung durch seine Tätigkeit in dem Unternehmen erhalten hat oder

c) das Zustandekommen der Erfindung durch die Benützung der Erfahrungen oder der Hilfsmittel des Unternehmens wesentlich erleichtert worden ist. Die Fälle b und c fallen in Deutschland allenfalls unter die Betriebserfindung oder die freie betriebsverwandte Erfindung.

Dem Dienstnehmer kommt in Österreich in jedem Fall eine besondere Vergütung neben der regelmäßigen Entlohnung zu, während in Deutschland nach dem Entwurfe die Diensterfindung dem Arbeitgeber zusteht und nur von ihm dem Arbeitnehmer zur freien Verfügung überlassen werden kann. Umgekehrt findet in Österreich für die regelmäßige besondere Vergütung nur eine Ausnahme statt: wenn der Dienstnehmer ausdrücklich zur Erfindertätigkeit im Unternehmen des Dienstgebers angestellt und auch tatsächlich vorwiegend damit beschäftigt ist und wenn die ihm obliegende Erfindertätigkeit zu der Erfindung geführt hat, so gebührt ihm eine besondere Vergütung nur insoweit, als nicht schon in dem ihm auf Grund des Dienstverhältnisses im Hinblick auf seine Erfindertätigkeit zukommenden höheren Entgelt eine angemessene Vergütung für die Erfindung gelegen ist. Durch diese

Ausnahme tritt der Begriff der Diensterfindung besonders klar hervor. § 5 d der österreichischen Novelle gibt Anleitung über die Angemessenheit der Vergütung, § 5 f über die Fälle, wenn der Arbeitgeber bei fortlaufenden Erträgnissen die Erfindung nachlässig verwertet und über die Zumutbarkeit einer Erhöhung der Entschädigung.

Im übrigen hat nach § 125 des Entwurfes der Erfinder Anspruch wie bei der freien Erfindung, daß sein Name als der des Erfinders in der Patentrolle und der Patentschrift genannt wird und auf diesen Anspruch, der aber rechtzeitig vor dem Drucke der Patentschrift geltend gemacht werden muß (soll?), kann im voraus nicht verzichtet werden. Das gleiche gilt in Österreich. Der Anspruch des Arbeitnehmers auf die Erfinderehre wird immer mehr anerkannt. Steht der Gewinn des Arbeitgebers in auffälligem Mißverhältnis zum Entgelte des Erfinders, so hat dieser den unabdingbaren Anspruch auf angemessenes besonderes Entgelt (§ 128), das nach der Denkschrift in einmaliger Abfindung, fortlaufender Gewinnbeteiligung, Erhöhung des Gehalts oder Versetzung in höhere, besonders leitende, Stellung bestehen kann. Daß regelmäßig bei der Diensterfindung eine Vergütung an den Arbeitnehmer nicht zu bezahlen ist, wird nicht beanstandet werden können, weil ja der Anspruch des Arbeitnehmers schon abgegolten ist. Der Arbeitgeber kann aber jedem Anspruch ausweichen, indem er die Diensterfindung dem Arbeitnehmer zur freien Verwertung überläßt. Dagegen wird der Anspruch auf besonderes Entgelt nicht dadurch ausgeschlossen, daß der Arbeitgeber die Erfindung nicht oder nicht im Betriebe benutzt oder darüber verfügt, insbesondere durch Veräußerung. Bei der Höhe der Vergütung ist in diesen Fällen auch der nicht in Vermögensschaden bestehende Nachteil zu berücksichtigen, den der Arbeitnehmer dadurch erleidet, daß er von der Benutzung seiner Erfindung ausgeschlossen oder sein Erfindungserfolg verschwiegen wird. Besteht aber eine Notwendigkeit dafür, daß der Erfinder das wirklich stets dulden muß? Der in § 125 enthaltene Grundsatz spricht ebenso dagegen, wie der Umstand, daß in solchen Fällen meist eine Übertragung des Erfinderrechts eintritt oder aufrecht erhalten wird. Auch Riezler a. a. O. S. 258 findet es nicht recht verständlich, warum der Entwurf dem Arbeitnehmer das Recht, die Übertragung der Erfindung auf ihn zu verlangen, nicht auch für den Fall geben will, daß der Arbeitgeber die Betriebserfindung an eine betriebsfremde Person veräußern will und schlägt ein gesetzliches Vorkaufsrecht des Arbeitnehmers vor.

Das entscheidende Merkmal der Diensterfindung liegt meiner Auffassung nach in dem Bestehen einer Dienstpflicht zur erfinderischen Tätigkeit und eines Entgelts für sie; liegen diese Elemente vor, dann kann man, wenn die Erfindung innerhalb des Dienstverhältnisses gemacht ist, auch nicht mit Riezler S. 249 unterscheiden, ob die Erfindung wesentlich innerhalb der Betriebszeit und mit Betriebsmitteln erfolgte, zumal den Erfinder seine Gedanken ständig zu beschäftigen pflegen. Vgl. auch Kisch S. 69.

Schrifttum: Kisch, Handbuch des Deutschen PatentR. S. 67 f. und das dort angegebene Schrifttum, Riezler im ArbVertr. S. 245, Elster, Diensterfindung, ArbR. 1924 S. 249 f., Kittgen ebenda 1925 S. 855, Knorr ebenda S. 862, Fischer ebenda S. 879, Sohlich ebenda S. 902, über das österreichische Recht Heindl ebenda S. 905 und Grünberg S. 971, über das russische Recht Sohlich ebenda S. 1027.

§ 24. 7. Die Betriebserfindung.

Der Entwurf ist über die Diensterfindung noch hinausgeschritten. Eine Betriebserfindung ist nach ihm gegeben, „wenn eine im Betriebe gemachte Erfindung so stark durch die Erfahrungen, Hilfsmittel, Anregungen und Vorarbeiten des Betriebes beeinflußt ist, daß nicht bestimmte Personen als Erfinder in ausschlaggebender Weise hervorgetreten sind" (§ 122 II). Diese Begriffsbestimmung geht auf diejenige des Augsburger Kongresses von 1914 zurück — Engländer a. a. O. S. 23 — und ist derjenigen des deutschen Technikerkongresses von 1914 vorzuziehen: „Erfindung innerhalb eines Betriebes, bei der mehrere Angestellte mitgewirkt haben, ohne daß der Urheber der grundlegenden Idee und der Anteil der . . einzelnen Angestellten . . festgestellt werden kann", da die Mitwirkung mehrerer Angestellter für den Begriff der Betriebserfindung gar nicht notwendig ist. Deshalb ist auch die 3. übliche Begriffsbestimmung, die von Wirth, in den Mitt. des Verbandes deutscher Patentanwälte 1922 S. 119, nicht zu billigen: „Erfindung, die in einem Betriebe von den Angestellten desselben mit den Mitteln des Betriebes gemacht ist und für deren Entstehung eine selbständige erfinderische Tätigkeit bestimmter Personen nicht zu ermitteln ist." Engländer a. a. O. S. 26. In allen 3 Begriffsbestimmungen ist schon gesagt, daß eine Erfindertätigkeit einer bestimmten Person nicht in Frage kommt, so daß damit ein solcher Einzelanspruch eines Arbeitnehmers ausgeschlossen ist. Vielmehr steht der Anspruch nach § 122 des Entwurfes dem Arbeitgeber zu. Wenn dieser alle Voraussetzungen für die Erfindung geschaffen hat, so daß sie mit einer gewissen Notwendigkeit im Betriebe kommen mußte, würde es eine schwere Unbilligkeit darstellen, wenn derjenige, der sie zufällig gemacht oder nur angemeldet hat, die Erfindung an sich reißen und sie etwa gar dem Betrieb entziehen könnte. Deshalb führte die deutsche Industrie schwere Kämpfe gerade um die Betriebserfindung. Andererseits wurde sie von den Angestellten, zum Teil aber auch der Wissenschaft, heftig bekämpft, schon in den genannten Tagungen des deutschen Juristentages und später (vgl. Riezler S. 242 A. 18). Schwierig ist jedenfalls die Entscheidung im einzelnen Fall, ob die Voraussetzungen der Betriebserfindung vorliegen und ob nicht doch trotz aller Einflüsse des Betriebes ohne den Erfindungsgedanken die Erfindung nicht gemacht worden wäre. Es kann auch eine Mehrheit von Erfindern vorhanden sein, aber keine Betriebserfindung. Der Reichstarifvertrag in § 9 II A (ArbR. 1925 S. 937) billigt eine Betriebserfindung zu, wenn die Merkmale der Erfindung schon so weit gegeben sind, daß die Durchführung über eine handwerksmäßige Tätigkeit (im patentrechtlichen Sinn einer normalen Berufstätigkeit) — Engländer S. 75: lediglich fachmännische (konstruktive) Tätigkeit — nicht hinausgeht. Diese Fassung dürfte sich mehr empfehlen als die von den Angestellten beanstandete (RArb.-Bl. 1924 S. 496*) des Entwurfes, „daß nicht bestimmte Personen in ausschlaggebender Weise hervorgetreten sind", die gewiß leichter zu Zweifeln und Streitigkeiten Veranlassung geben kann. Vgl. dagegen Riezler S. 244. Der Gegensatz des „Erfindungsblitzes" zur „handwerksmäßigen", „ehrlichen" Arbeit hebt die vorherige Erfindung über die spätere Betriebserfindung, die keine Erfindung mehr ist, empor. Vgl. Engländer S. 16, der sich für die mit den Begriffsbestimmungen Wirths, Schanzes und Kischs übereinstimmende Fassung des Entwurfes erklärt, aber die des Reichstarifvertrages für eine „Übernahme" dieser Fassung ansieht, ohne sie zu beanstanden. Gerade die Frage aber, ob der angebliche Erfinder ein Schöpfer oder ein Handwerker ist, entscheidet meiner Auffassung nach den Streit zwischen den Ansprüchen des Betriebes und eines Anmaßers fremden Verdienstes, weil eigenes nicht vorhanden oder nicht nachweisbar ist. Dabei erhebt sich nur noch die Frage: Wenn wirklich eine „Betriebserfindung" vorliegt, gibt es da eine Erfindung und wem steht sie zu?

1. Für die erste Frage wird nun die Begriffsbestimmung der Betriebserfindung bedeutsam. Verweigert man dem „Handwerker" die Palme, dann wird man unter Umständen auch nicht von Erfinderrechten sprechen können, die Betriebserfindung ist dann vielleicht die Verneinung einer Erfindung, diese d. h. ihr Ergebnis ist von selbst aus dem Betriebe hervorgewachsen. Und der Arbeitgeber, der dem Arbeitnehmer das Erfinderrecht verweigert, kann sich dann leicht dem Wettbewerber gegenüber schutzlos sehen. Letzteres kann aber auch die Folge sein bei anderen Fassungen des Begriffes der Betriebserfindung z. B. derjenigen des deutschen Technikerkongresses 1914, daß bei der Betriebserfindung der Urheber der grundlegenden Idee und der Anteil der einzelnen in Frage kommenden Beteiligten nicht mehr festgestellt werden kann (Engländer S. 25) sowie bei der Fassung des Entwurfes; wenn nicht bestimmte Personen in ausschlaggebender Weise hervorgetreten sind, wird es auch schwer sein, von einem Erfinder oder einer Erfindung zu sprechen. Gibt es eine Erfindung ohne Erfinder? Hier wird zunächst der Begriff des Erfinders festzustellen sein. Die Erfindung hat stets eine subjektive Seite (vgl. Kisch S. 29, Hamm, Verhandlungsbericht des Stettiner Kongresses 1909 S. 64, Engländer S. 72), sie muß durch einen Erfinder erkannt, erschaffen sein. Erfindung ist etwas Geistiges, eine Schöpfung; ein allmähliches Heranreifen einer Verbesserung durch lediglich handwerksmäßige Bearbeitung und Behandlung im Betrieb ist danach keine Erfindung. Vgl. Kisch S. 22 f. Und wie soll nun eine Erfindung ohne Erfinder zustande kommen? wie soll der Unternehmer an die Stelle eines nicht vorhandenen Erfinders treten? Selbstverständlich ist die Frage gelöst, wenn der persönliche Unternehmer wirklich der Erfinder ist (vgl. Engländer S. 57). Aber wenn nicht? wenn es sich um einen unpersönlichen Unternehmer handelt? Nach der herrschenden Theorie des originären Erwerbes entsteht unmittelbar mit der Erfindungstat des Angestellten das Erfindungsrecht in der Person des Dienstherrn, während nach der derivativen Theorie das Erfinderrecht überhaupt schon erst beim Angestellten entstanden sein muß; von den originären Theorien ist die Stellvertretungstheorie Kohlers besonders hervorzuheben (vgl. Engländer S. 11 und 52 f.), wonach aus der Erfinderschaft des Angestellten dessen Recht auf Erfinderehre fließt (vgl. dagegen Kisch S. 50), aus seiner personenrechtlichen Unterwerfung als Angestellter, aus der „Unter-

tanschaft seines erfinderischen Denkens" aber das vermögenswerte Erfinderrecht des Herrn, das Recht zum Patenterwerb. Nach allen diesen Theorien ist schwer einzusehen, wie das Recht des Arbeitgebers ohne das des Arbeitnehmers entstehen kann. Das ist aufrecht zu erhalten, auch wenn man den bedeutsamen und für die hier vertretene Auffassung besonders wichtigen Ausführungen Engländers S. 53f. gegen die Sinzheimer-Potthoff-Auffassung des Arbeitsverhältnisses als personenrechtliches Unterwerfungsverhältnis voll beipflichtet und wenn man mit Engländer das Charakteristische für die eigene schöpferisch-erfinderische Betätigung doch gerade darin findet, „daß die Art der Ausführung dem Angestellten-Erfinder nicht von anderer Seite vorgeschrieben ... wird, sondern daß die Intuition, die schöpferische Phantasie ... eigenste geistige Leistung des Angestelltenerfinders bleibt". „Es geht nicht an, schlechthin von allen Arbeitsverhältnissen ohne Rücksicht auf die zu leistende Art der Arbeit und die das Arbeitsverhältnis in concreto beherrschende Arbeitsmethode von einer .. Abhängigkeit des Dienstpflichtigen zu sprechen und aus dieser nicht näher qualifizierten Abhängigkeit unterschiedslos den unmittelbaren Erwerb jedes vom Dienstpflichtigen hergestellten oder (geistig) erarbeiteten Arbeitsproduktes durch den Dienstherrn abzuleiten." Aber dann muß um so mehr die Stellvertretung des Dienstherrn durch den Arbeitnehmer oder dessen Übertragungswillen nachgewiesen werden und dazu muß der Angestellten-Erfinder vorhanden sein. Aber wenn man nun im einzelnen Falle wirklich eine Betriebserfindung nicht nur im Sinne der Verneinung des Angestellten-Erfinderrechts, sondern im Sinne der Bejahung eines anderen Erfinderrechts, das nach außen wirken soll, annimmt,

2. wem steht ein solches Erfinderrecht zu? a) Wenn mehrere oder viele Angestellte zusammengewirkt haben, so daß der Anteil des Einzelnen oder die schöpferische Tat eines von ihnen sich nicht feststellen läßt, ist deshalb der Arbeitgeber oder der Betrieb oder welcher von beiden berechtigt? Genügt dazu der Einfluß der Umgebung im Betriebe, seiner Mittel und Werkzeuge? Wird nicht dem Arbeitgeber sein Sieg in arbeitsrechtlicher Hinsicht zum Verderben in patentrechtlicher Hinsicht? Und dazu kommt nun das weitere.

b) Potthoff hat wiederholt, zuletzt ausführlich im ArbR. 1925 S. 849f. die Auffassung, wie manchmal, abweichend von seiner Grundauffassung des Arbeitsvertrages vertreten: Der Arbeiter ist einverstanden, in Betriebsgemeinschaft unter der Vorherrschaft des Betriebes auch die Erfinderaufgaben zu lösen, die Erfinderrechte allenfalls abzutreten und sich mit der Ehre und einer entsprechenden Vergütung zu begnügen. Aber ist nun diese Abtretung im Zweifel so aufzufassen, daß sie an den kapitalistischen Egoismus des Arbeitgebers erfolgt, der sie sofort ohne Rücksicht auf die Bedürfnisse des Betriebes anderweit verwerten kann? Läßt sich die Pflicht einer solchen Abtretung rechtfertigen, soweit sie nicht ausdrücklich erfolgt? De lege lata wird der erfindende Angestellte, wenn vorhanden, das Recht auf den Arbeitgeber übertragen; an den Betrieb wird sehr selten gedacht werden. De lege ferenda liegt die Sache anders. Die Enteignung des Arbeitgebers kann man nur zugunsten des Betriebes, nicht zugunsten des Arbeitgebers allenfalls zum Nachteil des Betriebes, fordern. Da erhebt sich freilich die Schwierigkeit: Was ist der Betrieb? Potthoff und seine Mitarbeiter in den „Sozialen Problemen des Betriebes" 1925, besonders Hedemann in seinem Beitrage „Betriebsgemeinschaft als Rechtsproblem" haben versucht, die Frage zu beantworten. Man muß zugeben, daß eine rechtliche Form bisher nicht gefunden wurde. Ich habe versucht (RArbBl. 1925 S. 84* und 290; dagegen Göppert S. 165 und dazu auch Potthoff S. 290*) einen gangbaren Weg zu finden. Mit einer formellen Lösung, wenn die Firma das Unternehmen und nicht die Person bezeichnen würde (Adler in ZHR. Bd. 85 S. 93), ist hier nicht geholfen, ebensowenig mit staatsrechtlichen Analogien. Aber einen Ausgangspunkt bildet die bekannte Entscheidung des Reichsgerichts Bd. 106 S. 272 f., wonach das Ergebnis des Betriebes heute nicht mehr allein vom Unternehmer mit seinem Kapital und seinen Arbeitsmitteln, sondern im gemeinschaftlichen Zusammenwirken von Unternehmer und Arbeiterschaft gewonnen wird. Diese bilden daher dann zusammen eine Gesellschaft, wenn das Ergebnis von allen gemeinsam getragen wird, was nicht nur im Sinne einer Dividende zu verstehen ist. Eine gleitende Lohnskala macht eine gewisse Beteiligung, wie sie sich auch aus dem BRG. ergibt, äußerlich sichtbar. Potthoff stellt die Losung auf: alles für den Betrieb! Aber eine Enteignung des Unternehmers ist unter den heutigen Verhältnissen ganz ausgeschlossen, seine Tatkraft ist heute mehr wie je erforderlich. Ebenso sind heute Mehrarbeiten der Arbeiterschaft erforderlich und wie hier Zuweisungen von Erfindungen als Betriebserfindungen. In diesen

Fällen handelt es sich um Verzichte der Arbeitnehmer, die viel leichter zugunsten des Betriebes als zugunsten des Vorteils des Unternehmers erfolgen können und erfolgen werden. Die Betriebsräte als Aufsichtsräte und die Bilanzmitteilung an die Arbeiter sind die ersten Wirkungen der Betriebsgemeinschaft als Gesellschaft; jede kommunistische Gemeinschaft wäre als verhängnisvoll zurückzuweisen. Wohl aber habe ich auf zwei Möglichkeiten hingewiesen, die Betriebsgemeinschaft zu benützen, um solche Verzichte zu erreichen, wie sie hier in Frage sind. Die eine ist die Beteiligung des Arbeitnehmers oder der Arbeitnehmer an den Ergebnissen des Betriebes. Gerade die Betriebserfindung ruft geradezu nach einer Beteiligung solcher Angestellten, sei es an den Ergebnissen der Erfindung allein oder des ganzen Betriebes. Die Erfindungsgesellschaft, zwischen Geldgebern und Erfindern nicht selten, wird dem Betriebe die weitere Erfindungstätigkeit des Angestellten sichern und erhalten. Auch als eine Entschädigung für Mehrarbeit kann eine, wenn auch nur gering mögliche, Beteiligung der Arbeiter von Nutzen sein. Als ein zweites Mittel habe ich auf die Analogie der Hausgemeinschaft nach §§ 3—9 des Reichsmietengesetzes und der allgemeinen Notgemeinschaft bei Aufwertung usw. hingewiesen. Wie bei der Hausgemeinschaft das Hauskonto als Gesellschaftskasse errichtet wird, in welche gewisse auf Kosten des Mieters erfolgende Einnahmen zu leiten sind und aus welcher gewisse Ausgaben zu decken sind, wie dort der an und für sich freie Eigentümer sein Haus als Einnahmequelle in die Gemeinschaft einwirft, wie dort Zahlungen aus dem Hauskonto nur mit Zustimmung der Mieter erfolgen können und in gewissen Fällen Anordnungen und Genehmigungen hinsichtlich der Gemeinschaft durch die Behörde erfolgen können, so wären auch hier ähnliche Vereinbarungen und gesetzliche Bestimmungen hinsichtlich der Gesellschaftskasse möglich. Es ist gar nicht notwendig und vielleicht nicht möglich, daß die Opfer auf beiden Seiten sich decken. Aber es könnten, hier insbesondere bei Mehrarbeit, aber auch bei Betriebserfindungen, gewisse Einnahmen in die Betriebskasse geleitet werden, die nur zu bestimmten Zwecken verwendet werden dürften. Die Denkschrift erwägt, dem Arbeitgeber Zahlungen in eine Betriebskasse, Wohlfahrtskasse oder ähnliches machen zu lassen, auch Riezler S. 264 erwähnt solche Kassen, findet aber nur die Verhältnisse in den einzelnen Betrieben zu verschieden und verweist auf Betriebsvereinbarung und Tarifvertrag. Potthoff will auch dem Unternehmer die Pflicht auferlegen, seine Erfahrungen dem Betriebe (oder etwa dem Erfinder?) mitzuteilen. Umgekehrt hat der Arbeitgeber, der das Patentrecht für eine Erfindung des Arbeitnehmers nicht aufrecht erhalten will, dem Erfinder rechtzeitig Mitteilung zu machen und ihm auf dessen Kosten alle Rechte zu übertragen (§ 130 vgl. mit § 129 S. 2). Das Recht des Arbeitgebers, die Erfindung in seinem Betriebe zu benutzen, soll durch diese Übertragung nicht berührt und für die Weiterbenutzung soll ein angemessenes Entgelt geleistet werden, solange der Patentschutz besteht. Diese Bestimmungen sind entsprechend, fast selbstverständlich. Die durch die Kriegsfolgen notwendige Erhöhung der Arbeitslast und der Verzicht des Arbeitnehmers oder der Arbeitnehmer auf Erfinderlohn könnten so gemeinschaftlich von der Betriebsgemeinschaft getragen werden. Vgl. Silberschmidt im RArbBl. 1925 S. 290*, Hedemann in Potthoffs „Sozialen Problemen des Betriebes (S. 290), Potthoff im ArbR. 1923 S. 105 und 233, Osterrieth in N. Z. f. AR. 1923 S. 401 und Oelenheinz ebenda S. 31, Riezler, ArbVertr. S. 241, Elster das. 1924 S. 250, RArbBl. 1924 S. 495*f. sowie OLG. Stuttgart in JW. 1924 S. 208 mit Anm. von Seligsohn.

In allen Fällen werden die Rechte und Pflichten aus Erfindungen des Arbeitnehmers durch Lösung des Arbeitsverhältnisses nicht berührt. Dieses im allgemeinsten Sinne (vgl. § 121 und 122 III) bildet die Grundlage der Lehre von der Erfindung des Arbeitnehmers.

Schrifttum: Außer dem schon angegebenen: Schanze, Die Etablissementserfindung in Markenschutz und Wettbewerb Bd. 9 S. 213f., Kohler desgl. ebenda Bd. 12 S. 493f., Ludwig Fischer, Betriebserfindungen 2. Aufl. 1921 und im ArbR. 1925 S. 879, Silberschmidt in NZfArbR. 1926.

§ 25. 8. Gebrauchs- und Geschmacksmuster.

I. Die Vorschriften des Entwurfes sollen nach § 123 II desselben auf Modelle von Arbeitsgerätschaften oder Gebrauchsgegenständen oder Teilen von solchen, die als Gebrauchsmuster geschützt sind, sinngemäße Anwendung finden. Ob für Modelle der Schutz als Gebrauchsmuster verlangt und wie lange er aufrechterhalten werden soll, entscheidet ausschließlich der Arbeitgeber.

II. Nach § 2 des Geschmackmustergesetzes vom $\frac{\text{11. Januar 1876}}{\text{21. Oktober 1922}}$ gilt bei solchen Mustern und Modellen, welche von den in einer inländischen gewerblichen Anstalt beschäftigten Zeichnern, Malern,

Bildhauern usw. im Auftrage oder für Rechnung des Eigentümers der gewerblichen Anstalt angefertigt werden, der letztere, wenn durch Vertrag nichts anderes bestimmt ist, als der Urheber der Muster und Modelle. Es wird bei diesen verhältnismäßig kleinen, nicht so wertvollen Gegenständen, wenn sie in einer gewerblichen Anstalt angefertigt werden, auch zu I regelmäßig dasselbe gelten.

Für sonstige, nicht patentfähige Verbesserungen von Angestellten fehlt es, wohl mit Recht, im Entwurf an Vorschriften, da es sich hier um ganz unbestimmte Ansprüche ohne feste Typen handeln würde, die unfruchtbare Streitigkeiten zeitigen würden, während die Fragen hinsichtlich der Angestelltenerfindung selbst noch nicht feststehen. Den Vorschlag einer Regelung, die etwa dem § 128 des Entwurfes entspricht (Riezler S. 274), möchte ich auch nicht unterstützen, zumal ja der Richter Freiheit hat und allenfalls zu analoger Anwendung der gesetzlichen Bestimmungen kommen kann, wie denn auch Riezler später zu anderer Frage auf § 157 BGB. bezug nimmt.

Fünfter Abschnitt.

§ 26. 1. Die Arbeitsverträge des gesetzten Rechtes.

Aus der großen Anzahl der Verträge, die im deutschen Rechte geordnet sind, gehören hieher alle diejenigen, in denen Arbeitsleistung, regelmäßig gegen Entgelt zugesagt wird. Lotmar erachtet diejenigen gesetzlich geregelten Verträge als Typen des Arbeitsvertrages, die eine dahingehende Bezeichnung tragen oder die sich nach dem Berufe der nach dem Gesetz am berufsmäßigen Arbeitsvertrage beteiligten Personen als Arbeitsverträge darstellen (Bd. 1 S. 265). Das mag ein äußerlicher Behelf sein, innerlich ist in jedem einzelnen Falle zu prüfen, ob wirklich Arbeit als solche durch den Vertrag zugesagt wird. Eine kurze Übersicht über die wichtigsten, gesetzlich geregelten Arbeitsverträge zeigt auch die hauptsächlichsten Quellen des Arbeitsrechts, soweit das Gesetz in Frage kommt; die Quellen des autonomen Arbeitsrechts kommen dann im 2. Teile noch dazu.

I. Die Hauptquelle des Arbeitsrechts ist das BGB. Hier sind vor allem als Arbeitsverträge die beiden Hauptformen geregelt: 1. der Dienstvertrag und 2. der Werkvertrag.

Zu 1. Den Dienstvertrag betreffen die §§ 611—630 und 675 BGB., wie die entsprechenden Art. 319—362 des Schweizer Obligationsrechts und (nach der 3. Teilnovelle) des österreichischen allgemeinen bürgerlichen Gesetzbuchs §§ 1151 f., vgl. dazu insbesondere Adler, Der Arbeitsvertrag im Entwurfe einer Novelle zum a. BGB. (S. A. aus Juristische Blätter 1908 und im Arbeitsrecht 1917 S. 101 f.) Wenn in den 3 Gesetzen übereinstimmend von Diensten und Dienstleistungen die Rede ist, so handelt es sich dabei stets um Leistung von Arbeit, wie etwa auch gleichbedeutend (z. B. BGB. §§ 196[1], 1367 u. a.) Leistung von Arbeit oder von Arbeiten genannt wird, wo es sich um Leistung von Diensten handelt. Gegenstand des Dienstvertrages können Dienste jeder Art sein, in § 675 BGB. ist die Geschäftsbesorgung besonders geregelt, der Gesindevertrag, welcher nach Art. 95[I] EG.BGB. dem Landesrecht überlassen wurde, kennzeichnete sich durch die Bezugnahme auf §§ 617 f. als Dienstvertrag, jetzt VO. vom 12. Nov. 1914 (RGBl. S. 1309): Die Gesindeordnungen werden außer Kraft gesetzt. Darüber ist Näheres im besonderen Teile zu sagen. Nach Art. 361 Schw. OR. ist ausdrücklich ausgesprochen, daß die Vorschriften über den Dienstvertrag auch Anwendung auf Verhältnisse finden, in denen gegen Honorar Arbeiten zu leisten sind, die besondere wissenschaftliche oder künstlerische Vorbildung voraussetzen; für verschiedene Gruppen von Dienstnehmern sind dort auch besondere Sätze aufgestellt (Adler im ArbR. 1917 S. 102).

Zu 2. Den Werkvertrag regeln die §§ 631—651 und 675 BGB. und ebenso Art. 363—379 Schw. Obl. und, jetzt neu eingeführt, § 1151 des österreichischen a. b. GB. Daß auch der Werkvertrag Arbeitsvertrag ist, wurde bereits hervorgehoben und das BGB. selbst gründet den Werkvertrag auf Arbeitsleistung (§§ 631, 638, 645, 648) und Verwendung der Arbeitskraft. Vgl. Trachsel, Begriff und Abgrenzung des Werkvertrages nach gemeinem Recht und modernen Gesetzen. 98. Heft der Abh. z. schweiz. Recht 1923 S. 30 f., 47 f., 103 f. Ob zu dem Arbeitsvertrag im Sinne des Entwurfes auch der Werkvertrag gehören kann, hat man nach S. 14 der Denkschrift nicht entscheiden wollen, wie man auch das Verhältnis des Arbeitsvertrages des Entwurfs zum Dienstvertrage des BGB. absichtlich im Unklaren ließ. Daß der Werkvertrag auch Arbeitsvertrag ist, haben jetzt auch Molitor und Richter im RArbBl. 1924 S. 80* und 230* vertreten, vgl. Kreller im Arch. f. ziv. Pr. S. 31 und Molitor, Wesen des ArbeitVertr. S. 21 f. Dienstvertrag und Werkvertrag können eine Geschäftsbesorgung zum Gegenstande haben (vgl. § 675 BGB. und § 23 II KO.) und dann finden eine Reihe von Vorschriften über den Auftrag gleichmäßig auf sie Anwendung. Geschäftsbesorgung ist Arbeit, die zugleich Sachleistung enthalten kann (Lotmar Bd. 1 S. 276). Der Werklieferungsvertrag endlich nach § 651 BGB. über eine nicht vertretbare Sache ist ebenfalls Werkvertrag und Arbeitsvertrag, wenn auch in einzelnen Nebenpunkten das Recht des Kaufes dabei Anwendung findet: die Hauptsätze des Kaufrechts in §§ 433, 446 Abs. 1 S. 1, 447, 459, 460, 462 bis 464, 477—479 sind ausgeschlossen. Dagegen finden auf die Werklieferung bei vertretbaren Sachen und nach § 381 Abs. 2 HGB. die Vorschriften über den Kauf Anwendung, im letzteren Falle auch die des HGB., und damit sind die arbeitsrechtlichen Vorschriften ausgeschlossen (vgl. dagegen Lotmar Bd. 1 S. 211 f., 274).

Dienst und Werkvertrag sind die Grundlage der Regelung des Arbeitsrechts im BGB. Lotmar verkennt diese Bedeutung. Er legt auf die formale Tatsache, daß im BGB., wie der Dienstvertrag und der Werkvertrag in einem besonderen Titel geregelt sind, so auch der Maklervertrag und die Verwahrung den Gegenstand besonderer Titel bilden, zu großen Wert und will deshalb etwa Werkvertrag und Maklervertrag gleichstellen, aber den Maklervertrag und den Verwahrungsvertrag gegen Entgelt als besonders geregelte Verträge sui generis, nicht als Dienst- und nicht als Werkverträge, behandeln. In der Hauptsache fällt aber auch der Maklervertrag und der Verwahrungsvertrag unter den Begriff des Werkvertrages, jedenfalls insoweit, als der Makler und Verwahrer sich verpflichten, für Herbeiführung des Erfolges tätig zu sein.

Schrifttum: Lotmar Bd. 1 S. 281; 2, 822, v. Gierke, Deutsches Privatrecht Bd. 3 S. 709 und 730, Reichel, Die Maklerprovision 1913 S. 8, Silberschmidt in Potthoffs Arbeitsrecht 1920 S. 76.

II. Das Handelsgesetzbuch enthält zu einem erheblichen Teil Arbeitsrecht, insbesondere

1. was den Vertrag des Handlungsgehilfen betrifft, §§ 59 f., wozu dann noch ergänzend Vorschriften der Gewerbeordnung (z. B. §§ 139 c, 139 l) und des neuen Arbeitsrechts hinzutreten, Betriebsrätegesetz u. andere, sodann

2. der Lehrvertrag des Handlungslehrlings, §§ 76—82 HGB., nicht aber

3. der Vertrag des Handlungsagenten (§§ 84 f.) und Handelsmäklers (§§ 93 f.). Wenn die Anstellung des Handlungsgehilfen für den Prinzipal Handelsgeschäft ist und wenn dabei auch auf den Gehilfen nach § 345 HGB. Handelsrecht anzuwenden ist, so enthalten die hier in Betracht kommenden Bestimmungen des 6. Abschnitts im 1. Buche des HGB. eben Arbeitsrecht, nicht aber gilt das gleiche von den Bestimmungen z. B. über Agentur, Kommission, Spedition usw. (oben S. 24), soweit nicht im Einzelfall es sich um Handlungsgehilfen usw. handelt. Es ist aber, gegen Lotmar Bd. 1 S. 292, nicht jeder Handlungsagent ein Handlungsgehilfe, nach § 84 HGB. ist nur Handlungsagent, wer nicht Handlungsgehilfe ist und es ist nicht richtig, daß, wer ständig mit der Vermittlung von Handelsgeschäften betraut ist, im Handelsgewerbe angestellt ist. Entscheidend ist für die Frage der Abhängigkeit die Betriebszugehörigkeit, der selbständige Handlungsagent ist nicht angestellt, seine Geschäfte sind Handelsgeschäfte (vgl. oben S. 24, dazu gegen Dorn in Z. f. g. Vw. Bd. 22 S. 181, Silberschmidt ebenda Bd. 23 S. 27, Potthoff im ArbR. Bd. VII S. 162, vgl. ebenda VIII S. 153, 286 und Baum ebenda S. 253). Vgl. oben S. 68. über die Stellung des Handlungsagenten zwischen Handlungsgehilfe, Makler-Kommissionär, Kommissionsagenten vgl. Wüstendörfer in ZHR. Bd. 58 S. 118 und Deumer, Exportkommission in ZHR. Bd. 84 S. 257. Unter das Handelsrecht und nicht das Arbeiterrecht fallen

4. die Geschäfte des Kommissionärs (§§ 383 f.), bei welchem allerdings nach § 396 II HGB. Dienstvertrag oder Werkvertrag, die eine Geschäftsbesorgung zum Gegenstand haben, in Frage kommt, und gleiches gilt für die, an sich Kommissionsgeschäfte enthaltenden, Geschäfte

5. des Spediteurs (§§ 407 f.), des Lagerhalters (§§ 416, 417 HGB.) und des Frachtführers (§§ 425 f.). Arbeitsrecht enthält dann wieder

6. im Seerecht der Dienst- oder Heuervertrag des Reeders gegenüber dem Schiffer (§§ 511—555) und der Schiffsbesatzung (§§ 755 f.), während das Frachtgeschäft zur Beförderung von Gütern (§§ 556 f.) und von Personen zur See (§§ 664 f.) nach § 1 Abs. 2 Ziff. 5 HGB. Handelsgeschäft ist. Die Vorschriften über das Bergen und Retten in Seenot betreffen nach §§ 743/4 Arbeit und Aufwendungen, die Verträge selbst sind nicht geregelt.

III. Die Gewerbe-Ordnung mit ihren Novellen und den gewerberechtlichen Nebengesetzen regelt den gewerblichen Arbeitsvertrag des Gesellen, Gehilfen, Arbeiters, Angestellten, gewerblichen Lehrlings; aber auch der Vertrag des mit höheren technischen Dienstleistungen betrauten Beamten (§ 133a GO.) ist Arbeitsvertrag, die Vorschriften in § 133a, welche die Kündigung einschränken, finden aber keine Anwendung, wenn der Angestellte ein Jahresgrundgehalt von mindestens 5000 Mk. zu vervielfältigen mit der Teuerungszahl (Gesetz vom 23. Okt. 1923 RGBl. I S. 990), bezieht. Das Einzelne über den gewerblichen Arbeitsertrag ist im 2. Teile zu erörtern.

IV. Der Verlagsvertrag nach dem RG. vom 19. Juni 1901 ist seinem Wesen nach, soweit er nicht vom Handelsgesetzbuch geregelt oder Gesellschaftsvertrag ist, Arbeitsvertrag. Er steht, wie auch Riezler in der neuesten Darstellung (in Ehrenbergs Handbuch des Handelsrechts V_2 S. 11) anerkennt, dem Werkvertrag am nächsten, nach RGZ. Bd. 74 S. 361 ist er freilich „selbständig geregelter Vertrag eigener Art".

V. Der Vertrag des Rechtsanwalts nach der Rechtsanwaltsordnung vom 1. Juli 1878 (RGBl. S. 177) behandelt zwar Arbeit, wobei auch Auftrags- und Geschäftsbesorgungsgrundsätze zur Anwendung kommen können, ausschlaggebend ist aber die öffentlich-rechtliche Regelung nach den Anforderungen der Rechtspflege, weshalb die Fragen des Arbeitsrechts hier zurücktreten. Vgl. Staudinger Vorbem. IV 1 d zu § 611 und RGR. Brückner im Recht 1908 S. 497 f. Dagegen überwiegen diese arbeitsrechtlichen Fragen

VI. in der Seemannsordnung vom 27. Dez. 1872 (RGBl. S. 409), die den Heuervertrag der Seeleute, im Binnenschifffahrtsgesetz vom 15. Juni 1895 (RGBl. S. 341), das denjenigen der Binnenschiffer und im Flößereigesetz vom 15. Juni 1895 (RGBl. S. 341), das die Rechtsverhältnisse der Flößer regelt. In dem hier noch anzureihenden RG. über das Auswanderungswesen vom 9. Juni 1897 (RGBl. S. 463) wird der Beförderungsvertrag geregelt, der aber meist unter § 1 Abs. 2 Ziff. 5 HGB. fällt und sich als Handelsgeschäft darstellt. Gleiches gilt vom Eisenbahnbeförderungsvertrag nach der Eisenbahnverkehrsordnung und nach HGB. Dagegen fallen unter letzteres Gesetz nicht die Postbeförderungsverträge, die sich nach dem

Gesetz über das Postwesen vom 28. Okt. 1871 (RGBl. S. 347) und seinen Abänderungen richten, aber doch auch Leistungen einer großen staatlichen Anstalt und nicht so sehr Verträge über menschliche Arbeitsleistungen darstellen, die erst wieder als Leistungen der einzelnen Beamten innerhalb der Anstalt erscheinen. Die menschliche Arbeit insbesondere betreffen die im Kinderschutzgesetz vom 30. März 1903 (RGBl. S. 113), im Stellenvermittlergesetz vom 2. Juni 1910 (RGBl. S. 860) und im Hausarbeitsgesetz vom 20. Dez. 1911 (RGBl. S. 976) sowie in den einzelstaatlichen Berggesetzen geregelten Verträge.

Alle diese Verträge sind in den betreffenden Gesetzen für sich geordnet und enthalten nichts, was eine gegenseitige Beziehung im Sinne arbeitsrechtlicher Typen nahe legen würde. Von der Seite der Arbeit läßt sich eine weitere Unterteilung nicht durchführen. Ob dies, je nachdem Arbeit als solche oder ein Erträgnis in Frage kommt, und nach der Art der Entlohnung, nach Zeitlohn oder Akkordlohn, möglich ist, soll im Folgenden untersucht werden.

§ 27. 2. Die wirtschaftlichen Grundformen der Entlohnung.

Tatsächlich können nur die Unterscheidungen in Frage kommen, die soeben genannt wurden. Unter den gesetzlichen Typen ist von größter Bedeutung die Scheidung zwischen Dienstvertrag und Werkvertrag. Molitor, Wesen usw. S. 27 f. betrachtet in derselben Weise den Tätigkeits- und den Erfolgvertrag als Grundformen und im Leben treffen wir als grundlegend die Unterscheidung zwischen Zeitlohnvertrag und Akkord. Diese Einteilungen scheinen schon auf den ersten Blick manches gemeinsam zu haben. Werkvertrag und Akkordvertrag haben die Herstellung eines Arbeitsergebnisses, eines Erfolges, im Auge, nach welchem auch die Entlohnung stattfindet; der Dienstvertrag sichert nur Arbeit zu und der Zeitlohnvertrag entlohnt diese Tätigkeit entsprechend ihrem zeitlichen Ablauf. Die Art der Tätigkeit spielt dabei keine Rolle.

Zeitlohn und Akkord bezeichnet Lotmar als Formen des Arbeitsvertrages, weil sie mit dessen Inhalt nichts zu tun hätten, tatsächlich sind es Lohnformen und die Arbeitsverträge selbst werden daher nach ihren Lohnformen dabei geschieden, ohne daß damit auch nur über die Höhe des Lohnes selbst unmittelbar etwas ausgesagt wird. Melsbach (S. 59), der, wie wir schon sahen (oben § 15 A II), als Arbeit im Sinne seines Arbeitsvertrages Arbeit auf Zeit, in fortlaufender Beschäftigung oder zur Herstellung eines einzelnen Werkes oder Besorgung eines einzelnen Geschäfts betrachtet, stellt unter den Formen dieser Verträge über abhängige Arbeit eine „Reihe des Aufstieges" zum Unternehmervertrage je nach der stärkeren Betonung des werkvertraglichen Elements fest: vom Zeitlohnvertrage zum Akkord (Gedingvertrage), dann zur fortlaufenden Beschäftigung, ja schließlich zur Einzelwerkherstellung und Einzelgeschäftsbesorgung, wobei er in anderer Anordnung vom Gedingvertrage zum Heimarbeitvertrage und von diesem zum Vertrage der arbeitnehmerähnlichen Personen fortschreitet. Auch für die hier vertretene Auffassung des Arbeitsvertrages bedeutet der Akkord und die Vereinbarung einer fortlaufenden Beschäftigung gegenüber dem einfachen Zeitlohnvertrag eine höhere Stufe. Der Akkord kann wieder eingeteilt werden in Einheitsakkord, wobei der ganze Erfolg auf einmal abgegolten, z. B. ein bestimmter Betrag für eine Überfahrt oder für eine Operation bezahlt wird, und in Stücklohnvertrag, wobei der Lohn nach Einheiten, nach Stück, Dutzend, Schock, nach 1000 Lettern, bemessen wird. Dabei kann der Akkord unbeschränkt sein, indem z. B. für den Quadratmeter, den Kubikmeter eine bestimmte Summe zugesagt wird, oder beschränkt, wenn die Herstellung von 60 Dutzend zu je 100 Mk. verdungen wird. Auch beim Zeitlohnvertrage wird ein gewisser Erfolg der Arbeit vorausgesetzt, aber nicht als Bedingung und Maßstab des Lohnes genommen, der vielmehr ausschließlich nach der Zeit d. h. nach der in Zeitabschnitten verlaufenden Arbeit bemessen wird. Dieser Einteilungsgrund läßt sich bei jedem Arbeitsvertrage durchführen.

Erster Unterabschnitt. Der Zeitlohnvertrag.

§ 28. 1. Tatbestand und Wirkung.

I. Im allgemeinen ist der Tatbestand des Zeitlohnvertrages soeben festgestellt worden. Dabei muß stets ein lohnmessender Zeitabschnitt vorhanden sein: der Tag, die Stunde, das Jahr. Da beim Zeitlohnvertrag die Arbeit nur nach der Zeit bemessen wird, ist er die folgerichtige Durchführung des „dauernden Schuldverhältnisses" (oben S. 14); der Zeitlohn ist zugleich „die natürliche Lohnform des Tätigkeitsvertrages", Molitor Wesen S. 52. Der lohnmessende Zeitabschnitt enthält aber oft schon Beziehungen zur Arbeit, er nähert sich damit der Angabe eines Arbeitsergebnisses z. B. wenn von Spieljahr, Monats-, Semestralkursus, Tagschicht gesprochen wird. Dennoch ist leicht festzustellen, ob es sich dabei um einen lohnmessenden Zeitabschnitt, die Maßeinheit, handelt, während der für die Maßeinheit zu zahlende Lohn den Lohnsatz bildet.

II. Die Wirkung des Zeitlohnvertrags ist dabei

1. verneinend: es wird nur die Zeit zum Maßstabe genommen, auf die Wirkung der Arbeit kommt es dabei nicht an, auch nicht darauf, ob das Ziel nicht erreicht, erreicht oder übertroffen wird, ob Überwirkung oder Unterwirkung vorliegt. Vgl. Molitor, Wesen S. 37. Um trotzdem günstige Arbeitsergebnisse zu erzielen, wird beim Zeitlohnvertrag, der meist unter Aufsicht des Arbeitgebers (Leitungsbefugnis vgl. oben § 15 B) vollzogen wird, diese Aufsicht und das Arbeitsverfahren, die Einrichtung usw., verbessert, eine Probezeit bestimmt und je nachdem der Lohnsatz verändert, eine Mindestleistung mit Abzugsmöglichkeit festgesetzt. Andrerseits kann schlechte Arbeit zu besonderen Nachteilen führen, Versetzung in tiefere Lohnklassen, zeitweiligem Ausschluß, Kündigung. Möglicherweise ist die Arbeit so schlecht, daß sie überhaupt nicht als Arbeit erachtet und bezahlt wird. Auf der anderen Seite werden auch manchmal gewisse Gefahren durch Vereinbarung ausgeschlossen z. B. Streike-, Kriegs-, Bergführer-Gefahr. Vgl. Martius, Bergführervertrag, Heidelberger Diss. 1906 S. 83. Deshalb bildet aber die Gefahrtragung allein auch kein Unterscheidungsmerkmal zwischen Tätigkeits- und Erfolgvertrag. Molitor, Wesen usw. S. 38. Die Wirkung des Zeitlohnvertrags ist aber auch

2. bejahend, die Entlohnung erfolgt nach Maßeinheit und Lohnsatz, so daß von letzterem je nachdem das Einfache oder Vielfache oder ein Teil bezahlt wird: immer steht der Lohn im Verhältnis zu der Maßeinheit, so daß diese tatsächlich den Lohn mißt. Vgl. Kaskel, Arbeitsrecht S. 82. Daraus ergibt sich, daß, so lange die Maßeinheit die gleiche bleibt, der Arbeitgeber beim Zeitlohnvertrage die „festen Bezüge" genießt, wie sie in §§ 622, 627 BGB., 133a GO. geordnet sind — Lotmar Bd. 2 S. 61 —, „das feste Geld" des Setzers im Zeitlohnvertrag im Gegensatze zu dem schwankenden des Akkordvertrages, zumal wenn die Arbeitszeit, gesetzlich bestimmt, gleich bleibt, so daß der Lohn in

gleichen Beträgen und in gleichen Zeiträumen entrichtet werden kann. Eine Vergrößerung oder Verkleinerung des Lohnes kann eintreten durch

§ 29. 2. Überzeit und Unterzeit.

I. Wenn Arbeit geleistet wird, während sie an sich, insbesondere nach den geltenden gesetzlichen oder vertraglichen Vorschriften, nicht zu leisten wäre, spricht man von Überzeit. Sie kommt, wenn das Ergebnis lohnmessend ist, nicht in Betracht, wohl aber gerade beim Zeitlohnvertrage. Sie kann in den Vorschriften als Ausnahme vorgesehen sein oder eine Übertretung der Vorschriften enthalten, in welchem Falle sie weder gültig vereinbart noch auferlegt werden kann (Lotmar Bd. 2 S. 378). Die gültig bestimmte Überzeit ist Arbeitszeit und bewirkt deshalb beim Zeitlohnvertrag ohne weiteres Lohnvergrößerung, wenn nicht ausnahmsweise sich das Gegenteil aus Vertrag, Gesetz oder Verkehrssitte ergibt. Der Lohnsatz der Überarbeit pflegt höher zu sein als der der gewöhnlichen Arbeit, falls der Vertrag nicht als gegen das Gesetz verstoßend nichtig ist. Vgl. Kaskel, Neues ArbR. S. 137 A. 1 und ArbR. S. 83.

II. Wird umgekehrt die nach Vertrag, Gesetz oder Verkehrssitte zu leistende Arbeit nicht voll geliefert, so entsteht Unterarbeit, statt der vollen Arbeitszeit Unterzeit. Sie kommt beim Akkord für das Entgelt regelmäßig nicht in Betracht, soweit sie nicht mit Unterwirkung verbunden ist, kann aber auch dort zu Rechtsfolgen, Strafen, Bußen, Verwirkung usw., führen. Beim Zeitlohnvertrag ist Ausfall von Arbeitszeit Ausfall von Vertragszeit und mindert, wenn sie vom Arbeitnehmer zu vertreten ist, den Lohn um den auf die Unterzeit treffenden Betrag, abgesehen von sonstigen Rechtsfolgen. Für die Fälle der Krankheit des Arbeitnehmers oder wenn er durch unverschuldetes Unglück an der Leistung der Dienste verhindert wird, hat das Gesetz für bestimmte Zeit vielfach dem Arbeiter und Angestellten den Lohn belassen, vgl. §§ 616 BGB., 63 HGB., 133 GO. Umgekehrt kann der Arbeitgeber nach § 325 BGB. Schadensersatz wegen Nichterfüllung verlangen und vom Vertrage zurücktreten oder die Rechte des § 323 beanspruchen, wenn der Arbeitnehmer die Unmöglichkeit zu vertreten hat und der Arbeitgeber sich nicht selbst im Annahmeverzuge befindet. Lotmar Bd. 2 S. 206. Hat der Arbeitgeber die Unterzeit verschuldet, so liegt so lange überhaupt keine Unterzeit vor, als die Bestimmung der Arbeitszeit in sein Ermessen gestellt ist; gesetzlich ist bis jetzt nur Höchst-, nicht Mindestarbeitszeit vorgeschrieben, Tarifverträge und Arbeitsordnungen haben aber bezügliche Bestimmungen, welche auch für den Arbeiter eine willkürliche Arbeitsstreckung und Kurzarbeit ausschließen. Verschuldet der Arbeitgeber die Unterzeit, schließt er z. B. den Arbeiter willkürlich aus, so behält dieser die Lohnforderung trotz nicht geleisteter Arbeit, die er nicht nachzuholen braucht. Verursacht der Arbeitgeber die Unterzeit ohne Verschulden, so trifft die Regelung des § 323 BGB. zu. Im übrigen vgl. oben § 17 unter II. Manchmal rührt die Unterzeit von beiden Parteien her, insbesondere wenn sie dieselbe vereinbaren, dann läuft regelmäßig der Lohn weiter und es kommen die Unmöglichkeit, das Verschulden und der Verzug nicht in Frage, so auch wenn nach § 629 BGB. dem Arbeiter Zeit zum Aufsuchen eines anderen Dienstes gewährt, nach GO. § 137 den Hausfrauen auf Ansuchen Zeit zur Bereitung des Mittagessens gegeben wird. Endlich kann die Unterzeit von keiner Partei herrühren und von keiner Partei zu vertreten sein, dann bleibt es bei dem Satze, daß nur wirklich geleistete Arbeit zu vergüten, ist (vgl. oben § 17 II), soweit nicht aus den Betriebsverhältnissen beim abhängigen Arbeiter etwas Gegenteiliges sich ergeben sollte.

§ 30. 3. Der kombinierte Zeitlohnvertrag.

I. Wenn bei dem gleichen Zeitlohnvertrage nicht nur ein Lohnsatz, sondern nebeneinander mehrere Lohnsätze gegeben sind, spricht man vom kombinierten Zeitlohnvertrage. Ein Beispiel haben wir schon erwähnt, wenn neben der gewöhnlichen Entlohnung für die Arbeitsstunde eine erhöhte Entlohnung für Überstunden platzgreift. Ähnlich verhält es sich, wenn neben der Landarbeit Wasserarbeit, neben der Gehilfenarbeit Meisterarbeit, neben Dacharbeit Turmarbeit, neben Werkstättenarbeit Montage nach anderem Satze bezahlt wird, aber auch wenn neben Geldlohn Naturalvergütung, neben absoluter Entlohnung relative mit Anteil am Erträgnis, partiarische, besteht. Dabei kann der Lohnsatz sich erhöhen (mit wechselnder Geschicklichkeit, bei besserer Zeitlage usw.) oder sich mindern, bei längerer Vertragszeit, höherem Lebensalter, schlechterer Zeitlage und zwar absolut oder von einer Bedingung oder Erreichung eines Zeitpunktes abhängig.

II. Die Wirkung ist in der Regel die, daß für jede Art der Tätigkeit eine eigene Berechnung stattfindet, daß aber, wenn die Lohnsätze übereinander greifen, bestimmt werden muß, welcher entscheidet. Wenn also z. B. für den Kutscher von Erreichung einer Stunde Arbeitszeit ab die Vergütung sinkt, so entscheidet von da ab der Stunden-Lohnsatz. Bei gleichzeitigem Nebeneinanderbestehen mehrerer Lohnsätze kann es zweifelhaft sein, nach welchem von ihnen gewisse nur einheitlich zu lösende Folgen sich richten, z. B. die Kündigung. Sie wird sich regelmäßig, wenn nur ein lohnmessender Zeitabschnitt in Frage kommt, nach diesem richten, sonst wird der hauptsächliche, nach § 621 BGB. der längere entscheiden, nach § 622 BGB. wird sich fragen, ob das dort vorgesehene Dienstverhältnis vorliegt usw. Vgl. Lotmar Bd. 1 S. 339, Bd. 2 S. 773 f.

Zweiter Unterabschnitt. Der Akkordvertrag.

§ 31. 1. Tatbestand und Wirkung.

I. Liegt nicht Zeitlohnvertrag = Tätigkeitsvertrag vor, wird also das Entgelt nicht nach einem lohnmessenden Zeitabschnitt berechnet, so liegt Akkord vor (Gedinge). Es wird die Arbeit „in Bausch und Bogen“, als Ganzes vergütet und zwar ist der Erfolg dabei so wesentlich, daß entweder die Arbeit einschließlich des Erfolges oder nur dieser bezahlt wird. Man spricht dann, je nach dem Maßstabe, von Stückakkord, Gewichtsakkord, Maßakkord, Pauschalakkord und neuestens von Zeitakkord. Der letztere, der von Arbeitgeberseite begünstigt wird, vervielfältigt die auch nach den Grundsätzen des Soziallohnes wechselnde Akkordbasis als Lohnsatz mit der durchschnittlich gebrauchten Zeit. Vgl. Leyfeld in BRZ. 1923 S. 66 und vorher Scheller in Soz. Pr. 1922 S. 1270 sowie Geschäftsbericht d. V. d. AGVerb. 1922 S. 118. Der Zeitakkord bildet damit ein Zwischenglied zwischen Zeitlohn und Akkord, wie es auch sonst vorkommt. So wird in manchen Fällen, in denen Akkord nicht möglich ist, ein Akkordausgleich gegeben. Vgl. den erwähnten Jahresbericht S. 120. Der Gedinglohn ist die natürliche Lohnform des Erfolgvertrages. Molitor, Wesen S. 53. Oft besteht der Erfolg schon in der Leistung der gewünschten Tätigkeit, z. B. bei der Abhaltung einer Wache; vgl. Molitor, Wesen usw. S. 32. Da beim Akkord von der Art der Vereinbarung alles abhängt, ist besonders wichtig die Feststellung des Akkords, also insbesondere Schriftlichkeit, vgl. Wagner-Römmich S. 158. Ist das Entgelt nach Gedinge vereinbart (Akkord, Stücklohn), so hat der Arbeitnehmer nach § 63 des Entwurfes im Zweifel Anspruch auf eine Aufzeichnung, aus der sich Art und Umfang der Arbeit und Gedingepreis ergeben und der Reichsarbeitsminister kann mit Zustimmung des Reichsrats Gedingezettel für einzelne Berufszweige vorschreiben. Vgl. Wagner-Römmich a. a. O. S. 158. Die Lohnvereinbarung stützt sich oft auf einen, an sich wirkungslosen, Voranschlag und nicht selten geht der Akkordarbeit der Zeitlohnvertrag voraus, um die notwendige Aufwendung von Arbeitszeit zunächst feststellen zu können. Nach § 64 des Entwurfes ist der Arbeitnehmer deshalb zur Arbeit gegen angemessenen Zeitlohn verpflichtet, so lange der Arbeitgeber ohne Verschulden nicht in der Lage ist, vertragsmäßige Gedingearbeit zuzuweisen oder sonst die Betriebsverhältnisse vorübergehende Zeitlohnarbeit erfordern. Vgl. auch GG. Offenburg im GKG. Bd. 27 S. 244. Für den Akkord selbst spielt aber dann Überzeit und Unterzeit keine Rolle, im Gegenteil soll dann gerade durch den Akkord Zeit gespart werden. Deshalb ist es für den festgestellten Akkordsatz zunächst auch gleichgültig, ob die relative Arbeitszeit, d. h. die auf die Arbeit aufgewendete Zeit steigt oder fällt, nur lohnpolitisch ist das von Bedeutung. Beim Akkord darf die Bezugnahme auf die Zeit keinen entscheidenden Teil des Vertrages bilden, deshalb ist Zeitakkord kein reiner Akkord. Soweit Tätigkeit und Erfolg vollständig zusammenfallen und sich jeder anderen Messung als nach Zeit entziehen, kann aber auch beim Akkord Vergütung nach Zeitlohn in solchen Fällen eintreten und muß es, wenn auf ein abgeschlossenes Ergebnis nicht abzustellen ist, z. B. bei der Wache. Damit allein schon widerlegt sich die Lotmarsche Behauptung, daß der Werkvertrag auf die Akkordform angewiesen sei (Bd. 2 S. 426 f., 877 f.), wie denn häufig auch sonst beim Werkvertrage Zeitlohn vereinbart und gefordert werden kann. Vgl. v. Gierke Bd. 3 a. a. O. S. 592 A. 3, Sinzheimer im Arch. f. bürg. R. Bd. 34 S. 317 f., Molitor, Wesen usw. S. 52 und Zitate. Es kann sich nun fragen, ob in solchen Fällen, wenn zwar das Tünchen eines Zimmers vereinbart ist, die Entlohnung aber nach dem Aufwand für Gesellen- und Lehrlingslöhne sowie Auslagen erfolgt oder wenn die Bewachung vereinbart, der Wächter aber nach Zeitlohn vergütet wird, regelmäßig noch Akkord und nicht tatsächlich Zeitlohnvertrag vorliegt, dessen Anwendung freilich selbst wieder erschwert wird, wenn die Tätigkeit fern von dem Arbeitgeber und nicht unter dessen Aufsicht zu verrichten ist. In solchen Fällen ist Zeitlohnvertrag regelmäßig unmöglich, soweit nicht die Aufsicht des Arbeitgebers durch die Öffentlichkeit und durch maschinelle Einrichtungen (Taxameter, Steckuhren), ersetzt wird. So ist für die Heimarbeit regelmäßig der Akkord gegeben. Ob und wieweit Akkord mit Werkvertrag zusammenfällt, ist weiter unten (§ 37) zu erörtern. Andererseits kann der Akkord gerade durch die Leitung des Arbeitgebers (vgl. hier das Taylorsystem, oben S. 44) besonders wertvoll werden. Durch Arbeitsteilung, Einarbeitung auf gewisse Stücke und Teilstücke, Ausschaltung von Hindernissen usw. wird hier beim Akkord ein erhöhtes Arbeitsergebnis erzielt, wobei freilich manchmal die Arbeitskraft sehr stark ausgenützt und im Eifer der Arbeit die gebotene Vorsicht oft vernachlässigt wird, so daß sich der Akkord am besten für ungefährliche Betriebe bei gleicher Arbeit, gleichen Typen empfiehlt, z. B. sich im Töpfergewerbe, der Holz- und Metallindustrie, Textilindustrie, Druckerei usw. eignet, vgl. Bernhard, Die Akkordarbeit in Deutschland 1903 S. 69 f., 100 f.; an gewissen Maschinen ist Akkordarbeit bedenklich, vgl. aber Jahresbericht der Vereinig. der Deutschen Arbeitgeberverbände 1922 S. 120/1 und Krantz im RArbBl. 1923 S. 474*. Gewisse Arten der Arbeit erfordern einheitliche Beurteilung und Entlohnung und sind schon nach dem Gesetze auf die Erfolgsentlohnung angewiesen, insbesondere dann, wenn Provision als Lohnart in Frage kommt, wie diese andererseits dem Akkord gut entspricht. Vgl. auch Molitor, Wesen usw. S. 53. Einzelheiten:

1. Blinder Akkord ist derjenige, bei dem alles bis auf den Betrag der Vergütung feststeht, insbesondere so lange genügende Erfahrungen über das Erträgnis noch mangeln. Zum Abschlusse des Gedinges gehört aber der Gedingelohn vgl. GO. § 114a Nr. 2, pr. Berggesetz § 80b Nr. 2, bayr. Berggesetz § 84 Ziff. 5. Der Akkord wird blind durch Ungewißheit über die Höhe von Abzügen (GO. §§ 115, 114a Nr. 3). Es kann aber einer Partei überlassen werden, die fehlende Bestimmung zu treffen oder es wird der übliche oder der Zeitlohn als verdient angenommen. Nach § 65 des Entwurfes können beide Teile entsprechende Änderung des Gedinges oder sonstigen angemessenen Entgeltausgleich fordern, wenn sich ergibt, daß bei Veranschlagung des Gedinges ein wesentlicher Fehler unterlaufen ist oder wenn bei Ausführung des Gedinges

wesentliche Mehr- oder Minderarbeit entstanden ist, der Anspruch muß aber bei Meidung des Erlöschens unverzüglich geltend gemacht werden. Nach §§ 71, 75 des Entwurfes hat der Arbeitnehmer einen unabdingbaren Anspruch auf angemessene Abschlagzahlung, wenn an den vorgeschriebenen oder üblichen Zahltagen Gedingegeld nicht abgerechnet werden kann.

2. Weil nur der Erfolg entscheidet, kann hier die Person des Arbeitnehmers ersetzt werden, z. B. bei der Heimarbeit durch Familienangehörige. Molitor, Wesen S. 56.

II. Die Wirkung des Akkords ist umgekehrt wie beim Zeitlohnvertrage; was dort bejahend ist, ist hier verneinend: das Entgelt richtet sich nach dem Ergebnisse, die Zeit ist ohne Einfluß und kann nur durch Vereinbarung von Lieferzeit und Strafen berücksichtigt werden; wenn eine gewisse Höchstarbeitszeit überschritten wird, kann die Überzeit auch hier höher entlohnt werden. Ist der Akkordlohn zu niedrig gestellt, kann Nichtigkeit nach § 138 BGB. in Frage kommen, das Schweizer Obligationenrecht kennt in Art. 373 II Erhöhung durch den Richter. Anderseits darf auch nicht der Arbeitgeber den Lohn im Akkord herabsetzen, „das Geding abreißen", weil viel weniger Zeit aufzuwenden sei.

Mit der Zunahme des Ergebnisses steigt der Lohn, auch bei Abnahme der Güte. Auf letztere kann durch Prämien für besondere Güte oder schon für Überschreitung des Durchschnitts hingewirkt werden. Beim Stücklohnvertrage steigt an sich der Lohn mit der Zahl der Stücke, aber auch beim Einheitsakkord mit der meßbaren Größe des Erfolges. Erhöhung des Lohnes kann auch darin liegen, daß er früher verdient wird, insbesondere durch Einschränkung der relativen Arbeitszeit; dann dürfen nicht etwa Vor-, Neben- und Mehrarbeiten erhöht werden. Gerade die Einschränkung der relativen Arbeitszeit durch den Akkord erhöht die Produktion der Industrie, die Löhne der Arbeiter und den Verdienst des Arbeitgebers, so daß die absolute Arbeitszeit herabgesetzt werden kann.

Aber auch Verkleinerung des Lohnes tritt bei Verkleinerung des Ergebnisses ein, insbesondere durch Abbruch des Akkords, wobei, auch wenn gegenseitige Kündigung aufgehoben ist, an sich der Akkord auszuhalten und der etwaige Schaden zu vergüten, aber auch die angefangene Arbeit abzuschätzen wäre (Kleeis im GKG. Bd. 20 S. 347). Bei teilweiser Leistung ist regelmäßig ein diesen Leistungen entsprechender Teil des Lohnes zu bezahlen (§§ 643,

645 BGB.), manchmal wird, insbesondere nach Vereinbarungen, keine Lohnforderung fällig, vgl. auch Wölbling in D.J.Z. 1909 S. 1471. Andererseits hat nach allgemeinen Grundsätzen (vgl. § 15 des Entwurfes und Molitor ArbVertr. S. 120) der Arbeitnehmer nach § 66 des Entwurfes Anspruch auf den vollen Gedingepreis, wenn zwar das vereinbarte Arbeitsergebnis nicht erzielt wird, obwohl sorgfältig, unter Beobachtung der Fachregeln, gearbeitet wurde, wenn aber andererseits der Arbeitnehmer nachweist, daß das Mißlingen der Arbeit auf einen vom Arbeitgeber zu vertretenden Umstand oder auf Fehler des vom Arbeitgeber zu beschaffenden Stoffes oder Gerätes zurückzuführen ist. Diese Regelung deckt auch den von Molitor vermißten Fall, daß die Arbeit aus inneren Gründen mißlingen muß. Wird Gedingearbeit vor ihrer Vollendung abgebrochen, so steht nach § 67 des Entwurfes ein der geleisteten Arbeit entsprechender Teil des Gedingepreises dem Arbeitnehmer zu. Sein Anspruch mindert sich auf den Wert, den die Teilarbeit für den Arbeitgeber hat, wenn der Arbeitnehmer den Abbruch verschuldet oder ohne wichtigen Grund das Arbeitsverhältnis löst oder wenn ihm aus wichtigem, in seiner Person liegendem Grunde gekündigt wird. Vgl. Hanseat. GZ. ArbR. 1925 S. 176 und, allgemein, Järisch, Lohnanspruch bei unvollständiger Akkordarbeit 1925.

Schrifttum außerdem: Bernhard, Die Akkordarbeit in Deutschland 1903, Streckerwald, Akkordvertrag 1920, Krebs, Akkordarbeit 1921, Wölbling, Die gesetzliche Regelung der Akkordarbeit, GKG. Bd. 15 S. 279 f. und Grundsätze des Akkordvertrages 1909 2. Aufl. 1922.

§ 32. 2. Der Akkord im Entwurfe des Arbeitsvertrags-Gesetzes.

Der Entwurf läßt weder mit dem BGB. (abgesehen von § 623) den Akkord unberücksichtigt, noch will er etwa mit Wölbling allein auf ihn aufbauen, sondern er berücksichtigt ihn als mögliche Entgeltform, wenn auch die Unternehmer jede gesetzliche Regelung ablehnen, die Gewerkschaften aber vor allem auf den Tarifvertrag Wert legen. Die Denkschrift S. 18 zerlegt den Akkordvertrag in 2 Einzelverträge, den allgemeinen, auf die Dauer berechneten Arbeitsvertrag nach Arbeitsergebnis und den Vertrag über die einzelne Arbeitsleistung, das Gedinge, was der regelmäßigen Gestaltung bei der abhängigen Arbeit entspricht, während Lotmar (Bd. 2 S. 461) mit Recht den Akkord einteilt

1. in diejenige Art, bei welcher die beanspruchte Arbeit (z. B. Bau einer Brücke) um einen Gesamtlohn, in Bausch und Bogen, vereinbart wird (Einheitsakkord),

2. in diejenige Art, bei welcher das Entgelt einem Teil oder einem Mehrfachen der bedungenen Arbeit entspricht, wobei die Teile ungleichartig sein können (z. B. Akkord über ein Haus nach Fundament, Keller, Erdgeschoß usw.) oder gleichartig (Stückakkord oder Stücklohnvertrag, der wieder der Zahl nach beschränkt oder unbeschränkt sein kann). Der Entwurf geht offenbar vom unbeschränkten Stücklohnvertrag innerhalb des allgemeinen Arbeitsvertrages aus. Er unterwirft den Akkord in § 15 S. 2 den Regeln des Arbeitsvertrages, in der Hauptsache also des Dienstvertrages, und spricht die Pflicht auch hier zur regelmäßigen Tätigkeit dahin aus (§ 15), daß der Arbeitnehmer verpflichtet ist, ohne andere als die gesetzlich vereinbarten oder üblichen Unterbrechungen zu arbeiten, gibt aber dann, abgesehen von dem ziemlich abschließend geordnetem Gruppenakkord (vgl. § 34 unten), nur einige Vorschriften (§§ 63—67) für strittig gewordene Verhältnisse, in der Hauptsache Auslegungsregeln auf Grund stillschweigender Vereinbarung zur Füllung von Vertragslücken, wie sie bereits erwähnt wurden. Sie können abgedungen werden.

§ 33. 3. Unterwirkung und Überwirkung.

I. Unterwirkung. Außer dem Abbruche des Akkords ist es die Unterwirkung, die zu einer Verkürzung des Lohnes führt. Die Unterwirkung kann sich auf Größe oder Güte der Leistung beziehen, manchmal fällt beides zusammen. Fehlt es an der Größe des Erfolges, so liegt regelmäßig Teilerfüllung vor und gilt das zu § 31 a. E. Gesagte, fehlt es an der Güte, sind §§ 633 BGB. anzuwenden. Im preußischen Bergwesen ist das Nüllen von Förderwagen mit unreinem Gestein durch Gesetz vom 14. Juli 1905 für unzulässig erklärt worden, schwierig ist aber die Frage, welcher Betrag zu kürzen ist. Bei jeder Wirkung im Arbeitsvertrage ist zu unterscheiden, ob sie von einer der Parteien, von beiden oder von keiner herrührt. Regelmäßig haftet der Arbeiter nur für schuldhaftes Mißlingen, wenn er aber für mißratene Stücke Lohn fordert, wird er seine Schuldlosigkeit dartun müssen. Hueck Arbeitsvertragsrecht S. 103. Meist bestehen besondere Vereinbarungen, die aber bei Arglist nach § 637 BGB. nichtig sind.

II. Die Überwirkung rührt meist vom Arbeitnehmer her und kann wieder die Größe oder die Güte des Ergebnisses betreffen. Letztere führt allenfalls zur Erlangung von Prämien. Die Größe des Ergebnisses ist beim Einheitsakkord bestimmt, beim Stücklohnvertrage führt Überwirkung zur Erhöhung des Entgelts.

§ 34. 4. Der Gruppenakkord.

Dem Einzelakkord gegenüber steht als kollektiver Arbeitsvertrag der Gruppen-, Kolonnen- oder Gesamtakkord, bei welchem eine Mehrheit von Arbeitnehmern (Kolonne, Kameradschaft) desselben Arbeitgebers am gleichen lohnmessenden Arbeitsergebnis und beim gleichen Entgelt beteiligt sind, sei es, daß (vgl. Denkschrift S. 21 II)

1. das Entgelt nur als Gesamtentgelt nach der Gesamtleistung berechnet werden kann, sei es, daß

2. der Entgeltanspruch jedes einzelnen unmittelbar von der Leistung auch der andern abhängt. In beiden Fällen handelt es sich aber um eine Lohngruppe, die an dem gemeinsamen Akkord beteiligt ist, während beim Zeitlohnvertrage wohl auch eine Arbeitsgruppe vereinigt werden kann, von deren Teilnehmern aber jeder seinen eigenen Zeitlohn, Taglohn usw., erhält. So steht immer der Arbeitsgruppe des Zeitlohnvertrages die Lohngruppe des Akkordvertrages gegenüber. Sie ist nach der Bezeichnung des Entwurfes entweder eine Betriebsgruppe oder eine Eigengruppe. Vgl. Hedemann im N. Z. f. AR. 1924 S. 259 und Molitor, ArbVertr. S. 61. Den Fall 2, daß der Entgeltanspruch jedes einzelnen unmittelbar von der Leistung auch des andern abhängt, rechnet die Denkschrift S. 21 und 23 mit Recht, entgegen Molitor, ArbVertr. S. 61, zur Eigengruppe, weil der Entgeltanspruch hier durch die auflösende Bedingung zum gemeinschaftlichen wird, so insbesondere bei den Arbeitsverträgen von Ehepaaren, wo es sich um gemeinschaftliche Leistung und Entlohnung handelt, wenn auch Lotmar Bd. 2 S. 494 sagt, daß bei Zeitlohnverträgen hier nur künstlich einigermaßen ein rechtlicher Verband der getrennten Zeitlohnverträge entsteht im Gegensatze zum „notwendigen Gruppenakkorde" S. 502.

I. Die Betriebsgruppe ist vor Abschluß des Arbeitsvertrages nicht vorhanden. Sie ähnelt der Arbeitsgruppe insofern, als auch sie nur äußerlich zusammengefügt ist, indem der Arbeitgeber auf Grund seiner Leitungsbefugnis mehrere Arbeitnehmer zu einer Arbeitskolonne vereinigt oder indem er mehreren eine gemeinsame Arbeit überträgt, wobei dann das gemeinsame Entgelt verteilt wird, so daß auch hier regelmäßig das gemeinsame Entgelt nur die Summe der geschuldeten Einzelentgelte bildet.

1. Der Arbeitgeber bleibt zu den Teilnehmern der Betriebsgruppe im selben Verhältnis wie vorher, seine Rechte und Pflichten ihnen gegenüber bleiben unberührt von der Vereinigung (§ 112 des Entwurfes). Das Entgelt steht grundsätzlich dem einzelnen Arbeitnehmer nach seinem Vertrage und nach seiner Leistung zu. Wird aber ein von der Summe der Einzelentgelte verschiedenes Gruppenentgelt vereinbart, so kann auch der Verteilungsschlüssel durch Vertrag, Tarifvertrag oder Arbeitsordnung festgesetzt werden, sonst entscheidet nach der gesetzlichen Regel des § 113 I der Anteil des einzelnen am Arbeitsergebnisse, ohne daß aber nach der Denkschrift der richterlichen Festsetzung damit vorgegriffen werden sollte, deren Bestimmungsgründe vielmehr bilden: die Arbeitszeit, die Stellung und Vorbildung des Arbeiters sowie seine Tüchtigkeit und die Art der Arbeit (Nachtdienst, Überstunden). Der Entgeltsanspruch des Arbeitnehmers geht in jedem Fall unmittelbar gegen den Arbeitgeber, soweit nicht gemäß § 113 I doch ein Gruppenentgelt in Frage kommt.

2. In der Regel bestimmt der Arbeitgeber einen Gruppenführer (im Bergbau Kameradschaftsältester, im Werftbetriebe Schirrmeister, in anderen Gewerben Vorarbeiter oder Palier genannt), der meist die technische Leitung und die Verantwortung hat. Er ist Vertreter des Arbeitgebers in der Leitungsbefugnis und im Zweifel nicht Vertreter der Arbeitnehmer und dann auch nicht ermächtigt, für sie Vereinbarungen zu treffen und den Lohn in Empfang zu nehmen, vielmehr sind die Teilnehmer der Gruppe gebunden, seinen Weisungen zu folgen (§ 114). Die Gruppe kann auch den Vertreter des Arbeitgebers oder ein anderes Mitglied ihrerseits bevollmächtigen. Ob die Gruppe eine Betriebsabteilung im Sinne des § 133a GO. bildet und ob der Vertreter des Arbeitgebers ihre Leitung hat, ob es sich überhaupt um eine Betriebsaufsicht oder nur um eine Arbeitsaufsicht handelt (Hanseat. Gerichtszeit. ArbR. 1925 S. 24), ist Frage des Einzelfalles.

3. Scheidet ein Mitglied vor Beendigung des Gruppenakkordes aus, so behält es im Zweifel den an sich unabhängig von der Gruppenbildung entstandenen Anspruch auf den seiner Arbeitsleistung entsprechenden Anteil am Entgelt (§ 113 II). Dieser Betriebsgruppe gegenüber steht

II. die Eigengruppe, welche stets als Ganzes die dem Arbeitgeber geschuldete Leistung zu erbringen und das Entgelt zu beanspruchen hat. Nicht genügt es, wie Molitor ArbV. S. 61 annimmt, daß „mehrere Personen sich unter einander vertraglich zusammenschließen, um gemeinsam einem Dritten Arbeit zu leisten", weil hier dann nur eine Betriebsgruppe gegeben ist, wenn nicht der Gesellschaft selbst der Anspruch auf den Lohn zusteht. Eigengruppe liegt deshalb auch hier mit Molitor nicht vor, wenn mehrere Arbeitnehmer eines Arbeitgebers einen aus ihrer Mitte dem Arbeitgeber gegenüber als Vertreter zur Wahrnehmung ihrer Ansprüche bestellen. Deshalb würde es der Verdeutlichung dienen, wenn im § 115 am Schlusse des Nebensatzes angefügt würde: „um gemeinsames, der Gesamtheit zustehendes Entgelt". Denn darin, nicht in dem Umstand, ob die Gruppe vor dem Vertrage vorhanden war oder nicht, liegt das Unterscheidungsmerkmal zwischen Betriebs- und Eigengruppe. Vgl. Lotmar Bd. 2 S. 492 mit dem Beispiele des Pauschales der Krankenkasse an die Ärzte bei beschränkt freier Arztwahl, das von den Ärzten nach ihren Einzelleistungen verteilt wird. Wesentlich für den Gruppenakkord und die Eigengruppe — noch einmal innerhalb des Gegensatzes zwischen Betriebs- und Eigengruppe Arbeit- und Lohngruppe zu scheiden, hat keinen Zweck — ist: „daß eine und dieselbe durch ihre Wirkung individualisierte Arbeit von mehreren Arbeitnehmern als 'gemeinsame Leistung zugesagt und ihnen dafür ein Entgelt versprochen wurde". Lotmar S. 497. Bei der Betriebsgruppe des Entwurfes steht aber nach der Denkschrift „Entgelt grundsätzlich jedem einzelnen Arbeitnehmer nach seinem Vertrage und nach seiner Leistung zu" (S. 23), im Gegensatze dazu steht bei der Eigengruppe das Entgelt der Gruppe zu. So entsteht der eigentliche Gruppenakkord, durch welchen eine einheitliche Leistung um ein einheitliches Entgelt übernommen wird. Lotmar spricht hier von der Entlohnungskolonne. Durch den Gruppenakkord ist es noch in ganz anderer Weise wie bei der Arbeitskolonne möglich, das einheitliche Ergebnis auszudehnen durch Erstreckung auf eine Mehrheit von Teilnehmern, zugleich aber eine neue Einheit zu bilden mit wechselnden Teilnehmern, die aber als Einheit z. B. die Zimmerung für die drei Schichten übernehmen können. Die Eigengruppe ist entweder schon vor Abschluß des Arbeitsvertrages da oder wird für ihn gebildet und stellt entweder eine Einzel- oder eine Gesamtarbeiterschaft dar.

1. Die Einzelarbeiterschaft schließt nicht körperschaftlich mit dem Arbeitgeber ab, sondern dieser stellt erst die einzelnen Mitglieder an, wie oft der Gastwirt gegenüber seiner ständigen Musikkapelle. Die Leistung kann aber nur durch sie als Ganzes erfolgen und ebenso geschieht meist die Entlohnung nur an sie, während auch nachträgliche Eingriffe in die Zusammensetzung des Orchesters meist ausgeschlossen sind, wenn nicht ein wichtiger Grund vorliegt. Der wichtigste und gewöhnliche Fall ist

2. die Gesamtarbeiterschaft, bei welcher die Gruppe schon vor dem Abschlusse des Arbeitsvertrages vorhanden war und als Einheit denselben eingeht, so daß sie die Rechte und Pflichten aus dem Vertrag übernimmt. Je nach ihrer Organisation entscheidet es sich, ob überhaupt ein Arbeitsverhältnis vorliegt, nicht also z. B., wenn die Gruppe eine dem Handelsrecht unterstehende (vgl. oben S. 24) eingetragene Genossenschaft oder G. m. b. H. bildet. Entgegen der Annahme der Denkschrift (S. 24 I) können in einem solchen Falle auch die Vorschriften des Arbeitsvertragsgesetzes nicht Anwendung finden, weil es sich hier dann um Verträge einer handelsrechtlichen Unternehmung handelt. Regelmäßig aber ist von bürgerlich-rechtlichen Verhältnissen auszugehen. Was die den beiden Arten

3. gemeinschaftlichen Rechtsbeziehungen betrifft, so kommen

a) vor allem in Frage die Verhältnisse innerhalb der Gruppe

α) Soweit sie nichts anderes bestimmt oder sich nichts anderes aus ihrer Organisation ergibt, untersteht sie den Vorschriften der bürgerlichen Gesellschaft §§ 705 f. BGB. und das spricht auch § 115 des Entwurfes dahin aus, daß die einzelnen Arbeitnehmer die Rechte und Pflichten von Gesellschaftern haben, während nach § 116 auf die Verteilung gemeinsamen Entgeltes die Vorschriften des § 113 entsprechende Anwendung zu finden haben; danach wird gemeinsames Entgelt nach dem Anteile des einzelnen am Gesamtergebnisse verteilt, ein Mitglied, das vor Beendigung des Gruppenakkords aus der Gruppe ausscheidet, behält im Zweifel den Anspruch auf den seiner Arbeitsleistung entsprechenden Anteil am Entgelte. Dabei weicht die Regelung des Entwurfes etwas von der des BGB. ab, § 116 von § 722, § 117 I von § 709 I nach § 710, § 117 II S. 1 von § 714, § 117 II S. 2 von § 721. Molitor a. a. O. S. 63 betrachtet den Vertrag der Gesellschafter oder des Gruppenführers für sie als Dienstverschaffungsvertrag bezüglich der Gesamthand, tatsächlich schließt die Gesamthand den Arbeitsvertrag mit dem Arbeitgeber (nach Hedemann a. a. O. S. 261 regelmäßig als Dienstvertrag) als Arbeitsvertrag ab. Wenn Molitor dagegen S. 63 f. (Wesen S. 17) vorbringt, daß der Gesellschaftsvertrag kein Arbeitsvertrag ist, weil es am Zweiseitenverhältnis fehle, die Arbeit auch dem Arbeitenden selbst geleistet werde und kein eigentliches Austauschverhältnis mehr vorliege, so kann dem nicht beigepflichtet werden. Molitors Ansicht wäre richtig, wenn der Arbeitgeber und die Arbeitnehmer eine Gesellschaft schließen würden, vgl. oben S. 26 Ziff. 5 und S. 79, ArbR. Bd. VII S. 78 und Hueck, ArbVertr. S. 13 f., hier aber handelt es sich nur um die Arbeitsverpflichtung der Gesamthand, die als Partei und zwar gegebenenfalls auch als unabhängige Partei, etwa als Arbeitskolonne der Fabrik oder des sonstigen Betriebes, dem Arbeitgeber gegenübersteht. Dabei ist (gegenüber Hedemann) der Kolonnenführer als Bevollmächtigter nicht Unterarbeitgeber (vgl. Lewin-Guradze im ArbR. 1925 S. 663), er wird es aber, wenn er Zwischenmeister wird. Die Gesellschaft und die Gesamthand für die Gesellschaft können sich zur Arbeit verpflichten, da die Wirkung doch nur für die einzelnen Personen eintritt. Viel schwieriger wird die Frage, wenn die Gruppe sich zur Juristischen Person organisiert; vgl. zu II 2. Ob die Verpflichtung eines Mitgliedes, der Juristischen Person gegenüber, auch etwa im Gründungsvertrage (vgl. z. B. den Rübenbauvertrag), stets Arbeitsvertrag ist, wie Molitor, ArbVertr. S. 66 annimmt, ist zu bezweifeln. Wie weit entfernt sich da schon die Denkschrift vom abhängigen Vertrage! Öffentlich-rechtlich begründete Arbeitspflicht scheidet an sich aus und wenn nach § 4 Ziff. 1 des Entwurfes dieser auf Vorstandsmitglieder von solchen öffentlich-rechtlichen Personengesamtheiten Anwendung finden sollte, so zeigt das nur wieder, wie verfehlt dieser Vorschlag ist (oben § 7).

β) Der von den Gruppenmitgliedern gewählte oder anerkannte Gruppenführer ist im Zweifel der Geschäftsführer mit den Rechten der Geschäftsführung im Gesellschaftsvertrage, worüber Vertrag und in letzter Linie das BGB. entscheiden. Nur bedürfen die Teilnehmer nach dem zu billigenden Vorschlage des § 117 II. besonderen Schutzes, der ihnen durch die Vorschriften wird, daß

αα) der Gruppenführer zur Verfügung über gemeinsames Entgelt der ausdrücklichen Bevollmächtigung der Gruppenmitglieder bedarf,

ββ) daß er zur unverzüglichen Verteilung verpflichtet ist und

γγ) daß der Anspruch der Gruppenmitglieder gegen den Gruppenführer auf ihren Entgeltsanteil zum Entgeltsanspruch mit den materiellen und prozessualen Folgen eines solchen erklärt wird, während bei dem Anspruche gegen den Gruppenführer es sich an sich nur um die Verteilung innerhalb der Gesellschaft handelt, dieser aber der Entgeltsanspruch zusteht.

b) Im Verhältnisse der Gruppe zum Arbeitgeber schließt die Gruppe als solche ab, so daß die einzelnen Mitglieder nicht in unmittelbare Rechtsbeziehung zum Arbeitgeber treten. „Deshalb bedarf es zur Begründung von Rechten und Pflichten des Arbeitgebers besonderer Vereinbarung oder Rechtsvorschrift." Diese Meinung der Denkschrift dürfte nicht ganz zutreffen, da Rechte und Pflichten des Arbeitgebers gegen die Gruppe schon durch den Vertrag begründet sind, wohl aber bedürfen Rechte und Pflichten des einzelnen Arbeitnehmers gegenüber dem Arbeitgeber über die Gesellschaftsbeziehungen hinaus einer solchen Festlegung. Der Entwurf selbst bestimmt zweierlei:

α) Wenn der Arbeitgeber den Vertrag mit der Gruppe als solchen geschlossen hat, so hat er den einzelnen Gruppenmitgliedern gegenüber die Rechte und Pflichten des Arbeitgebers nur, soweit es vorgeschrieben oder vereinbart ist (§ 118 I). Diese Bestimmung zeigt zugleich, daß die Lücke der Regelung die Beziehungen zwischen Arbeitgeber und Einzelarbeitnehmer betraf.

β) Auf die Zusammensetzung der Gruppe hat der Arbeitgeber grundsätzlich keinen Einfluß. Aber, wenn ein Mitglied aus der Gruppe ausscheidet, darf der Arbeitgeber, unbeschadet seiner sonstigen Rechte, einen Ersatzmann anstellen, wenn die Gruppe nicht unverzüglich für einen solchen sorgt; der Arbeitgeber hat ein selbständiges Interesse, die Gruppe vollzählig zu erhalten.

γ) Hilfskräfte, die nicht zur Gruppe zählen und nicht am Gruppenlohn teilnehmen, kann jede Partei anstellen (§ 119 I). Sie werden nicht Mitglieder der Gruppe und haben, entgegen § 110, keinen unmittelbaren Entgeltsanspruch gegen den Arbeitgeber (§ 119 II). Molitor, ArbVertr. S. 61 hält diese Bestimmung für eine Entgleisung hinsichtlich der von der Gruppe angenommenen Hilfskraft, es ist aber ganz richtig, wenn die Denkschrift S. 24 sagt, daß § 119 nichts besage, was nicht aus allgemeinen Vorschriften folge. Die Bestimmung ist nämlich eine Folge des Gesellschaftsverhältnisses; der Lohnanspruch steht der Gesellschaft zu, deren Mitglied eben die einseitig von der Gruppe bestellte Hilfskraft nicht ist, deren Tätigkeit vielmehr das Gruppenentgelt erhöht, aber auch allein von der Gruppe zu vergüten ist. Vgl. Lotmar Bd. 2 S. 496, wenn die Hilfskraft Taglöhner ist.

δ) Endlich hat das Einzelmitglied nur Anspruch auf Zahlung des Gesamtentgelts an die Gesamtheit und ebenso des Vorschusses nach § 71. Dieser Anspruch ist Entgeltsanspruch. Die Verteilung ist Sache der Gruppe, der Arbeitgeber kann sie nur auf Grund eines von allen Gruppenteilnehmern genehmigten Verteilungsplans vornehmen (§ 120), erst nach dieser Feststellung besteht ein Anspruch der Einzelnen gegen den Arbeitgeber, nach der Art der Leistung können diese Ansprüche unter sich verschieden sein. Vorher aber steht die Gruppe zwischen den Einzelnen und dem Arbeitgeber. Sie kann auch gemeinschaftliche Beschlüsse fassen, wie andererseits der Gruppenführer auch als Bevollmächtigter ohne Auftrag noch weiterer Teilnehmer mit dem Arbeitgeber als alleiniger Vermittler verhandeln kann (KG. in GKG. 1912 S. 231). So bildet die Eigengruppe eine Zwischeninstanz zwischen Arbeitgeber und Arbeitnehmer, ohne daß man sie aber ohne weiteres als Juristische Person behandeln könnte. Vgl. Hedemann, Selbständige Gruppen im ArbR., N. Z. f. ArbR. 1924 S. 257 und in Potthoffs „Sozialen Problemen des Betriebes" 1925 S. 27, dazu Silberschmidt in LZ. 1925 S. 42. Die Eigengruppe betrachtet Rosenstock (vgl. oben § 10 VI a. E.) als sozialen Aufstieg. Aus der Eigengruppe erwächst

III. den Gruppenakkord beendend der Zwischenmeister, wenn der Gruppenführer zum Unternehmer wird und seine Gesellschafter zu seinen Arbeitnehmern oder Unterakkordanten herabsinken. Der Zwischenmeister (Faktor, Ausgeber, Ferger) kann dabei auch selbst mitarbeiten und seinen untergebenen Heimarbeitern als solcher gleichgestellt werden, § 18[1] des Hausarbeitgesetzes. Vgl. oben § 15 A V. Dann schließt er für sich einen Arbeits-, für die andern einen Arbeitsverschaffungsvertrag. Mit Recht aber weist die Denkschrift S. 22 unter V 3 darauf hin, daß es nicht angeht, das Gruppengedinge allein zu regeln, sondern daß ganz allgemein von der Verflechtung mehrerer in ein Arbeitsverhältnis auszugehen ist und daß unter Umständen auch Gesellschafts- und Genossenschaftsverhältnisse (VI) auf ihre Zugehörigkeit zum Arbeitsrechte zu untersagen sind. Daraus ergibt sich die Notwendigkeit, den Gruppenakkord im Arbeitsrecht i. w. S., wie geschehen, zu behandeln. Für Klagen aus dem Gruppenakkord ist das Gewerbegericht zuständig erklärt — GGG. § 4 Ziff. 6 und 5 — und zwar mit Recht, vgl. oben Ziff. 3a gegen ArbVertr. S. 3.

§ 35. 5. Der komplizierte Akkord.

Auch beim Akkord können im gleichen Arbeitsvertrage mehrere Lohnsätze bestehen, dann entsteht der komplizierte Akkord, welcher komplizierter Einheitsakkord oder komplizierter Stücklohnvertrag sein kann. Die mehreren Vergütungen können sodann für eine Arbeitsaufgabe bedungen sein, oder für mehrere Arbeitsaufgaben.

Im ersteren Falle kann eine Erhöhung des Lohnsatzes, insbesondere durch das Hinzutreten von Prämien, von Lohn für Überarbeit, etwa als Zuschlag, eintreten, es kann aber auch der spätere Lohnsatz niederer sein. Wird eine Prämie für die ganze Akkordzeit gegeben, dann liegt ein einheitlicher Lohnsatz vor.

Schrifttum: Lotmar Bd. 2 S 752f.

Dritter Unterabschnitt.

Verbindung von Zeitlohn und Akkord.

§ 36. Tatbestand und Wirkung.

I. Wo ein Arbeitsvertrag zugleich einen Zeitlohnsatz und einen Akkordlohnsatz für die nämliche Arbeit oder für verschiedene Arbeiten enthält, liegt eine Kombination der Grundformen vor. Dies ist der Fall

1. wenn derselbe Vertrag Zeitlohnvertrag und Akkord abwechselnd enthält, indem z. B. neben dem Akkord Reparaturen,

neben Schichtlohn Gedingelohn, nach Drescharbeit gewöhnliche Arbeit in Frage kommt (sukzessive Kombination), vgl. Molitor, Wesen S. 35,

2. wenn alternativ entweder

a) primär Akkord und, wenn der Lohn in einer gewissen Frist (vgl. auch § 64 des Entwurfes) hinter dem auf diese Zeit treffenden Zeitlohn zurückbleibt, Zeitlohnvertrag oder wenn

b) primär Zeitlohnvertrag gegeben ist und wenn das Arbeitserträgnis hinter einer gewissen Annahme zurückbleibt, Akkord, im ersten Fall Garantie des Zeitlohns für den Arbeiter, im zweiten eines gewissen Ertrages für den Arbeitgeber (alternative Kombination und Molitor, Wesen S. 35/6) enthaltend, und

3. wenn beide neben einander in Frage kommen (kumulative Kombination)

a) für dieselbe Arbeit, b) nachdem die eine Arbeit eine gewisse Zeit gewährt hat, die andere auch folgt, etwa als Belohnung, c) für verschiedene Arbeiten, aber derselben Arbeitsaufgabe.

II. Als Rechtsfolge ergibt sich

1. bei der sukzessiven Kombination gesonderte Lohnberechnung bei einheitlichem Vertrag mit einheitlicher Vertragszeit, wobei der einen Partei das Wahlrecht zustehen kann (Lotmar Bd. 2 S. 80) und damit ein erhebliches Übergewicht,

2. bei der alternativen Kombination das Vorliegen einer aufschiebenden Bedingung, bei deren Eintritt die andere Grundform statthat und zwar schlechthin

a) bei der Garantie des Zeitlohnsatzes für den Arbeiter, während

b) bei der Garantie des Arbeitsergebnisses für den Arbeitgeber es noch auf die Ursache, aus der das Leistungsminimum nicht erreicht wird, ankommt, so daß die Bedingung nur bei Unfleiß oder Ungeschicklichkeit des Arbeitnehmers als gegeben zu erachten ist, und endlich

3. bei der kumulativen Kombination wird der Zeitlohnsatz so oft geschuldet, als zeitmessende Abschnitte erfüllt sind, und der Akkordsatz, so oft lohnmessende Ergebnisse erreicht sind, bei regelmäßig einheitlicher Zahlungszeit (Lotmar 2, 773f.).

Vierter Unterabschnitt.

Das Verhältnis der Grundformen zum Dienst- und Werkvertrage.

§ 37. 1. Die einfachen Grundformen.

Für denjenigen, dem Wirtschaft und Recht zusammengehörige Dinge sind, wird sich von Anfang an die Vermutung aufdrängen, daß eine Verwandtschaft zwischen den sog. juristischen und wirtschaftlichen Grundformen bestehen muß. Lotmar, dem das große Verdienst zukommt, diese Fragen aufgerollt zu haben, ist davon ausgegangen, daß der Werkvertrag auf die Akkordform beschränkt ist, während er zugibt, daß auch Dienstverträge in der Akkordform vorkommen können und er untersucht dann, in welchen Fällen das zutreffe. Die Frage, ob der Werkvertrag auf die Akkordform beschränkt sei, wurde schon oben unter § 31 I behandelt. Regelmäßig wird dafür nur die Akkordform in Frage kommen und wenn tatsächlich der Lohn für das Tünchen des Zimmers sich in den für die Arbeiter und die Entschädigung für die Farbe auflöst, dann sind es entweder Voranschläge für die endgültig in Betracht kommende Summe oder es liegt nicht mehr Werkvertrag, sondern Entschädigung für Dienstleistungen und Kauf vor. Lotmar stellt zunächst fest, daß im römischen Rechte die locatio conductio operis nur die Akkordform und die locatio conductio operarum nur die Zeitlohnform hat. So auch Molitor, Wesen S. 20. Rümelin, Dienstvertrag und Werkvertrag, 1905 nähert den Dienstvertrag und den Werkvertrag überhaupt einander und läßt ihre Vorschriften sich gegenseitig vertreten. Molitor, Wesen S. 29 f., 95 f. stellt die beiden Verträge als Formen des Tätigkeits- und des Erfolgvertrages einander gegenüber. Vgl. auch Herz in Jher. Jahrb. Bd. 74 S. 23. Dagegen sollen nach Lotmar die Vorschriften des Dienstvertrages durchgreifen können, wenn auch die Entlohnung in Akkordform erfolgt. Vgl. Rücker, Der Unterschied zwischen dem Dienstvertrag in Akkordform und dem Werkvertrag, Bresl. Diss. 1919. Daß die Geschäftsbesorgung auf Dienst- oder Werkvertrag beruhen kann und doch stets sich nach den Vorschriften über den Auftrag richtet, wurde bereits hervorgehoben. Die Annäherung der Dienstleistung an die Werkverträge geht aus den §§ 622, 631 II BGB. und anderen hervor. Nun sollte man glauben, daß jeder einzelne konkrete Arbeitsvertrag entweder in der Zeitlohnform oder in der Akkordform zu vergüten und deshalb je nach der Dienstvertrags- oder Werkvertragsform zu ergänzen sei. Lotmar verneint das, indem er einmal, wie schon hervorgehoben wurde, Dienstvertrag und Werkvertrag, der Titeleinteilung des BGB. entsprechend, den Einzelverträgen, Maklervertrag usw. gleichsetzt, andrerseits bestimmte Verträge wie den Maklervertrag, entgeltlichen Verwahrungsvertrag, Lagervertrag, Verlagsvertrag, Land-, Binnenwasser- und Seefrachtvertrag, Überfahrtsvertrag, Beförderungsvertrag als im BGB. vollständig geordnet dem Dienstvertrags- und Werkvertragsrechte entzieht und nur bei den übrigen Verträgen zur Ergänzung je das Dienstvertrags- oder Werkvertragsrecht des BGB. herbeiziehen läßt. Dabei betrachtet er den einen Teil dieser übrigen Verträge als nur teilweise geregelt und ergänzungsbedürftig (Vertrag der gewerblichen Arbeiter, Heimarbeiter, Handlungsgehilfen, Agenten, Bergleute, Rechtsanwälte, Spediteure, Kommissionäre, Schiffer und Schiffsbesatzung, Floßführer und Floßmannschaft), den andern Teil als überhaupt nicht geregelt (Ärzte, Hebammen, Tierärzte, Architekten, Bühnen-, Brettl- und Zirkuskünstler, Musiker, Journalisten, Lehrer, Erzieher, Büro-Angestellten, Privatbeamten, Gesellschafterinnen, Betriebsbeamten, Werkmeister, Techniker, Auskunfteien, Umzugsunternehmer, Lootsen, Droschkenkutscher, Führer, Dienstmänner, landwirtschaftliche Arbeiter, Handwerker im Verkehre mit der Allgemeinheit, Lohnindustrie). Wenn man diese Gruppen betrachtet, von denen viele auch nach unserer Begriffsbestimmung überhaupt nicht dem Arbeitsrecht unterstehen, so fällt auf, daß auf die als nicht geregelt betrachteten Werkmeister, Techniker und Betriebsbeamten mehr gesetzliche Bestimmungen (in der GO.) treffen als auf die angeblich vollständig geregelten Mäkler und Verwahrer. Von einer vollständigen, einer Ergänzung nicht mehr bedürfenden Regelung der angeblich vollständig geregelten Vertragsarten (z. B. des Mäklervertrags in den §§ 652—656 BGB) kann gar keine Rede sein und wer das Schrifttum und die Rechtsprechung kennt, weiß, daß eine Ergänzung all dieser Verträge dringend erforderlich ist und täglich stattfindet. So wird denn der Mäklervertrag, soweit sich der Mäkler verpflichtet, für Herbeiführung des Erfolges tätig zu sein, als eine Unterart des Werkvertrages, insbesondere Geschäftsbesorgungs-Werkvertrages, betrachtet (vgl. v.

Gierke, Deutsches Privatrecht Bd. 3 S. 709 und Reichel, Mäklerprovision 1913 S. 9/10), beim Verwahrungsvertrag bildet „die vom Verwahrer der Sache geschuldete, auf Behütung der Sache gerichtete Tätigkeit" (v. Gierke ebenda S. 730) den Gegenstand des Arbeitsvertrages und ähnlich beim Lagervertrag. Der Verlagsvertrag, der, soweit er nicht Handelsgeschäft ist, jedenfalls Arbeitsvertrag ist, kann Werkvertrag auf Seite des Verlegers oder des Verlaggebers sein (ebenda S. 748) und auch auf den Transportvertrag wendet v. Gierke (ebenda S. 691 u. A. 17) subsidiär Werkvertragsrecht an. So hat die Gruppe der angeblich vollständig geregelten und einer weiteren Ergänzung nicht bedürftigen (das scheint ja auch nach Lotmar Tatfrage zu sein) Verträge auszuscheiden und es ist damit für alle Arbeitsverträge ergänzend das Recht des Dienstvertrages oder des Werkvertrages als das der nächsthöheren Vertragsart zur Auslegung heranzuziehen, soweit die getroffene gesetzliche oder vertragliche Regelung nicht ausreicht, was ja im Grunde auch Lotmar vertritt. Eine der beiden Rechtsordnungen muß für jeden Arbeitsvertrag als Haupttypus in Betracht kommen. Deshalb kann der Ansicht Wölblings, daß der Akkordvertrag eine dritte zwischen Dienst- und Werkvertrag stehende besondere Vertragsart sei, nicht beigetreten werden. Wenn der Makler Anspruch auf den Lohn auch insoweit hat, als er gar nicht tätig wird oder wenn der Bezirksvertreter für den gleichen Fall Anspruch auf Provision hat, so liegt insoweit überhaupt kein Arbeitsvertrag vor. Ist ein solcher aber gegeben, so muß er Werkvertrag oder Dienstvertrag sein, sei es, daß das bereits durch das Gesetz oder den Vertrag feststeht, sei es, daß der Richter erst die Entscheidung treffen muß. Es kann aber auch das übergeordnete genus nicht aus Dienstvertrag und Werkvertrag zusammengesetzt sein und teils dem einen, teils dem andern unterstehen. Der Tatbestand des Arbeitsvertrages kann eben nur entweder in der Art vorliegen, daß die Arbeit nach Zeit oder daß sie nach ihrem Ergebnis bedungen wird, tertium non datur. Die Rechtsfolgen beider Vertragsarten können in Einzelpunkten, insbesondere soweit Geschäftsbesorgung sich nach Auftragsrecht regelt, gleich sein, in der Hauptsache sind sie verschieden und jede Art hat ihre besonderen Gesetze. Das hat Molitor insbesondere durch die Gegenüberstellung der Folgen des Tätigkeits- und Erfolgsvertrages dargetan. Es ist Rümelin nicht geglückt, zu beweisen, daß man auch nur diese Rechtsfolgen beliebig vertauschen oder gar an den Begriffsbestimmungen der §§ 611 und 631 BGB. rütteln kann. Die Ergänzung des Arbeitsvertrages hat daher nur nach Dienstvertrags- oder nur nach Werkvertragsrecht zu erfolgen. Das Buch von Hanne Katz, Lücken im Arbeitsvertrage 1922 S. 134f., 141 spricht zwar im allgemeinen von der Ergänzung des Arbeitsvertrages, vorzugsweise aber von der des Tarifvertrages und geht merkwürdigerweise auf die Ergänzung des einfachen Arbeitsvertrages durch die Bestimmungen über Dienstvertrag und Werkvertrag nicht ein. Für die Entscheidung, welche der beiden Vertragstypen in Betracht kommen, darf man nicht von den Rechtsfolgen ausgehen, da die ja schon die Ergebnisse der Entscheidung sind, auch nicht von den Vereinbarungen der Parteien über diese Folgen, wenn auch hieraus Schlüsse gezogen werden können, sondern immer davon, ob die Arbeit als Zeitvorgang oder als Ergebnis bedungen ist. Zu dem gleichen Ergebnis gelangt Molitor, Wesen S. 16f., 73f., 95, wenn er scheidet, ob Tätigkeits- (= Dienst-) oder Erfolgs- (= Werk-)Vertrag und weiter, ob Vertrag über abhängige Arbeit vorliegt, die ja gerade nach der schließlichen Begriffsbestimmung S. 111 wiederum nur für den Dienstvertrag von Bedeutung ist, obgleich vereinzelte soziale Bestimmungen auch für den Werkvertrag bestehen, vgl. Molitor Wesen S. 32.

Nur greift hier die Rechtsform in die wirtschaftliche Form ein. Wenn es zweifelhaft sein kann, ob der Werkvertrag nach Dienstvertragsgrundsätzen entlohnt werden kann und ob nicht in einem solchen Falle der Werkvertrag zum Dienstvertrage wird, wenn z. B. die Übersetzung eines französischen Romans im Betriebe des Verlegers gegen Stundenvergütung vereinbart wird, so steht umgekehrt fest, daß der Dienstvertrag sich der Akkordform bedienen und den Dienstverpflichteten im Akkord entlohnen kann, ohne daß dadurch der Vertrag die Art des Werkvertrags annähme. Vgl. Trachsel a. a. O. S. 113. Es ist im Fabrikbetrieb durchaus üblich, daß der auf Dienstvertrag beschäftigte Fabrikarbeiter im Akkord entlohnt wird und ähnlich verhält es sich mit dem Provisionsreisenden.

Wenn sonach nicht so sehr auf die Entlohnung der Hauptnachdruck zu legen als vielmehr zu fragen ist, ob nach dem Tatbestande die Arbeit als solche oder ihr Ergebnis bedungen ist, so ist die Unterscheidung um deswillen nicht leicht, weil die gesetzlichen Ausdrücke

„Dienste" und „Dienstleistungen" auch vom Werkvertrage gelten, während nur die Ausdrücke „im Dienste stehen", „in Dienst treten" sich ausschließlich auf die Dienstverträge beziehen und § 888 Abs. 1 ZPO. und GGG. § 78 nur bei Leistung von Diensten aus einem Dienstvertrage zur Anwendung kämen. Lotmar Bd. 2 S. 833.

Ist aber entscheidend, ob Arbeit als Zeitvorgang oder als Ergebnis bedungen ist, so haben die beiden von einander verschiedenen Tatbestände auch von einander verschiedene Rechtsfolgen, die schon nach dem BGB. (vgl. auch Molitor Wesen S. 58 f.) beim Dienstvertrage sich an die Zeit anlehnen (§§ 620 f.), beim Werkvertrag an das Ergebnis (§§ 633 f.) und die noch mehr in der tatsächlichen Ausführung hervortreten. Nur ist zu berücksichtigen, daß auch die im Dienstvertrage bedungene Arbeit im Akkord entschädigt werden kann. Hervorzuheben ist hier, daß häufig der Arbeitnehmer verpflichtet ist, nicht nur ein Arbeitsergebnis zu liefern, sondern eine stets sich erneuernde Reihe von Akkordverträgen abzuschließen. So entsteht der Serienakkord, der auf Grundlage eines allgemeinen, für den Einzelfall aber stets neu zu vereinbarenden Werkvertrages abgeschlossen sein kann, aber auch, und zwar häufiger, sich einem Dienstvertrage einfügen kann.

Schrifttum: Lotmar Bd. 1 S. 528 f., 2 S. 466, Wölbling in DJZ. 1909 S. 1472 und Oertmann in GKG. Bd. 21 S. 132, Molitor, Wesen S. 50/1 (holländisches Recht).

Betrachtet man hienach die wirtschaftlichen Grundformen, so untersteht

1. der Zeitlohnvertrag stets dem Dienstvertragsrechte, jeder Zeitlohnvertrag ist Dienstvertrag, aber nicht umgekehrt jeder Dienstvertrag auch Zeitlohnvertrag,

2. jeder Werkvertrag ist Akkord, aber nicht jeder Akkord ist Werkvertrag, es gibt auch Dienstvertragsakkorde, wie z. B. § 623 BGB. dies ausdrücklich vorsieht. Da beim Dienstvertragsakkord ein Dienstvertrag vorliegt, so sind, soweit nicht die Entlohnung in Frage kommt, die allgemeinen Grundsätze des Dienstvertrages anzuwenden, also insbesondere über die Zeit und Art der Tätigkeit; trotz des Akkordes ist der Arbeiter an die allgemeinen Vorschriften in dieser Hinsicht gebunden. Der Entwurf drückt das in § 15 S. 2 dahin aus: „Der Arbeitnehmer ist auch da, wo das Entgelt sich nach dem Arbeitsergebnisse richtet, ver-

pflichtet, unter Aufwendung seiner Kräfte und Fähigkeiten ohne andere als die gesetzlichen, vereinbarten oder üblichen Unterbrechungen zu arbeiten". Diese Verpflichtung ergibt sich aber aus dem Arbeitsvertrage, nicht dem Gesetze. Lotmar Bd. 2 S. 896 ist durch eine Untersuchung der gesetzlichen Bestimmungen zu dem Grundsatze gelangt, daß Werkverträge, die vom Arbeitgeber als Unternehmer geschäftsmäßig geschlossen werden, dem Dienstvertragsrecht unterstehen. Man hat das bestritten (Molitor Wesen S. 23), aber gerade neuerdings hat man als Kennzeichen der abhängigen Arbeit „das berufsmäßige Verrichten von Arbeit in fremdem Betriebe" gefunden (vgl. Kaskel ArbR. S. 31, Kreller im Arch. f. z. Pr. Bd. 122 S. 7, Molitor Wesen S. 89), was mit Lotmars Anschauung übereinstimmt: „innerhalb eines Geschäftsbetriebes" (Bd. 2 S. 897), nicht, wie Molitor S. 23 wiedergibt: „Wirtschaftsbetriebes" und „zum Berufe" (S. 906), Gegensatz: private Arbeit (S. 908). Dem Satze Lotmars entspricht die vielfach von Arbeitnehmerseite und so z. B. auch die von Potthoff vertretene Auffassung, daß beim Werkvertrage beiderseits unabhängige Personen vorausgesetzt werden, wie auch das BGB. vom Unternehmer des Werkvertrages spricht, daß aber der Akkord des Abhängigen dem Dienstvertragsrechte zu unterstellen sei. Wölbling rechnet z. B. den Serienakkord stets unter das Dienstvertragsrecht, auch wenn es sich nicht um geschäftliche Arbeiten handele (vgl. D.J.Z. 1909 S. 1472), der freilich sehr seltene Serienakkord des Handwerkers dem Publikum gegenüber wird aber Werkvertrag sein, so lange die Serienarbeit nicht zum Dienste wird. Vgl. aber Molitor, Wesen S. 19f. Die GO. regelt den Arbeitsvertrag der Gesellen, Gehilfen, Lehrlinge und Fabrikarbeiter ohne Unterscheidung der Grundformen, den der höheren Angestellten in §§ 133a nach Dienstvertragsrecht, welches aber auch für die übrigen genannten Arbeitgeber allein bestimmend ist. So kommt ergänzend für alle diese Fälle nur das Dienstvertragsrecht in Frage, weil eben die Arbeit einem Gewerbebetrieb als solchem zugesagt ist und weil diese Unterordnung unter einen Betrieb den Dienstvertrag auszeichnet, dem Arbeiter auch im ganzen günstiger ist. Den Gegensatz bezeichnete der französische Entwurf von 1906: wenn jemand seine Tätigkeit jedermann anbietet, vgl. Trachsel a. a. O. S. 129. So hat nach der hier vertretenen Auffassung für jeden

Zeitlohnvertrag und für Dienstvertragakkord das Dienstvertragsrecht, für Werkvertragsakkord das Werkvertragsrecht ergänzend einzugreifen. So auch: Denkschrift zum Entwurfe S. 14 und oben § 7. Ein großer Teil des Arbeitsrechts wird hienach durch das Recht der Abhängigen ausgefüllt; aber der Werkvertragsakkord, soweit er nicht als Handelsgeschäft ganz aus dem Arbeitsrechte herausfällt, untersteht ihm doch auch als Arbeitsrecht unter Selbständigen.

Schrifttum: im allgemeinen Lotmar Bd. 2 S. 820 f.; Rücker a. a. O. S. 13 f., Silberschmidt im ArbeitsR. Bd. VII S. 75 und VIII S. 45, jetzt Molitor, Wesen S. 89 f., Järisch a. a. O.

§ 38. 2. Die verbundenen Grundformen.

Der gleiche Grundsatz gilt hier, so daß die Geschäftsmäßigkeit entscheidet, auch wenn neben dem Gehalte Provision gezahlt oder ein fester Betrag zugesichert wird usw. Die sukzessive und die alternative Kombination werden überhaupt nur geschäftsmäßig geschlossen, nur bei der kumulativen Kombination kann es in seltenen Fällen zum Zusammentreffen von Dienstvertrags- und Werkvertragsrecht kommen. Bei der Kündigung läßt man daher den Dienstvertrag, insbesondere die längere Frist des § 621 BGB. entscheiden. Wenn Vorschriften des Dienstvertrages neben denen des Werkvertrages anzuwenden sind, so schließen sie sich gegenseitig nicht aus, so daß z. B. die §§ 617, 618 neben 640, 633 zur Anwendung gelangen können.

Schrifttum: Lotmar Bd. 2 S. 912 f.

Sechster Abschnitt.

Die Beendigung des Arbeitsverhältnisses.

§ 39. Die Beendigungsgründe.

I. Als dauerndes Schuldverhältnis wird das Arbeitsverhältnis durch Ablauf der Vertragszeit aufgelöst (vgl. § 142 I des Entwurfes), ferner durch Erfüllung der Arbeitsaufgabe, durch den Tod des Arbeitnehmers, durch ordentliche und außerordentliche Kündigung, dagegen (vgl. § 675 und oben § 15 V und § 8 X) nicht regelmäßig durch den Tod des Dienstberechtigten. Beim Tode des Arbeitnehmers erhalten nach § 83 des Entwurfes unabdingbar der Ehegatte oder die Kinder, deren Unterhalt er im wesentlichen aus seinem Arbeitsverdienste bestritten hat, nach dem Muster des Gnadenvierteljahres im Beamtenrechte, die Leistungen des § 79, also wie bei unverschuldeter Krankheit, wobei Bezüge, die der Berechtigte auf Grund des Todes erhält, soweit angerechnet werden dürfen, als sie nicht auf eigenen Versicherungsbeiträgen oder ähnlichen Leistungen des Verstorbenen oder des Berechtigten beruhen. Durch Fortsetzung des Arbeitsverhältnisses über die Vertragszeit hinaus mit beiderseitigem Einverständnis oder durch den Arbeitnehmer ohne Widerspruch des Arbeitgebers (RG. bei Gruchot Bd. 52 S. 988) gilt es aber auf unbestimmte Zeit verlängert, §§ 625 BGB., 143 des Entwurfes, es kann aber, auch stillschweigend, vertragsmäßig auf bestimmte Zeit verlängert werden.

II. Was insbesondere die Kündigung betrifft, so handelt es sich um eine einseitige, empfangsbedürftige Willenserklärung, die dem Gegner zugegangen sein muß. Sie kommt vor allem für Dienstverhältnisse in Frage, aber die für Dienstverhältnisse gegebenen Vorschriften sind auf alle länger dauernden Arbeitsverhältnisse auszudehnen. Die Kündigung ist entweder

1. die ordentliche Kündigung oder
2. eine außerordentliche.

Zu 1. Ist die Dauer des Dienstverhältnisses weder bestimmt noch aus der Beschaffenheit oder dem Zwecke der Dienste zu entnehmen, so kann jeder Teil das Dienstverhältnis kündigen. § 620 BGB. und § 142 II des Entwurfes. Ist das Arbeitsverhältnis für eine Zeit eingegangen und hat es einen Monat bestanden, so bedarf es nach § 142 III des Entwurfes der Kündigung, wenn das aus dem Zwecke des Arbeitsverhältnisses sich ergebende Ende kalendermäßig nicht annähernd vorauszusehen ist; die Vorschrift ist aber unklar und mit Rücksicht auf § 146 entbehrlich, von Hueck im ArbVertr. S. 193 wird sie begrüßt. Auch wenn das Arbeitsverhältnis auf bestimmte Zeit eingegangen ist, soll es doch nach § 146 I des Entwurfes vom Arbeitnehmer gekündigt werden können,

a) wenn ihm die Durchhaltung aus Gründen des Fortkommens nicht zuzumuten ist und keine Betriebsinteressen verletzt werden oder

b) bei Nichtzumutbarkeit wegen Veränderungen im Betriebe.

Ist die Vergütung nicht nach Zeitabschnitten bemessen, so kann das Dienstverhältnis jederzeit gekündigt werden; bei einem die Erwerbstätigkeit vollständig oder hauptsächlich in Anspruch nehmenden Dienstverhältnis ist jedoch eine Kündigungsfrist von

2 Wochen einzuhalten, § 623 BGB. Ist das Dienstverhältnis für die Lebenszeit einer Person oder für länger als 5 Jahre eingegangen, so kann es von dem Verpflichteten nach dem Ablaufe von 5 Jahren mit 6monatiger Kündigungsfrist gekündigt werden, § 624 BGB. und § 146 II des Entwurfes. Andrerseits kann gültig schon vor Ablauf der 5 Jahre eine Verlängerung vereinbart werden. RGZ. Bd. 80 S. 277. Der Dienstherr hat kein solches Kündigungsrecht SeuffArch. Bd. 70 Nr. 64. Hat der zu Dienstleistungen Verpflichtete, ohne in einem dauernden Dienstverhältnis mit festen Bezügen (RGZ. Bd. 80 S. 29) zu stehen, Dienste höherer Art zu leisten, die auf Grund besonderen Vertrauens übertragen zu werden pflegen, so kann das Dienstverhältnis jeder Zeit, ohne Einhaltung einer Kündigungsfrist, gekündigt werden. Der Verpflichtete darf aber nur in der Art kündigen, daß sich der Dienstberechtigte die Dienste anderweit beschaffen kann, es sei denn, daß ein wichtiger Grund für die unzeitige Kündigung vorliege. Kündigt er ohne solchen Grund zur Unzeit, so hat er dem Dienstberechtigten den daraus entstehenden Schaden zu ersetzen § 627 BGB. Sonst bestehen gesetzlich bestimmte Kündigungsfristen. Sie richten sich, wenn die Vergütung nach Zeitabschnitten bemessen ist, nach der Länge des lohnmessenden Abschnitts: je nachdem die Vergütung nach Tagen, Wochen, Monaten, Vierteljahren bestimmt ist, soll auch die Kündigung nur für den Schluß des Tages, der Woche, des Vierteljahres gültig sein, im letzteren Falle mit Kündigungsfrist von 6 Wochen, bei Wochenarbeit muß spätestens am 15. gekündigt werden, § 621. Das Dienstverhältnis der mit festen Bezügen zur Leistung von Diensten höherer Art Angestellten, deren Erwerbstätigkeit durch das Dienstverhältnis vollständig oder hauptsächlich in Anspruch genommen wird, insbesondere der Lehrer, Erzieher, Privatbeamten, Gesellschafterinnen kann nur für den Schluß eines Kalendervierteljahres und nur unter Einhaltung einer Frist von 6 Wochen gekündigt werden, auch wenn die Vergütung nach kürzeren Zeitabschnitten als Vierteljahren bemessen ist, § 622 BGB. Vgl. auch § 66 HGB., § 133 aa GO. und, für alle Angestellten, nach § 144 Ziff. 1 des Entwurfes, während für Arbeiter nach § 144 Z. 2 ebenda die Kündigung jederzeit mit Frist von 14 Tagen zulässig ist, eine andere Kündigungsfrist für beide Parteien gleich sein muß (nach dem Entwurfe keinesfalls für den AG. kürzer als für den AN. sein darf, vgl. auch § 67 HGB. und § 132 I GO. und über den Unterschied

Hueck im ArbVertr. S. 194) und für Angestellte nur für den Schluß des Kalendervierteljahres mit Mindestfrist von einem Monat vereinbart werden kann. § 144 des Entwurfes soll keine Anwendung finden, wenn der Arbeitnehmer auf Probe bis einen Monat oder zur vorübergehenden Aushilfe bis drei Monate gedient hat, § 145 des Entwurfes. Vgl. Lange, Der Probevertrag in der Industrie, N. Z. f. ArbR. 1925 S. 281.

Zu den Verträgen, bei denen die Vergütung nicht nach Zeitabschnitten bestimmt ist, gehören die Akkordverträge. Die Vereinbarung von Akkordarbeit ist nur die Vereinbarung einer Lohnbemessungsart, die Kündigung kann, wenn nichts anderes vereinbart ist, ohne Rücksicht auf den laufenden Akkord, nach § 623 BGB. jederzeit mit sofortiger Wirkung erfolgen. Zulässig ist auch sonst der Ausschluß jeder Kündigungsfrist oder „die sofortige Kündigung", der „Ausschluß der Kündigung, aber doch regelmäßig nur für den Schluß des Arbeitstages". Hueck, Arbeitsvertragsrecht S. 183 A. 14. Bei Dienstverhältnissen zur Probe oder zur Aushilfe ist eine kurze oder keine Frist üblich. Vgl. Lange a. a. O. S. 282.

Zu 2. Außerordentliche Kündigung. Sie steht stets ohne Kündigungsfrist nach den Grundsätzen der Dauerverhältnisse jedem Teile zu, wenn ein wichtiger Grund vorliegt, d. h. wenn nach den Umständen dem betreffenden Teile die Fortsetzung des Arbeitsvertrages und die Innehaltung der ordentlichen Kündigungsfrist nicht zugemutet werden kann. Vgl. § 626 BGB., § 133b GO. und § 70 HGB. sowie § 156 des Entwurfes. Über die Zumutbarkeit des betreffenden Grundes entscheidet das Arbeitsgericht. Der Grund kann persönlicher oder unpersönlicher Art sein, verschuldet oder nicht verschuldet sein, er kann auch in der Person des Kündigenden liegen oder auch in den von den Beziehungen der Parteien unabhängigen Verhältnissen, entscheidend bleibt stets die Frage der Zumutbarkeit, der Entwurf fügt hinzu: „mit Rücksicht auf Vertragszweck, gute Sitte oder Treu und Glauben". Gleichgültig ist auch, ob eine bestimmte Vertragszeit vereinbart war. Als wichtiger Grund kommt insbesondere in Frage:

a) der Konkurs des Arbeitgebers. Nach § 12 KO. kann ein im Haushalt, Wirtschaftsbetrieb oder Erwerbsgeschäft des Gemeinschuldners bestehendes Dienstverhältnis im Konkursfall von beiden Seiten, auf seiten des Konkursverwalters mit Entschädigungsverpflichtung, gekündigt werden (vgl. Jäger, KO. § 22 A. 9 und

10, Hueck ArbVR. S. 193). Ein Dienstverhältnis, das eine Geschäftsbesorgung zum Gegenstand hat, erlischt nach § 23 KO. mit dem Ausbruche des Konkurses. In diesen Fällen hat schon das Gesetz den wichtigen Grund anerkannt;

b) eine Tatsache, die sich schon vor Abschluß des Arbeitsvertrages ereignet hat, die auch zur Vertragsanfechtung führen kann, Hueck a. a. O. S. 197 u. A. 18,

c) eine Tatsache, die sich nach einer befristeten Kündigung ereignete, ebenda A. 19 und 20.

Als wichtige Gründe der Entlassung durch den Arbeitgeber kommen gemäß § 72 HGB. und 133c GO. insbesondere in Betracht: Untreue und Mißbrauch des Vertrauens, allenfalls (beim Handlungsgehilfen) Übertretung des Konkurrenzverbots, unbefugtes Verlassen des Dienstes oder beharrliche Weigerung, die Dienstpflichten zu erfüllen, Verhinderung an der Dienstleistung durch anhaltende Krankheit, längere Freiheitsstrafe oder Abwesenheit (vgl. Hanseat. GZ. ArbR. 1924 S. 130, 1925 S. 61 und 76), Tätlichkeiten oder erhebliche Ehrverletzungen gegen den Prinzipal oder dessen Stellvertreter. Als solche Gründe berechtigen auf Seite des Arbeitnehmers gemäß §§ 71 HGB. und 133d GO. zum sofortigen Austritt: Tätlichkeiten oder Ehrverletzungen des Arbeitgebers oder bei mangelnden Schutz durch letzteren seiner Familienangehörigen oder eines andern Angestellten, ferner der Umstand, daß der Arbeitgeber seinen Verpflichtungen nicht nachkommt, insbesondere auch in hygienischer Beziehung, nach § 133d auch, daß die Fortsetzung des Dienstverhältnisses das Leben oder die Gesundheit des Arbeitnehmers einer erheblichen Gefahr aussetzen würde, die bei Eingehung des Dienstverhältnisses nicht zu erkennen war. Als ein wichtiger Grund zur Kündigung durch den Lehrling ist es insbesondere auch anzusehen, wenn der Lehrherr seine Verpflichtungen gegen den Lehrling in einer dessen Gesundheit, Sittlichkeit oder Ausbildung gefährdenden Weise vernachlässigt (§ 77 II S. 2 HGB.). Die Nebeneinanderstellung der Bestimmungen des bisherigen Rechtes und des Entwurfes zeigt, wie sehr einheitliche Regelung hier not tut. Das neue Recht verzichtet absichtlich auf Einzelaufführung der wichtigen Gründe.

Da die Kündigung für den Arbeitnehmer von schwerwiegender Bedeutung sein kann, hat das Betriebsratsgesetz in § 84 einen Einspruch gegen die Kündigung durch Anrufung des Arbeiter- oder Angestelltenrates gebracht, der erst beim Rechte der Abhängigen besprochen werden kann. Der Entwurf hat aber diesen Einspruch durch eine zu begrüßende Klage auf Widerruf der Kündigung ersetzt, die von dem Vorhandensein eines Betriebsrats unabhängig sein soll und alle Arbeitnehmer „ohne Rücksicht auf Art und Größe des Betriebes" (Denkschrift S. 27) vor unbegründeter Kündigung schützen soll. Vgl. Titze, Die Entwicklung des Kündigungsschutzes in Potthoffs „Sozialen Problemen des Betriebes" 1924 S. 163, 170 zum Teil gegen Hueck im RArbBl. 1924 S. 260; Hueck im ArbVertr. „Die Kündigungsbeschränkungen" S. 207 f.; zum Teil ablehnend auch Aubele in DRZ. 1924 S. 225. Nach der Denkschrift S. 27 hat der Arbeitgeber wie nach dem BRG. die Wahl, ob er die Kündigung widerrufen oder den Arbeitnehmer entschädigen will. Vgl. Bewer, Illoyale Kündigungen des Arbeitsverhältnisses in Jher. Jahrb. Bd. 74 S. 159 und Lange, Vertragsfreiheit und Kündigungsbeschränkungen im Entw. eines AVG., im „Arbeitgeber" 1925 S. 419. Titze schlägt lediglich Entschädigung vor, zustimmend Hueck im ArbVertr. S. 220 A. 11. Da die Kündigung besonders schwerwiegend für Heimarbeiter, Störarbeiter sein kann, so können die vorgeschlagenen Kündigungsbeschränkungen für alle Arbeitsverhältnisse in Betracht kommen, die einer Kündigung fähig sind und z. B. auch für den Handwerker, der von einem Privatmann zu Dienstleistungen ständig beauftragt ist. In der Tat sind nur solche Kündigungen nicht berücksichtigungswert, die zwischen völlig selbständigen Unternehmern, die auf gleichem Boden stehen, ausgesprochen werden, wo die Kündigung des einen ebenso wirkt wie die des andern. Die Regelung im Entwurfe soll aber, wie aus der Denkschrift S. 27 klar hervorgeht, ausdrücklich die Regelung des § 84 BRG. ersetzen, behandelt deshalb, mit einer Ausnahme, nur die dort vorgesehenen Fälle und ist deshalb auch am besten ebenso wie § 155 des Entwurfes mit der Regelung des BRG. zu behandeln. Notwendig wäre aber eine Ausdehnung der Bestimmungen nach der angedeuteten Richtung. Mit dem Wegfalle der Vorschriften des BRG. gehören die Kündigungsbestimmungen ohnehin vollständig dem Arbeitsrecht im weiteren Sinne an.

Die Kündigung muß nicht sofort erfolgen, es kann aber auf die Geltendmachung des wichtigen Grundes, auch stillschweigend, verzichtet werden. Nicht richtig ist, daß bei Vorliegen eines wichtigen Grundes der Kündigende die ausgesprochene Kündigung nicht widerrufen kann. Wenn die Beleidigung des Herrn durch den Angestellten nicht mehr als wichtiger Grund empfunden wird, wirkt er auch nicht mehr; nur kann die Kündigung auch für den andern Teil dann ein wichtiger Grund sein. Ein vorheriger Ausschluß aller oder einzelner Kündigungstatsachen als wichtige Gründe ist unzulässig, wohl aber ist eine Erweiterung des Gebietes der wichtigen Gründe durch Vertrag zulässig, vgl. Hueck a. a. O. S. 199 f., es kann auch in der fristlosen Kündigung unter Umständen wenigstens eine berechtigte ordentliche Kündigung liegen. Hueck S. 202.

Schrifttum: Hueck, Kündigung und Entlassung nach geltendem Recht 1921 und Handbuch S. 167 sowie Arbeitsvertrag S. 189, Billerbeck, Die Kündigung und Entlassung von Arbeitern, Hueck ArbVertr. S. 189.

Zweites Kapitel.

Das vertraglose Arbeitsverhältnis.

§ 40. 1. Die Fälle der Vertraglosigkeit.

I. Ein vertragloses Arbeitsverhältnis liegt selbstverständlich nicht vor in den sehr zahlreichen Fällen, in denen nur ein ausdrücklicher Arbeitsvertrag nicht abgeschlossen wurde, in denen aber die Parteien einverstanden sind, daß ein Arbeitsverhältnis begründet und etwa dem allgemeinen gesetzlichen oder dem autonomen Rechte des Tarifvertrages bzw. beiden unterstellt werden soll. Auch der seltene Fall des unentgeltlichen Arbeitsvertrages, wenn er auch im Entwurf nicht berücksichtigt ist, fällt doch unter den Arbeitsvertrag. Vgl. Molitor im RArbBl. S. 80* II.

II. Wohl aber handelt es sich um vertraglose Arbeitsverhältnisse in denjenigen Fällen, in denen ein Arbeitsverhältnis begründet wird, ohne daß ausdrücklich oder stillschweigend ein Arbeitsvertrag zwischen den Parteien abgeschlossen wurde. Das trifft zu

1. in den oben § 13 unter III und IV behandelten familienrechtlichen Fällen, wenn etwa Hauskind oder Ehefrau ohne Errichtung eines Arbeitsvertrages auf Grund familienrechtlicher Verpflichtung für den Vater oder Ehemann arbeiten. Hier wird nicht etwa die arbeitsrechtliche Tätigkeit von der familienrechtlichen aufgesogen, diese geht auch auf nichts anderes als daß die Familienmitglieder zur Unterstützung der Familie Arbeit zu leisten haben und zwar hier regelmäßig unentgeltliche oder doch durch die Verpflegung in der Familie abgegoltene Arbeit, aber in gewissen Fällen mit einem kleinen Bier-, Nadelgeld usw. Der Entwurf will nach der Denkschrift diese familienrechtlichen Beziehungen wie die die des öffentlichen Rechts (Beamte, Gefangene) ganz bei Seite lassen, die Denkschrift nimmt aber vertragloses Arbeitsverhältnis auch dann an, wenn die Parteien einen andern als einen Arbeitsvertrag geschlossen haben.

2. Der Hauptfall vertragloser Arbeit ist der, bei welchem die Arbeit tatsächlich geleistet wird, der Vertrag aber, auf dem sie beruht, nicht zur Entstehung gelangt, etwa

a) weil er nichtig oder unwirksam ist, den guten Sitten widerstreitet oder der notwendigen Form entbehrt oder wenn wegen mangelnder Geschäftsfähigkeit auch ein stillschweigender Arbeitsvertrag nicht zustande kommt oder wegfällt oder

b) wenn der Arbeitsvertrag zwar besteht, die tatsächlich in Frage kommende Arbeit aber nicht auf Grund dieses Vertrages geleistet wird. Vgl. Denkschrift S. 30, Bewer in LZ. Bd. 18 S. 320, Oertmann, Die Rechtsbedingung 1924 S. 25 f., Hueck im ArbVertr. S. 148 und Molitor im RArbBl. S. 82* und ArbVertrag S. 38. Wenn er

c) darunter auch den Fall begreift, daß gewisse Vorschriften sich nur auf die Arbeitsleistung im Erfüllungszustand oder auf die abhängige Arbeit beziehen, ohne Rücksicht darauf, ob die Leistung gerade in Erfüllung einer Verpflichtung erfolgt, so liegt hier doch meist tatsächlich ein Arbeitsvertrag vor und es kann sich dann nur fragen, ob die Regelung auch für den Fall wirksam sein soll, daß kein Arbeitsvertrag vorliegen würde. Ähnlich liegt die Sache, wenn die Arbeit auf Grund eines Vertrages mit einem Dritten geleistet wird. Vgl. Hueck in Jher. Jahrb. Bd. 74 S. 371 f., 375. Endlich

3. macht Richter im RArbBl. S. 231* darauf aufmerksam, daß Arbeitsverhältnisse in Folge von soz. Zwangsverträgen durch „obrigkeitlichen Gestaltungsakt auf dem Gebiete des Privatrechts", insbesondere durch Zwangseinstellung, (aber auch durch Entscheidungen der Arbeitsgerichte, allenfalls auch durch Verbindlichkeitserklärung von Schiedssprüchen), entstehen können wie in ähnlicher Weise Gesellschaftsverhältnisse durch die Zwangsgesellschaften der Kriegszeit entstanden, „bei denen nur die freiwillige gegenseitige Verpflichtung zum Zusammenwirken hinweggefallen ist". Silberschmidt im Arch. f. R. u. WPh. Bd. 12 S. 146.

So ist es immerhin eine nicht unerhebliche Zahl von Fällen, in denen Arbeitsverhältnisse auch ohne Vertrag zustande kommen.

§ 41. 2. Die Regelung dieser Fälle.

Eine Regelung dieser Fälle mit Ausnahme der schon besprochenen Nichtigkeit (oben Ziff. 2 a) enthält der Entwurf nicht und wenn die Denkschrift S. 30 anhangsweise die Rechtslage für diese Arbeitsverhältnisse schildert, so kommt dem eine gesetzgeberische Bedeutung nicht zu.

Man wird, wenn eine ausdrückliche Regelung nicht erfolgt, im allgemeinen geneigt sein, die vertragslosen Arbeitsverhältnisse nach Analogie der vertraglichen zu behandeln, gerade weil der Grund der Regelung viel mehr im Arbeitsverhältnis als im Arbeitsvertrage liegt. „Die hiefür aufgestellten Rechtsfolgen werden billiger Weise auch fast überall da eintreten müssen, wo abhängige Arbeit ohne Arbeitsvertrag geleistet wird" sagt Molitor jetzt im „Arbeitsvertrag" S. 39 und der Satz wird sich mit annähernd gleicher Begründung auf jede Arbeit ausdehnen lassen, weil die Vorschriften auch über die Arbeit weiteren Rechts in der Hauptsache wegen der Arbeitsleistung, d. h. wegen des Erfüllungszustands gegeben sind, z. B. die §§ 612, 614, 620 usw. BGB. Noch viel berechtigter ist aber der Satz für die abhängige Arbeit, die eben nicht so sehr wegen des Vertragsschlusses als wegen des Verhältnisses der Parteien bei Ausführung der Arbeit vorzugsweise berücksichtigt wird, wenn auch der Ausspruch Molitors zu weit geht, daß die Abhängigkeit des Arbeitnehmers jedenfalls nicht durch die ihm obliegende Verpflichtung zur Arbeit begründet werde (Arbeitsvertrag S. 38, während er Wesen des Arbeitsvertrages S. 84 richtig die Gründe der Unterordnung in dem Wesen des Arbeitsvertrages, der Verpflichtung seine Arbeitskraft einzusetzen, findet, vgl. oben S. 18). Der Schutz des öffentlichen Rechts knüpft aber regelmäßig an die Leistung der Arbeit an, so die Sozialversicherung, die Arbeitsschutzgesetze usw., ebenso aber auch ein großer Teil der Bestimmungen des Entwurfes, insbesondere seine unabdingbaren Bestimmungen z. B. für Überarbeit (§ 20), besonderes Entgelt für Erfindungen (§ 127), Abschlagszahlung (§ 72) usw., ferner die Bestimmungen, die wieder aus den öffentlichen, den Versicherungs- und Schutzgesetzen erwachsen. Vgl. Denkschrift S. 30/31. Was nun die in § 40 besprochenen Einzelfälle betrifft, so sind

zu 1. die familienrechtlichen bereits hinreichend besprochen,

zu 2a kommt besonders die gleichfalls schon besprochene Regelung des § 52 in Frage, wenn der Arbeitsvertrag nichtig ist. Vgl. oben § 9 unter II 1 b und § 13. Dem Falle der Nichtigkeit des Vertrages stellt der Entwurf es nicht gleich, wenn ein Vertrag nicht abgeschlossen wurde, Bewer, LZ. Bd. 18 S. 320 und jetzt Molitor im Arbeitsvertrag S. 40. Den Fall, wenn nichts vereinbart ist, will die Denkschrift S. 31 Ziff. 6 so behandeln, als ob ein stillschweigender Arbeitsvertrag geschlossen wäre, was aber keineswegs stets richtig ist, so daß es sich, auch aus andern Gründen, empfiehlt, beide Fälle gleichzustellen, vgl. oben I am Anfang und Arbeitsvertrag S. 41/2 und 150. In eingehender Darstellung wird auch dort gerade mit Rücksicht auf § 52 ausgeführt, daß es sich empfehlen würde, im Entwurfe „das Merkmal der Abhängigkeit" als grundsätzliches fallen zu lassen und das Recht aller Verträge, die Arbeit zum Gegenstand haben, neu zu regeln, wobei selbstverständlich auch der abhängige Arbeitsvertrag mit zu regeln wäre. Was die Fälle 2 b, c und 3 betrifft, so wird hier das vertraglose Arbeitsverhältnis um so mehr wie ein vertragliches behandelt werden können, als diese 3 Fälle die ordnungsmäßige Begründung des Arbeitsverhältnisses gemeinschaftlich haben. Vgl. Hueck in Iher. Jahrb. Bd. 74 S. 376.

Haben aber die Parteien nicht einen Arbeitsvertrag, sondern einen andern Vertrag geschlossen mit Bedingungen, die in einem Arbeitsvertrage unzulässig wären, so will das die Denkschrift in Ziff. 9 hindern, weil die Beteiligten ihre Beziehungen nicht in ein Gewand kleiden dürften, das den tatsächlichen Verhältnissen nicht entspricht. Das wird dann richtig sein, wenn es sich um eine Simulation oder Umgehung eines Verbotes handelt, nicht aber wenn die Parteien, wie das z. B. im Steuerrechte durchaus anerkannt ist, von einer ihnen freistehenden Möglichkeit Gebrauch gemacht haben. Über die Beendigung des tatsächlichen Arbeitsverhältnisses ohne gleichzeitige Aufhebung des Arbeitsvertrages, also eigentlich über die tatsächliche Beendigung innerhalb des vertraglichen Arbeitsverhältnisses, handelt Hueck, ArbVertr. S. 189. Die Denkschrift schließt nach ihren Darlegungen über das Arbeitsverhältnis ohne Arbeitsvertrag: „Genau genommen regelt der Entwurf also nicht nur den Arbeitsvertrag, sondern allgemeiner: die schuldrechtlichen Beziehungen zwischen Arbeitgeber und Arbeitnehmer, die aus einem Arbeitsverhältnis entstehen." „Genau genommen" ist das z. Zt. nicht richtig, aber es dürfte zu erstreben und zu erreichen sein.

§ 42. Die Verjährung der Klagen aus vertraglichem und vertraglosem Arbeitsrechte.

Der Entwurf läßt in den §§ 166 und 167 die vier Hauptansprüche des Arbeitsverhältnisses, des Arbeitnehmers auf Entgelt, des Arbeitgebers wegen Vorschüssen, der Arbeitnehmer untereinander

ander wegen gemeinsamer Arbeiten und auf Rückstände regelmäßig wiederkehrender Leistungen aus dem Arbeitsverhältnis, in zwei Jahren und vier besondere Fälle, wegen mangelhafter Arbeitsleistung, vorzeitiger Lösung, aus vertragswidriger Nebentätigkeit und Verletzung des Wettbewerbsverbotes in zwei Jahren verjähren, die letzteren zwei von dem Zeitpunkt ab, in dem der Arbeitgeber Kenntnis erhält, ohne solche Kenntnis in drei Jahren von der Zuwiderhandlung ab. Im Vergleiche mit §§ 196, 197 BGB. und da insbesondere auch die Ansprüche selbständiger Handwerker für Ausführung von Arbeiten und Besorgung fremder Geschäfte in zwei Jahren verjähren, kann diese Regelung und zwar auch für das Arbeitsrecht i. w. S. gebilligt, aber auch hier am besten im Rahmen des BGB. durchgeführt werden, während jetzt mit Rücksicht auf die nicht veränderten Bestimmungen des BGB. und des HGB. (nur dessen § 61 soll aufgehoben werden) Unklarheiten herrschen würden.

Daß auf die Fälle des § 166 II die Vorschrift des § 201 BGB. Anwendung zu finden hat (§ 166 III) und die Verjährung des Anspruches des Arbeitnehmers gehemmt ist, so lange er in der häuslichen Gemeinschaft des Arbeitgebers lebt und dadurch an der Verfolgung gehindert ist, muß gebilligt werden.

Drittes Kapitel.

Die Arbeitsgerichtsbarkeit.

§ 43. Allgemeines.

Wie jede einem andern im Arbeitsrechte geleistete Arbeit den Verpflichteten unter den Willen des Berechtigten beugt und von ihm abhängig macht und wie jede solche Arbeit die Arbeitskraft des Verpflichteten bindet und diesen damit an sonstiger Betätigung hemmt, so muß in allen diesen Fällen, wenn über die Verpflichtung Streit entsteht ein schleuniges, sachliches und billiges Gerichtsverfahren entscheiden. Daß das insbesondere auch für den Werkvertrag gilt, wurde oben § 15 unter III bereits ausgeführt. Hienach gehört die Arbeitsgerichtsbarkeit dem Arbeitsrecht i. w. S. an. Zuerst hat freilich die abhängige Arbeit die Arbeitsgerichtsbarkeit erkämpft und deshalb wird letztere noch vielfach, in der Hauptsache auch von der derzeitigen Gesetzgebung, der abhängigen Arbeit vorbehalten. Bisher hat es sich nur um Gewerbegerichte und dann um Kaufmannsgerichte gehandelt. Wenn aber jetzt ganz allgemein Arbeitsgerichte errichtet werden sollen, so müssen sie jeder arbeitsrechtlichen Tätigkeit zugute kommen. Vgl. im allgemeinen Silberschmidt, Referat auf dem 6. Deutschen Richtertag 1925, Beilage z. DRZ. 1925 S. 45—60 und ZBl. f. d. jur. Pr. 1926 S. 241 f. Deshalb ist die Arbeitsgerichtsbarkeit an sich hier zu betrachten. Aus Zweckmäßigkeitsgründen empfiehlt es sich aber, sie am Schlusse der Arbeit zu behandeln, weil z. Zt. ein neuer Entwurf vorliegt, der alsbald beraten werden soll, so daß in absehbarer Zeit mit der gesetzlichen Regelung zu rechnen ist. Diese könnte dann der Besprechung noch zugrunde gelegt werden.